GOLDMANN
ARKANA

Buch

Haustiere sind Seelen, die sich als Begleiter des Menschen zur Verfügung gestellt haben, um dem Menschen auf seinem spirituellen Weg behilflich zu sein. Sie weisen uns auf die Relativität unserer menschlichen Sichtweise hin und wissen von Dingen, die wir völlig ausgeblendet haben. Sie schenken uns ihre unbedingte Liebe und helfen uns in unserem spirituellen Wachstum. Hunde übernehmen beispielsweise ausgesprochen viel Energiearbeit und gegebenenfalls Krankheiten für »ihre Menschen«, während Katzen in erster Linie verschiedene universelle Energieformen für »ihre Menschen« anziehen, auf die Erde bringen und dort halten.

Angela Kämper betrachtet 25 verschiedene Haustierarten. Unsere häufigsten, Hund und Katze, sind sogar nach vielen Rassen differenziert. Pferd, Ziege, Schaf, Gans, Taube, Kaninchen sind natürlich ebenso dabei wie Meerschweinchen, Goldhamster, Wellensittich und Papagei, Schildkröte und noch viele andere. Sie erzählt, was die Mythologie über diese Tiere vermittelt, und schildert eingehend das spirituelle Angebot, das die Haustiere uns machen. Viele Krankheiten der Haustiere rühren daher, dass die Menschen die spirituelle Aufgabe ablehnen oder missachten. Die Autorin gibt Behandlungstipps auf naturheilkundlicher und energetischer Grundlage.

Sie geht der Frage nach, für welchen menschlichen Charakter welches Haustier besonders geeignet ist und wer, v. a. zum Wohle des Tieres, lieber Abstand von einer Anschaffung nehmen sollte.

Angela Kämper sensibilisiert uns für tiefe Erfahrungen mit unseren Haustieren. Hier liegt ein oftmals verkannter Schatz, den uns die Tiere schenken wollen.

Autorin

Angela Kämper, geboren 1957 in Essen, arbeitete zunächst als Erzieherin, um nach ihrem anschließenden Abitur Biologie zu studieren. Nach ihrer Promotion wurde sie freie Wissenschaftsautorin und Redakteurin. Dr. Angela Kämper lebt heute am Stadtrand von Hamburg, wo sie sich neben einheimischen Tieren und ihrer spirituellen Bedeutung mit der traditionellen chinesischen Medizin beschäftigt.

Von Angela Kämper sind im Goldmann Verlag außerdem erschienen:

Tierboten (21706)

Krafttiere (Set zur Deutung schamanischer Energien mit 80 Krafttier-Karten und Begleitbuch; 33775)

Angela Kämper

Unsere Haustiere

Spirituelle Begleiter des Menschen

GOLDMANN
ARKANA

Illustrationen von Grit Schwerdtfeger

FSC
Mix
Produktgruppe aus vorbildlich
bewirtschafteten Wäldern und
anderen kontrollierten Herkünften

Zert.-Nr. SGS-COC-1940
www.fsc.org

Verlagsgruppe Random House FSC-DEU-0100
Das für dieses Buch verwendete FSC-zertifizierte Papier *München Super*
liefert Mochenwangen.

1. Auflage
Originalausgabe Mai 2007

Umschlaggestaltung: Design Team München
Umschlagmotiv: Grit Schwerdtfeger
Redaktion: Gerhard Juckoff
WL · Herstellung: CZ/SK
Satz: Greiner & Reichel, Köln
Druck und Bindung: GGP Media GmbH, Pößneck
Printed in Germany
ISBN 978-3-442-21788-5

www.arkana-verlag.de

Dieses Buch ist allen geliebten Haustieren gewidmet, ganz besonders denen, die sich zwischen Stahlböden, Beton und Gitterstäben kaum noch bewegen können, deren Sinne durch den Gestank von Kot, Urin und Desinfektionsmitteln, durch künstliches Licht, Maschinenlärm und elektronische Piepstöne mehr als abgestumpft sind, die isoliert oder elend zusammengepfercht dahinvegetieren müssen, die sich vor unendlicher Langeweile selbst verletzen, die mit Substanzen, Medikamenten oder operativen Eingriffen gequält werden, die auf Transporten verdursten, verhungern, sich die Knochen brechen oder sonstwie verletzt werden, die einfach ausgesetzt oder weggeworfen werden, weil sie nicht mehr passen, und die grausam getötet werden.

Möge dieses Buch dazu beitragen, die Herzen der Menschen für unsere Mitgeschöpfe zu öffnen, damit wir allen Tieren und ihren Seelen mit dem Respekt und der Liebe begegnen, die sie uns mit so großem Selbstverständnis und bedingungslos entgegenbringen.

Inhalt

Einleitung

Dass ein Hund, ein Schaf oder gar eine Gans, ein Meerschweinchen, ein Kanarienvogel oder ein Esel ein größeres Bewusstsein im Sinne eines umfassenderen, weiter entwickelten oder einfach weniger begrenzten Bewusstseins haben könnte als der Mensch, ist den meisten von uns immer noch kaum vorstellbar.

Und gerade davon erzählt dieses vorliegende Buch ...

... unter anderem von der geistig-spirituellen Ebene der Tiere, die sich uns zur Verfügung gestellt haben, die wie Hund und Katze sehr eng mit uns Menschen, meist sogar unter einem Dach, zusammenleben, oder wie Pferd, Ziege oder Gans in unserer Nähe.

Tiere aus der Sicht des Menschen

Dem Menschen scheint nichts näherzuliegen, als sein eigenes Bewusstsein für das größtmögliche zu halten. Taucht eine Ahnung davon auf, dass sich hinter dem niedlichen Gänseköpfchen oder zwischen zwei Eselsohren mehr finden könnte als mehr oder weniger festgelegte Handlungsabfolgen mit dem Ziel, zu fressen, zu ruhen und sich zu vermehren, so kann sich – wie es unzählige Märchentierfiguren belegen – anscheinend maximal ein verzaubertes menschliches Bewusstsein dahinter verbergen. Das menschliche Gehirn kann wohl kaum größer denken und seine Fantasie kann sich kaum Weiteres vorstellen, als der Mensch mit dem ihm eigenen Horizont erfahren kann.

Jacob Grimm beschreibt in seiner *Deutschen Mythologie* von 1875, dass in unserem Kulturkreis für gewöhnlich alle Tiere als unwissend angesehen werden. Sie gelten gemeinhin als sprachlos. Immerhin jedoch sollen sie in der Not »gleich stummen Kindern« sprechen können. So unterreden sich Rind und Esel laut bretonischem Volksmund jedes Jahr in einer bestimmten Stunde: Weihnachten zwischen elf und zwölf Uhr.

Kein Zweifel besteht hingegen in der klassischen deutschen Mythologie daran, dass Tiere geistersichtig sein können. Und bereits in der Bibel wird im 4. Buch Moses eine Eselin erwähnt, die den Engel mit dem Schwert sehen kann – also den Erzengel Michael. Und auch in späteren Mythen und Sagen erblicken Hunde und Pferde Götter und Geister.

Eine arabische Sage aus dem palästinensischen Raum erzählt Folgendes: Als die Welt gerade erschaffen war, wurde jedem der Tiere eine Aufgabe zugeteilt. Dabei wurden sowohl Hund als auch Katze der niedrigeren Arbeiten enthoben, weil der Hund die Tugend der Treue und die Katze die Tugend der Sauberkeit in vollendetem Maße beherzigten. Die Freistellung wurde auf einem Dokument festgehalten. Der Hund begrub die schriftliche

Form der Abmachung dort, wo er auch seine Knochen unter der Erde aufbewahrte. Pferd, Esel und Ochse waren allerdings so neidisch auf die Bevorzugung von Hund und Katze, dass sie die Ratte durch Bestechung beauftragten, das Versteck zu finden und das Dokument zu vernichten. Die kluge Ratte erledigte diesen Auftrag rasch. Die Folge war, dass der Hund, weil er so nachlässig gewesen war, fortan von seinem Herrn angekettet wurde. Die Katze hingegen hat dem Hund diesen Fehler niemals vergeben.

Darüber hinaus ist es doch recht verwunderlich, dass die Menschen ihre so nützlichen Haustiere wie Kuh, Schwein, Esel oder Ziege beschimpfen bzw. ihren Namen als Schimpfwort missbrauchen, wohingegen in den Namen von Raubtieren wie Fuchs, Wolf oder Bär immer eine gewisse Bewunderung zum Ausdruck kommt. Über so viel Undankbarkeit kann man sich nur wundern. So schrieb schon Christian Morgenstern (1871–1914), der deutsche Schriftsteller, lange vor dem Zeitalter der Massentierhaltung:

> *Ganze Weltalter voll Liebe werden notwendig sein, um den Tieren ihre Dienste und Verdienste an uns zu vergelten.*

In der Vorstellung unserer **keltischen** Vorfahren fehlte eine strikte Grenzziehung zwischen Mensch und Tier. Es konnten sich sowohl Menschen in Tiere als auch Tiere in Menschen verwandeln. Eine solche Gestaltwandlung ermöglichte der Seele, schwierige Aufgaben zu übernehmen oder bestimmte Lernschritte zu absolvieren – nach der Verwandlung allerdings ausgestattet mit den andersartigen Fähigkeiten der jeweils angenommenen Tiergestalt. Diese Verwandlung konnte auch eine letzte Flucht- oder Überlebensmöglichkeit darstellen, beispielsweise die Annahme der Gestalt eines Windhundes – die betreffende Seele erhielt dann gewissermaßen Asyl in der Anderswelt.

Letztlich handelte es sich um eine spirituelle Form der Transformation, die auch auf materieller Ebene sichtbar wurde. Allen voran sollten neben Vögeln, den Boten zwischen Luft und Erde, Schweine als Tiere, die aus der Anderswelt stammen, einen besonders leichten Zugang zu dieser Verwandlung haben. Aber auch Rinder, vorzugsweise Stiere, werden erwähnt.

Erst mit der Christianisierung gelangt diese Gestaltwandlung immer mehr in den Ruch einer von Gott gegebenen Strafe.

Als Noah Gott nach der Sintflut um Hilfe bat, damit den Menschen so etwas nie wieder passieren sollte, erhielt er sieben Gebote oder Gesetze. Darunter befand sich auch das eindeutige Gebot: Du sollst keine Tiere missbrauchen, quälen oder töten. In den später aufgeschriebenen bis heute im **Christentum** gültigen Zehn Geboten, die Moses auf Steintafeln empfangen hat, tauchte diese ausdrückliche Achtung vor allen tierischen Lebewesen nicht mehr auf.

Auch im Alten Testament (Hos 2,20) wird noch die Liebe Gottes zu allen Menschen und Tieren ausgedrückt. Die Tiere werden hier gleichermaßen wie die Menschen Unterzeichner eines Bundes mit Gott, der Frieden in der Natur und unter den Menschen bringen soll:

> *Und ich will zur selben Zeit für sie einen Bund schließen mit den Tieren auf dem Felde, mit den Vögeln unter dem Himmel und mit dem Gewürm des Erdbodens und will Bogen, Schwert und Rüstung im Lande zerbrechen und will sie sicher wohnen lassen.*

In den Predigten Jesu spielten unter den Tieren die Haustiere eine herausragende Rolle. Zur Zeit des Neuen Testaments war das einst nomadische Volk Israel bereits sesshaft geworden. Mit den Bauern lebten die verschiedenen Haustiere als Arbeits- und Nutztiere in mehr oder weniger engen Lebensgemeinschaften zusammen. Große Tiere wie Pferde und Rinder finden jedoch kaum Erwähnung, sondern vor allem Kleintiere wie Schafe und Ziegen, aber auch Esel, die einstigen Gefährten aus der nomadischen Vergangenheit. Wegen ihrer Flugfähigkeit und ihrer damit verbundenen Höhe – der größeren Nähe zu Gott »in der Höhe« – hatten grundsätzlich erst einmal alle Vögel einen verehrungswürdigen Status.

Im **Koran** dienen Tiere in erster Linie als beispielhafte Versinnbildlichung des göttlichen Handelns. Sie stehen für Allahs Güte und Weisheit gegenüber den Gläubigen, und durch sie wird ihnen sowohl Gottes Allmacht als auch sein Erbarmen vergegenwärtigt. Nicht nur die Wildtiere, sondern auch die Haustiere sind Geschöpfe, in denen sich die Vollkommenheit Gottes abbildet. Somit sind Haustiere aus islamischer Sicht an erster Stelle ein göttliches Zeichen und erst an zweiter Stelle Nutz- und Arbeitstier zum Wohle des Menschen.

Aber auch hier erscheint die Stellung der Tiere unter Gottes Geschöpfen widersprüchlich. Es gibt Textstellen im Koran, die den Tieren eine dem Menschen dienende Funktion zuschreiben, ihnen sogar jegliches Eigenleben absprechen. Andererseits sollen laut Koran geheimnisvolle mythologische Tiere beim Jüngsten Gericht mitwirken – möglicherweise sogar als Gehilfen Gottes. Vor allem den Vögeln scheint hier eine wichtige Rolle als Werkzeug Gottes zuzukommen, und zwar zusätzlich auch als Wegweiser nach innen. Sie dienen laut Koran als Botschafter Gottes. Zum einen übermitteln sie Worte und Anweisungen Allahs an die Menschen, zum anderen tragen sie Allah die Sorgen und Nöte der Menschen vor. An einer anderen Stelle versammeln sich eines Tages sogar Menschen und Tiere gemeinsam vor Gott, um bei diesem Jüngsten Gericht ihr Urteil über ihre irdischen Taten entgegenzunehmen. Offen bleibt, ob es sich tatsächlich um eine völlige Gleichberechtigung der Geschöpfe handelt, es daher auch eine Art Reich Gottes für die Tiere oder gar alle Geschöpfe gibt, eine Auferstehung für die Tiere.

Dem Vieh, vor allem Schafen, Ziegen, Kamelen und Rindern, ist im Koran eine sehr umfangreiche Textstelle gewidmet (6. Sure). Derjenige, der eine Viehherde besitzt, ist nicht nur angesehen bei den Menschen, sondern steht auch in der Gnade Gottes. Als Zeichen seiner Segnung sind die Menschen Allah für umfangreiche Viehbestände zu größtem Dank verpflichtet. Muhammad in einer Offenbarung Allahs (Sure 16,71–73):

> *Wir haben sie ihnen gefügig gemacht. Teils dienen sie ihnen zum Reiten, teils zur Nahrung. Sie sind ihnen von Nutzen und geben ihnen zu trinken. Können sie denn nicht dankbar sein?*

Vor allem Haus- und Nutztiere, von denen die Menschen die unterschiedlichsten Vorteile und Nutzen hatten, waren in allen Kulturen meist auch die Tiere, die ausgewählten oder speziell zugeordneten Göttern zum Opfer gebracht wurden. Ursprünglich drückten die Menschen mit der Auswahl ihrer **Opfertiere** ihre Hochachtung vor den Tieren aus. Wir dürfen nicht vergessen, dass es für sie nicht eine solche strikte Trennungslinie zwischen Leben und Tod, zwischen Diesseits und Jenseits gab.

Haustierwerdung oder Domestikation

Alle unsere Haustiere, vom Hund über Pferd, Schwein und Ziege bis zur Mongolischen Wüstenrennmaus, stammen von Wildtieren ab. Allerdings ist die Zahl der Tierarten, die sich enger an die menschliche Lebensweise binden ließen oder auch selbst gebunden haben, sehr gering. Ein Beispiel mag aus wissenschaftlicher Sicht bemerkenswert sein: Aus der kleinen Gruppe der Paarhufer-Spezies *Equus* ließen sich zwar das Pferd und der Esel zähmen, nicht aber das nah verwandte Zebra, das niemals als Reit-, Last- oder Zugtier »gewonnen« werden konnte. Ich würde heute ganz unwissenschaftlich sagen: Sein Job auf der Erde war schlicht ein anderer, als sich als spiritueller Begleiter dem Lernprozess des Menschen zur Verfügung zu stellen.

Von den Millionen Tierarten, die auf der Erde leben, sind aus naturwissenschaftlicher Sicht nur sehr wenige überhaupt für die Domestikation durch den Menschen geeignet. Francis Galton, einer der ersten Forscher auf dem Gebiet und Vetter Charles Darwins, fasste folgende Bedingungen zusammen: Zum einen musste die Tierart recht zäh sein und durfte keine großen Ansprüche an die Versorgung durch den Menschen stellen. Ihre Vermehrung sollte unkompliziert sein. Bevorzugt sollte es sich um Herdentiere handeln, die sich recht einfach in Gruppen vom Menschen kontrollieren ließen. Um sie überhaupt für den Menschen attraktiv zu machen, musste die Tierart zudem auf irgendeine Art und Weise nützlich für ihn sein. Auch sollte ein gewisser Hang zur Bequemlichkeit stärker ausgeprägt sein als unbändiger Freiheits- und Bewegungsdrang. Alles entscheidend erschien Galton jedoch eine natürliche oder angeborene Zuneigung der Tierart zu den Menschen, ohne die keine mehr oder weniger enge, für Haustiere charakteristische Bindung an den Menschen möglich ist.

Erstmals gelang es dem Menschen wohl vor rund 10 000 Jahren, sich Wildtiere so nah heranzuholen, dass er regelmäßigen Nutzen aus ihrer Gegenwart ziehen konnte. Damit begann für ihn – letztlich auch für uns bis heute – eine äußerst folgenreiche Veränderung seiner Lebensweise. Die Kultivierung von Pflanzen hatte ihm eine sesshafte Lebensform ermöglicht. Die ersten Haustiere – heute bezeichnen wir diese Tiergruppe als Nutztiere – waren vorrangig Pflanzenfresser und zudem Wiederkäuer. Sie waren also in der Lage, aus zellulosereichem Pflanzenmaterial, das der menschliche Verdauungsapparat nicht verwerten kann, tierisches Eiweiß in Form von Muskelfleisch aufzubauen. Dieses konnte der Mensch nicht nur für seine Ernährung nutzen, dieser Stoffwechselweg über andere Organismen stellte ihm außerdem ein gewaltiges Potenzial zur Verfügung: Diese nun leicht verfügbare und zugleich wertvolle Nahrung brachte ihm einen ungeheuren Zeitgewinn.

Der Mensch war nun in immer größer werdenden Intervallen von der ständigen Arbeit zur Nahrungsbeschaffung befreit und konnte sich in dieser frei werdenden Zeit seiner geistigen Entwicklung widmen. Er machte Entdeckungen und Erfindungen wie beispielsweise den Pflug oder das Rad, webte Wolle und trieb mit der Kraft der Tiere die ersten Maschinen an. Ohne Kulturpflanzen und ohne seine Haustiere hätte der Mensch niemals seine heutigen Lebensformen, aber auch nicht die zwiespältige starke Vermehrung der weltweiten menschlichen Bevölkerung bewerkstelligen können. Er gewann immer mehr Freiheit hinzu – für neue Entwicklungen und seine kulturelle Beschleunigung.

Inwieweit er – also wir Menschen – dies tatsächlich mit Sinn, Verstand, Liebe und Herz für die an ihn geliehene Erde mit all ihren pflanzlichen, tierischen und geistigen Wesen getan hat, mag dahingestellt sein ... So ruht sicherlich der vermeintliche Wohlstand der reichen Industrienationen nicht nur auf der Grundlage einer hoch entwickelten Landwirtschaft, sondern auch im wahrsten Sinne des Wortes auf dem Buckel, auf dem täglichen Leid unzähliger Haustiere: Schweine und Rinder, Puten und Hühner, heute in sterilen, durchtechnisierten Mast- und Produktionsanlagen, wo die Tiere sich auf Drahtgittern stehend sinnentleert fast zu Tode langweilen. Um dem Menschen zu »nützen«, sind viele unserer Haustiere als vermeintliche Ei-, Fleisch- und Milchproduzenten entseelt worden. Nicht zu vergessen: Es sind die Tiere, die Arten, die sich vor langer Zeit zur Verfügung gestellt haben, uns Menschen bei unserem Lernprozess behilflich zu sein. Statt ihnen Achtung und Dankbarkeit entgegenzubringen, rauben wir ihnen das letzte bisschen Lebensqualität, ja sogar ihre Würde.

Was ist eigentlich ein Haustier?

Ist nicht bereits der Spatz, der in einem Spalt unter den Dachpfannen unseres Hauses seine Jungen aufzieht, unser Haustier? Wie definiert die Biologie ein Haustier?

Zum einen gibt es die wirtschaftlich orientierte Definition, nach der Haustiere Tiere sind, die seit Generationen an das Haus oder auch ein Zelt gebunden sind, deren Zucht und Vermehrung seit Generationen von Menschen manipuliert wird und die für die menschliche Wirtschaft durch die Nutzung von Arbeitskraft, Fleisch und andere Produkte ihres Körpers wie Wolle oder Eier von Bedeutung sind. Doch diese Definition umfasst bestenfalls alle Nutztiere. Schon die nicht sozial lebende Hauskatze, die eigenwillige Einzelgängerin, fällt hier heraus, da der Mensch kaum Einfluss auf ihre Fortpflanzung nehmen konnte. Und die Hobbyhaustiere bleiben ganz außen vor.

Im weiteren Sinne sind Haustiere im Gegensatz zu ihren frei und wild lebenden Ahnen Lebewesen, die in ihrer Ausprägung durch das Zutun des Menschen entstanden sind. Entweder grenzten die Menschen Teile von Wildarten zu ihrer eigenen Nutzung ab (vor allem hinsichtlich der Fortpflanzung), oder sie schafften solche Bedingungen, dass Teile von Wildarten dazu übergingen, sich selbst von den frei lebenden Artgenossen abzugrenzen, um in der Nähe des Menschen zu leben. Letzteres trifft vor allem auf die Hauskatze, vielleicht auch bedingt auf das Meerschweinchen und den Hund zu.

Aus der ökologischen und verhaltensbiologischen Richtung betrachtet, wird mehr die nutzbringende Vergesellschaftung zwischen Mensch und Tier in den Vordergrund gerückt. So war der Mensch beispielsweise mit zunehmender Größe seiner Herden genötigt, die abgegrasten Weiden zu wechseln – ein Grund für das Nomadentum, wie beispielsweise noch heute bei den Samen mit ihren Rentierherden. Doch ein symbiotischer Aspekt, also eine Vergesellschaftung zum beiderseitigen Nutzen liegt nicht wirklich vor. Selbst wenn der Mensch seine Haustiere füttert und schützt, so hat er doch seit Anbeginn der Haustierwerdung die Bewegungsfreiheit der Tiere deutlich eingeschränkt, ihre sozialen Bedürfnisse sowie ihre Fortpflanzung erheblich beeinflusst.

Als wichtiges Kriterium für ein Haustier wird gerne die Zähmung einer Tierart herangezogen. Zähmung heißt im Wesentlichen, dass die Tiere bei einer Annäherung nicht mehr ihr in freier Wildbahn auftretendes natürliches Flucht- oder Aggressionsverhalten dem Menschen gegenüber zeigen. Dies ist die Grundvoraussetzung dafür, beispielsweise einen Esel überhaupt bepacken oder eine Ziege melken zu können. Um dies beim Übergang vom Wild- zum Haustier zu erreichen, hat der Mensch über einen längeren Zeitraum bei den meisten Haustieren die sensible Prägungsphase der Jungtiere ausgenutzt. Normalerweise erfolgt hier die soziale Prägung auf die Eltern – wie beispielsweise bei der durch Konrad Lorenz weltberühmt gewordenen Nachlaufprägung bei Gänseküken. Über Generationen auf diese Weise auf den Menschen geprägt und zudem ausschließlich in seiner Obhut gehalten, konnten manche Tierarten ihre »Wildbiologie« zu einem großen Teil ablegen und sich der Gemeinschaft des Menschen anschließen.

So kennen die wild lebenden Verwandten unserer Hauskatzen nur Fauch- und Knurrlaute. Nach Auffassung einiger Forscher sind die uns so vertrauten klassischen »Miau«-Laute eine Art Sprache der Hauskatzen, um mit uns Menschen verbal kommunizieren zu können. Die »Miau«-Laute stammen wahrscheinlich aus dem Verständigungsrepertoire von Wildkatzenjungen, die sich darüber mit ihrer Mutter verständigen.

Allerdings gibt es auch Wildtiere – wie einst die gesamte Fauna auf den isoliert liegenden Galapagos-Inseln – die keinerlei Scheu vor dem Menschen haben. Sie hatten niemals zuvor Kontakt mit

Menschen und haben uns daher – noch – nicht zu fürchten gelernt. Und auch unter den Haustieren gibt es – allerdings nur sehr wenige – ungezähmte Formen wie Kampfhähne oder Kampfstiere. Und ebenfalls die riesigen amerikanischen Rinderherden des 19. Jahrhunderts waren keineswegs zahm.

Manche Tierarten hingegen lassen sich zähmen, ohne dass daraus Haustiere hervorgegangen sind. So werden Kormorane und Elefanten über Generationen immer wieder als Jungtiere vom Menschen gezähmt, um sie zum Fischfang oder als Arbeitstier zu nutzen. Dennoch sind niemals Haustiere im eigentlichen Sinne aus diesen Tierarten hervorgegangen.

Die Zucht: Wildtier – Haustier – Rassen

Durch die Zuchtauswahl des Menschen, die stets seinen wirtschaftlichen Interessen folgte und bis heute folgt, wurden die Haustiere ihren wild lebenden Ahnen immer unähnlicher. Man stelle nur einmal ein Island-Pony neben ein Wildpferd oder gar einen Mops oder einen Dackel neben einen Wolf. Manchmal fällt es auf den ersten Blick sogar schwer, tatsächlich noch die ursprüngliche Stammart festzulegen.

Es ist also sogleich ersichtlich, dass das Erscheinungsbild der Haustiere im Vergleich mit ihrer wilden Stammform bedeutend vielfältiger und bunter ist. Körpergröße und Gestalt sowie Farben und Formen von Fell und Gefieder, aber auch physiologische Parameter wie die Sinnesleistungen, der Hormonhaushalt oder die Fortpflanzung sind teilweise drastisch verändert.

Typisch ist der Formenwandel der gezüchteten Haustiere: Beispielsweise war eine der ersten Zuchtformen des Hausschweins zur Zeit des ausgehenden Neolithikums dem Wildschwein noch sehr ähnlich, nur waren die Tiere insgesamt deutlich kleiner. Im Mittelalter waren die Zuchtschweine wieder größer, aber noch hochbeinig wie ihre Stammart. Das heutige Hausschwein hat erneut die Wildschweingröße erreicht, doch durch die züchterische Auslese wurde seine Form stark verändert: Der verlängerte Rumpf wird von verkürzten Gliedmaßen getragen, und der Schädel ist nicht mehr vorgewölbt, sondern im Gegenteil stark eingeknickt. Beim Hausrind verhält es sich ähnlich. Aus den zunächst gezüchteten Zwergrindern sind bis heute Hausrinder entstanden, die wieder annähernd die Größe des Urs haben, allerdings mit den vom Menschen gewünschten, verschobenen Proportionen.

Jedem bekannt sind die gravierenden Abweichungen der Hunderiesen und Hundezwerge von ihrem Stammvater: Der europäische Wolf hat bei einem Gewicht bis 45 kg eine Schulterhöhe von 70 bis 80 cm. Einer der größten Hunde, die Deutsche Dogge, bringt es auf 60 kg bei bis zu 90 cm Schulterhöhe, während einer der kleinsten, der Chihuahua, nur 15 cm groß und 500 g schwer ist.

Augenfälliger sind natürlich die Farb- und Fell- bzw. Federvarietäten von Haustieren. Man halte sich nur weiße Tauben mit aufgebauschter Federhalskrause und Perücke, die langfelligen, mit Haarstrudeln übersäten und gescheckten Meerschweinchen oder den schwarzen Puli-Hund mit seinen Rastalocken vor Augen. Bei Rindern haben die charakteristischen Färbungen vielfach sogar die Rassenamen geprägt: Schwarzbunte, Rotvieh, Rotbunte, Fleckvieh oder Blondvieh. Augrund der Genetik lässt sich manchmal sogar von der Farbe eines Haustiers auf angeborene Verhaltensmerkmale schließen: So galt früher unter Pferdehändlern folgender Spruch: »Wähl den Rappen, willst du Feuer! Falben gut, sind nie zu teuer! Schimmel, oftmals träg geboren. Braune – leuchten sie auch wenig – sind verlässlich, drahtig, sehnig! Füchse haben's hintern Ohren!«

Im Übrigen ist eine Verminderung der Gehirngröße im Laufe der Domestikation typisch. Dies ist wohl in erster Linie darauf zurückzuführen, dass aufgrund der Haltung und des Schutzes durch den Menschen die Haustiere nicht mehr ihr volles biologisches Wildtierspektrum an Nerven-, Bewegungs-, Sinnes- und Verhaltensverarbeitungen brauchen. Obwohl niemand dem Hausschwein oder dem Hund seine hohe Intelligenz absprechen wird, ist ihre Gehirnmasse dennoch um ein Drittel geringer als beim Wildschwein oder Wolf.

Haustiere bei unseren Vorfahren

Zunächst hatte sich die landwirtschaftliche Lebensweise mit dem Anbau von Nutzpflanzen und der Haltung von Tieren in den vorderasiatischen Bergländern (im Gebiet des sogenannten Fruchtbaren Halbmondes) etwa gegen Ende des 9. Jahrtausends v. Chr. entwickelt und etabliert. Über den Iran und Anatolien breitete sich diese agrarische Wirtschaftsweise mit Beginn des 7. Jahrtausends v. Chr. dann auch über die Balkanhalbinsel und das Mittelmeergebiet nach Europa aus. Das zentrale Europa wurde von dieser Lebensform etwa um 6500 v. Chr. erreicht. War der Hund schon seit geraumer Zeit bekannt, gelangten auf diese Weise Schwein, Schaf, Rind und Ziege in unseren Lebensraum. Erst 2500 Jahre später kam hier das Pferd hinzu, und weitere 3000 Jahre später das Hausgeflügel wie Enten, Gänse und Tauben.

Ausgrabungen **neolithischer** Siedlungen belegen bereits von Menschen errichtete Stallungen für Haustiere aus der Zeit um 3700 v. Chr.: ein an ein Wohnhaus angebauter Ziegenstall sowie frei stehende Rinderställe. Aus Nordeuropa sind aus der Bronzezeit vorübergehende Unterbringungen von Haustieren in Stallungen belegt. Bereits Ende des 2. Jahrtausends v. Chr. wurden zwischen Dänemark und den Niederlanden dreischiffige Pfostenhäuser mit einem Wohn- und einem Stallteil errichtet. Die zunächst problematische Winterfütterung der Tiere vor allem in den winterkalten Gebieten Europas wurde bald durch die Einlagerung von Futter – zunächst wohl Laubbaumzweige – in Speichern gelöst. Sonst trieb man Rinder, Schweine, Schafe und Ziegen üblicherweise in die Wälder, damit sie sich dort vom Laub und den Früchten des Waldes wie Eicheln oder Bucheckern sowie von Kräutern ernähren konnten.

Die **Kelten** bestellten bereits den Boden und sorgten für eine Hege des Waldes. Daneben hielten die keltischen Bauern der Eisenzeit verschiedene Nutztiere, in erster Linie Schafe, Rinder und Schweine. Diese alten Viehsorten waren allerdings wesentlich kleiner als die heutigen Rassen, da sie dem Wildtyp noch sehr viel näher waren.

Da nur ein kleiner Teil der in keltischen Siedlungen gefundenen Tierknochen von Wildtieren stammt, schien für unsere Vorfahren die Jagd zur Nahrungsbeschaffung nur eine untergeordnete Rolle zu spielen. Das unterstreicht die Bedeutung der Viehzucht als Lebensgrundlage für die Kelten. Durch solche archäologischen Knochenfunde vor allem aus Gallien und Britannien sind beispielsweise recht kleine, fast ziegenartige Schafe belegt. Sie entsprechen wohl in etwa den heute noch auf den schottischen St.-Kilda-Inseln lebenden Soay-Schafen, deren kurze, dunkle Wolle recht grob ist. Diese halb verwilderte Schafsrasse entspricht übrigens kaum dem Bild eines lammfrommen Wollknäuels: Die sehr lebhaften und intelligenten Tiere scheuen sich nicht einmal, einen Schäferhund anzugehen. Üblicherweise schlachteten die Kelten ihre Schafe erst mit recht hohem Alter. Das lässt darauf schließen, dass die Tiere vorzugsweise wegen ihrer wenn auch groben Wolle und wegen ihrer Milch, weniger wegen ihres Fleisches gehalten wurden.

Als Rinderrasse der Kelten nimmt man die inzwischen verschwundene kleine Rasse namens »keltisches Shorthorn« an. Die Pferde – meist kleinere Ponys mit einer Schulterhöhe bis zu

1,3 Metern – dienten den Kelten nur für leichte Zugarbeiten. Ihre Hauptverwendung lag in kriegerischem Einsatz. Die Hundezucht war indes schon weit fortgeschritten. Sowohl schoßhündchen-kleine Exemplare als auch riesige, wohl zur Jagd eingesetzte Hunderassen sind belegt. Hunde wurden auch geschlachtet, vermutlich mehr ihres Fells als ihres Fleisches wegen.

In den Siedlungen der **Germanen** befanden sich immer auch einige sogenannte Wohnstallhäuser. Die großen Gebäude waren in einen Stallteil mit mehreren Viehboxen sowie einen größeren Wohnbereich mit Feuerstelle aufgeteilt. Allerdings spielte die Viehhaltung bei diesen Vorfahren eine eher untergeordnete Rolle.

Haustiere als Heimtiere

Neben den sogenannten Nutztieren wie Schweinen, Rindern, Pferden, Ziegen usw. leben in unseren deutschen Haushalten mehr als 21 Millionen »Heimtiere« – die unzähligen Fische aller Farben und Größen nicht mitgerechnet. Darunter sind als Spitzenreiter etwa 7,5 Millionen Katzen, dicht gefolgt von mehr als 5 Millionen Hunden, und immerhin mehr als 6 Millionen Kleintiere, vom Goldhamster über das Zwergkaninchen bis zur Landschildkröte, sowie gut 4 Millionen Vögel.

Die Haltung von Vögeln im Hausbereich des Menschen ist seit alters weltweit verbreitet. Die Menschen holten sich Exotik und bezaubernde Schönheit mit den gefiederten Tieren ins Haus. Manch sprachbegabte Vogelart schien geradezu wie zur Unterhaltung der Menschen geschaffen, andere prächtige oder seltene Exemplare dienten ausschließlich als Statussymbol. Manche Vögel wie noch heute Kanarienvögel, Wellensittiche oder Aras wurden gezielt in Einzelhaft gehalten, in der Hoffnung, die Tiere würden sich auf diese Weise gezwungenermaßen an die menschliche Gesellschaft anschließen. Dies sollte entweder ihre Sangesfreudigkeit oder ihre Bereitschaft stimulieren, dank ihres intelligenten Spieltriebs die menschliche Sprache nachzuahmen. Die Isolation diente – und dient auch heute noch – ausschließlich der Belustigung und Unterhaltung des Menschen. Folge sind in den meisten Fällen schwere Verhaltensstörungen der traumatisierten Tiere.

Eine unbewusste Motivation des Menschen für die Haltung von Vögeln mag aber auch immer folgender mehr oder minder stark ausgeprägter Aspekt sein: das Gefühl, ein Stück Macht über ein Element zu haben, zu dem wir als Erdenbewohner (im wörtlichen Sinne) früher gar keinen und heute nur einen per aufwändiger Hilfsmittel möglichen Zugang haben: die Luft. In aller Regel versagen wir mit unserer Käfighaltung den »Königen der Lüfte« ihr wichtigstes Lebenselement. Besonders bizarr entlarvte sich die menschliche Eitelkeit und Machtlüsternheit, wenn ein einzelner Vogel in einem reichlich verzierten, womöglich noch »goldenen Käfig« als lebendiges Dekorationsstück in einem Zimmer oder gar dem Gemach eines Schlosses hing. Solche Vogelbauer mochten zwar stilvoll in die Raumatmosphäre passen, hatten aber selbst mit den allergeringsten biologischen Bedürfnissen des Vogels nichts zu tun.

Glücklicherweise haben jedoch heute immer mehr Vogelliebhaber begriffen, dass sie ihrem gefiederten Mitbewohner mit Einzelhaltung in engen Behausungen unwürdige Qualen antun – dies äußert sich meist durch das Ausrupfen der (eigenen!) Federn. Auffälliger und augenscheinlicher kann ein Tier kaum äußern, dass es sich ganz und gar nicht wohl in seinem Federkleid fühlt.

Vor allem mit den Ergebnissen der biologischen Verhaltensforschung, aber auch mit den unmittelbaren Informationen, die den Menschen durch die sich immer weiter ausbreitende und selbstverständlicher werdende Tierkommunikation zugekommen sind, ist klar geworden, dass Vögel geradeso wie Hunde, Pferde oder Menschen soziale Wesen sind. Auch Vögel haben ein Anrecht darauf, dass ihre biologischen Ansprüche, aber auch ihre Würde als Lebewesen geachtet werden. Die meisten Vögel wie beispielsweise Kanarienvögel, Zebrafinken, Wellensittiche, Nymphensittiche oder Graupapageien sind Schwarmvögel und verfügen über ein ausgeprägtes und umfangreiches Sozialverhalten. Hält man die hochintelligenten Tiere wenigstens zu zweit, möglichst sogar in noch größeren Gruppen, ermöglicht ihnen immer wieder Freifluggelegenheiten und gestaltet ihr Futter abwechslungsreicher als das tägliche Fertigfuttereinerlei, so kann man auch der Würde eines gefangenen Vogels einigermaßen Rechnung tragen. Dann ist die Voraussetzung geschaffen, dass der Mensch im Vogel ein gleichwertiges Lebewesen, eine kostbare Schöpfung erkennt. Seinem natürlichen Freiheits- und Bewegungsdrang werden wir selbst mit bestem Vorsatz kaum entsprechen können. Denn beispielsweise freie Papageien fliegen in ihrem natürlichen Lebensraum in geselligen Gruppen häufig jeden Tag mehrere Kilometer weit. Aber gute Flug-, Kletter- und Spielmöglichkeiten können den Vögeln in entsprechend großen Volieren dennoch ein ausgefülltes und halbwegs artgerechtes Leben bieten.

Wenn sich der Mensch nun noch über seine Einschätzung, er sei die »Krone der Schöpfung«, hinwegsetzen kann, wird er in seinen Zebrafinken, Wellensittichen oder Amazonen erstaunliche Spiegel seiner eigenen spirituellen Entwicklung entdecken. Übrigens werden gerade Papageien bei guter Haltung über zwanzig, manchmal sogar gut vierzig Jahre alt – also wenigstens doppelt so alt wie gewöhnlich ein Hund. Es handelt sich folglich um eine Lebensaufgabe – und eine langjährige Partnerschaft, die die meisten menschlichen Partnerschaften noch überdauert.

Neben den knapp 2 Millionen Aquarien in deutschen Haushalten mit Fischen jeglicher Art und Couleur werden auch Terrarientiere immer beliebter: In rund 400 000 Terrarien werden Reptilien und Schlangen gehalten. Wenigstens in jedem dritten Haushalt lebt ein Tier. Ob die mehr als 3 Milliarden Euro, die die Deutschen jedes Jahr für ihre Heimtiere ausgeben, tatsächlich gut im Sinne eines Wohlergehens der Tiere angelegt sind, können letztlich nur die Tiere selbst beantworten.

Nebenbei vielleicht noch eine weitere interessante Statistik: Absolut gesehen, leben heute die meisten Heimtiere nicht in Haushalten mit Kindern, sondern bei kinderlosen Paaren sowie Alleinstehenden ab vierzig Jahren. Gesellschaftlich betrachtet, sind die Mehrzahl der Heimtiere wohl nicht Kinderspielzeug, sondern Kinder- oder, neutraler formuliert, Familienersatz.

Wenn man, wie ich es in diesem Buch versuche, Haus- und Heimtiere aus spiritueller Sicht in einem größeren geistigen Zusammenhang anschaut, sind unsere Tiere tatsächlich ein Mitglied unserer Lebensgemeinschaft – die wir auch Familie nennen können. Als Teil des göttlichen Prismas des Lebens sind sie, wenn wir es zulassen und unsere Tiere entsprechend achten, genau solch ein Teilchen des kosmischen Reigens wie wir auch.

Haustiere als Nutztiere

An der Intelligenz und Lernfähigkeit von Hunden und Katzen, an ihrem Empfindungsvermögen und auch ihrer Leidensfähigkeit zweifeln wir Menschen kaum. Was traut man unseren Nutztieren zu? Ihnen sprechen wir nur einen Schlacht- bzw. ökonomischen Wert zu. Wir Menschen unterscheiden sehr willkürlich zwischen Tier und Tier, zwischen denen, die es sich auf unserem Sofa kuschelig bequem machen dürfen, und denen, die kaum noch als Tier vorkommen, sondern »Produktionsmittel« sind, uns nur noch als Schnitzel, Filet oder Burger begegnen, Produkten, denen man das tote Tier kaum mehr ansieht. Und vor allem nicht seine Leiden.

So führen beispielsweise Schweine in Massenstallhaltung ein trostloses Dasein. Sie stehen meist in einstreulosen Ställen auf Spaltenböden, wie sie für die Reinigung zweckmäßig sind. Übrigens: Vom Gesetzgeber erlaubt sind bis zu 45 Schweine, wenn keine Stroheinstreu verwendet wird, also auf blankem Boden; dafür dann aber bis zu 200 Tiere, wenn der Boden mit Stroh bedeckt ist. Zeitschaltuhren regeln in den Mastbetrieben Licht, Temperatur und Futteraufnahme. Der Mensch regelt sogar, ob sich einzelne Tiere noch umdrehen können. So werden Sauen, die gerade geworfen haben, in enge Vorrichtungen gepfercht, in denen sie sich nur noch stellen oder legen können, ohne auch nur einen einzigen Schritt machen zu können. So soll verhindert werden, dass die wirtschaftlich kostbaren Ferkel zwischen Sau und Stallwandabtrennung eingequetscht werden und somit verloren gehen.

Ein Mastschwein hat sowieso nur eine Lebenserwartung von einem halben Jahr – dann hat es die verkaufsträchtigen einhundert Kilogramm Lebendgewicht erreicht. Doch was für ein Leben! Selbst diese kurze Zeitspanne wird für die meisten Schweine in Intensivmast noch zu einer Tortur: In dieser rein wirtschaftlich orientierten Haltungsform der Intensivmast werden auf den Spaltenböden Klauen, Zehen und Gelenke auf das Höchste beansprucht und erkranken und entzünden sich nach kürzester Zeit. Fleischwunden am Körper und Knochenbrüche durch enge Buchten stehen auf der Tagesordnung. Ein Viertel der Tiere hat Liegewunden, wo die Knochen durch die Haut hervortreten. Sie müssen monatelang mit schmerzenden Wunden auf extrem wenig Platz leben. Wenn sie nicht mehr aufstehen können, verdursten und verhungern sie qualvoll. Während ein wild lebendes Schwein drei Viertel des Tages mit Nahrungssuche beschäftigt ist, langweilen sich die Mastschweine zu Tode. Eine Folge ist Kannibalismus. Auf dem engen Raum werden Schwänze und Ohren abgebissen.

Hinzu kommt, dass das natürliche Sozialgefüge der intelligenten Tiere nahezu vollständig unterbunden wird. So sorgt man dafür, dass sich in den Gruppen keinerlei Veränderungen ergeben, die zu störenden Rangkämpfen führen würden. Die Bewirtschaftung folgt dem geschlossenen »Rein-raus-Prinzip«: Beim sogenannten Aufstallen sind alle Tiere etwa gleich alt, und nach ihrer kurzen Mastzeit verlassen sie alle gleichzeitig den Stall – in aller Regel auf der Fahrt zum Schlachthof.

Bei einem Pro-Kopf-Verzehr von ca. 62 kg Fleisch pro Jahr entfällt fast zwei Drittel davon auf Schweinefleisch. Jeder Mitteleuropäer nimmt im Durchschnitt jedes Jahr rund 20 kg Rind- oder Kalbfleisch zu sich. Das ist alle zehn Jahre ein niedliches Kälbchen, das jeder Mensch hier bei uns aufisst. Da viele Menschen überhaupt kein Fleisch essen, dürfte bei nicht wenigen Deutschen alle zehn Jahre eine stattliche Kuh durch den Verdauungstrakt wandern.

Die Agrarwirtschaft gibt folgende Zahlen ihrer »tierischen Erzeugung« im Rahmen professioneller Nutztierhaltung für das Jahr 2000 an: 14 Millionen Rinder, 26 Millionen Schweine, 118 Millionen Geflügeltiere und 3 Millionen Schafe. Konventionelle Milch erhalten wir in Deutschland von gut 4 Millionen Milchkühen. Hinzu kommen rund 1 Million Pferde.

Daneben fristen mehr als zwei Millionen Tiere, von der Maus bis zum Fisch, vom Meerschweinchen bis zum Affen, ein trostloses, wenn nicht gar schmerzvolles Dasein in Versuchslabors.

Spirituelle Haustierwerdung

Die unter dem Begriff Domestikation zusammengefasste Haustierwerdung umfasst also aus wissenschaftlicher Sicht verschiedene Kriterien, die dazu beitragen, ob sich eine Tierart zu einem Haustier entwickelt (hat) oder nicht. Sie können, müssen aber nicht alle erfüllt sein. Aus spiritueller Sicht beschreiben diese Schritte zur Domestikation die äußeren, anatomischen und physiologischen Prozesse, die auf dem Weg zur Annäherung an den Menschen abgelaufen sind.

Von der geistigen Ebene aus gesehen, haben sich bestimmte Tierarten bereit erklärt, dem Menschen, der sich als einziges Lebewesen als abgetrennt von der göttlichen Einheit, dem großen Einen, der bedingungslosen Liebe, der großen Gemeinschaft allen Lebens empfinden kann – und meist empfindet –, auf seinem Lernweg behilflich zu sein. Diese mehr oder weniger nah mit dem Menschen lebenden Haustiere bringen uns nicht nur wie die Wildtiere als Tierboten oder Krafttiere ein Zeichen oder eine Mitteilung, um uns wieder auf unseren Weg zu helfen. Sie teilen – soweit wir es zulassen und sie beispielsweise nicht in Massenställe einsperren – bestimmte Anteile unseres Lebens mit uns: manchmal den Raum, wenn sie in oder an unserem Haus leben, und in aller Regel wenigstens etwas Zeit. Wie nah wir auch mit ihnen leben, in jedem Fall teilen unsere Haustiere Energiefelder mit uns. Haustiere, die mit uns die Wohnräume teilen, sind natürlich auch dichter an unseren Energien als die Tiere, die draußen auf der Weide leben.

Am dichtesten mit uns lebt der Hund. Würden wir es zulassen, begleitete uns unser Hund überallhin – vom Arbeitsplatz übers Einkaufen bis zum Besuch bei Freunden und bis ins Bett. Zum einen natürlich, weil es seine biologische Lebensart ist: Das Rudel bleibt zusammen. Zum anderen aber ist es sein Job, rund um die Uhr auf seine Menschen zu achten und uns nicht nur vor allem zu schützen, was uns auf materieller Ebene geschehen kann, sondern auch vor allen Beeinträchtigungen unseres Energiefeldes.

So nimmt mir meine Hündin beispielsweise die boshaften Gedanken oder Energien ab, wenn uns auf einem Spaziergang ein finster dreinblickender oder gar lauthals schimpfender Mensch begegnet. Eh diese Energien in meine Aura eindringen können und mein Befinden beeinträchtigen, hat sie meine Hündin auf sich genommen. Sie ist spirituell sehr viel weiter als ich und versucht nun, diese von dem Menschen vielleicht ganz einfach achtlos in die Welt geschleuderte Unzufriedenheit zu transformieren, sie so umzuwandeln, dass sie neutralisiert wird und niemandem mehr schaden kann.

Wie viel mehr arbeiten unsere Hunde auf feinstofflicher Ebene in Familien oder anderen Lebensgemeinschaften von Menschen. Je größer ihr Rudel ist und je weniger die Menschen die Verantwortung für ihre eigene geistige Klarheit, die Öffnung ihrer Herzensenergie, ihr spirituelles Wachstum übernehmen, desto mehr haben unsere engsten vierbeinigen Begleiter zu tun. Mögen wir es ihnen mehr danken!

Die Mythologie

In den Mythen der Welt stellen Tiere meist Sinnbilder für verschiedene Aspekte des Menschen bzw. seiner Seele dar. Die Summe aller im Tierreich verfügbaren Eigenschaften und Fähigkeiten ist der Spiegel des gesamten menschlichen Potenzials. Wir Menschen haben – je nach individuellem Entwicklungsstand – unterschiedliche Aspekte in uns verwirklicht. Das spirituelle Lebensziel ist es doch, uns zu vervollständigen, unsere irdischen und spirituellen Potenziale zu entfalten, um uns auf allen Ebenen in einen harmonischen Energiefluss zu bringen und uns mit der lichtvollen Kraft des Universums, mit der göttlichen Liebe zu verbinden.

Tiere können uns, wenn wir uns für sie öffnen, als Botschafter oder Krafttiere auf anstehende Schritte auf unserem Entwicklungsweg aufmerksam machen und uns mit den ihnen zur Verfügung stehenden Kräften unterstützen. Haustiere leben sogar bei uns und begleiten uns mehr oder weniger nah ein Stück unseres Weges.

Sind die unzähligen Mythen und Legenden der Völker nicht letztlich die Farbtupfer auf dem spirituellen Entwicklungsweg der gesamten Menschheit, Bilder, Vorstellungen und Geschichten, die im Laufe unserer Menschheitsgeschichte zur geistigen, feinstofflichen und spirituellen Dimension unseres Daseins beigetragen haben?

Um wenigstens bruchstückhaft unsere spirituelle Geschichte hier einfließen zu lassen, nimmt die Mythologie, die spirituelle und auch die volkstümliche Bedeutung des jeweiligen Haustieres durch verschiedene Kulturen und Zeiten hindurch einen großen Raum in diesem Buch ein.

Die große Tierseele

Wie alle Tiere haben auch die Haustiere eine Art großer gemeinschaftlicher Tierseele. Dazu tragen die unzähligen Erfahrungen aller individuellen Tiere bei, die jemals in dieser Tiergruppe in der Vergangenheit gelebt haben, in der Gegenwart leben und in der Zukunft leben werden. Wir Menschen, das heißt unsere Fachleute für diesen Bereich, die Tiefenpsychologen, nennen diese gemeinsame Erfahrungsseele der Menschen das »kollektive Unbewusste«. Aus diesem großen Topf werden unsere menschlichen triebhaften Anteile gespeist, aber auch das, was wir gerne als »Inspiration« oder »innere Stimme« bezeichnen.

Selbstverständlich verfügt jede Tiergruppe ebenfalls über ein solches Wissensmeer an Erfahrungen und Erkenntnissen – also sowohl Ratten als auch Schafe oder Katzen und Hunde. Im Unterschied zu uns Menschen fällt es den mit dem göttlichen Licht und der Liebe verbundenen Tieren jedoch wesentlich leichter als uns meist davon abgetrennten Menschen, diesem großen Weisheitstopf zu vertrauen, um daraus Hilfen für unsere nächsten Schritte im Leben zu schöpfen. Da die Tiere, und speziell die Haustiere, uns unendlich lieben, sehen sie es als eine ihrer Aufgaben an, uns zu helfen, wieder in das Vertrauen einer Verbundenheit, einer Zugehörigkeit zu kommen.

Haustiere als Energiearbeiter

Dass Menschen mit Haustieren tatsächlich gesünder sind, belegen sogar Studien des Bundesforschungsministeriums. Hier liegt die Zahl der Arztbesuche bei Menschen ohne Haustiere um 18,5 Prozent höher als bei denen mit Tieren. Doch Vorsicht: Es mag zwar sein, dass ein Büroangestellter gesünder ist, weil er täglich mit seinem Hund morgens eine Stunde joggt und abends noch mal mit ihm Gassi geht. Dass sein Hund – ein gemeinschaftsabhängiges Rudeltier –, aber den ganzen Tag über mehr als nur gelangweilt ein, gelinde gesagt, sehr unschönes Dasein fristet, geht in die Untersuchungen natürlich nicht ein.

Und auch auf spirituell energetischer Ebene neigen wir Menschen dazu, die Hilfsbereitschaft unserer Tiere bis an deren Grenzen auszunutzen – manchmal sogar darüber hinaus. Wie viele Hunde es alleine sind, die reichlich Energiearbeit für ihre Menschen, für uns tun, ohne von uns ein Dankeschön, vor allem aber auch eine energetische Entlastung zu bekommen! So viele Haustiere zahlen neben ihren körperlichen und psychischen Beeinträchtigungen auch auf feinstofflicher Ebene einen hohen

Preis für unsere spirituelle Bewusstlosigkeit – und da reicht das Spektrum über alle Haustierarten: von Meerschweinchen über Schildkröten und Katzen, über die Bartagame im Terrarium und die Kardinalsfische und Panzerwelse im Aquarium bis hin zum Pferd, auch wenn wir nur hin und wieder auf ihm reiten wollen, und es sonst gelangweilt in seiner Box steht.

Hunde nehmen uns blockierende Energien ab, die sich beispielsweise bei einem Streit – auch innerhalb der Familie – auf uns gesenkt haben. Doch selbst geistig sehr hoch schwingende Tiere können nicht unbegrenzt alle beeinträchtigenden Energien transformieren. So sind tatsächlich viele Hunde äußerst erschöpft, sie können irgendwann auch einfach physisch nicht mehr. Ein Tierarzt hat mir unlängst bestätigt, dass die schweren Erkrankungen auch bei jüngeren Hunden in den letzten Jahren drastisch zugenommen haben. Die Tiere sind von ihrer Energiearbeit bei uns so erschöpft, dass sie tatsächlich mit ihrer Kraft am Ende sind und uns daher vorzeitig verlassen müssen.

Sie können nicht anders – denn sie lieben uns ohne jegliche Bedingung, und es ist ihr Job, speziell auch auf feinstofflicher Ebene auf uns achtzugeben, uns zu helfen. Zwar arbeiten unsere Haustiere viel für uns, aber wir dürfen niemals vergessen, dass sie auch ihre eigene Geschichte mitbringen. Das können beispielsweise auch traumatische Erlebnisse aus ihrem aktuellen Leben sein. Sie sind nicht ausschließlich unsere Helfer, sondern arbeiten gleichzeitig auch immer an ihrer eigenen, ganz individuellen Entwicklung.

Und je weniger wir uns selbst um unser geistiges Wohlergehen, unsere geistige Klarheit und um die Liebe zu uns selbst und die Lebewesen um uns herum kümmern, umso mehr müssen sie leisten. Also nutzen wir sie nicht aus, sondern übernehmen selbst die Verantwortung für unseren spirituellen Werdegang, für die Öffnung unseres Herzens und den gleichzeitigen Schutz unseres feinstofflichen Energiehaushaltes!

Energetisch verbinden: Unser Haustier um Hilfe bitten

Wenn wir uns energetisch mit unserem Haustier verbinden, heißt das, wir fragen bei ihm an, bitten es, ob es uns bei unserer spirituellen Entwicklung helfen kann. Das können wir ganz einfach sehr direkt tun: Sprechen wir unsere Bitte aus – entweder vor unserem Haustier, wenn es ganz real vor uns steht, oder wir stellen es uns vor unserem Dritten Auge vor. Wenn wir uns zuvor gut zentriert haben und unser Anliegen ehrlich lichtvoll ist, werden wir aus unserem Herzen heraus spüren, ob unser Gegenüber bereit und auch jetzt im Augenblick in der Lage ist, unserer Bitte nachzukommen. Vielleicht spüren wir ein helles Leuchten aus seiner Richtung, oder uns durchläuft ein sanftes warmes Gefühl. Jeder von uns erhält und empfängt auf seine ganz eigene Weise solche feinstofflichen Signale und Botschaften.

Wenn wir sein Einverständnis eingeholt haben, können wir uns mit der spirituellen Energie und Kraft unseres tierischen Begleiters verbinden. Wieder stellen wir es uns vor unserem Dritten Auge bildlich vor, visualisieren es. Dies erscheint anfangs einfacher, als sich unmittelbar vor unser Haustier zu begeben, zu setzen und zugleich auf physischer und spiritueller Ebene den Kontakt aufzunehmen. Sich auf diese beiden Ebenen gleichzeitig zu konzentrieren, lenkt viele Menschen zunächst zu sehr ab.

Nun konzentrieren wir uns auf unser Herz-Chakra, atmen dort das klare weiße Licht des Universums hinein und stärken und öffnen dieses energetische Zentrum unserer Achtsamkeit und unseres Mitgefühls. Dann stellen wir uns etwa vor unserem Dritten Auge eine Kugel aus goldenem Licht vor. Wenn sie sich klar vor unserem inneren Auge abbildet, lassen wir von ihr das goldene Licht in unser Herz-Chakra fließen. Auf diese Weise verbinden wir uns über die reine göttliche Kraft mit der »großen

Tierseele« unserer Haustierart. Wir halten uns nun einfach offen für das, was geschieht. Vielleicht erhalten wir dann, je nach unserer eigenen Klarheit und den Möglichkeiten unseres Haustieres, Energien, die beispielsweise in unsere Aura einfließen, oder Bilder oder Informationen zu aktuellen Fragen. Sie werden aus den Erfahrungen und Kenntnissen unseres Haustieres gespeist und auch aus dem Weisheitsfundus der artspezifischen »großen Tierseele«.

Auch hier ist die Art des Energieflusses individuell sehr verschieden. Neben unserem Haustier, das uns ja in aller Regel sehr gut kennt, sorgen auch unsere eigenen Geistführer und Schutzengel dafür, dass die geistigen Energien und Informationen so sind, dass wir sie auch verkraften können. Wenn wir uns von ganzem Herzen und in Respekt vor unserem Tier öffnen, erhalten wir die passende Hilfe, die uns auf unserem spirituellen Weg hilft und ein gutes Stück voranbringt. Vertrauen wir den oftmals leisen Zeichen unserer tierischen spirituellen Begleiter.

Doch verwechseln wir bitte das spirituelle Angebot unserer Haustiere nicht damit, uns wie in einem Selbstbedienungsladen an ihrer Energie zu bedienen. Keinesfalls geht es darum, dass wir uns nur deshalb ein Tier zulegen, damit wir von ihm die Fähigkeit oder energetische Qualität, die uns fehlt, nehmen können – im Sinne von aufsaugen.

Die spirituellen Angebote aller Tiere sind freiwillig. Und wir haben keinerlei Recht, von ihnen irgendetwas zu fordern, uns etwas von ihrer Kraft, ihrer Stärke oder ihrer Energie anzueignen. Wir können alle unsere Haustiere nur mit Achtung und gebotenem Respekt bitten, uns mit ihrer spirituellen Kraft und Klarheit behilflich zu sein, auf unserem Weg voranzukommen, uns ihre Fähigkeiten zu lehren. Eine bestmögliche artgerechte Haltung, mit der sich die Tiere wohlfühlen, ist dabei nur ein äußerer Ausdruck unserer Wertschätzung für unsere spirituellen Begleiter.

Wenn es für alle Beteiligten stimmig ist, werden sie uns auf geistig-energetischer Ebene unterstützen. Die einzelnen Schritte zu einer Verbesserung des jeweiligen, von unserem Haustier beleuchteten energetischen Aspekts müssen wir Menschen selbstverständlich selbst gehen. Unsere Haustiere begleiten und helfen uns bestenfalls dabei – aber sie nehmen uns unseren Job, nämlich unseren eigenen Lebensweg zu gehen und dadurch unsere ganz eigenen Lektionen zu lernen, beim besten Willen nicht ab. Was hätte das auch für einen Sinn? Schließlich geht es doch um unser Wachstum, oder?

Testfragen: Welches Haustier passt zu mir?

Dieses Buch kann und möchte keinesfalls die vielen, meist sehr guten Ratgeber zu den einzelnen Haus- und Heimtieren ersetzen. Ich habe lediglich einige charakteristische Gesichtspunkte zusammengetragen, mit denen Sie typischerweise bei den einzelnen Haustieren konfrontiert werden und mit denen Sie sich unbedingt *vor* der Anschaffung eines Tieres befassen sollten. Es geht mir dabei um das Wohlergehen der Tiere. Ihr Haustier ist jeden Tag aufs Neue auf Ihre Fürsorge angewiesen. Fehlinvestitionen Ihrerseits können zwar für Sie wichtige Lernschritte darstellen, aber Ihr Tier ist von Ihren Entscheidungen existenziell abhängig:

Eine vor Einsamkeit und Langeweile dahinvegetierende Griechische Landschildkröte oder Wüstenrennmaus kann auf ihre falsche Haltung, auf die Fehlentscheidungen ihrer Menschen fast nur mit Dahinsiechen reagieren. Oftmals können sich katastrophal falsch gehaltene Tiere aus dieser für sie unerträglichen Situation vollständig in die geistige Dimension verabschieden – also sterben.

Und ob beispielsweise jemand in der Familie eine Tierhaarallergie hat, die die Haltung eines befellten Tieres unmöglich macht, lässt sich bei entsprechendem Verdacht vorher austesten. Denn immer wieder werden Katzen, Hunde oder Meerschweinchen zurückgegeben, ins Tierheim abgegeben oder sogar einfach ausgesetzt, weil sich nach einiger Zeit herausgestellt hat, dass ein Familienmitglied allergisch auf das Tier reagiert – selbst wenn es von ihm geliebt wird. Für die Tiere, die sich meist gerade ein wenig in ihr neues Zuhause eingewöhnt haben, ist dieses Hin und Her natürlich ein großer psychischer Stress.

Das Austesten einer Allergie gilt auch für die Personen, die eigentlich gar nichts mit dem Tier zu tun haben wollen. Aber da feine Haare und Hautschuppen stets früher oder später in der gesamten Wohnung auftauchen, sind auch sie von dem potenziellen neuen Mitbewohner betroffen. So kann man sich von der in Augenschein genommenen Tierart einige Haare bei Bekannten, im Tierhandel oder aus dem Tierheim besorgen und jedem Familienmitglied und zukünftigen Mitbewohner des Haustieres mit einem Pflaster auf die weiche Haut auf der Innenseite des Unterarms kleben. Wenn nach gut zwei Tagen keine Hautrötungen, Quaddeln, Juckreiz oder gar Augenreizungen oder Atembeschwerden aufgetaucht sind, sollte in dieser Hinsicht wohl alles in Ordnung sein.

Tierhaarallergien kann man nicht nur gegen Hunde und Katzen haben, sondern gegen alle kleinen Haustiere mit Fell (Goldhamster, Wüstenrennmaus, Zwergkaninchen, Meerschweinchen, Ratte etc.), aber auch gegen Haare und vor allem Hautschuppen von Pferden, Ziegen, Schafen oder Rindern.

Wer eine Hausstauballergie hat, sollte auf die Käfighaltung von Tieren verzichten, da die feinen Bestandteile der Einstreu diese Allergieform verschlimmern können: also keine Wüstenrennmäuse, Goldhamster, Zwergkaninchen oder Meerschweinchen, aber auch keine Vögel im Bauer, weder Kanarienvögel noch Nymphensittiche.

Es ist niemandem damit gedient, wenn ein Tier, das sich gerade bei uns eingewöhnt hat, wieder abgegeben werden muss – von den Tränen der betroffenen Menschen einmal ganz abgesehen. Vor allem für die Tiere ist ein ständiger Ortswechsel ein ungeheurer Stress. Haben sie sich gerade an die Gerüche, Beleuchtungsverhältnisse, menschlichen Kontakte und Gewohnheiten gewöhnt, müssen sie sich schon wieder grundlegend umstellen. Stellen Sie sich vor, Sie würden aus Ihrem gewohnten Umfeld plötzlich herausgerissen und in ein komplett fremdes, wenn auch vollständig eingerichtetes neues Zuhause gesetzt. Und kaum hätten Sie sich eingewöhnt, würden Sie schon wieder umgesetzt. Natürlich alles ohne jegliche Absprache mit Ihnen!

Kein Tier ist als Überraschungsgeschenk geeignet: weder das traditionelle Glücksferkel noch die niedlichen Hundewelpen. Tiere sind keine Waren, die man so mir nichts, dir nichts gegen Zahlungsbeleg wieder umtauschen kann. Alle Tiere sind genau so beseelte Geschöpfe wie wir auch.

Bei der Anschaffung eines Haustieres sollten Sie auch immer sicherstellen, dass die Versorgung des oder der Tiere während Ihrer Krankheit und vor allem auch während Ihrer Urlaubszeiten oder sonstiger Ausfälle Ihrerseits gewährleistet ist. Haben Sie den tierhaarallergiefreien Freund oder Nachbarn, der Ihre Katze täglich füttert und sich wenigstens kurz mit ihr beschäftigt, während Sie auf Mallorca in der Sonne liegen? Und traut sich die Urlaubsvertretung, den Hamster aus dem Käfig zu nehmen und umzusetzen, um den Käfig sauber zu machen?

Und wenn Ihre Kinder ein Haustier haben möchten: Bedenken Sie, dass Tätigkeiten wie das Reinigen eines Käfigs, häufig auch das kontinuierliche Kümmern um das Wohlbefinden des neuen Mitbewohners meist früher oder später beim Erwachsenen landen. Sind daher auch Sie bereit für das in Aussicht genommene Haustier?

Neben den Anschaffungskosten fallen die in aller Regel sehr

viel höheren Kosten für die Unterbringung, die Nahrung und – meist völlig unerwartet – für die Tierheilpraktikerin oder den Tierarzt an. Sind Sie bereit und in der Lage, diese Kosten zu übernehmen? Können Sie es auch tragen, wenn Ihr Rottweiler eine Nierenerkrankung bekommt und fortan bis an sein Lebensende teures Diätfutter zu sich nehmen muss – bei einem großen Hund ja in nicht unbeträchtlichen Mengen?

Sicherlich kann niemand im Vorhinein alles bedenken, was auf ein Haustier und seinen Menschen zukommen kann und wird. Die Voraussetzungen für die Anschaffung eines Haustieres habe ich deshalb so ausführlich wie möglich beleuchtet, damit sie *vorher* beachtet werden und das Tier ebenso wie der Mensch es hinterher so gut wie möglich miteinander haben.

Die Wahl eines falschen Tieres bei Ihren individuellen Lebensbedingungen nützt niemandem etwas. Denn wenn vielleicht die Wüstenrennmäuse passender sind als der Hund, der viel zu lange jeden Tag alleine bleiben müsste, können alle beteiligten Lebewesen ein gutes Miteinander erfahren.

Wenn neben Ihrer achtsamen und respektvollen Haltung zu dem Tier auch die äußeren Bedingungen stimmen, dann werden Sie und Ihre Haustiere viel Freude miteinander haben und Ihre Lebensbereiche und Lebenserfahrungen gegenseitig bereichern. Nehmen Sie Ihr Haustier als das kostbare, Ihnen anvertraute Geschenk an, das es ist.

Erläuterung zu den grafischen Symbolen

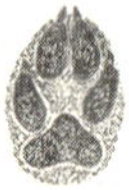

Fußspur
Der Fußabdruck bringt Sie auf die Spur der spirituellen Geschichte des Haustieres, in die Tiefen der Mythologie.

Rabe
Der Rabe leitet jeweils den Abschnitt »Spiritualität« ein. Er steht als einheimisches Krafttier für das »Aussprechen der Wahrheit« und beleuchtet bei jedem Haustier dessen spirituelle Seite: Mit welchem spirituellen Angebot kommt dieses Haustier zu uns Menschen? Was können wir von und – wenn wir unser Herz öffnen – mit dem Haustier erfahren und lernen?

Auge
Das Auge führt im letzten Abschnitt jedes Kapitels zu den wichtigen Testfragen vor der Anschaffung eines Haustieres: Passen Sie und das Haustier zusammen? Können Sie die Voraussetzungen für ein artgerechtes Leben des Tieres erfüllen? Zahlreiche Gedanken und auch unbequeme Fragen sollen Ihnen bei der Entscheidung helfen – in erster Linie zum Wohlergehen der Tiere.

Die Haustiere

Der Hund

Bedingungslose Liebe im Führen und Dienen

Mythologie

Der Hund, der seit rund 20 000 Jahren bei nahezu allen Kulturen in treuen Diensten des Menschen stand, bevölkert auch weltweit die Mythen: häufig als ein Autoritätswesen und oft auch als Verkörperung des Gewissens – wohl wegen seiner großen emotionalen Nähe zum Menschen.

Viele altzeitliche Völker des europäischen Raumes gingen davon aus, dass Pflanzen des Nachts wachsen und ihr Gedeihen daher vom Mond gelenkt würde. Die enge Verbindung des Hundes mit dem Mond legte es für diese Völker um 4000 v. Chr. nahe, dem energievollen Vierbeiner im Frühling eine wichtige Rolle beim Aufwachen der über den Winter im Schlaf versunkenen Pflanzenwelt zuzuschreiben. Der Hund zählte zu den Tieren der Erneuerung. Er war ein göttlicher Gehilfe und verfügte über transformierende Eigenschaften.

Die sumerische Mutter- und Heilgöttin *Bau* oder *Baba* war ursprünglich wohl eine Hundegöttin. Sie wurde in älteren Darstellungen mit einem Hundekopf abgebildet. Ihr Name entspricht dem lautmalerischen Hundegebell (dt.: »wauwau«). Hunde begleiteten die Toten in die Unterwelt, in das Reich ihrer Göttin. Da die Menschen davon ausgingen, dass Hunde geistersichtig sind, sprachen die **Sumerer** einem heulenden Hund die Ankündigung eines Todes zu.

Natürlich gibt es allein schon aufgrund der großen biologischen Nähe zwischen Hund und seinem Ahn **Wolf** auch in der Mythologie manche Parallelen oder Überschneidungen. Bei verschiedenen Völkern sind in der Mythenwelt Wolf und Drache bzw. die gezähmtere oder weniger bedrohliche Form Hund und Schlange austauschbar. So ist der Fenriswolf in der nordischen Mythologie der Bruder der Midgardschlange. Dem indisch-hinduistischen Himmelswächtergott *Bhairava*, eine der Erscheinungsformen *Shivas*, ist als Symboltier in aller Regel der Hund, manchmal aber auch die Schlange zugeordnet. Die Bedeutung von Hund und Schlange als Seelentiere und Todbringer ist vielfach nahezu deckungsgleich. Miteinander verschmolzen sind sie unter anderem in der Figur des griechischen Höllenhundes *Kerberos* mit seinen drei von Schlangen bedeckten Köpfen.

In der australischen Mythologie erscheinen die Hunde des Mondgottes *Balu* als Schlangen vor den Menschen. Wenn die Menschen Balu vertrauten, sollten sie wie der Mond selbst nach dem Sterben wiederauferstehen. Das Vertrauen ging so weit, dass sich die Menschen von den Hunden bzw. Schlangen des Mondgottes beißen lassen sollten, um nicht im Jenseitsstrom, einem reißenden Fluss, den endgültigen Tod zu finden.

Neben der Katze wurde im alten **Ägypten** auch der Hund verehrt. Einzelne Hunde wurden einbalsamiert, wenn auch nicht in dem Umfang wie die Katzen. Und in jeder größeren Stadt war ein Friedhof allein den Hunden vorbehalten. Im ägyptischen Totenbuch steht geschrieben, dass der Mensch dem Hund vertrauen kann, denn dieser begleitet ihn auf dem Weg ins Jenseits und schützt ihn vor allen Gefahren.

Nachfolger der altägyptischen Hundegottheit *Upuaut* war *Anubis*. Beide Gottheiten waren unter dem Namen »Wegöffner« bekannt. Anubis, häufig als liegender schwarzer Hund oder Schakal dargestellt, war als Totengott unter anderem für die rituelle Vorbereitung des Übergangs ins Totenreich, die Mumifizierung, zuständig. Seine Hauptkultorte waren Kynopolis (»Hundestadt«) und Lykopolis (»Wolfsstadt«). Dargebracht wurden dem Hundegott – und daher wahrscheinlich auch den hier lebenden Hunden – die Herzen von Verstorbenen, die ihr Leben vergeudet oder sogar Böses getan hatten.

Der Stern des Anubis war der Sirius, dessen griechischer Name *Sothis* »Hundeauge« bedeutet. Sirius, Mittelpunkt des Sternbildes des »Großen Hundes«, ist tatsächlich in Ägypten der hellste Stern am Himmel. Sein jährliches Erscheinen am Firmament fiel mit den Überschwemmungen des Nil zusammen, die für die Fruchtbarkeit der Region so lebenswichtig waren.

In der altägyptischen Vorstellung vom Tod kam Schutzgottheiten des Leichnams (»Horuskindern«) eine wichtige Aufgabe zu. Ihnen wurden die Eingeweide eines Toten zur Bewachung überantwortet, damit dieser im Jenseits keinen Durst und keinen Hunger zu erleiden hatte. Für den Magen war die Kanopengottheit *Duamutef* (»der seine Mutter verehrt«) zuständig, die in Gestalt eines Hundes auftrat.

Den **Kelten** war der Hund Schutztier und Wächter sowohl der diesseitigen als auch der Anderswelt. Die loyalen Haustiere wurden auch mit dem Aspekt der Heilung assoziiert.

Einer der wichtigsten Helden der irischen Sagenwelt, der über enorme Kräfte verfügende *Cuchullainn*, tötete im Alter von nur sieben Jahren den starken und wachsamen Hund von *Culanns*, dem Anführer der Schmiede. Das brachte ihm seinen Namen Cuchullainn ein, was so viel bedeutet wie »Hund von Culanns«. Später erlernte er bei einer schottischen Zauberin die magischen Künste sowie den Umgang mit Waffen. Die vermittelten Fertigkeiten und Künste unterschieden ihn bald von anderen gewöhnlichen Sterblichen. Quasi zum Dank war er fortan mit dem Verbot belegt, Hundefleisch zu essen. Schon als er lediglich eine gebratene Hundeschulter unter seinen Schenkel legte, verlor er jegliche ihm bis dahin eigene Kraft.

Ein anderer irischer Sagenheld war *Conchobar*, was auf Deutsch »Hund der Hilfe« bedeutet. Er war zugleich der König von Ulster. Die Stute (»die Rote Traurige«) eines berühmten irischen Kriegers trug einen Hundekopf, mit dem sie den Feinden die Eingeweide aus dem Leib riss. Vermutlich kannten auch bereits die Kelten Kampfhunde, die sie unmittelbar aus Wölfen gezüchtet hatten. König *Artus* hatte einen Hund mit Namen *Caball.* Dieser war so groß wie ein Pferd. Auf einem Stein, der zu einem Hügelgrab umgelegt werden sollte, hinterließ *Caball* seinen gewaltigen Pfotenabdruck. Nahm jemand bei Tage den Stein von seinem Platz auf dem Hügelgrab fort, lag er am nächsten Tag wie von Geisterhand bewegt wieder an seinem Platz.

Die eng mit der Anderswelt in Verbindung stehenden Hunde hatten nach keltischer Vorstellung einen derart leichten Zugang zum Jenseits, dass sie beispielsweise auf Geheiß hoher Würdenträger wie König *Arawn* Tiere und Menschen aus der Anderswelt zurück ins Diesseits jagen lassen konnten.

In bestimmten Zeremonien brachen die keltischen Priester, die Druiden, die Knochen von Hunden und Katzen auf, um an das Knochenmark zu gelangen, das sie zerkauten. Gleichzeitig murmelten sie eine bestimmte Zauberformel und klopften mit den Fingern einen speziellen Rhythmus. Dieses magische Ritual ermöglichte ihnen, das Schicksal von Menschen vorherzusagen, die sie danach berührten.

So wie der oberste **germanische** Gott *Odin* zwei Wölfe, die manchmal auch als Hunde dargestellt wurden, in seinen Diensten hatte, waren es im Finnischen bei *Pahonew* große Spürhunde. Odin soll der Mythologie nach seinen vierbeinigen Begleitern, den Wolfshunden *Geri* (der »Gierige«) und *Freki* (der »Gefäßige«), die Leichname von ihm getöteter feindlicher Helden zum Fraß gegeben haben.

Wie verschiedene andere Götter wird auch die germanische Totengöttin *Hel* von ihren Jagdhunden unterstützt, wenn sie die Toten in die jenseitige Welt begleitet.

In der **griechischen** Mythologie war der Hund das Tier der

Hekate, der dreigestaltigen Göttin, die sowohl auf Erden als auch im Himmel und in der Unterwelt wirkte: Hekate war die Göttin der Jagd, des Mondes und Herrin der Toten und Zaubergöttin. Hekates Hund *Kerberos* war Wächter an der Pforte zur Unterwelt, des Hades. Kerberos wurde mit wechselnden Charakterzügen dargestellt; er wurde auch zwischen Tag und Nacht und zwischen Leben und Tod angesiedelt. So wurde zum einen erzählt, dass Hekate, begleitet von ihren Jagdhunden, auf Erden umherwandelte und nach den Seelen von Verstorbenen suchte, die in der Einöde zwischen Dies- und Jenseits verblieben waren. Begegnete eine solche umherirrende Seele der »Herrin des Weges nach unten« mit ihren geistersichtigen Hunden, war ihr das Glück in Form des Endes ihrer Odyssee begegnet.

Zum andern wurde Kerberos als sogenannter Höllenhund charakterisiert, der das Tor zur Unterwelt bewachte. Die vom schmutzigen Fährmann *Charon* mit dem Boot ins Jenseits gebrachten Toten heulte der dreiköpfige Hund furchterregend an. Er wachte darüber, dass niemand entkam. Da Kerberos als Leichenfledderer galt, wurde den Toten zur Besänftigung des wachsamen Hundes Honigkuchen mit auf den Weg gegeben. Als Entlohnung für den Fährmann Charon steckte man den Toten übrigens eine Münze in den Mund, den Obolus.

Aufgrund seiner feinen Nase und seines unbestechlichen Instinktes erkennt ein Hund in Homers Epos den griechischen Helden *Odysseus* in seiner Verkleidung und wittert den Waldgott *Faunus.*

Die Stellung des Hundes ist in der **christlichen** Mythologie sehr ambivalent.

Zum einen wurde er aufgrund seiner bedingungslosen Treue gepriesen als ein Wesen, das seinen Herrn und dessen Herden bewacht. So hält auch auf manchen Bildern zur Legende um das Einhorn der Erzengel *Gabriel* vier Hunde entsprechend den christlichen Tugenden Aufrichtigkeit, Gerechtigkeit, Barmherzigkeit und Friedfertigkeit an der Leine. Im Gleichnis von den Armen und den Reichen treten Hunde als die einzigen Lebewesen hervor, die, selbst von Menschen mit Füßen getreten, den Armen gegenüber Barmherzigkeit zeigen. Sie lecken die Wunden des vor den verschlossenen Türen eines Reichen sterbenden Lazarus, kümmern sich um ihn und versuchen, seine Leiden zu lindern (Lk 16,21).

Als Begleittier ist der Hund den Heiligen Bernhard von Clairvaux, Wendelin und Dominikus zugeordnet. Als Begleiter und Helfer des »guten Hirten« wurde er auch namengebend für einen bekannten Orden: Dominikaner bedeutet so viel wie »die Hunde des Herrn«.

Und ein kleiner jüdischer Exkurs: Von einem bedeutenden Rabbi um 250 n. Chr. ist folgender Ausspruch belegt: »Drei Hartnäckige (im Sinne von Unbeugsame) gibt es: Das ist Israel unter den Völkern, der Hund unter den Tieren und der Hahn unter den Vögeln.«

Andererseits wurde der Hund in christlicher Anschauung auch als eines der verachtenswertesten, als das elendste und dennoch zugleich frechste Geschöpf bezeichnet. Im Gegensatz zur Katze wird er nicht nur unfreundlich behandelt, sondern auch im menschlichen Wohnraum nicht geduldet. Das Alte Testament – ähnlich wie der Koran – verurteilte ihn vor allem wegen seiner öffentlichen Art zu kopulieren als unrein, aber auch wegen seiner unverstanden aufdringlichen Verhaltensweisen wie Anbellen oder Hecheln. Manchmal wurden seine vermeintlich wilden Begierden auch als teuflisch verurteilt. Im Neuen Testament werden Hunde auch mit den Unerlösten, mit den Heiden gleichgestellt. Der Hund frisst wieder, was er ausgespieen hat – diese natürliche Verhaltensweise brachte dem Hund den Vergleich mit falschen Propheten ein.

Auf Ikonen stellte ein struppiger brauner Hund meist fehlende Treue und fehlenden Glauben dar, wohingegen ein weißer und feingliedriger Hund das Gegenteil, Treue, Glauben und Güte vertrat.

Der **Volksglauben** sprach dem Hund große Selbstheilungskräfte zu. Man hatte beobachtet, dass der eigene Speichel selbst stark blutende Wunden verschloss. Das erklärt manche Hundestatue an klassischen Heilstätten wie beispielsweise Thermalquellen. Hunde sind ihrem Herrn treu bis in den Tod und sogar darüber hinaus. Zahlreiche Geschichten ranken sich um Hunde, die auf dem Grab ihres Menschen ausharrten, bis sie ihm ins Jenseits folgen konnten. Seine bedingungslose Loyalität machte den Vierbeiner aber auch bis heute immer wieder zum »geprügelten Hund«, dem Synonym für Unterwürfigkeit bis zur Selbstaufgabe.

Hunde verfolgten auch häufig erfolgreich die Mörder ihres Menschen. Bereits der antike Dichter Plutarch erzählte von einem Hund, den der König Pyrrhus neben einer Leiche sitzend vorfindet und der dann den Mörder seines Herrn verfolgt. Häufig stürzt sich ein Hund auch entlarvend auf einen Dieb oder den Mörder seines Herrn. Zugeschrieben wird den Hunden diese Fähigkeit aufgrund ihrer so fein ausgeprägten Instinkte.

Ein »vieräugiger« Hund – ein Tier mit Flecken über seinen Augen – soll den Teufel in jeglicher Gestalt erblicken und erkennen können.

Bei uns werden die heißesten Sommertage, die meist zwischen den 23. Juli und den 23. August fallen, heute noch als Hundstage bezeichnet. Die Zuordnung dieser Periode zu unseren treuen vierbeinigen Begleitern verdanken wir der Stellung des Hundssterns oder Hundsauges, des Sirius. Gerade um diese Zeit steht er in der Nähe der Sonne, und sein Aufgang fällt auf den Beginn dieser Sommerperiode. Bereits in der Antike brachten die Griechen den Lauf des Hundssterns mit diesen regelmäßig wiederkehrenden Hitzewellen zusammen.

Eine nordamerikanische **Legende** erzählt, dass der Hund von den übrigen Tieren ausgestoßen wurde, weil er dem Menschen treu und loyal ergeben war, obwohl dieser oft Tiere sehr schlecht behandelte. Möglicherweise fußt auf dieser Betrachtungsweise des vierbeinigen menschlichen Gefährten seine Bedeutung als Schimpfwort, mit dem ein Mensch herabgesetzt werden soll. Da für viele Menschen Hunde die einzige Erfahrung bieten, überhaupt ein Tier zu lieben, galten Hunde andererseits in der indianischen Mythologie zugleich als Helden und sehr wichtige Verbündete.

Jacob Grimm erwähnt eine Sage, in der ein Hund als Mahner der Menschen auftritt: Es gab einmal eine heilige Eiche, deren Blätter, auch die herabgefallenen, kein Mensch zu berühren wagte. Doch eines Tages wurde die Eiche geschlagen und ihr Holz zu Asche verbrannt. Da erschien aus der Eichenasche ein Hund. Dieser Hund wies die Menschen an, alle Asche der Eiche zu sammeln und auf dem ursprünglichen Standort des Baumes zusammenzutragen. Dort wuchs eine neue Eiche, die fortan den Menschen als Klagebaum diente. – So taucht in manchem Märchen ein sprechender Hund auf.

Eine im 19. Jahrhundert sehr beliebte Fabel aus der Antike erzählt Folgendes über den »dummen Hund«: Ein Hund rannte einst mit einem Stück Fleisch im Maul nach Hause. Auf dem Weg erblickte er in einem Wasser einen Hund mit einem Fleischbrocken in der Schnauze – also sich selbst. Er war aber so gierig, dass er nach dem Fleischbrocken seines Spiegelbildes schnappte, woraufhin er auch sein eigenes Fleisch verlor.

Die feinen Sinne des Hundes wie sein ausgezeichnetes Gehör und sein exzellenter Geruchssinn prädestinierten den Hund als Wächter in Übergangsbereichen: War dies in der Mythologie in erster Linie der Grenzbereich Tag und Nacht, zwischen Leben und Tod, so bot sich auf **psychologischer** Ebene der Übergang zum Unbewussten an. Stets soll der wache und warnende Instinkt des Hundes auch den Menschen daran erinnern, alle seine ihm zur Verfügung stehenden Sinne nicht zu vernachlässigen. Häufig steht der Hund als der Archetypus für angeborene Instinkte, die der Mensch, weil er seinen Verstand maßlos überschätzt, in vielen Daseinsbereichen verloren hat.

Den so verschiedenen Hunderassen werden entsprechend unterschiedliche Eigenschaften zugeordnet. Bereits die großen Rassegruppen Wach- und Schutzhunde, Jagdhunde, Schlittenhunde und Gesellschaftshunde verdeutlichen die verschiedenen Nischen, für die Hunde gezüchtet wurden, Tätigkeiten oder Arbeiten, die der Mensch nicht so gut verrichten konnte oder wollte. Dabei symbolisiert beispielsweise der Deutsche Schäferhund die menschliche Sehnsucht nach Ordnung und Durchsetzungsvermögen, wohingegen der Pudel als Gesellschaftshund die sozialen und kommunikativen Sehnsüchte bedient. Ob diese abgeleiteten Archetypen tatsächlich immer dem Naturell der Rasse, geschweige denn des individuellen Hundewesens entsprechen, sei dahingestellt.

Traumdeutung

Aufgrund seines Spürsinns kann ein geträumter Hund darauf hinweisen, dass bald Geheimnisse aufgedeckt werden. In anderen Deutungen stehen weiße oder helle Hunde als ein Hinweis auf eine positive Entwicklung in zwischenmenschlichen Beziehungen, also in Freundschafts- oder Liebesbeziehungen. Dementsprechend sollen dunkle oder schwarze Traumhunde Probleme und Konflikte ankündigen.

Taucht speziell ein Dackel im Traum auf, ist dies der Hinweis auf einen besonders guten und loyalen Freund, der dem Träumenden zur Seite steht. Ein Windhund hingegen rät zur vorausschauenden Vorsicht, vor allem beim Eintritt in eine neue Beziehung. Der Windhund kann auch ein Hinweis darauf sein, dass nun eine schnelle Entscheidung und deren Umsetzung anstehen, weil sonst die Gelegenheit ungenutzt vorbeizieht. Jagdhunde deuten auf Veränderungen zum Guten hin.

Wegen seiner Bindungsfähigkeit und Treue sowie seiner sensiblen Wahrnehmung ist der Hund Inbegriff des Seelenführers. Er ist sowohl treuer Freund und Wächter des Menschen als auch Beschützer vor Angriffen auf allen energetischen Ebenen.

Da seine Anhänglichkeit schnell auch ein Stück Abhängigkeit in sich birgt, soll in der tiefenpsychologischen Traumdeutung ein Hund auf eine zu wenig entwickelte Eigenständigkeit und Individualität hinweisen. Dabei sollen die Größe und die subjektiv gefühlte Gefährlichkeit des Hundes für das Ausmaß der Kluft zwischen Selbstkontrolle und der durch sie unterdrückten Triebhaftigkeit stehen. Der Traumhund stellt quasi den bewussten Kontakt her zur eigenen Tendenz des Träumenden, entweder sich selbst von anderen oder aber andere von sich selbst abhängig zu machen. Der Hund wird als Aufforderung verstanden, mehr an der eigenen Unabhängigkeit zu arbeiten. Der Träumende soll (wieder) mehr seine Ecken und Kanten vorzeigen, die die charakterliche Färbung seiner Persönlichkeit ausmachen.

Spiritualität

Eines der kostbarsten Geschenke der Hunde an uns Menschen ist, uns zu helfen, uns selbst, unserer inneren Stimme und letztlich unserem Seelenauftrag gegenüber loyal zu bleiben. So wie ein Hütehund ein aus der Herde ausbrechendes Schaf immer wieder mit seiner Schnauze zurück an seinen Platz schubst, wie etwa ein Border Collie oder Briard bemüht ist, die ihm anvertrauten Wesen zusammenzuhalten, genau so stubsen uns unsere treu sorgenden vierbeinigen Begleiter immer wieder zurück auf unseren Weg.

So hören wir immer wieder von Hunden, die ihrem Menschen das Leben gerettet haben. Beispielsweise hat ein Hund seinen Menschen aus der Gefahrenzone eines auf ihn zu fahrenden Lastwagens gezogen, oder ein anderer Mensch wurde so lange von seinem Hund mit scheinbar unmotiviertem Bellen abgelenkt und beschäftigt, bis eine Gefahr, in die sein Mensch sonst hineingeraten wäre, vorbeigezogen ist. Das ist die irdisch-materielle Ebene, auf der unsere Hunde tätig werden. Sie ist für jeden von uns sichtbar, wenn wir nur ein wenig wach durch die Welt gehen. Wobei – wenn wir genauer darüber nachdenken –, hier auch schon spirituelle Aspekte in das Verhalten unseres Hundes mit hineinkommen. Denn was wir Menschen gerne als »Ahnungen« abtun wollen, die wir allerdings intellektuell auch nicht näher erklären können, sind doch nichts anderes als hellseherische Qualitäten, die auf einen reinen und engen Kontakt mit der geistigen Welt schließen lassen.

Hunde können selbstverständlich nicht unsere Lebensentscheidungen übernehmen, geschweige denn unsere Handlungen und Reaktionen im irdischen Alltag. Aber die meisten unserer Hunde arbeiten so viel für uns Menschen – das tatsächliche Ausmaß ihrer Unterstützung auf geistiger Ebene können wir uns kaum vorstellen.

Die Hilfsbereitschaft von Hunden für uns Menschen geht sogar so weit, dass sie uns körperliche Beschwerden oder sogar schwere Erkrankungen abnehmen. Hunde sind sehr geübte Grenzgänger zwischen der materiellen und der feinstofflich-geistigen Welt. Und über diesen Wandlungspfad nehmen sie sehr häufig auch schwere und belastende, also krank machende Energien auf sich. Das gehört zu ihrem Auftrag, ihren Menschen nach Kräften zu unterstützen und es ihm so leicht wie nur möglich zu machen, seinen Lebensweg zu gehen.

Menschen, die mit Hunden zu tun haben, werden es häufiger erleben, dass sich Beschwerden und Krankheiten von Menschen und ihren Hunden verblüffend ähneln. So ist es keineswegs ungewöhnlich, wenn Mensch und Hund das gleiche homöopathische Mittel bekommen. Und viele Menschen werden schwer krank, oder eine bis dato latente Erkrankung bricht gerade dann voll aus, nachdem ihr Hund gestorben ist. Ihnen fehlt nun die energetische Hilfeleistung ihres Tieres und die krankheitsauslösende Last fällt ganz auf sie selbst zurück. Beispielsweise weitet sich bei einem Menschen eine Herzrhythmusstörung zu einer Herzinsuffizienz aus – recht rasch nach dem Tod des Hundes, der an einem Herzschlag gestorben ist.

Die Hunde gehen bei diesem Dienst an uns Menschen vielfach bis an ihre eigene physische Grenze. Gerade in unseren Tagen bekommen immer häufiger auch schon jüngere Hunde besonders gravierende Symptome und schwerwiegende Erkrankungen wie allerlei Formen von Krebs. Viele Tierärzte bestätigen diese Entwicklung. Trotz unseres materiellen Wohlstandes gehen wir Menschen vielfach immer nachlässiger mit unserer eigenen körperlichen, psychischen und geistig-spirituellen Gesundheit um. Die Hunde in ihrer bedingungslosen Loyalität zu uns Menschen können nicht anders: Sie müssen uns helfen und nehmen uns die in vielen Fällen von uns selbst hergestellten und aufgebürdeten Lasten ab. Ihre Aufforderung, gut für uns und unser Wohlergehen auf allen Ebenen zu sorgen, geschieht für die meisten von uns zu sanft und leise. So bleibt den treuen Begleitern nichts anderes übrig, als uns auf ihre Kosten hilfreich zu sein.

Hunde haben den Auftrag übernommen, diesen Job mit allen ihnen zur Verfügung stehenden Kräften bei ihren Menschen zu erfüllen. Und im Gegensatz zu den meisten Haustieren handelt es sich hierbei um einen auf spiritueller Ebene bedingungslos übernommenen Auftrag. Das heißt, Hunde tun ihr Möglichstes für ihre Menschen. Dabei spielt es eine eher untergeordnete Rolle, ob sie von uns Menschen darum gebeten werden, oder wie wir sie behandeln.

Doch wenn wir selbst wach sind und uns auf allen Ebenen weiterentwickeln wollen und dies Schritt für Schritt tun, sollten wir auch verantwortungsvoll und achtsam mit unseren wölfischen Begleitern umgehen. Wenn wir tatsächlich die volle Verantwortung für unser Wohlbefinden auf allen Ebenen des Seins übernehmen, dann dürfen wir den Hunden nicht Arbeit zumuten, die eigentlich durch uns selbst zu erledigen wäre.

Beispielsweise wissen wir manchmal, dass wir deshalb Probleme mit dem Magen haben, weil wir zu viel Kaffee trinken und uns falsch ernähren. Hinzu kommt, dass wir durch diese Übersäuerung und unser Unwohlsein leicht aufbrausen und ziemlich launisch sind, was übrigens ungerechterweise auch noch der Hund abbekommt. Unsere schlechte Laune macht unserem Hund hingegen Kummer. Weil es uns schlecht geht und wir weit entfernt von unserer Mitte sind, verteidigt er uns gegen alles, was uns zu nah kommt – wodurch er selbst wiederum nach außen aggressiver wird. Das schlägt auch unserem Hund auf den Magen.

So weit die weltliche, jedem sichtbare Kette. Hinzu kommt nun noch die geistige, feinstoffliche Ebene in diesem ganzen Prozess. Es ist nämlich so, dass wir durch unsere Verstimmtheit und Launenhaftigkeit beeinträchtigende, schattige Energien aus allen erdenklichen Winkeln anziehen, die sich wie Kletten an uns heften, um uns Energien abzuzapfen und uns energetisch zu schwächen. Diese dunklen Energien und Wesenheiten nutzen schwächende Gefühle von uns Menschen wie Ängste, Neid, Wut oder Gier, die uns aus unserer Mitte bringen und uns destabilisieren, um bei uns anzudocken. Wir nähren sie quasi durch unsere Schwächen und Nachlässigkeiten. Unsere Hunde nehmen uns auch diese teils sehr schwerwiegenden dunklen Energien ab.

Die einzige Art, wie sie das tun können, ist, sie freiwillig auf sich zu nehmen. Mit ihrer unmittelbaren Öffnung zur geistigen

Welt sind sie zwar meist in der Lage, diese dunklen Energien zu transformieren. Doch diese spirituelle Wandlung erfordert von unseren vierbeinigen Helfern sehr viel Kraft. Und wir sollten uns als unsererseits verantwortungsbewusste Begleiter unserer Hunde fragen, was wir ihnen denn noch alles zumuten wollen. Haben wir mit unserem Menschsein nicht auch die Aufgabe übernommen, uns selbst nach bestem Wissen und besten Kräften für unser Wohlergehen in diesem Leben einzusetzen und alles für unsere emotionale und geistige Entwicklung zu tun, selbst zu tun?

Erst dann, wenn wir dies wirklich erkennen und in unserem Lebensalltag tatsächlich berücksichtigen, können wir unseren Hund als gleichwertigen Partner sehen. Dann werden wir, wenn es unserem Hund nicht gut geht, uns als Erstes fragen, ob wir etwas in unserem Leben nicht angepackt und geregelt haben, sodass uns der treue Geselle diese Last mal wieder abnehmen musste. Wenn wir diese Eigenverantwortung in der Beziehung zu unserem Hund übernehmen, dann entwickeln wir eine echte Partnerschaft.

Und an dieser Stelle kommen wir zu der Hauptaufgabe, dem Geschenk, das Hunde uns Menschen machen können – wenn wir sie nicht mit den eigentlich in unserer Verantwortung stehenden Aufräumarbeiten über Gebühr beschäftigen. Denn für uns Energiearbeit zu machen ist nicht ihr erstes Anliegen. Sie können uns als sehr spirituelle Wesen auch einen wichtigen, grundlegenden Zusammenhang lehren, der uns Menschen auf unserem Lernweg voranbringen wird. Dabei geht es um die Bedingungslosigkeit in der Verbindung untereinander, in der Loyalität einem anderen Lebewesen gegenüber und letztlich in der Liebe.

Der Hund ist gleichzeitig Führer und Lehrer und treu ergebener Diener. Er verdeutlicht uns auf seine höchst einfühlsame Weise, dass es keinerlei Wertung in dieser Aufgabenverteilung gibt. Als Führer ist er zugleich treuer Diener, denn er dient durch seine Aufgabe denjenigen, die er auf den rechten Weg bringt. Der Hund nimmt mit seiner hohen Sensibilität die Bedürfnisse und Notwendigkeiten seiner Schutzbefohlenen wahr und tut nun seinerseits sein Bestes, um diese zu erfüllen. Als Führer sorgt er gut für seine Gruppe, sein Rudel. Und er begleitet uns überallhin. Damit erfüllt er zugleich den Aspekt des Dieners, der stets treu nach den Wünschen und Bedürfnissen seines Herrn Ausschau hält, um sie zu erfüllen.

Wenn wir Hunde wirklich verstehen, haben wir gelernt, dass es keinerlei Unterschied gibt zwischen Dienen und Führen. Voraussetzung ist natürlich, dass wir dies genauso liebevoll tun wie unsere vierbeinigen Begleiter. Wenn wir als Mensch unsere Macht missbrauchen und nicht mehr allein dem Wohlergehen der uns anvertrauten Gemeinschaft dienen, haben wir unseren lichtvollen Weg verlassen.

Vom Wolf zum Hund

Die ersten Tiere, die vom Menschen domestiziert wurden, waren Hunde, bzw. ihre Ahnen, die Wölfe. Im Unterschied zu den sogenannten Nutztieren wie Rind, Schaf oder Ziege schlossen sich Wolf und Mensch bereits vor der Entwicklung des Ackerbaus zusammen. Schon früh wurden die Hunde bei der Jagd eingesetzt. Und als Wachhunde schützten sie bereits die frühen Siedlungen des Menschen.

Man geht heute davon aus, dass der Hund nicht einmalig, sondern an vielen verschiedenen Orten und zu verschiedenen Zeiten auf der Erde **domestiziert** wurde. Annähernd gleichzeitig tauchen Hunde an mehreren Stellen im eurasischen und nordamerikanischen Verbreitungsgebiet des Wolfes auf. Üblicherweise datiert man diesen Zeitpunkt auf rund 10 000 bis 20 000

Jahre vor unserer Zeitrechnung. Neue DNA-Analysen lassen jedoch auf zumindest gelegentliche Zähmungen von Wölfen zu einem weitaus früheren Zeitpunkt schließen: vor mehr als 100 000 Jahren. In jedem Falle gilt der Hund als das älteste Haustier des Menschen.

Der Anschluss des Wolfes an den Menschen durch den Menschen hat somit nichts mit Sesshaftwerdung des Menschen und der Entwicklung von Ackerbau und Landwirtschaft zu tun. Der Hund ist das einzige Haustier, dessen Domestikation schon stattgefunden hat, als der Mensch noch in Gemeinschaften als Jäger und Sammler durch die Welt zog.

Erste Parallelen zwischen Wolf bzw. Hund und Mensch treten hier zutage. Wie beispielsweise der Mensch in der Steinzeit ist auch der Wolf dazu gezwungen, in der Gruppe das Großwild zu jagen. Denn seinen Beutetieren würde er aufgrund seiner Statur und Physiologie als Individuum chancenlos gegenüberstehen. Zur gemeinsamen Jagd befähigt den Wolf sein angeborenes und sein erlerntes soziales Verhalten – ebenso wie den Menschen. Zusätzlich fördert dieses kollektive Jagdverhalten eine differenzierte Ausprägung von sozialen Strukturen. Es entwickelten sich im Laufe der Stammesgeschichte beim Wolf kommunikative Systeme, damit sich die Tiere in verschiedenen Situationen gegenseitig verständigen können. Eine Aufgabenteilung erwies sich als günstig, und ein gewisses Spektrum an sozialer Fürsorge sichert das Überleben des gesamten Rudels.

Sogar manche klassischen Biologen kommen zu dem Schluss, dass sich die Wölfe wegen der großen Ähnlichkeiten in den Verhaltens- und Lebensweisen dem Menschen gewissermaßen angeboten haben, ja, sich geradezu selbst domestiziert haben. Zunächst hätten sie wegen der verwertbaren Abfälle die Lagerplätze des Menschen aufgesucht. Die Nähe zu den menschlichen Jägern hätte zudem einen sicheren Rahmen auch für die räuberischen Wölfe geboten. Und im Zweifel hätten die Tiere immer auf die Nahrungsreste des Menschen zurückgreifen können.

Deutlich gegen diese Auffassung spricht allerdings aus biologischer Sicht, dass solch ein Annäherungsverhalten nur von ausgewachsenen Wölfen zu erwarten wäre. Ein erwachsener Wolf lässt sich jedoch nicht zähmen, das heißt, er würde sich in der Gruppenhierarchie im Rang kaum einem Menschen unterordnen. Daher ist die weitverbreitete Theorie wahrscheinlicher, dass die eigentliche Domestikation über Wolfswelpen erfolgte. Solche Jungtiere lassen sich, solange sie zwischen wenigen Tagen und einigen Wochen alt sind, recht leicht auf den Menschen prägen. Wahrscheinlich erfolgten die ersten Wolfszähmungen über die Aufzucht von Jungtieren, die von Jagdzügen mitgebracht wurden.

Den ersten Nutzen zog der Mensch aus dieser Partnerschaft wohl, indem er die ersten gezähmten Wölfe bzw. den frühen Haushund als Jagdgehilfen verwendete. Möglicherweise setzte er die kollektive Rudeljagd seines neuen Gefährten für seinen eigenen Jagderfolg ein. Dagegen spricht allerdings, dass zur uneigennützigen Jagdhilfe aus heutiger Sicht zahlreiche Lernschritte für die Kooperation mit dem Menschen nötig wären, die heutige zahme Wölfe kaum erbringen können. Zumindest lässt sich aber aus heutiger Sicht das Aufspüren von Beutetieren vor allem in bewaldeten Gebieten als eine biologische Dienstleistung des frühen Hundes am Menschen annehmen – ein Dienst, bei dem der Hund deutlich erfolgreicher war, als der Mensch dies selbst in diesem Lebensraum sein könnte. Bei der Bären- und Robbenjagd werden Hunde in den Tundren der Nordhalbkugel bis heute genutzt.

In anderen Regionen spielte die jagdliche Nutzung von jeher eine untergeordnete Rolle. Dagegen spannten die Inuit sowie viele sibirische Ureinwohner ihre Hunde vor ihre Schlitten. Unter anderem ließen die australischen Ureinwohner, die Aborigines, die halbwilden Dingos* als Bettwärmer die kalten Nächte im Outback an ihrer Seite verbringen. Und – vor allem bei Nahrungsmangel, also in großer Not – diente der treue Begleiter des Menschen immer wieder als eiserne Fleischreserve. In anderen Kulturen hingegen, beispielsweise in China und anderen ost- und südasiatischen Ländern sowie in Süd- und Mittelamerika, werden bis heute traditionell Hunde zur Fleischgewinnung gezüchtet und gehalten. Doch auch in Europa, genauer gesagt im schweizerischen Appenzell, dienten Hunde noch bis in das 19. Jahrhundert hinein in größerem Umfang als Lieferanten für Fleisch. Andererseits waren von jeher besonders die kleineren Rassen in allen Kulturen als Schoßhündchen ausgesprochen beliebt.

Schon immer hat das ungewöhnlich enge Verhältnis zwischen Mensch und Wolf bzw. Hund eine besondere Rolle gespielt. Zu keinem anderen Haustier hat der Mensch eine solch enge Beziehung aufgebaut. Daher halten viele Forscher die Nutzung des Hundes als Jagdhelfer, als Hüte- oder Wachhund oder als Zugtier für Formen, die erst später nach der Haustierwerdung des Wolfes aufkamen. Sie gehen davon aus, dass die Hauptgründe für die Domestikation des Wolfes die gefühlsmäßige Nähe zu dem Raubtier, die rasch entstehende emotionale Bindung an den sozialen Vierbeiner und die Veranlagung zu sozialer Fürsorge sowohl beim Menschen als auch beim Wolf waren. Nicht von ungefähr gab der große Naturforscher Linné dem Haushund

* Die Dingos haben ihre eigene Geschichte: Seit 2000 v. Chr., manche gehen sogar von einem Zeitpunkt bis zu 8000 Jahren früher aus, leben die eingeführten Wildhunde in Australien. Die Aborigines züchteten selbst keinerlei Tiere, allerdings zähmten sie die Dingos, indem sie immer wieder Welpen der frei lebenden Wildhunde aufzogen. Den erwachsenen Tiere gaben die australischen Ureinwohner die Freiheit, sich wieder von der Menschengruppe zu lösen.

zunächst den wissenschaftlichen Namen *Canis familiaris*, was man frei als »familiären« Wolf übersetzen könnte.

Höchstwahrscheinlich haben die Hunde aber dazu beigetragen, andere Tiere wie Schafe oder Rinder zu domestizieren. Zum einen verfügten sie über die Fähigkeit, andere Tiere wie eben Schafe auch in größeren Herden zu hüten. Zum anderen konnten sie die Nutztiere nicht nur zusammenhalten, sondern sie auch recht erfolgreich vor Raubtieren schützen.

Vom reinen Fortpflanzungs- und Evolutionsstandpunkt aus betrachtet, war die Annäherung des Wolfes an den Menschen für die Spezies ein äußerst erfolgreiches Unterfangen: Auf der ganzen Welt, das heißt in allen Regionen, die vom Menschen bewohnt werden, leben auch Hunde – und zwar Abermillionen. Ihre wilden Verwandten, die Wölfe, mussten sich hingegen in wenige, möglichst vom Menschen unbesiedelte Gebiete zurückziehen.

Trotz der großen Vielfalt heutiger **Hunderassen**, die vom winzigen Chihuahua und dem kleinwüchsigen, doch stets selbstbewussten Mops über den Dackel und den Pudel sowie die verschiedenen Windhunde und die Bulldoggen bis zum Ungarischen Hirtenhund und dem Irischen Wolfshund reichen: Der Wolf (*Canis lupus*) ist der alleinige Stammvater aller Haushunde. Mit andern Worten: Sowohl der Rehpinscher als auch der Golden Retriever, der Yorkshire, der Husky und der Bernhardiner – alle Hunderassen stammen ausschließlich vom Wolf ab.

Manche Hunderassen sind sehr alt. So tauchen bereits im alten Ägypten, also gut 2000 v. Chr., Abbildungen von Hunderassen auf, die uns heute unter folgenden Namen bekannt sind: Windhunde oder Saluki, Basenji, Mastiff, Pointer und Malteser Terrier. Die kräftigen Mastiffs wurden damals beispielsweise im Kampf gegen Löwen eingesetzt.

Weltweit sind über 150 anerkannte Hunderassen registriert. Sie alle entstanden im Laufe der langen Zeit, die der Hund am und im Haus des Menschen zugebracht hat. Auf vielfältige Weise hat der Mensch im Laufe der Jahrtausende durch gezielte Zuchtauswahl nicht nur das ursprünglich wölfische Aussehen, sondern auch spezifische Eigenschaften und Verhaltensweisen seines Begleiters verändert. Die verschiedensten Rassen sind deshalb zustande gekommen, um die ganz unterschiedlichen Bedürfnisse des Menschen und seine Anforderungen an den Hund zu befriedigen.

So bildeten sich allmählich Begleithunde bei der Jagd heraus: manche mit ausgeprägter Spürnase zum Aufstöbern von Beutetieren, andere mit nahezu unerschöpflicher Laufleistung zum Hetzen der Beute, manche eigneten sich besonders zum Apportieren erlegter Beute, während sich wieder andere wie die Bordeauxdogge mit Kraft und unbeugsamem Kampfesmut selbst kräftemäßig überlegenen Tieren wie Bären stellten. Während Windhunde wie der Barsoi, der Saluki oder der Afghanische Windhund, noch dazu ausgestattet mit einem für Hunde sehr guten Sehvermögen, bestens für die Jagd im offenen Gelände geeignet waren, jagten wieder andere wie Dackel und Terrier unter der Erde, indem sie in den Fuchs- oder Dachsbau hineinkrochen.

Manche Hunderassen eigneten sich in den entsprechenden Regionen der Welt hervorragend als Schlittenhunde, von denen heute noch der Husky, der Alaskan Malamute, die Samojeden- und Eskimohunde bekannt sind. Andere machten sich hingegen als Hüte- oder Treiberhunde für das Vieh des Menschen nützlich. Die Verhaltensspezialität eines Hütehundes liegt bekanntlich darin, bei einem Tier, das sich von der Viehherde abgesondert hat, einen kurzen lockeren Biss im Bereich der Fessel anzubringen, um es wieder zurückzuholen. Die ursprünglichen Hütehunde, die Schaf- und Rinderherden zusammenhalten und zugleich beschützen können, sind meist große, kräftige und tendenziell angriffslustige Tiere, ausgestattet mit einem langen, dichten Fell gegen jegliche Witterungseinflüsse. Zu den bekanntesten Rassen gehören hier die verschiedenen Schäferhunde, der Collie, der Berner Sennenhund, der Pyrenäenberghund, der Kuvasz und der Briard.

Der Deutsche Schäferhund wurde später Liebling der Schutz- und Polizeihundeausbilder. Um gefährlicher zu wirken, wurden per Züchtung die Hinterbeine dieser Schäferhunde weiter nach hinten gestellt und die Kruppe erniedrigt. Dass die Hunde so sprungbereiter aussehen, hat den meisten Schäferhunden allerdings schwerwiegende Hüftprobleme und teils lebenslange furchtbare Schmerzen eingebracht. Andere Schutzhunde, die sich durch besonderen Gehorsam, aber auch ausgeprägte Wachsamkeit und eine niedrige Angriffsschwelle auszeichnen, sind Doggen, Mastiffs, Rottweiler und Riesenschnauzer. Später kamen Wachhunde für Haus und Hof dazu.

Heute sind die meisten Hunde keine Arbeitshunde mehr, sondern dienen als Hobby- oder sogenannte Familienhunde ganz offensichtlich den emotionalen Bedürfnissen oder dem körperlichen Bewegungsbedarf der Menschen. Dass es sich dabei auch um höchst aufgeweckte und intelligente Hunderassen handelt, belegt einer der beliebtesten Gesellschaftshunde, der Pudel. Er gilt in Untersuchungen als eine der intelligentesten Hunderassen überhaupt. Vielleicht hat er aber auch die meisten und vielfältigsten Gelegenheiten gehabt, sich auf die menschlichen Angewohnheiten und Anforderungen einzustellen.

Bei uns in Deutschland leben 5,3 Millionen Hunde. Wenn man diese Zahl auf die durchschnittlichen deutschen Haushalte hochrechnet, leben etwa 9,6 Millionen Menschen mit mindestens einem Hund zu Hause zusammen. Der am meisten verbreitete Rassehund ist immer noch der Deutsche Schäferhund. Die gleiche Hochrechnung ermittelt, dass mehr als eine Million Deutsche mit einem Schäferhund zusammenleben. Nach der Häufigkeit ihrer Rasse folgen dann die verschiedenen Dackel,

die verschiedenen Terrier, gefolgt von den Retrievern, speziell dem Golden und dem Labrador Retriever.

Neben dem Menschen war früher der **Wolf** das außerhalb der Tropen am weitesten verbreitete Säugetier – Ausdruck der enormen Anpassungsfähigkeit des Räubers. Nahezu die gesamte Nordhalbkugel der Erde war sein Lebensraum. Wölfe leben sowohl in Steppen und Halbwüsten als auch in Waldgebieten, sie kommen in der flachen Tundra ebenso wie im Gebirge bis zu 2500 m Höhe vor, und sie haben sich an ein breites Klimaspektrum angepasst, das von der Nordküste Grönlands bis zur Südspitze der arabischen Halbinsel reicht.

Dennoch hat ihre große Flexibilität und Anpassungsfähigkeit die Wölfe nicht vor der gnadenlosen Verfolgung durch den Menschen geschützt. Bei uns in Deutschland wurde 1846 in Bayern der letzte frei lebende Wolf geschossen. Doch in jüngster Zeit wurden immer wieder Einwanderer aus dem Osten auch bei uns gesichtet: Der Wolf scheint trotz allem auf die eine oder andere Weise nicht aufzugeben!

Wölfe sind Raubtiere, hauptsächlich ernähren sie sich von Fleisch. Im Sommer bietet sich den Wölfen in den meisten ihrer Lebensräume ein deutlich breiteres Nahrungsspektrum als im Winter an: Neben mittelgroßen und großen Säugetieren gehören dazu auch Hasen, kleine Nagetiere, sogar Fische und Frösche, größere Insekten und Pflanzenkost wie Früchte. Das Großwild stellt vor allem in der kalten und kargeren Jahreszeit die Hauptnahrung dar.

Das gesellige Leben im komplexen Familienverband, dem Rudel, ermöglicht den Wölfen die gemeinschaftliche Hetzjagd, um auch Beutetiere zu erlegen, die wie Hirsche, Rentiere oder Elche wesentlich größer als sie selbst sind. Dieses Großwild wird vom Rudel so lange gehetzt, bis es völlig erschöpft ist und von der Wolfsgruppe überwältigt werden kann. Die tag- und nachtaktiven Wölfe sind ausgesprochen ausdauernde Läufer. An einem Tag können sie Strecken von 150 km zurücklegen.

Das Wolfsrudel ist eine der im Tierreich am höchsten entwickelten sozial organisierten Lebensgemeinschaften. Je nach regionalem Angebot an Beutetieren besteht ein Wolfsrudel aus fünf bis zehn Tieren, die ein ausgedehntes Revier von 100 bis über 1000 Quadratkilometern beanspruchen. Gegenüber anderen Wolfsrudeln wird es durch abgesetzte Duftmarken abgegrenzt – ein Verhalten, das auch täglich noch bei unseren Haushunden zu beobachten ist – sowie durch das bekannte langgedehnte Heulen. Gegebenenfalls verteidigen Wölfe ihr Revier auch bis aufs Blut gegen Eindringlinge.

Die Wolfsgruppe ist streng hierarchisch geordnet. Die beiden Geschlechter verfügen getrennt voneinander über eine eigene Rangordnung. In teilweise heftigen Kämpfen werden die sozialen Ränge in der männlichen Reihe und in der weiblichen Reihe ausgefochten. Die ranghöchsten Tiere werden als Alphamännchen bzw. Alphaweibchen bezeichnet. Sie schreiten in der Gruppe meist auffallend aufrecht mit hochgestelltem Schwanz umher. Bei der Rangfestlegung zählen soziale Freundschaften zu hohen Rudelmitgliedern ebenso wie körperliche Stärke. Doch man muss sich nun nicht vorstellen, dass in der Gemeinschaft der Wölfe ein dauerndes Gebeiße und Gerangel herrscht. Diese meist im Herbst ermittelte Hierarchie bleibt in aller Regel während des nächsten halben Jahres bestehen, also der Fortpflanzungszeit. Und da der Kern eines Rudels für gewöhnlich viele Jahre zusammenbleibt, halten sich schwere Rangordnungskämpfe meist in Maßen.

Auseinandersetzungen innerhalb der Wolfsgruppe werden in dieser Zeit überwiegend mit rituellen Gesten aus dem ausgefeilten Repertoire an Körpersprache geregelt. Wenn ein Wolf sich einem anderen in gebückter Demutshaltung und mit einem zwischen den Hinterbeinen eingezogenen Schwanz nähert, so drückt er damit die Akzeptanz seines niederen Ranges aus. Die gleiche Unterordnung bringt ein Wolf zum Ausdruck, wenn er mit angelegten Ohren und einer leicht gesenkten Rute die Lefze eines Höherrangigen leckt. Dabei handelt es sich übrigens um ein Überbleibsel aus dem Verhaltensrepertoire der Welpen. Ranghohe Wölfe wiederum fletschten mit imposanter Drohgebärde gegen aufmüpfige Tiere durch Hochziehen der Lefzen die Zähne. Nicht selten schreiten bei Streitigkeiten auch die Alphatiere ein. Der Unterlegene legt sich dann auf den Rücken und bietet damit seine empfindliche Kehle, das heißt sein Leben, dem Rudelführer dar.

Manchmal können Rivalenkämpfe allerdings auch eine solch ernsthafte Schärfe erreichen, dass dem unterlegenen Tier nur die Flucht übrig bleibt, um das eigene Leben zu retten. Dann kann der Unterlegene nur noch allein umherziehen. Er meidet andere Wolfsrudel, die ihn sogleich attackieren würden. Der Verstoßene muss jedoch bald einen Geschlechtspartner zur Gründung eines eigenen Rudels finden, um als Rudeltier und Gruppenjäger auf lange Sicht überleben zu können.

Innerhalb eines Rudels paaren sich nur die beiden jeweils ranghöchsten Wölfe. Nach einer gut zweimonatigen Tragzeit wirft das Weibchen in einer Höhle oder einem selbst gegrabenen Erdbau zwischen vier und acht zunächst blinde Junge. Das gesamte Rudel beteiligt sich an der Aufzucht der Welpen. Der Nachwuchs ist mit einem halben Jahr selbstständig und mit zwei Jahren geschlechtsreif.

Der europäische Wolf erreicht eine Kopf-Schwanz-Länge von bis zu zwei Metern und ein Gewicht von bis zu 50 kg. Die in Wüstengebieten lebenden Wölfe sind erheblich kleiner und leichter als die Tiere in fruchtbaren Regionen. So bringt ein erwachsener israelischer Wolf manchmal sogar nur 12 kg auf die Waage. Die Fellfarbe der Wölfe variiert von Weiß bis Schwarz. Der »normale« grau gefärbte Wolf erhält seine Fellfarbe durch eine Mischung von weißen, braunen und schwarzen Grannenhaaren. Wölfe können in freier Wildbahn bis zu zehn Jahre alt werden.

Passt ein Hund in Ihr Leben, und passen Sie zu einem Hund?

Es stellen sich im Vorhinein sehr viele Fragen, wenn Sie die Anschaffung eines Hundes überlegen:

Wie viel Zeit können Sie für die Erziehung, die Spaziergänge sowie die Pflege eines Hundes und die Beschäftigungen mit ihm aufbringen? Die Nachfahren des Wolfes sind keinesfalls dafür geschaffen, den lieben langen Tag in der Wohnung oder gar in einem Zwinger zu verbringen. Hunde sind in erster Linie soziale Tiere und brauchen daher vor allem anderen Gesellschaft, Ansprache und eine ihnen gemäße Beschäftigung. So sind tägliche Bewegung und spielerische Aufgaben wichtiger als ein großer Garten, der für den Hund schnell nichts anderes ist als ein Freiluftteil des Wohnzimmers und ohne andere Lebewesen ziemlich langweilig. Und nahezu jeder Hund liegt lieber geduldig einige Zeit neben seinem Menschen – auch im Wolfsrudel gibt es ausgedehnte Ruhephasen –, als stundenlang allein zu Hause zu verbringen.

Können Sie einen Hund gegebenenfalls mit zu Ihrem Arbeitsplatz nehmen? Und sind Sie bereit, jeden Tag bei Wind und Wetter rauszugehen – nicht nur drei Meter zum Entleeren, sondern wenigstens eine Revierrunde? Und das mindestens dreimal täglich, sodass Ihr so treu zu Ihnen stehender Begleiter wenigstens seine zwei Stunden mit Ihnen draußen verbringt? Und das wirklich jeden Tag? Was ist, wenn Sie krank sind, gibt es dann jemanden aus Ihrer Familie oder Ihrem Bekanntenkreis, der einen Hund nicht nur niedlich findet, sondern sich auch traut und Zeit hat, mit ihm spazieren zu gehen? Ein Hund bringt in aller Regel auch immer Dreck mit ins Haus. Sind Sie bereit, diesen und die damit verbundene Mehrarbeit ohne unsinnige Vorwürfe an den Hund täglich in Kauf zu nehmen?

Sind Sie willens, falls Sie darin noch keine Erfahrung haben, die Kommunikation mit einem Hund zu lernen? Denn die sogenannte Hundeerziehung oder eine Hundeschule beinhalten ja letztlich nichts anderes, als dass der Hund, meist aber verstärkt der Mensch, die jeweiligen Signale und Verhaltensweisen sowie den angemessenen Umgang damit lernt.

Haben Sie auch bedacht, dass ein Hund nicht nur den Anschaffungspreis und seine Erstausrüstung kostet? Gut zehn bis 15 Jahre lang müssen Sie für sein Futter, Hundesteuer und Haftpflichtversicherung aufkommen, ganz abgesehen von den laufenden Tierarztkosten. Und was ist, wenn der Hund krank wird und den Rest seines Lebens teure Medikamente, Behandlungen oder Diätfutter braucht? Können Sie dafür aufkommen?

Wenn die grundsätzliche Entscheidung für einen Hund positiv ausfällt, sollten Sie sich nun überlegen, welches die richtige Rasse für Sie ist, für Ihre Lebensbedingungen, die dann zu denen Ihres vierbeinigen Begleiters werden.

Aber da gibt es auch große Temperamentsunterschiede bei den verschiedenen Rassen. Vor der Anschaffung eines Hundes sollte man sich daher genau überlegen, was man dem Hund jeden Tag und über Jahre hinweg – er kann gut und meist gerne 15 Jahre alt werden – bieten kann und auch möchte, und danach die Rasse bzw. auch den Mischling, der verschiedene Rassebesonderheiten in sich trägt, auswählen. Lieber sich vorher gut mit den Gegebenheiten auseinandersetzen, als dass nachher Mensch und Hund eine unliebsame Überraschung oder täglichen Stress und Unzufriedenheit erleben.

Bitte machen Sie nicht den Fehler, einen Hund allein nach optischen Gesichtspunkten auszuwählen, ihn mitzunehmen, weil er beispielsweise so puschelig oder so niedlich ist oder Sie mit seiner läuferischen Eleganz so beeindruckt. Um einem jahrelangen (!) und täglichen (!) intensiven Zusammenleben gerecht werden zu können, sollten Sie sich vor einer Anschaffung auf die erheblich wichtigeren Wesensmerkmale der Hunderasse konzentrieren. Auch wenn die individuelle Ausprägung bei jedem einzelnen Hundewesen sehr unterschiedlich ausfällt, bleiben in aller Regel rassetypische Grundzüge erhalten. Erkundigen Sie sich vorher ausführlich bei mehreren Züchtern, Hundetrainern oder anderen Hundehaltern über die speziellen Anforderungen der von Ihnen in Aussicht genommenen Hunderasse. Holen Sie wirklich verschiedene Meinungen ein. Denn manch ein Hundemensch, der in »seine Rasse« regelrecht verliebt ist, verklärt unbewusst deren Besonderheiten.

Beispielsweise sind Border Collies nicht nur höchst intelligente und lernfähige, sondern auch extrem agile Arbeitshunde. Wenn sie keine ausreichende Beschäftigung – und damit ist nicht dreimal am Tag Stöckchenwerfen gemeint – bekommen, wissen vor allem Rüden kaum noch, wohin mit ihrer Energie. Sie werden dann nicht selten verhaltensauffällig, und ihre Menschen wissen kaum, was sie mit ihrem Problemhund machen sollen. Für solche lauffreudigen und tatsächlich extrem arbeitswilligen Hunderassen ist das *Agility-Training* eine gute Möglichkeit, mit ihrem Menschen zusammen freudig »zu arbeiten«, Aufgaben zu erfüllen und Intelligenz und Lernfähigkeit anzuwenden. Wer die Gelegenheit hat, kann mit seinem Border Collie auch hobbymäßig das Einhüten von Schafen erlernen. Doch auch hier reicht ein Vierwochenkurs nicht aus, wenn Ihr Hund keine weitere Gelegenheit hat, das Erlernte anzuwenden.

Gerade die Border Collies, aber auch Briards, Australian Shepherds, Wäller sind Arbeitshunde, dafür hat der Mensch diese Rassen gezüchtet. Nicht dafür, dass sie gekauft werden, weil sie

so schön aussehen, und dann ein langweiliges Dasein alleine eingesperrt in einer Wohnung verbringen müssen.

Bis auf wenige Rassen und natürlich individuelle Unterschiede sind alle Hunderassen auch auf der rein weltlichen Ebene Arbeitshunde. Selbst der immer wieder als Familienhund angepriesene Golden Retriever ist ein Jagdhund, ursprünglich gezüchtet als Apportierhund bei der Entenjagd. Er ist tatsächlich sehr zufrieden, wenn er echte oder »Spiel«-Beute mit sanftem Beißgriff aus dem Wasser zu seinem Menschen bringen kann. Mit ihm sollten Sie immer etwas Apportierarbeit machen, damit er auch geistig ausgelastet ist.

Und ein Jack Russell Terrier ist zwar ein kleiner Hund, aber unter allen Hunderassen zählt er sicherlich zu den größten Energiebündeln. Er will rennen, rennen, apportieren, rennen und springen. Und nach drei Minuten Pause geht es für den tatsächlich fast Unermüdlichen wieder weiter. Sind Sie solchen sportlichen und Aktionsanforderungen gewachsen? Schäferhunde und Dobermänner binden sich häufig mehr an eine Person, selbst wenn sie in einer Großfamilie leben. Sie verteidigen ihr Rudel – also Sie und Ihre Familie – auch gerne gegen Fremde. Können Sie damit umgehen?

Und: Kein Hund gehört in einen Zwinger! Diese Einzelhaft ist für das Rudeltier die Hölle. Zwingerhunde werden durch die Isolation immer psychisch gebrochen – denn sie werden knallhart aus dem Sozialverband ausgestoßen, meist noch als Welpen. Ich wünsche keinem, das tage- bis wochenlange Winseln und verzweifelte Weinen anhören zu müssen, bis der eingesperrte Bursche aufgibt, weil er nicht mehr kann. Sein Urvertrauen in den Menschen hat der Hund dann auch aufgegeben. Das hat keiner unserer vierbeinigen Gefährten verdient.

Gerade weil der Hund als Rudeltier sein ganzes Leben lang so stark auf die Gemeinschaft mit seinen Menschen angewiesen ist, übernehmen Sie mit seiner Anschaffung eine große Verantwortung. Wenn Zweifel bestehen, nehmen Sie Abstand davon, sich einen Hund zuzulegen. Wenn Sie Hunden helfen wollen, übernehmen Sie Patenschaften in Tierheimen oder auf Gnadenhöfen. In Tierheimen werden auch immer Menschen gesucht, die mit den Pfleglingen Spaziergänge machen – hier könnten Sie manch alten Hund, der meist kaum noch Vermittlungschancen hat, glücklich machen.

Die Katze

Energien bündeln

Mythologie

Im alten **Ägypten** wurden Katzen »mau« genannt, was so viel wie »Licht« bedeutet. Da Katzen in der Lage sind, Geister, Wesenheiten und andere für uns Menschen nicht sichtbare Kräfte sofort wahrzunehmen, setzten sie bereits die alten Ägypter als Wächter gegen unerwünschte Eindringlinge in ihren Tempeln ein. Katzen galten somit im Alten Ägypten als heilige Tiere und wurden mit höchstem Respekt behandelt. Wer ein solch lichtvolles Wesen tötete, der wurde selbst mit dem Tode bestraft, selbst wenn dies durch eine Art Missgeschick geschah. Die Todesstrafe erfolgte meist durch eine Steinigung.

Die Legende berichtet von einem Perserkönig, der diese ägyptische Katzenverehrung zu seinem Vorteil ausnutzte: Er band lebende Katzen auf die Schilde seiner Krieger. Daraufhin sollen sich die Ägypter ergeben haben: Sie waren aufgrund ihres Glaubens nicht in der Lage, die als Schutzschilde benutzten Katzen zu töten.

Bastet war im alten Ägypten die katzenköpfige Göttin der Freude, Liebe und Fruchtbarkeit. Meist als Frauengestalt mit einem lächelnden Katzenkopf dargestellt, wachte sie auch über die Seelen der Toten. Bastet half als große Wohltäterin Menschen in der Not. Die Katzengöttin war Mutter des Löwengottes *Mahes* und in gesonderten Überlieferungen auch die Mutter von *Nefertem* und *Anubis*. Vermählt war Bastet mit dem ägyptischen Sonnengott *Re* (oder *Ra*). Als weiblicher und wohltuender Aspekt des Sonnengottes Re schnitt Bastet in einigen Mythen jeden Morgen aufs Neue dem Schlangendämon *Apophis* den Kopf ab. Das bedeutete für jeden Tag, dass das Licht und der Tag über die Dunkelheit und die Nacht triumphieren konnte: Somit färbte sich fortan jeden Morgen und jeden Abend der Himmel vom Blut der dunklen Riesenschlange rot.

In unmittelbarer Nähe der nach ihr benannten ägyptischen Stadt Bubastis (»Haus der Bastet«) hat man ausgedehnte Katzenfriedhöfe gefunden. Die Leichname der lichtvollen Tiere wurden einbalsamiert, sodass man Hunderttausende von Katzenmumien ausgegraben hat. Manche der mumifizierten Tiere wurden sogar in kostbaren Katzensärgen aus Bronze aufgebahrt.

Im ägyptischen Totenbuch erschien hingegen der Sonnen- und Schöpfergott *Re* selbst in einer Katzeninkarnation. Als sogenannter »großer Kater von Helios« schnitt in diesen Geschichten er selbst der dämonischen Schlange *Apophis* den Kopf ab. Apophis, eine in der Finsternis hausende Riesenschlange, symbolisierte im krassen Gegensatz zum lichten ägyptischen Sonnengott die dunklen, schwarzmagischen Mächte.

In der **indischen** Mythologie galt die Katze als Verkörperung von *Shosti*, der Schutzgöttin von Geburt und Mutterschaft. Die hinduistische Katzengöttin wurde gerne auf einer Katze reitend abgebildet. In vielen Tempeln übernahmen daher Katzen Schutzfunktionen.

Im **Japan** des 13. Jahrhunderts tauchten in den Mythen einige Dämonen in Katzengestalt auf. So sollte die menschenfressende Hexe *Neko-Baké* in Gestalt einer Katze in die Wohnhäuser eindringen und dort die ungehorsamen Kinder fressen. Dieser Glaube war auch im mittelalterlichen Europa vertreten. Zur Zeit der Hexenverfolgungen schrieb man auch hier den Hexen zu, in Gestalt einer Katze in jene Häuser einzudringen, in denen Kinder schliefen.

Im heutigen Japan genießt die Katze indes ein hohes Ansehen. Um ihrer Wertschätzung für dieses Tier Ausdruck zu verleihen, errichteten und pflegen die Japaner bis heute Tempel eigens für Katzen. Auch in China und Thailand gelten in manchen Regionen immer noch Katzen als Gottheiten.

Den **Kelten** war die Katze Beschützerin und Wächterin, und zwar insbesondere für die inneren Kräfte des Menschen. Ihr wilder Aspekt machte die Katze speziell bei schwierigen Auseinandersetzungen und in Streitangelegenheiten zu einer kraftvollen und vorantreibenden Verbündeten.

Eine Zeitlang hatte ein unrechtmäßiger Herrscher Oberhand über die keltische Anderswelt erlangt. Er trug den Namen *Cinn-Cait*, was so viel wie »Katzenkopf« bedeutet. Sein falscher Machtanspruch hatte schwerwiegende Folgen für die diesseitige Welt: An jeder Ähre reifte nur ein einziges Korn, und an jeder Eiche war als Frucht nur eine einzige Eichel gewachsen. In den Flüssen gab es keinen einzigen Fisch mehr, und das Vieh der Menschen gab keine Milch.

Der Legende nach soll der Wagen der **germanischen** Göttin der Fruchtbarkeit und der geistigen Liebe und der Anführerin der Walküren *Freyja* von zwei großen, kraftvoll-eleganten Katzen gezogen worden sein. Wie die meisten hoch geachteten Tiere wurden auch Katzen für die germanischen Götter geopfert. Dabei sollen vor allem schwarze Tiere in der Gestalt von sprechenden Geistern erschienen sein. Möglicherweise liegt hier eine der alten tradierten Wurzeln für die spätere Dämonisierung gerade der schwarzen Katzen.

Die **griechische** Göttin der Jagd und der Fruchtbarkeit *Artemis* hatte sich der Legende nach selbst eine kleine Katze erschaffen, von der die Katzenliebhaberin stets begleitet wurde. In den Häusern und Speichern überließ man hier aber zunächst noch den Frettchen die Aufgabe, die Mäuse zu vernichten.

Im frühen **Christentum** weckte die Katze noch positive Assoziationen. So wird auf frühen Abbildungen sogar die Heilige Maria zusammen mit Katzen dargestellt. Spätestens ab dem Mittelalter wandelte sich jedoch das Bild der Katze zu einem Ausdruck geistiger Finsternis und sogar des Teufels selbst. Sie verkörperte seine Laster wie Faulheit und sexuelle Begierde. Millionen unschuldiger Katzen, vor allem die schwarzen, bezahlten diese christliche Vorstellung mit ihrem Leben.

Insbesondere in den Hochburgen der Hexenverfolgung wurde die Katze als Inkarnation des Bösen verdammt. Wer als Ketzer gebrandmarkt werden sollte, wurde manchmal schlicht der Anbetung des Teufels in Katzengestalt beschuldigt. Er unterlag dann der nahezu aussichtslosen Beweislast seiner Unschuld. Die meist nachts ausgestoßenen Laute der Katzen bei der Paarung wurden kurzerhand als Schreie ihrer Opfer missdeutet. Katzen wurden zu Hexentieren schlechthin erklärt. Unzählige Katzen mussten manch schreckliches Schicksal mit vermeintlichen Hexen teilen: Sowohl die verleumdeten Frauen als auch die Tiere wurden auf meist barbarische Art und Weise zu Tode gebracht: gesteinigt, ersäuft oder verbrannt – was immer sich die entartete Fantasie fanatischer Menschen ausdenken konnte.

In Frankreich war es zu der Zeit Brauch, in das Fundament einer Kirche jeweils eine Katze einzumauern. Auf diese Weise sollte das Gotteshaus den Teufel und seine bösen Mächte unter sich begraben. Es sollte den Sieg des Guten über das Böse symbolisieren.

Im Jahre 942 musste die Bevölkerung des belgischen Örtchens Ypern der christlichen Kirche einen grausamen Beweis dafür erbringen, dass sie ihrem heidnischen Brauchtum abgeschworen hatte: Vom höchsten Turm der Stadt wurden Katzen hinabgeworfen, die die Einwohner von Ypern daraufhin mit Stöcken erschlagen mussten. Ab 1344 wurden auf dem Marktplatz in Metz jedes Jahr 13 Katzen in eisernen Käfigen bei lebendigem Leibe verbrannt. Über 400 Jahre lang versuchte man auf diese Weise, die Veitstanz-Seuche zu bekämpfen. Ein äußerst sinnloser Versuch, da es sich um eine Nervenerkrankung handelt.

Vielleicht wurden die Menschen später in gewisser Weise für

ihre – noch dazu im Namen Gottes durchgeführten – Grausamkeiten gegenüber Katzen, also gegen die Schöpfung Gottes selbst, zur Rechenschaft gezogen: Die Wanderratte, die um 1400 mit Schiffen aus dem Orient eingeführt wurde, brachte mit ihren auch auf den Menschen übergehenden Flöhen die Pest nach Europa. Manche Forscher gehen heute davon aus, dass nicht rund zwei Drittel der europäischen Bevölkerung ihr Leben hätten lassen müssen, wenn es zu dieser Zeit mehr Katzen gegeben hätte. Wer weiß, ob es sich dabei nicht um eine Vergeltung – im Sinne eines Energieausgleichs – an den Mördern der einstigen Katzenwesen gehandelt hat ...

Der **Volksmund** hat zahlreiche Sprüche und Bilder rund um die Katze parat.

Wenn jemand »die Katze aus dem Sack lässt«, gibt er ein Geheimnis preis. Im 18. Jahrhundert brachte man Ferkel des einfacheren Transports wegen häufig in einem Sack zum Verkauf auf den Markt. Doch nicht selten versuchte ein Händler, seine Kundschaft mit einer Katze statt eines Ferkels im Sack zu betrügen. Bestand der Käufer jedoch auf Sichtung der Ware, musste der Händler zwangsläufig die sich meist heftig zur Wehr setzende Katze aus dem Sack lassen.

Der Name »neunschwänzige Katze« für eine Peitsche mit neun einzeln verknoteten Strängen geht auf die Spuren zurück, die dieses martialische Züchtigungsinstrument hinterließ: Wunden, die an die Kratzer von den Krallen einer größeren Wildkatze erinnerten. Die »neunschwänzige Katze« wurde früher vor allem auf Kriegsschiffen zur Disziplinierung von Seeleuten eingesetzt.

»Die Katze lässt das Mausen nicht«, lautet ein bekanntes Sprichwort, das besagt, dass eine noch so gute Erziehung nicht die natürlichen Veranlagungen ändern kann. Letztlich meint dies, dass die Welt so bleibt, wie sie ist. Ob die weisen Katzen über dieses Missverständnis schmunzeln können?

In Japan werden bis heute Katzenfiguren mit einer erhobenen Pfote abgebildet. Sie gelten als Glücksbringer und sollen das Geld herbeiwinken.

Im europäischen Volksglauben galt die Katze als Schutzgeist für die Magie des Mondes. Andererseits besagte ein alter Aberglaube, dass ein Kranker, der in einem Haus liegt, in dem sich die Katzen beißen, sterben muss. Dieser Aberglaube ging allerdings auch davon aus, dass die Katzen als unheimliche Wesen ihre Kinder durch ihren Mund gebären würden. Diese Vorstellung ist wohl darauf zurückzuführen, dass die Katzenmütter auch schon ihre ganz kleinen Jungen viel im Maul herumtragen. Ein anderer alter Spruch lautet: »Wenn sich eine Katze putzt, wird bald ein Gast kommen.« Und wenn Katze, Hund und Hahn schwarz gefärbt sind, soll in dem dazugehörigen Haus niemals ein Feuer ausbrechen. Nach einer anderen alten Überlieferung soll das Fieber eines Kranken auf die Katze übergehen, wenn man beide zusammen in ein Bett steckt.

In einem der bekanntesten **Märchen** der Gebrüder Grimm macht der Held, der »Gestiefelte Kater«, mit Verstand und List einem Zauberer den Garaus und verhilft so dem Licht zur Durchsetzung gegen die Dunkelheit.

In den verschiedenen Kulturen erzählt man die unterschiedlichsten Geschichten darüber, wie es zur klassischen Feindschaft zwischen Katze und Hund gekommen ist. In einer Erzählung heißt es, dass den Katzen von den Hunden ein wichtiges Dokument zur Aufbewahrung gegeben worden sei. Die Katzen achteten aber nicht ausreichend auf das Schreiben, sodass es den Mäusezähnen anheimfiel. Seitdem sind sich Hund und Katze spinnefeind. In Italien erzählt man sich, dass ein Kater dem Hund sein angestammtes Recht, die große Einkaufstasche tragen zu dürfen, entriss, woraus sich die unerbittliche Feindschaft zwischen den Tieren entwickelte.

Eine **Sage** aus dem Morgenland erzählt folgenden Vorfall von der Arche Noah: Auf der Arche herrschte eine furchtbare Ratten- und Mäuseplage. Fast alle Vorräte waren den Nagern schon zum Opfer gefallen, sodass aus dem rettenden ein untergehendes Schiff zu werden drohte. Noah war darüber sehr verzweifelt. Er begab sich zu dem Löwenpaar, um deren Hilfe zu erbitten. Doch die majestätischen Katzen legten sich gerade zum Schlafen nieder, und der König der Tiere blinzelte nur noch seiner Löwin kurz zu. Noah, der sich mehr erhofft hatte, war sehr enttäuscht und streifte im Weggehen die Nase der Löwin. Daraufhin nieste sie einmal sehr kräftig, und zwei winzige Löwen ohne Mähne sprangen aus der Nase der Löwin hervor. Sie waren das erste Katzenpaar – und beseitigten rasch die Nagerplage, sehr zur Freude der Menschen und der übrigen Tiere.

In Japan gibt es statt »des Mannes im Mond« die »Katze im Mond«. Auch über Japan hinaus verkörpert die Katze als Symbol für den Mond das Geheimnis unseres Erdtrabanten.

Im Islam gelten Katzen als Lieblingstiere des Propheten *Mohammed*. So sind von seiner Katze *Muezza* einige Legenden überliefert. Ohne Zögern soll der Prophet sein Gewand zerschnitten haben, als er zum Gebet gerufen wurde, um die auf seinem Arm schlafende Katze nicht zu wecken. Und weil er seinen Liebling und alle anderen Katzen immer liebevoll über den Rücken streichelte, soll er den Katzen die Gabe verliehen haben, stets zuerst mit den vier Pfoten auf dem Boden zu landen.

In Ungarn kursiert eine Sage, nach der Eva gar nicht aus der Rippe, sondern aus dem Schwanz einer Katze hervorgegangen sein soll. Und zwar soll sich, als Gott Adam die Rippe herausnahm, um daraus Adams Gefährtin zu formen, eine Katze den Knochen geschnappt haben. Sie lief mit ihrer Beute sogleich davon, Gott erwischte aber noch ihren Schwanz und formte Eva daraus.

Aus Polen stammt eine sehr anrührende Geschichte: Eine Katze klagte am Fluss ihr Leid darüber, dass ihr grausamer Herr all ihre Jungen einfach in den Fluss geworfen habe, um sie loszuwerden. Da neigten die Weiden am Fluss aus Mitgefühl ihre Äste ins Wasser, damit sich die Kätzchen daran festhalten und aus dem Wasser herausklettern konnten. Seitdem tragen die Blüten der Weidenbäume ein weiches Fell und werden »Kätzchen« genannt.

Traumdeutung

In der volkstümlichen Traumdeutung symbolisiert die Katze stark den individuellen Aspekt eines Menschen, der bei labilen Charaktertypen allerdings auch in extreme Ichbezogenheit oder Egozentrik abdriften kann.

Wer im Traum von einer Katze angegriffen wird, wird es in nächster Zeit wohl mit einem Gegner zu tun bekommen, der vor nichts zurückschreckt. Das Gekratztwerden durch eine Katze soll speziell Kränkungen und Verletzungen durch falsche Freunde ankündigen. Eine weiße Katze soll als Zeichen für das Aufkeimen einer zarten Liebe zu einem anderen Menschen oder Lebewesen stehen.

Die Tiefenpsychologie interpretiert gerne spezifisch weibliche Eigenschaften in Katzen hinein, daher verkörpert sie aus psychologischer Sicht immer die Gefühlsseite. Diese Emotionalität kann sich im Sinne von katzenhafter Verspieltheit ausschließlich auf die Sexualität beziehen oder aber auch den tiefen Wunsch nach Unabhängigkeit ausdrücken. Häufig wird die Katze mit weiblicher Eigenständigkeit und Individualität in Verbindung gebracht.

Taucht die Katze im Traum auf, will sie auf die Gratwanderung zwischen der Akzeptanz der eigenen individuellen Besonderheiten und dem Abgleiten in egozentrische Betrachtungen des Lebens hinweisen. Zum einen fordert die geträumte Katze also auf, sich mehr mit den ureigensten Ecken und Kanten in seiner Umgebung, seinem sozialen Umfeld zu zeigen, andererseits kann sie aber auch davor warnen, sich zu sehr in den Mittelpunkt zu stellen. Dann sollte der Träumende sich mehr für die Bedürfnisse anderer öffnen.

Ist der Träumende männlich, kann die geträumte Katze auch ein Ausdruck tiefer Angst vor dem unbekannten Weiblichen sein, beispielsweise der anschmiegsamen Zärtlichkeit und zugleich begehrlichen Sexualität mancher Frauen.

Spiritualität

Auch auf spiritueller Ebene sind Katzen ganz besondere Individualisten. Sie haben einen ganz eigenen Zugang zur feinstofflichen Ebene, zu Energien, die wir Menschen hinduistisch als *Prana*, chinesisch als *Qi*, japanisch als *Ki* oder einfach als universelle oder göttliche Lebensenergie bezeichnen.

Beispielsweise können Katzen Erd- und Wasserstrahlen nicht nur sehr gut spüren, sondern lieben diese energiereichen Plätze ganz besonders, vor allem die in ihrer Energie potenzierten Kreuzungspunkte. Während Hunde solche Plätze in aller Regel meiden, sind diese Energieorte meist Lieblingsruhe- oder Schlafplatz einer Katze. Hier tankt sie auf, füllt ihre Speicher wieder auf. Sie verträgt die hohen energetischen Schwingungen, die an solchen Orten vorherrschen, sehr gut – ja, liebt sie geradezu.

Wie immer bestätigen natürlich Ausnahmen die Regel: Es gibt auch vereinzelt Katzen, denen diese Plätze von ihren Schwingungen her zu intensiv sind, die sie eher meiden, weil sie es hier zu anstrengend finden. Möglicherweise sind diese Seelen vorher in Gestalt eines Hundes auf die Erde gekommen oder wären in der jetzigen Inkarnation lieber ein Hund gewesen. Daher haben sie nicht vollständig die reine Katzenenergie in sich und halten es an solchen Stellen in der Wohnung oder im Garten tatsächlich nicht gut aus – wie ein Hund.

Die Stärke unserer Hauskatze ist es, die Energien, die in ihrem und auch unserem Lebensbereich auftreten, zu bündeln. So kann sie gleichermaßen gut mit den Erdstrahlen umgehen, die besonders stark an den Schnittpunkten der Magnetgitter des Erdmantels hervortreten, wie mit der hochschwingenden kosmischen Strahlung. Wie mit einer energetischen Lupe sammelt die Katze mithilfe ihrer starken Aura die Energiestrahlen, zentriert und bündelt sie. Auf diese Weise unterstützt sie die Klärung und Anhebung der Energien auf der Erde.

Die verschiedenen Katzenrassen haben diese Form der Energiearbeit mit verschiedenen Schwerpunkten unter sich aufgeteilt. Wir Menschen sind übrigens keinesfalls Mittelpunkt der Katzenwelt: Sie machen diese Energiearbeit in erster Linie für die Erde und alles Leben auf ihr, und erst in zweiter Linie kümmern sie sich – wenn überhaupt – unmittelbar um das energetische Wohlergehen der Menschen. Katzen sind eben sehr eigenwillig und mehr oder minder stolz im Sinne von »sich ihrer Rolle und Aufgabe sehr wohl bewusst«.

Die auf uns meist sehr elegant, oftmals auch aus ihrer Tiefe heraus sehr stolz wirkenden Kurzhaarkatzen sind besonders darauf spezialisiert, Energien so zu fokussieren, dass sie genau auf den Punkt kommen.

Die mit einer viel weicheren Eleganz auf uns wirkenden langhaarigen Katzenrassen verteilen hingegen sehr viel großzügiger die von ihnen gebündelten Energien in ihre Umgebung. Vielleicht assoziieren wir Menschen deshalb mit einer Perserkatze den Aspekt der Gemütlichkeit – lässt sie doch in zufriedener Gelassenheit und eigenem Wohlgefühl ob des Fließens die von ihr gebündelten Energien ausströmen.

Die Katze macht uns ein spirituelles Angebot, und es ist wirklich im wahrsten Sinne des Wortes ein Angebot: Entweder wir

Menschen nehmen und nutzen es oder wir lassen es sein. Ignorieren oder verstehen wir ihr Geschenk an uns nicht, dann macht die Katze halt mit ihrer spirituellen Energiearbeit weiter – Energien anzuziehen und zu fokussieren, um die Schwingungen anzuheben und das Licht auf der Erde zu vermehren. Meist tut sie dies im Stillen und Verborgenen – weil wir Menschen so etwas kaum für möglich halten oder wir gar nichts davon mitbekommen. Das bekümmert die Katze aber nicht weiter. Sie geht davon aus, dass jeder für sich selbst verantwortlich ist und dass jeder selber seines Glückes Schmied ist. Dabei ist sie sehr eigenwillig, und zwar in ganz positivem Sinne. Denn sie lässt sich durch uns Menschen und unsere aus Selbstzweifeln genährten Irritationen gar nicht aus ihrem Konzept bringen. Sie steht ganz klar zu ihrer inneren Stimme, ja, sie *ist* ihre innere Stimme. Bei den meisten Katzenindividuen sind auf spiritueller Ebene diese beiden Ebenen identisch, der Eigenwille und die innere Stimme. Das macht die ungeheure geistige Klarheit der Tiere aus.

Was übrigens nicht heißt, dass auch eine so hoch entwickelte Katze mit ihrem Körper, ihrem Gefäß für das irdische Dasein, keine Probleme in der physischen Welt hat. Manche spirituell sehr reife Katze fühlt sich eher wie die Gemahlin eines altägyptischen Pharaos – eine nicht unwahrscheinliche Vorstufe in ihrem spirituellen Werdegang. Die zarte Hauskatze mit dem Freilauf in den Hinterhausgärten der Stadt, in deren Körper sie sich nun befindet, scheint ihr eher fremd zu sein. In ihrem aktuellen Katzenleben mag sie der »Underdog« des Viertels sein, also nicht viel bei den anderen Katzen zu melden haben und auch häufiger einmal von ihren physisch präsenteren Artgenossen eine gewischt bekommen. Aber selbst wenn sie zerknirscht und mit äußeren Blessuren nach Hause kommt, ändert das nichts an ihrer erhabenen inneren Haltung, diesem tiefen geistigen Selbstbewusstsein.

Deshalb sollten wir uns beispielsweise nicht wundern, wenn

unsere Katze sich kaum noch nach draußen traut, weil eine dominante Artgenossin in die Nachbarschaft gezogen ist. Auf weltlicher Ebene fühlt sie sich – und ist sie möglicherweise auch – der Neuen unterlegen. Es kann auch sein, dass sie sich keinesfalls auf solch »primitive« Machtspielchen einlassen möchte, weil es schlicht unter ihrer Würde ist. Denn unsere Katze lebt womöglich in dem unmittelbaren Bewusstsein einer Kaiserin, die sie tatsächlich einmal war. Die Energien, die Würde und majestätische Ausstrahlung, die sie in der damaligen Inkarnation besaß, sind noch gebündelt in ihr präsent. Für sie ist die inzwischen vergangene Zeit völlig irrelevant. Sie ist auch jetzt als die kleine Hauskatze, die maunzend vor uns steht, noch Kaiserin – jedenfalls von ihrem Energieniveau her.

Doch zurück zu dem spirituellen Angebot, das uns Menschen unsere Katzen machen. Wenn wir uns für diese hohen Schwingungen unserer Katze öffnen können, finden wir in ihr eine Lehrmeisterin, die uns zeigen kann, wie auch wir Energien fokussieren und gegebenenfalls auf ein Ziel richten können, beispielsweise bei einer Meditation. Viele Katzen werden sich zur Begleitung in unsere Nähe setzen, um uns zu helfen, unsere meditativen Schwingungen zu erhöhen.

Manche Katzen unterstützen uns auch aus der Ferne. Wenn wir uns darauf einlassen können, ihrer spirituellen Führung vertrauen und der Katze den ihr angemessenen Respekt entgegenbringen, kann sie uns lehren, die geistige Kraft und Energie, die uns das Universum, das Göttliche zur Verfügung stellt, auch tatsächlich zu nutzen – für uns selbst, unser Wohlergehen, unser Vorankommen auf unserem Lebensweg, aber natürlich auch für unsere Mitmenschen und anderen Mitlebewesen, zum Wohle der Erde.

Von der Wildkatze zur Hauskatze

Ausgangspunkt für das Wort »Katze« als Tierbezeichnung ist vermutlich die älteste bekannte Verwendung des Begriffs im arabischen Raum »*quttah*«. Hier liegen sehr wahrscheinlich auch die Wurzeln der weltweit verbreiteten Hauskatzenarten. Ein etwa 6000 Jahre alter Kieferknochen einer Katze wurde 1983 in einer neolithischen Siedlung auf der Insel Zypern gefunden – eine Insel, auf der niemals Wildkatzen lebten. Man nimmt an, dass die Katzen zusammen mit anderen bekanntermaßen bereits domestizierten Haustieren mit den ersten Siedlern vom Festland kamen.

Wenigstens tausend Jahre zuvor waren in Teilen des Nahen und Mittleren Ostens bereits Menschen sesshaft geworden. Die ehemaligen, nun zum Ackerbau übergegangenen Jäger hatten schon Schafe und Ziegen domestiziert, und der Anbau von Getreide zog die ersten Mäuse und Ratten an. Die bald in den Siedlungen herumstreunenden, sich an Abfällen gütlich tuenden Wildkatzen duldete der Mensch zunächst einfach. Dass die jagdlich hervorragenden Katzen bald gern gesehene Siedlungs- und Hausgenossen wurden, liegt auf der Hand. Nahezu überall stromerten Wildkatzen auch in der Nähe der menschlichen Siedlungen herum – für die Tiere eine bequeme, wenn auch nicht ungefährliche Erweiterung ihrer Nahrungsquellen.

Die in den meisten Katzenbüchern geschilderte Domestikation der Wildkatzen vor 3500 bis 4500 Jahren im alten Ägypten scheint demnach eine spätere, wenn auch sehr entscheidende Phase in der Beziehung zwischen Mensch und Katze gewesen zu sein. In dieser Zeit fand hier wohl die eigentliche Domestikation der Wildkatze statt, genauer gesagt der **Nubischen Falbkatze** (*Felis silvestris libyca*).

Dieser Ahn unserer Hauskatzen ist eine verwandte Rasse der auch bei uns heimischen, allerdings deutlich größeren und kräftigeren **Europäischen Wildkatze** (*Felis silvestris silvestris*). Diese gestreifte Wildkatze lebt vorzugsweise im Mischwald, kann aber zur Not auch auf Nadelwälder, felsiges Hochland und Sümpfe ausweichen. Sie wurde durch die menschliche Jagd fast ausgerottet und steht in Deutschland seit 1934 unter striktem Schutz. Sie gehört zur Großart *Felis silvestris,* die in Nordafrika und dem Nahen Osten durch die kleinere und schlankere Falbkatze, Ahn unserer Hauskatzen, und in Asien – bis nach Nordwestindien und in die Wüste Gobi – durch die gefleckte Steppenkatze vertreten ist.

Die europäische, grau-schwarz getigerte Wildkatze ist eine Waldkatze. Die echte Wildfärbung unterscheidet sich durch einen mehr oder weniger ausgeprägten weißen Fleck an der Kehle, der ähnlich gefärbten Hauskatzen fehlt. Ein weiteres Unterscheidungskriterium ist der Schwanz, der bei der wuchtigen europäischen Wildkatze gegenüber dem der zarteren Hauskatze mehr als 50 Prozent der Körperlänge misst. Er ist am Ende buschig und mit scharf abgegrenzten schwarzen Ringen versehen.

Wildkatzen sind in ihrem festen Revier überwiegend in der Dämmerung aktiv. An den Grenzen ihrer Reviere und an Kratzbäumen hinterlassen sie Markierungen aus den Schweißdrüsen an ihren Sohlen sowie aus Duftdrüsen am Schwanz und After. Auch durch das Absetzen von Kot auf exponierten Steinen und Grasbüscheln tun sie ihre Anwesenheit kund. Größere Wanderungen unternehmen die standorttreuen Tiere nur in der Zeit der Paarung, der »Ranzzeit«. Meist halten dann mehrere Kater im Revier einer umworbenen Katze Ausscheidungskämpfe ab.

Die europäische Wildkatze paart sich zwischen Mitte Februar bis Ende März. Dabei fechten die Kater unter lautstarkem Schreien und Knurren heftige Kämpfe um die Gunst des lokalen brünstigen Weibchens aus. Die Katze bringt in einem Baumloch, einer Erdhöhle oder Felsspalte meist zwei bis vier Junge zur Welt, die sie allein aufzieht. Nach zehn Wochen begleiten die Jungen die Katzenmutter erstmals auf ihren Streifzügen, um in den folgenden Wochen alles Überlebensnotwendige zu lernen. Denn schon im nächsten Herbst beansprucht die Mutter wieder ihr Revier für sich, um sich genug Winterspeck anfressen zu können. Sehr hartnäckig vertreibt sie dann ihre Jungen ebenso wie alle fremden Katzen aus ihrem Jagdgebiet. Häufig muss der verstoßene Nachwuchs lange Wanderungen unternehmen, um ein freies und geeignetes Lebens- und Jagdrevier zu finden.

Mit etwa einem Jahr werden die Tiere fortpflanzungsfähig, aber die Sterblichkeit der Europäischen Wildkatze im ersten Jahr beträgt bis zu 75 Prozent: Wiesel, Dachse, Füchse oder auch die eigenen Väter fallen über die Jungen her. Größere Wildkatzen können vor Hunden und starken Füchsen meist auf Bäume fliehen; nur gegen die ebenfalls kletterfreudigen Luchse hilft das nicht.

Wildkatzen leben als Einzelgänger. Sie jagen in erster Linie am Boden, und zwar – entgegen einem immer noch verbreiteten Vorurteil – bevorzugt Kleinsäuger. Da sowohl Wild- als auch Hauskatzen gut klettern können, werden aber gelegentlich Vögel gefangen. Die kräftige Europäische Wildkatze nimmt auch Reptilien, Amphibien, Fische und Insekten als Beute an und kann sogar in seltenen Fällen Rehkitze schlagen.

Von der altägyptischen Wildkatze, deren unterschiedlich gefärbtes Fell gestreift oder gefleckt ist, stammen hingegen höchstwahrscheinlich alle unsere **Hauskatzen** ab. Ihre Biologie entspricht jedoch weitestgehend der ihrer europäischen Verwandten.

Zu jener Zeit vor etwa 4000 Jahren waren die Ägypter sesshafte Ackerbauern, die ihre Ernteerträge teilweise in größeren Gefäßen bevorrateten. Die dadurch angelockten Kleinnager, vor

allem Mäuse, aber auch Ratten, vermehrten sich bei solch paradiesischen Nahrungsverhältnissen rapide. Die wilden Nubischen Falbkatzen, die ihrerseits diesen Nahrungsvorteil für sich nutzen wollten, mussten sich entgegen ihrer Natur beispielsweise mit sehr viel kleineren, dafür natürlich umso einträglicheren Revieren begnügen. Zudem mussten die Einzelgänger näher mit ihren Artgenossen zusammenrücken. Solche Anpassungen gelangen sicherlich nur vereinzelten Wildkatzen. Diese Tiere standen jedoch bald unter dem Schutz der ägyptischen Bauern, die erfreut waren über die effektiven Mäuse- und Rattenvertilger. Auf zeitgenössischen altägyptischen Darstellungen sind gelbbraun gefärbte, langbeinige Katzen im Haus zu erkennen, die einen langen geringelten Schwanz haben.

Von ihrer nordafrikanischen Heimat aus trat die Katze rasch

ihren Siegeszug über Europa bis nach Asien an. Doch die heiligen Tiere – deren Verfolgung in Ägypten unter Strafe stand – konnten vor gut 2500 Jahren nur als Schmuggelware das Land verlassen. Über Griechenland gelangten sie schließlich nach Europa, und die Römer brachten sie bei ihren kriegerischen Streifzügen zur Ausweitung ihres Imperiums über die Alpen nach Mitteleuropa. Auch im indischen und chinesischen Raum lebte die Katze mindestens ein Jahrtausend vor unserer Zeitrechnung in häuslicher Gemeinschaft mit dem Menschen, der sie ebenfalls als Vertilgerin der lästigen Mäuse schätzte.

Vor allem im europäischen Raum verdrängte die Hauskatze zusehends die verschiedenen Mitglieder der Marderfamilie aus der unmittelbaren Nähe des Menschen. Waren bis dahin Wiesel & Co. den lästigen Vorratsschädlingen wie Mäusen und Ratten zu Leibe gerückt, forcierte der Mensch bald die Übernahme dieses Jobs durch die Hauskatze. Ihr wesentlicher Vorteil war, dass sie im Gegensatz zu den Mardern keine unangenehmen Gerüche im Hausbereich des Menschen verbreitete.

Ohne Frage ist die Katze das Haustier, zu dem der Mensch nach dem Hund die tiefste emotionale Beziehung aufgebaut hat. Daher wird in manchen Haustierbüchern die Rolle der Katze als Gesellschafterin des Menschen betont. Dem steht allerdings entgegen, dass Katzen extrem ausgeprägte Individualisten sind. Sie sind niemals unterwürfig, das heißt, sie ordnen sich nicht mit aller Konsequenz unter, wie das beispielsweise Hunde ganz selbstverständlich schon allein aufgrund ihrer Biologie als Rudeltiere tun. Katzen gehorchen nicht.

Bei entsprechender Akzeptanz durch den Menschen und gegenseitiger Sympathie kann man allerdings immer wieder die größten Überraschungen mit Katzen erleben: Manche Katze begleitet täglich ihren Menschen zur Bushaltestelle und holt ihn dort auch wieder ab; andere kommen sofort herbeigeeilt, wenn ihr Mensch sie ruft; manche begleiten ihren Menschen ohne

Stress auf Reisen in eine fremde Umgebung – beinahe wie ein Hund, manchmal sogar mit Hund. Wer es zu schätzen weiß, für den ist die Zuneigung und Freundschaft einer Katze gerade wegen ihrer stolzen Unabhängigkeit so kostbar.

Dass sich Katzen weder abrichten noch dressieren lassen, sie also stets ihren eigenen Willen durchsetzen, ist manchen Menschen nicht geheuer. So sind ihnen die Katzen manchmal unheimlich, oder sie fürchten sich sogar vor deren Eigenwilligkeit und Unberechenbarkeit.

Es kommt übrigens gar nicht so selten vor, dass sich eine Katze, die zu einer Menschengruppe stößt, zielsicher die Person auswählt, die keine Katzen mag oder zumindest keine intensivere Beziehung zu ihnen hat. Verhaltensforscher führen dieses Verhalten darauf zurück, dass die Katzenfreunde im Raum, sobald sie den Haustiger bemerken, sogleich wenigstens einen Teil ihrer Aufmerksamkeit auf die Katze ausrichten. Beispielsweise sehen sie sie an, gerade weil sie Gefallen an dem Tier haben. Es kann auch – aus Katzensicht jedenfalls – geradezu in ein Anstarren ausarten. Besonders sehr eigenwillige Katzen bevorzugen jedoch gerade den Schoß, der zu einer Person gehört, die sich möglichst unbeeindruckt von ihr zeigt. Hier kann sie am wahrscheinlichsten in Ruhe, aber warm und gemütlich sitzen, ohne ständig angeredet und betätschelt zu werden.

Wer keine Katzen mag oder sich aus irgendwelchen Gründen vor ihnen fürchtet, könnte daher in solchen Situationen intensiv die Katze des Hauses auffordern, zu ihm zu kommen. Die Chance, gerade den gegenteiligen Effekt auszulösen, ist recht groß – es sei denn, er hat gerade den anders gestrickten Charakterkopf erwischt.

Katzenrassen

Die systematische Zucht von Katzenrassen begann erst in der zweiten Hälfte des 19. Jahrhunderts. 1871 fand in London die weltweit erste Katzenausstellung statt. Zuvor beschränkten sich die menschlichen Eingriffe im Wesentlichen darauf, bestimmte Jungtiere gemäß den subjektiven Maßstäben am Leben zu lassen.

Die kurzhaarigen **Siamkatzen** gelten als die »gesprächigsten« Rassekatzen. Sie beziehen sich meist sehr stark auf den Menschen und teilen ihm ihre Bedürfnisse wie ihren Unmut oft sehr lautstark und ausdauernd mit. Viele Siamkatzen erwarten ungeteilte Aufmerksamkeit und fordern diese mit ausdauerndem Miauen und Gemaunze ein. An einer Siamesin soll alles rank, schlank und elegant sein, von den überlangen, dünnen Gliedmaßen bis zur dreieckigen Kopfform. Speziell die spitz zulaufende Kopfform bezahlen viele der Katzen mit Missbildungen ihrer Augen.

Das züchterische Gegenstück ist die **Perser-** oder **Angorakatze**. Diese extrem langfellige Rasse soll ein möglichst flaches Gesicht mit einer kurzen Nase und eng zusammenliegenden Augen haben. Bei Extremzuchten kommt es vielfach zu Atemproblemen und chronisch tränenden Augen. Gegen die Dichte und Länge ihres Fells können Perserkatzen nicht selbst anpflegen. Sie müssen täglich von ihrem Menschen gebürstet und gepflegt werden, um nicht unwiderruflich und zuletzt bis zur Bewegungseinschränkung zu verfilzen. Perserkatzen sind ideale Wohnungskatzen. Sie sind meist von ruhigem und ausgeglichenem Temperament.

Von ihrem Aussehen, aber auch ihrer recht großen Unabhängigkeit her reicht die langhaarige **Norwegische Waldkatze** aus den kalten Regionen Skandinaviens sicher am stärksten an ihre wilde Urahnin heran.

Weitere geläufige Kurzhaarrassen sind **Burmesen**, **Tonkane-**

sen, **Britisch Kurzhaar** und die recht ursprüngliche **Europäisch Kurzhaar**, letztlich unsere gewöhnliche liebenswerte Hauskatze. Und es gibt auch halblanghaarige Katzenrassen wie die robuste und dennoch menschenbezogene **Maine Coon** aus Nordamerika.

Leider gibt es auch bei den Rassekatzen regelrecht pervertierte und dennoch gewollte Zuchtergebnisse. Ein Beispiel ist die **Ragdoll** aus Amerika, zu deutsch: Lumpenpuppe. Diese Zuchtkatze erhielt ihren Namen aufgrund ihrer Eigenschaft, alle Muskeln zu entspannen, wenn sie hochgenommen wird. Sie lässt sich dann genau wie eine Stoffpuppe vollkommen hängen. Dieses Wesen wird von Menschen, die sich tatsächlich als Katzenfreunde bezeichnen, als besonders kinder- und familienfreundlicher Stubentiger angepriesen.

Welcher Mensch passt zu einer Katze?

Sind Sie fasziniert von der Eigenständigkeit und Eigenwilligkeit der Katzen? Sind Sie selbst vielleicht auch ein eher individualistischer, manchmal eigensinniger Typ? Oder wollen Sie doch lieber einen tierischen Begleiter an Ihrer Seite, der Ihnen gehorcht, dem Sie vielleicht Kunststückchen beibringen können? Wenn Sie eher einen vierbeinigen Partner möchten, der mit Ihnen quasi durch dick und dünn geht, den Sie überallhin mitnehmen können – dann sind Sie wahrscheinlich eher ein Hundetyp. Eine Katze gehorcht zwar nicht, aber sie ist – je nach individuellem Katzentyp – bereit, sich auf Sie einzustellen, wenn Sie ihr sympathisch sind.

Manche Hauskatzen führen ein so eigenständiges Leben, dass es ihnen tatsächlich ausreicht, wenn ihr Mensch ihnen regelmäßig zu fressen gibt und zu bestimmten Zeiten oder auf ein Signal hin die Wohnungstür öffnet – falls nicht eine Katzenklappe vorhanden ist. Andere Katzencharaktere suchen und brauchen sehr engen Anschluss an ihre Menschen. Sie möchten gestreichelt werden, fordern zum Spiel auf und wollen tatsächlich viel mit ihren Menschen unternehmen. Und es gibt natürlich unzählige Varianten dazwischen. Die einen vertragen sich nicht mit Kindern, die anderen lieben Hunde oder Zwergkaninchen, und wieder andere sind Raufbolde, die in Ihrer Nachbarschaft das gesamte Katzensozialgefüge aufmischen werden.

Daher ist es vielfach sogar von Vorteil, besonders, wenn Sie selbst noch keine Katzenerfahrungen haben, eine ältere Katze aus einer Pflegefamilie oder aus dem Tierheim aufzunehmen oder Tiere zu übernehmen, die umständehalber abgegeben werden müssen. Mitarbeiter in gut geführten Tierheimen kennen ihre Katzen, Pflegefamilien und die Besitzer sowieso. Ältere Katzen haben ihren ganz eigenen Charakter schon ausgeprägt, sodass Sie hier meist sehr viel leichter eine Katze suchen und finden können, die in Ihre Lebensumstände passt.

Hier können Sie auch entscheiden, ob Sie für einen Freigänger geeignet sind oder besser eine Wohnungskatze zu sich nehmen. Wohnen Sie in unmittelbarer Nähe einer stark befahrenen Straße? Dann sollten Sie sich überlegen, einer Wohnungskatze ein Zuhause zu geben. Da diese Katze aber wesentlich mehr auf Ihre Ansprache angewiesen ist, weil das abwechslungsreiche Leben im Freien fehlt, brauchen Sie sehr viel mehr Zeit für solch einen Stubentiger. Oft suchen auch zwei Katzen zusammen ein neues Zuhause – zwei Katzen können sich immerhin in Ihrer Abwesenheit miteinander beschäftigen.

Anscheinend mögen Sie Katzen. Doch wie ist es, wenn Sie Katzenhaare auf der Butter finden? Und wie reagieren Sie, wenn die Fleischwurst deutliche Bissspuren aufweist? Oder ist Ihre Grenze bei Katzenhaaren auf dem Kopfkissen erreicht? Haben Sie abgeklärt, dass bei niemandem in Ihrer Familie eine Tierhaarallergie vorliegt? Denn wenn die Katze in Ihre Wohnung kommt, lässt Sie sich nur sehr begrenzt vorschreiben, wo sie langgeht, hinspringt oder sitzt. Und zumindest in Ihrer Abwesenheit wird sie alles erkunden und ausprobieren, wonach ihr ist. Oder wollen Sie Ihren Mitbewohner von all dem aussperren – wollen Sie dann wirklich eine Katze?

Und vertragen Sie den Geruch von Katzenurin oder Katzenkot, wenn Sie – bei einer Draußenkatze vielleicht nur im Not- oder Krankheitsfall –, diese Hinterlassenschaften aus dem Katzenklo entfernen müssen? Katzen sind sehr reinliche Tiere und fühlen sich sichtlich unwohl, wenn ihr Katzenklo bei Benutzung nicht jeden Tag gereinigt wird. Und unkastrierte Kater markieren schon sehr eindrücklich oder vielmehr »eindüftlich«, wer der Katzenherr im Haus ist. Können Sie damit umgehen? Sind Sie gegebenenfalls auch bereit, sich bei Verhaltensauffälligkeiten Ihrer Katze an Fachleute wie Tierpsychologen zu wenden, um sich Hilfe zu holen? Wenn die Katze nicht krank ist, geht es dabei meist um Verständigungsschwierigkeiten zwischen Katze und Mensch.

Werden Sie einen hysterischen Anfall oder das Grauen kriegen, wenn Ihnen Ihre Katze von draußen einen halbtoten Vogel oder eine halbtote Maus als Geschenk vor den Küchentisch oder unters Bett legt?

Sind Sie bereit und – soweit voraussehbar – in der Lage, sich über mehr als zehn, vielleicht sogar zwanzig Jahre an einen tierischen Begleiter zu binden? Katzen sind zwar nicht auf psychischer, aber auf physischer Ebene über ihre gesamte Lebensspanne auf Ihre Versorgung, Pflege und auch gesundheitserhaltenden Maßnahmen wie Besuche beim Tierheilpraktiker oder Tierarzt angewiesen. Sind Sie in der Lage, die Kosten dafür zu übernehmen? Nicht nur das tägliche Futter und die Einstreu für das Katzenklo, auch Impfungen und die meist irgendwann einmal anfallenden Medikamente müssen regelmäßig besorgt und bezahlt werden. Vielleicht erkrankt Ihre Katze unerwartet und benötigt fortan teures Diätfutter. Sind Sie auch auf die teils unvorhergesehenen zeit- und kostenaufwändigen Seiten eines Zusammenlebens mit einer oder mehreren Katzen eingestellt? Denn keine Katze hat es verdient, einfach abgeschoben zu werden, nur weil sie krank geworden ist und daher mehr Zeit und Geld benötigt.

Wenn Sie alle diese Punkte durchgegangen sind – Hand aufs Herz –, dann fragen Sie sich weiter: Sind Sie in der Lage, Ihrer Katze ein Zuhause zu geben, in dem sie sich wohlfühlt und sich entfalten kann? Haben Sie jemanden, der sich in Ihrer Abwesenheit wie beispielsweise Urlaub um sie kümmert? Und können Sie ihr ein guter Gefährte sein, also ihr regelmäßig die Zeit zur Verfügung stellen, die sie braucht?

Bleiben Zweifel, sollten Sie zurzeit immer lieber Abstand von der Aufnahme einer Katze in Ihr Leben nehmen. Vielleicht sind zu einem späteren Zeitpunkt Ihre Lebensbedingungen günstiger für einen solchen befellten Begleiter. Es bleibt Ihnen immer noch, Katzen über eine Patenschaft zu helfen. In Tierheimen oder auf Gnadenhöfen sitzen viele Katzen, die aufgrund ihres Alters, ihrer Unverträglichkeit oder ihrer grausigen Lebensgeschichte nicht mehr vermittelt werden können. Helfen Sie, damit diesen Tieren geholfen werden kann.

Das Meerschweinchen

Aufwachen

Mythologie

Meerschweinchen zeichnen sich vor allem durch ihre Fruchtbarkeit aus. Da die Weibchen etwa alle zwei Monate neu gebären können, könnte ein einziges Pärchen theoretisch innerhalb eines Jahres mehr als eintausend Nachkommen haben. So dienten die äußerst fruchtbaren Tiere den **Inkas** nicht nur als Fleischlieferanten. Von den südamerikanischen Ureinwohnern wurden Meerschweinchen auch ihrem Sonnengott geopfert – was die Achtung der Menschen vor den Tieren als göttlichen Lebewesen ausdrückte. Zudem wurden die Tiere auch als Orakel geschätzt, und manches Vorhaben der Inkas wurde nach ihrer Weissagung ausgerichtet.

Meerschweinchen spielen darüber hinaus in den Andenregionen bis in die heutige Zeit hinein auch eine wichtige Rolle in der Naturheilkunde. Im Rahmen einer Geistheilung streicht ein Schamane mit einem lebenden Meerschweinchen über den Körper eines Kranken. Das Tier soll durch den Kontakt die krankmachenden Geister aufnehmen und sie anschließend mit seinem eigenen Tod in die andere Dimension mit hinübernehmen.

Traumdeutung

Geträumte Meerschweinchen sollen gutgelaunte und fröhliche Unternehmungen ankündigen. Insgesamt sollen die nächsten Tage des Träumenden unter einem sehr vergnüglichen Stern stehen.

Spiritualität

Schauen wir uns nur einmal den wachen Blick eines Meerschweinchens an, blicken wir dem Tier einmal mit gebotenem Respekt in seine dunklen Augen. Wenn es noch nicht funkt, sollten wir uns tatsächlich auf gleiche Augenhöhe mit dieser aus spiritueller Sicht sehr, sehr alten Tierseele begeben. Vielleicht legen wir uns zu dem Tier auf den Boden und lassen den dunklen tiefen Blick eine Weile auf uns wirken. Haben wir schon jemals in so wache und zugleich wissende Augen geschaut? Nicht umsonst sagen viele Volksweisheiten: Die Augen sind der Spiegel der Seele. Und in den Augen der Meerschweinchen spiegelt sich wahrhaftig so viel Erfahrung, Wissen und Weisheit und gleichzeitig Güte auch uns Menschen gegenüber, dass jeder zutiefst angerührt sein wird, der dies erkennen kann.

Die große Tierseele der Meerschweinchen – zu der jedes einzelne Tier einen unmittelbaren Zugang hat – hat bereits über die Jahrtausende so viel gesehen. Und auf uns Menschen bezogen waren diese Beobachtungen eher erschütternd, haben wir doch bislang so wenig aus unseren Fehlern gelernt. Wir bekriegen uns immer noch und gehen derart fahrlässig bis grausam mit unserem Mutterplaneten und all dem Leben darauf um.

Und dennoch, trotz dieser Beobachtungen und Erfahrungen mit uns Menschen, fordern uns die Meerschweinchen noch immer auf, endlich aufzuwachen. Sie bitten uns geradezu inständig darum, unser ewiges Kreisen um unser vordergründiges Selbst, um unser Ego, aufzugeben. So viele Jahrhunderte lang können sie es kaum noch mitansehen, wie wir uns selbst quälen, und dies auch, indem wir andere Lebewesen quälen und deren Würde missachten. Die Meerschweinchen tragen so viel Güte in sich – wenn wir nur besser hinschauen, hinspüren würden.

Sie wünschen es sich aus ihrem reinen Herzen heraus: Mögen wir doch bitte ebenfalls unsere Herzen öffnen und das Lichtvolle auf dieser Erde suchen und uns damit verbinden und verbünden. So wie auch die Meerschweinchen über die Jahrtausende nicht die in uns Menschen gesetzte Hoffnung aufgegeben haben, so mögen auch wir uns nicht aufgeben! Es gibt das Gute und Lichtvolle in der Welt – die Tiere wissen und spüren es.

Fangen wir mit uns selbst an. Auch in uns gibt es das Gute, die Zuversicht, das Vertrauen, das Licht – auch wenn es manchmal von Angst, Neid, Zorn und ähnlich beeinträchtigenden Gefühlen verdeckt wird. Lernen und praktizieren wir lichtvolle Meditationen, um das Licht in uns zu verstärken und somit einen Beitrag zu leisten, das Licht auf der Erde zu verbreiten. Wir können uns dazu Hilfe holen: Bitten wir den Engel *Jehudiel* um Hilfe, der unter anderem unser eigenes Licht verstärken kann. Das können wir ganz einfach tun, indem wir diese Bitte aussprechen. Wie schon gesagt, können uns die geistigen Helfer sehr viel leichter unterstützen und helfen, wenn wir sie darum bitten.

Die Meerschweinchen scheinen sich eher darüber zu wundern, dass wir Menschen uns so wenig Hilfe holen, um es uns und der Erde besser ergehen zu lassen. Das mag sich in dem Anflug von Erstaunen ausdrücken, der sich im Blick von manchem der Tiere widerspiegelt. Die Tiere wundern sich sehr darüber, dass wir so sehr an der geistigen, spirituellen Dimension zweifeln – an dem, was für sie ganz selbstverständlicher Bestandteil der Welt, des Lebens, des Seins ist.

Und wenn wir diese Verantwortung für unser eigenes Wohlergehen übernommen haben, können wir uns auch unseren Mitlebewesen, letztlich dem Erhalt der Erde widmen. »Doch was kann ich alleine denn ausrichten?« Diesen ersten Zweifel, der bei vielen Menschen sogleich wie automatisch aus dem Hirn heraufgespült wird, legen wir erst einmal zur Seite. Jedenfalls fordert das Meerschweinchen uns mit seiner Energie der wissenden Zuversicht dazu auf. Und wenn wir ehrlich zu uns sind, hat es Recht: Es stimmt nicht, dass wir nichts am Weltgeschehen ändern können. Das Weltgeschehen ist die Summe seiner kleinen Begebenheiten, und hier können auch wir jeden Tag lichtvolle oder zerstörerische Entscheidungen beitragen, wobei zu Letzteren auch die einfach nur gleichgültigen gehören.

Wir stellen beispielsweise durch unsere täglichen Kaufentscheidungen den entsprechenden Markt aus Nachfrage und der Auswahl der dazugehörigen Angebote her. So stehen unseretwegen Masthähnchen oder Jungschweine in engen Käfigen, wenn wir billiges Hähnchen- oder Schweinefleisch kaufen. Wir haben eine Alternative: Wir können – wenn wir nicht ganz auf Fleisch verzichten wollen, auch das wäre eine Entscheidung – wenigstens Biofleisch aus annähernd artgerechter Haltung kaufen. Dann gibt es vielleicht nur einmal die Woche Fleisch – dafür aber muss sich unsere Seele, die sich nicht so bewusstlos stellen kann wie unser Verstand, nicht mit den energetischen Auswirkungen des Verzehrs befassen. Die Meerschweinchen meinen sowieso, dass auch der Mensch sehr gut ohne Fleisch leben kann.

Es gibt unzählige Beispiele, wie wir uns jeden Tag für oder gegen unser Herz, für oder gegen Respekt und Achtung vor allem Leben entscheiden können. Mit gütigem Nachdruck fordern uns die Meerschweinchen auf, endlich aufzuwachen und voll und ganz die Verantwortung für unser Sein zu übernehmen – in Vertrauen und Liebe.

Vom wilden Meerschweinchen zum Hausmeerschweinchen

Vor mindestens 3000 Jahren, möglicherweise aber auch schon vor 6000 Jahren wurde das Meerschweinchen etwa in der Region des heutigen Peru **domestiziert**, und zwar von altindianischen Kulturen zu beiden Seiten der Anden. Offenbar suchten die Tiere zunächst von sich aus Schutz und Wärme in den menschlichen Behausungen und ernährten sich von Essensabfällen. Zuerst wurden sie wohl von den Menschen eher geduldet, dann genutzt und bald gezüchtet. Sie waren in erster Linie wichtige Fleischlieferanten. Ihr Fleisch soll in etwa so wie Kaninchenfleisch schmecken. Noch heute werden zu diesem Zwecke vor allem in traditionellen südamerikanischen Gebirgsdörfern Meerschweinchen wie vor Jahrtausenden gehalten: Sie laufen zwischen den Häusern frei umher und leben von Abfällen. Mehr als 60 Millionen Meerschweinchen sollen allein in Peru auf Zuchtfarmen leben, die etwa 17 000 Tonnen Fleisch liefern.

Im 16. Jahrhundert gelangten die Meerschweinchen nach Europa, wo sie sich schnell als genügsame und kaum Geruch verbreitende Heimtiere durchsetzten. Neben Hund und Katze sind die Nager bei uns die beliebtesten Haustiere. Und die Zucht brachte alle erdenklichen Spielarten an Behaarung und Fellfärbung hervor: von rotäugigen Albinos und unzähligen Scheckigen bis zu pechschwarzen Tieren, von Angorameerschweinchen bis zu den haarverwirbelten Rosettenmeerschweinchen.

Der deutsche Name der Tiere entstand vermutlich, weil spanische Seefahrer die Nagetiere über das Meer nach Europa brachten. Außerdem fühlten sich die Europäer durch ihre quiekende Lautsprache wohl an Hausschweine erinnert. Zudem waren die kleinen Meerschweinchen auch als eiserne Fleischreserve bei den Seefahrern bekannt – in dieser Nahrungsfunktion eine weitere Parallele zum Hausschwein. Im englischen Namen »guinea pig« ist ebenfalls das Wort Schwein enthalten.

Noch 1967 heißt es in *Brehms Tierleben*, dass das Meerschweinchen wegen seiner enormen Genügsamkeit, Gutmütigkeit und Harmlosigkeit überall leicht in einem trockenen und luftigen Stall zu halten sei. Weiter wörtlich: »Es lässt sich überaus viel gefallen und verträgt selbst Misshandlungen mit Gleichmut. Deshalb ist es ein höchst angenehmes Spielzeug für Kinder ...« Als wäre dieser Nager masochistisch veranlagt und wäre nur auf der Welt, um sich von Kindern beliebig in Einzelhaft malträtieren zu lassen, was leider immer noch zu häufig die Lebensrealität zahlreicher Meerschweinchen ist – und das in Gefangenschaft bis etwa acht Jahre lang.

Da es sehr gesellige Tiere sind, dürfen Meerschweinchen nicht allein gehalten werden. Auch wenn sich seine Halter gut um ein Meerschweinchen kümmern, können sie einen Artgenossen und das Spiel, die Kommunikation und Körperpflege und auch manchmal Auseinandersetzungen mit einem anderen Meerschweinchen nicht ersetzen. Kinder ab etwa fünf Jahren können bei entsprechend umsichtiger Anleitung gut mit den meist sehr gutmütigen und geduldigen Tieren umgehen. Selbstverständlich darf man sie weder zu fest halten, drücken oder quetschen noch fallen lassen. Die Erwachsenen sollten sich vor der Anschaffung klarmachen, dass die Grundpflege und -versorgung der Tiere von kleineren Kindern noch nicht voll übernommen werden kann, also folglich für die nächsten Jahre an ihnen hängt. Hierzu ist übrigens wichtig zu wissen, dass Meerschweinchen ganz besonders dazu neigen, Krankheiten zu verbergen. Daher muss der Mensch sehr einfühlsam auf die Befindlichkeit und ungewöhnliches Verhalten seiner Tiere achten.

Je größer – bei ausreichend Platz, versteht sich – die Meerschweinchengruppe ist, desto komplexere soziale Beziehungen bauen die Tiere auf. Im Gegensatz zu Männchen sind die Weibchen untereinander recht verträglich, auch wenn sie meist eine Rangordnung ausbilden – nötigenfalls per Hand- und Pfotengreiflichkeit. Die Hierarchie der Männchen ist deutlich strenger. Ein dominierendes Alphamännchen sorgt allerdings auch weitestgehend für sozialen Frieden in der Gruppe. Gebiert übrigens ein Meerschweinchenweibchen, so werden die anderen Artgenossen in ihrer Nähe ganz still. Einmalig stoßen dann die Neugeborenen einen speziellen, sehr hohen Laut aus. Die Mutter wird meist in den ersten beiden Stunden nach der Geburt erneut begattet und kehrt dann sogleich zu ihren Jungen zurück. Während die Wildformen selbsttätig ihre Baue graben, haben die domestizierten Nager diese Fähigkeit verloren.

Die schlankere und wendigere **Wildform** (*Cavia aperea*) stromert vor allem nachts und in der Dämmerung durch ihre südamerikanische Heimat. Solange reichlich Pflanzen wachsen, bewohnt das Wildmeerschweinchen zwischen Kolumbien und Argentinien Savannen, Buschland und Gebirge. Einzeltiere oder kleinere Familien leben in größeren Kolonien bis zu fünfzig Tieren. Zu den Weideplätzen bewegt sich die ganze Gruppe im Gänsemarsch gerne auf ausgetretenen Pfaden gemächlich vorwärts. Mittels kurzer Lautäußerungen halten sie Stimmkontakt und warnen sich bei Gefahr gegenseitig. Ihre einzige Rettung liegt in der Flucht oder in der Schreckstarre.

Wie die Hausmeerschweinchen sind auch ihre wilden Gesellen ständig in Kommunikation miteinander. Stets liegt ein gewisser Lautpegel über einer aktiven Meerschweinchengruppe. Die Lautäußerungen selbst sind sowohl bei der Wildform als auch bei den domestizierten Meerschweinchen sehr vielfältig. Ein hochziehender Quieklaut beispielsweise ruft die Mutter zum Jungtier, er dient aber auch sonst der direkten Kontaktaufnahme. Auch der Mensch wird häufig auf diese Weise von seinem Hausmeerschweinchen angesprochen. Bei Beunruhigung oder anderen stressbereitenden Situationen erklingt ein sehr durchdringendes »Tschirpen«. Ein sehr lauter Quiekton, der mit der Futtergabe verknüpft ist, soll von den Tieren ausschließlich dem Menschen gegenüber geäußert werden und bei der Wildform gar nicht vorkommen.

Wildmeerschweinchen sind meist dunkelbraun bis schwarz. Sie sind so behände, dass sie mühelos gut 60 cm hoch springen können. Junge Meerschweinchen sind Nestflüchter, die sich sehr schnell selbst Nahrung suchen. Ihr Lebensraum ist regenarm, bietet aber ganzjährig frisches Gras, welches sie vornehmlich am Morgen und am Abend in großen Mengen verzehren. In der Tagesmitte ruhen sie mit gelegentlichen Unterbrechungen lieber im Schutze ihre Unterschlüpfe. Während die wildlebenden Meerschweinchen eher dämmerungsaktiv sind, haben die domestizierten Arten sich inzwischen ganz an den Tagesrhythmus des Menschen angepasst.

Passen Sie und Meerschweinchen zusammen?

Wollen Sie ein Tier zum Streicheln und Schmusen? Auch wenn sie sehr niedlich ausschauen: Meerschweinchen sind keine Kuscheltiere und schon gar kein Spielzeug! Zwar gibt es auch unter Meerschweinchen immer wieder sehr »anlehnungsbedürftige« und schmusige Vertreter, im Allgemeinen aber belastet es die sensiblen Tiere sehr, wenn sie den ganzen Tag herumgeschleppt und angefasst werden. Die Tiere sind jedoch sehr friedlich und zurückhaltend und wehren sich – im Gegensatz zum Goldhamster beispielsweise – meist nur in extremen Situationen. Meerschweinchen leiden still.

Auch wenn Sie die Meerschweinchen für Ihr Kind anschaffen, tragen Sie als Erwachsener die Verantwortung für die Tiere.

Sind Sie dazu bereit? Die tägliche Versorgung, der Freilauf in Wohnung oder Garten und die regelmäßige Käfigreinigung nehmen Zeit in Anspruch. Haben Sie die für die Tiere? Und vertragen Sie, dass Meerschweinchen niemals stubenrein werden, auf ihren Ausgängen in der Wohnung folglich Hinterlassenschaften in Form kleiner Böhnchen und Pfützen verteilen?

Ist auch niemand in Ihrer Familie allergisch gegen Hausstaub oder Tierhaare? Gerade auf Meerschweinchenhaare reagieren viele Menschen allergisch und die feinen Teile der Käfigeinstreu können eine Hausstauballergie stark verschlimmern.

Wenn Sie bereit sind, für wenigstens sechs Jahre diese Verantwortung zu übernehmen, sollten Meerschweinchen wohl in Ihr Leben passen. Sie werden Ihnen dann viel Freude bereiten. Und wenn Sie sich außerdem noch von ihrer tiefen Güte und Weisheit berühren, anrühren lassen, wird es Ihnen miteinander sehr wohl ergehen.

Der Goldhamster

Genügsamkeit und goldenes Licht

Mythologie

Bei uns spielt der Hamster vor allem im **Volksglauben** eine Rolle. In den bäuerlich ausgerichteten Lebensformen galt das Erscheinen des Feldhamsters früher als Hinweis auf anstehenden Ärger – und zwar explizit hervorgerufen durch den Wohlstand anderer Leute, sei es in Form von Habgier, Neid oder Missgunst.

Umgangssprachlich bedeutet »hamstern« daher auch nicht, dass jemand einfach etwas sammelt, sondern die so bezeichnete Tätigkeit oder Eigenschaft eines Menschen hat immer den Beiklang von Geiz und Raffgier. Damit wird indirekt ausgedrückt, dass jemand mehr besitzt, als er zu seinem – wenn auch noch so bequemen – Lebensunterhalt tatsächlich benötigt. Auf dem Lande wurde der Feldhamster auch als »Kornferkel« bezeichnet.

Traumdeutung

In der psychologischen Traumdeutung werden dem Hamster zwei gegensätzliche Sinnbilder zugeschrieben: Ist das Grundgefühl des Traums positiv, soll der Hamster andeuten, dass Wohlstand und Sicherheit bald in greifbare Nähe rücken. Bei einem negativen Grundgefühl hingegen soll der Träumende auf seine überzogene Selbstsucht und Geltungssucht hingewiesen werden. Der Träumende sollte sich nun besser vor seinem eigenen Übereifer in Acht nehmen. Das kann sich beispielsweise auf stark übertriebenen, fast krankhaften Ehrgeiz, aber auch auf jedes sonstige unmäßige Verhalten beziehen. Der Hinweis kann sich auf die materielle, möglicherweise sexuelle, aber auch auf die geistige Ebene beziehen.

Spiritualität

Trotz seines Hangs zum Sammeln geht es beim Goldhamster immer auch um die Verdeutlichung dessen, was Genügsamkeit ist und tatsächlich bedeutet. Der Hamster hat seine Backentaschen mitbekommen, um damit Vorräte für sein Überleben in freier Wildbahn anzulegen. Dementsprechend ist die unmittelbare Aufforderung des Goldhamsters an den Menschen, sich stets um die naheliegende Zukunft zu kümmern.

Der kleine Nager bietet dazu auf der energetischen Ebene seine wahrlich nicht zu unterschätzende Mithilfe an. Der Goldhamster ist ein Meister des goldenen (oder göttlichen) Lichts. Das heißt, er steht nicht nur in ständigem Kontakt mit dem goldenen Licht, wie es die meisten Tiere tun, sondern er hat zudem die besondere Fähigkeit, dieses in seine nahe Umgebung strömen zu lassen. Auch wenn uns das verwunderlich erscheint, geschieht dies besonders intensiv tagsüber, wenn das nachtaktive Kerlchen zu schlafen, zumindest aber zu ruhen scheint. Der Schlaf der Tiere ist ja nichts anderes als das vollständige Eintauchen in die geistige Ebene des Seins. Der Goldhamster ist uns nun behilflich – auf seine stille und genügsam-bescheidene Art – beispielsweise bei unseren Meditationen, bei der Stärkung unserer Mitte, wie immer wir dies angehen. Der kleine Nager hilft uns, indem er unsere Verbindung zur universellen oder göttlichen Energie verstärkt, gegebenenfalls sogar herstellt. Und dies tut das possierliche Tier sogar besonders intensiv in seiner scheinbar passiven Tagesphase.

Probieren wir es aus: Setzen wir uns in seine Nähe, beispielsweise neben seinen Käfig, in dem der Goldhamster den Tag in tiefer Versenkung verbringt. Und bitten wir nun den kleinen Nager um Hilfe und lassen diese Hilfe – in welchen Bildern sie uns auch immer erscheinen mag – in unserer Vorstellung zu. Wir werden spüren, um wie viel einfacher und schneller wir uns in unsere Meditationen – und seien es schlichte Atemübungen –, in unsere innere Mitte und zugleich in höhere Zustände einschwingen können. Der Goldhamster steht uns zur Seite und er hilft uns dabei – natürlich nur, wenn wir seine Energie und seine Hilfe auch annehmen.

Hellsichtige Menschen können vielleicht sogar sehen, wie der Hamster das goldene Licht aufnimmt, bündelt und an die Lebewesen weitergibt, die seiner Unterstützung bedürfen und diese auch wollen. Die Weiterleitung des stärkenden goldenen Lichts durch den Goldhamster geschieht aber auch, wenn wir es nicht mit unseren äußeren oder inneren Augen sehen können. Diesem goldenen und zugleich gleißenden Licht wird eine große erneuernde Heilkraft zugeschrieben*. Gold ist die hilfreichste Farbe, wenn es darum geht, die geängstigte und niedergedrückte Seele wieder aufzurichten.

Es ist sicherlich nur angemessen, wenn wir uns anschließend bei unserem Hausgenossen auf der geistigen Ebene für seine Hilfe dafür bedanken, dass er da ist und sich uns zur Verfügung stellt.

Vom Wildhamster zum Heimtier

Im Gegensatz zu dem bei uns in freier Wildbahn immer seltener werdenden Feldhamster (*Cricetus cricetus*) nimmt die Häufigkeit des **Goldhamsters** (*Mesocricetus auratus*) innerhalb unse-

* So vor allem bei White Eagle.

rer vier Wände stetig zu. Zählt der aus Halbwüstengebieten Syriens stammende Goldhamster doch zu den beliebtesten Haustieren, wohl vor allem, weil der recht pflegeleichte Nager allzu häufig als lebendiges Kinderspielzeug missverstanden wird.

Alle bei uns als Heimtier gehaltenen Goldhamster stammen ursprünglich von der aleppischen Hochebene, einem hügeligen Tafelland gut 500 Meter über dem Meeresspiegel im Nordwesten Syriens. In diesem eng umschriebenen Gebiet herrscht wüstenhaftes Klima vor, dem die kleinen Säugetiere durch Schlafen am heißen Tage und Aktivitäten in der kühleren Nacht entgehen. Zudem gräbt der Goldhamster – wie auch seine Verwandten in unseren Wohn- und Kinderzimmern, wenn es ihnen ermöglicht wird – tiefe Erdbauten, in deren wohltemperiertem Klima er den Tag zubringt. Bis zu einem Meter tief gräbt er seinen großräumigen Bau. Hier befinden sich neben der ausgepolsterten Schlafkammer und der Toilettenkammer auch die Vorratskammer für die Nahrung, vor allem Getreidekörner.

Die dämmerungs- und nachtaktiven Goldhamster sind strikte Einzelgänger. In freier Wildbahn markieren sie ständig mit Sekreten aus ihren Duftdrüsen ihr Revier. Nur zur Paarungszeit dulden sich Männchen und Weibchen nebeneinander. Deshalb sind unsere Goldhamster als Heimtiere am besten einzeln zu halten. Aber sie sind – ebenso wie ihre wilden Gesellen – tagsüber sehr passiv und wollen, auch wenn unser Kind gerade Lust hat zu spielen, lieber schlafen und ruhen. Sie möchten dann wirklich nicht gestört werden und können je nach individuellem Temperament aggressiv oder mit Verstörungen reagieren. Nachts hingegen werden sie sehr munter und gehen meist auch recht lautstark ihrer Hamsterbeschäftigung nach: buddeln, nagen, fressen oder im Laufrad laufen – auch wenn dieses quietscht und der Käfig im Kinder- oder Schlafzimmer steht. Deshalb sind Goldhamster für Kinder nicht unbedingt geeignet.

Wegen seiner Anspruchslosigkeit, vor allem aber wegen seiner großen Vermehrungsfreudigkeit wird er bis heute gerne als Labor- und Versuchstier eingesetzt. Der Goldhamster gilt als die Säugetierart, die sich am schnellsten vermehrt. Auch die Wildtiere haben eine derart hohe Vermehrungsrate: Nach nur 16 Tagen Tragzeit kommen meist zwischen acht und zehn Junge zur Welt, die ihrerseits bereits nach gut anderthalb Monaten geschlechtsreif und damit fortpflanzungsfähig sind. Im Unterschied zu den Tieren in menschlicher Obhut sind die wilden Goldhamster in ihrer Heimat allerdings unzähligen Fressfeinden ausgesetzt, sodass nur ein geringer Teil des jeweiligen Nachwuchses überlebt.

Auch wenn sie schon hundert Jahre zuvor wissenschaftlich beschrieben wurden, konnte erst 1930 ein Zoologe lebende Goldhamster in der Gegend von Aleppo fangen: ein Weibchen mit acht Jungen. Sie wurden nach Jerusalem an die Universität gebracht und vermehrten sich dort innerhalb eines Jahres auf über 300 Tiere. Von Israel aus begann die weltweite Verbreitung der Goldhamster, zunächst als anspruchsloses Labortier, aber bald eroberte der hübsche Racker auch unzählige Kinderzimmer und -herzen. Erst 40 Jahre später wurden weitere Wildfänge eingekreuzt. In aller Regel stammen die Goldhamster also aus einer engen Inzuchtlinie.

Die gezielte **Zucht** hat inzwischen vor allem zahlreiche Farbmutanten hervorgebracht: beispielsweise zimt- und cremefarbene Tiere, Pseudoalbinos oder auch scheckige Goldhamster. Durch inzuchtbedingte genetische Defekte sind die Tiere mit diesen Farbvarianten allerdings erheblich anfälliger gegen diverse Krankheiten.

Passen Sie und ein Goldhamster zusammen?

Möchten Sie ein Haustier, das gerade dann, wenn Sie abends erschöpft nach Hause kommen, agil wird und Sie nach seinem verschlafenen Tag zum Spielen auffordert? Dann ist die beste Grundvoraussetzung schon einmal vorhanden, denn: Gleich und Gleich gesellt sich gern – Nachtmensch mit Goldhamster.

Halten es Sie und gegebenenfalls Ihre Kinder aus, den kleinen Racker tagsüber nicht ständig zu wecken, nur weil Sie gerade Lust auf Aktion haben? Dauerndes Wecken über Tag bedeutet für die Tiere großen Stress. Doch die meisten der kleinen Nager gewöhnen sich schnell daran, schon am frühen Abend munter zu werden. Reicht Ihnen das?

Wollen Sie oder Ihre Kinder ein Schmusetier? Dann sollten Sie von einem Goldhamster besser absehen. Und für jüngere Kinder ist er kein idealer Spielgefährte: Wenn das Kind aus der Schule kommt, schläft der Hamster und möchte nicht gestört werden. Greift man gegen seinen Willen nach ihm, kann er sogar zubeißen. Und sobald das Kind ins Bett geht, tobt er durch seinen Käfig. Sehr interessant ist der Goldhamster allerdings für etwas ältere Kinder ab etwa zehn Jahre. Diese können schon länger bis zur Wachzeit des Hamsters aufbleiben und müssen das Tier nicht immerzu anfassen, sondern haben auch Spaß daran, den unermüdlichen Racker zu beobachten.

Wenn Sie und Ihre Familie diese natürliche Lebensart des Nachtaktiven respektieren, steht einem Zusammenleben wohl kaum etwas im Wege. Sind Sie jetzt noch bereit, regelmäßig – wenigstens einmal die Woche – den Käfig sauber zu machen, und nehmen Sie in Kauf, dass der emsige Bursche meist auch recht weiträumig die Einstreu in der Umgebung verteilt und es trotz der Toilettenecke des sauberen Hamsters überhaupt etwas nach »Tier« riecht? Dann fehlt nur noch der abwechslungsreich gestaltete Käfig (Achtung: Goldhamster sind Nage- und Ausbrecherkönige!) mit vielen Buddel- und Durchkriechmöglichkeiten als Ersatz für den Erdbau. Und vielleicht Ihre Bereitschaft, sich von dem Tier des goldenen Lichts nicht nur passiv, sondern auch aktiv in eigenen Meditationen energetische Stärkung und Heilung durch die hohe göttliche Verbindung zukommen zu lassen – mit entsprechender respektvoller Bitte an den kleinen leuchtenden Hausgenossen.

Das Kaninchen

Vertrauen statt Angst

Mythologie

Wie der Hase galt auch das Kaninchen bei den unterschiedlichsten Völkern als ein Tier des Mondes. In **altmexikanischen** Priesterweisheiten steht ein Kaninchen für den Mond selbst. Das Mond-Kaninchen wird im Rhythmus des ab- und zunehmenden Mondes, vor allem natürlich auch bei einer Mondfinsternis, vom Nachthimmel in Gestalt einer gefiederten Schlange verschluckt und immer wieder freigegeben.

Den alten **Ägyptern** galt das fortpflanzungsfreudige Kaninchen als Fruchtbarkeitssymbol und wurde der Göttin *Unut* zugeordnet. In der Antike stand das Kaninchen weiter gefasst als das Symbol für das Leben schlechthin. Dieser Glaube kostete allerdings viele Kaninchen ihr eigenes Leben, denn sie wurden zahlreich der Göttin *Aphrodite* geopfert.

Als heiliges Tier begleitete das Kaninchen die Mutter- und Mondgöttin der **Germanen**, speziell, wenn die Göttin im Frühling zu neuem Leben erwachte. Damit nahm auch die germanische Mythologie wahrscheinlich Bezug auf die enorme Fruchtbarkeit der Tiere.

In der **christlichen** Mythologie symbolisierte das Kaninchen eine vor dem Teufel fliehende menschliche Seele. Da es als dumm, faul und gleichgültig angesehen wurde, musste das Kaninchen bei den Christen zudem als Sinnbild für eine der sieben Todsünden herhalten. Andererseits wurden ihm auch die Eigenschaften von Unschuld und Sanftmütigkeit zugeschrieben.

Der **Volksmund** schreibt dem Kaninchen zum einen ein äußerst schlechtes Gedächtnis zu, zum anderen unterstellt es ihm unvorhersehbare und somit sprunghaft erscheinende Verhaltensweisen. Auf der mittelalterlichen Jagd galt die Begegnung mit einem Kaninchen als die Verheißung eines Unglücks.

Kaninchen werden etwas abschätzig auch als »Karnickel«, manchmal auch als »Stallhase«, in Süddeutschland etwas liebevoller als »Küngele«, in der deutschen Fabel auch als »Äugler« bezeichnet.

Eine Horde von hundert Kaninchen zu hüten ist ein nahezu groteskes Unterfangen. Im Grimmschen **Märchen** »Vogel Greif« gelingt es dem jungen Helden auch erst dann, seine Kaninchen zusammenzuhalten, als er von einem Männlein eine Pfeife bekommt: »Wenn eines fortläuft, so pfeife, dann muss es wieder umkehren.« Ein sehr berühmtes und viel zitiertes Kaninchen ist das weiße Kaninchen von Lewis Carroll in *Alice im Wunderland*, welches die Heldin überhaupt erst in die wundersame Welt unter der Erde lockt.

Eine **Fabel** berichtet von der Begegnung zwischen einem Kaninchen und einem Fuchs. Mit naiver Unschuld fragt das Kaninchen, wer der Fuchs denn sei, woraufhin dieser nur entrüstet entgegnet, dass er ein Fuchs sei und er es jederzeit und sogleich auffressen könne. Das Kaninchen läuft allerdings überraschenderweise nicht aus Angst fort, sondern lässt sich schriftlich geben und feierlich dokumentieren, dass der Fuchs tatsächlich der gefährliche Fuchs ist. Und während der Fuchs bald darauf mit leicht hochmütigem Hochgenuss das Schreiben vorliest, begreift das Kaninchen endlich seine Lage und verschwindet hurtig in einem Erdloch.

In den Volkserzählungen Nordamerikas ist eine der herausragenden Figuren Bruder Kaninchen, ein geschickter Gauner und Betrüger, etwa vergleichbar mit unserem aufsässigen Till Eulenspiegel. Seine Stärke ist die List, mit der er auch die Welt der Mächtigen zum Narren hält, und seine Rettung ist stets der Witz – also ein wahrer Trickster. Bruder Kaninchen gelingt es in einer anderen Geschichte sogar, den ebenfalls äußerst gewieften Trickster Coyote übers Ohr zu hauen.

Traumdeutung

Wer von einem oder mehreren Kaninchen träumt, der sollte sich vor Übervorteilung in Acht nehmen. Dies kann möglicherweise auf Zweifel an der eigenen Stärke und Mangel an Durchsetzungskraft zurückzuführen sein. Wenn im Traum ein Kaninchen getötet wird, sollen finanzielle Einbußen, möglicherweise durch Betrug, auf den Träumenden zukommen. Wenn des Nachts ein weißes Kaninchen erscheint, kündigt dies sehr angenehme Ereignisse an, die den Träumenden erwarten.

Spiritualität

Auf geistiger und spiritueller Ebene hat ein Kaninchen immer mit Angst zu tun. Eine bedeutsame Botschaft des Kaninchens besteht darin, dass es uns Menschen vor Augen führt, wo, in welchen Situationen wir Angst verspüren. Dies ist ein großes Geschenk, das uns die Tiere machen. Denn Angst überhaupt erst einmal zu spüren, zu fühlen ist die Voraussetzung dafür, sie anzunehmen und damit umzugehen.

Vielen von uns ist gar nicht bewusst, wie viel Angst wir in den verschiedensten Situationen haben. Da Ängste in den meisten unserer sozialen Gruppen eher verpönt sind, verdrängen und überspielen wir sie häufig mehr oder weniger geschickt: Wir stürzen uns in Aktivitäten, überarbeiten uns oder begeben uns in einen Freizeit- und Genussstress, um nicht spüren zu müssen, was da tatsächlich in unserem Inneren los ist. Andererseits kann uns Angst auch lähmen und nicht nur bewegungs-, sondern auch handlungsunfähig machen. Und je länger wir uns unseren Ängsten ausliefern, umso kleiner werden wir in unserer Vorstellung durch sie.

Das Problem ist, dass Ängste – auch und gerade dann, wenn sie von uns unbemerkt sind – Eintrittspforten für alle Formen von beeinträchtigenden Energien sind. Vereinfacht gesagt, ziehen unsere Ängste geradewegs unser Unglück an. Wenn wir in unseren Ängsten bleiben, erfüllen sich meistens unsere inneren Bilder, die mit diesem innerlichen Zittern und Beben verbunden sind.

Kaninchen sind Tiere, die auch für uns Menschen deutlich sichtbar ihre Angst ausleben. Und wenn wir offen dafür sind, spiegeln auch unsere Zwergkaninchen, mit denen wir zusammen leben, unsere eigenen Ängste. Die Tiere fordern uns auf, nicht länger wegzusehen, wegzuspüren, sondern aktiv mit den Ängsten umzugehen.

Die erste Stelle im Körper, die Angstalarm gibt, ist unser Herz mit meist beschleunigtem Herzschlag. Und unser Herz-Chakra, das sich in der Mitte des Brustbeins (Sternum) öffnet, kann vor lauter Angst sogar sehr schmerzen. Deshalb sollten wir uns zuerst in diesem Bereich energetisch stärken, um uns dann auf psychischer Ebene mit unserer Angst auseinanderzusetzen.

Beispielsweise stärkt es unser Herz-Chakra, wenn wir weißes, goldenes oder violettes Licht über unser Kronen-Chakra (die höchste Stelle unseres Kopfes) einatmen. Dies können wir einfach mehrmals am Tag tun, aber besonders ratsam ist diese kleine Atemmeditation dann, wenn wir voller Angst sind. Diese Atmung stärkt unsere Mitte, also den Zugang zu unserer inneren Stimme, und verschafft uns mehr Ruhe und Selbstvertrauen.

Nun können wir uns unserer Angst stellen. Und schauen wir uns an, welche innere Ruhe unser Kaninchen ausstrahlt: Seine Ängste zu spüren ist eine große Stärke. Jetzt können wir überprüfen, worauf sich unsere Angstgefühle beziehen: mithilfe unseres Verstandes etwas auf Abstand gehen, und mit unserer Erfahrung und unserem Wissen, gespeist aus unserer Mitte, uns zugeflüstert von unserer inneren Stimme, und mit der Kraft und Liebe unseres Herzens beleuchten, was tatsächlich los ist. Unser bei uns lebendes Kaninchen können wir in einer Art Meditation bitten, uns auf energetischer Ebene dabei behilflich zu sein.

Wahrscheinlich werden wir Parallelen zu früheren Situationen in unserem Leben sehen, die sich wie alte Muster bei bestimmten Signalen in unser Leben drängen und unsere Wirklichkeit mit den alten Vorstellungen, mit den alten Ängsten überlagern. Doch die Vergangenheit ist vorbei – sie hat aus heutiger Sicht lediglich dazu beigetragen, uns durch die vielen Erfahrungen und Lehren wachsen zu lassen.

Das Kaninchen hilft uns, die Bilder, die vielfach schon in der Vergangenheit nicht galten, von unserer tatsächlichen Wirklichkeit zu trennen. Verbinden wir uns in Respekt mit seiner Energie, so hilft es uns, aus der schwächenden Angst herauszugehen, sie loszulassen und durch einfaches Vorangehen hinter uns zu lassen. Gehen wir ins Vertrauen. Vertrauen wir auf unsere Zukunft und darauf, dass wir unter lichtvollem Schutz und göttlicher Führung stehen.

Vom Wildkaninchen zum Hauskaninchen

Alle heutigen Hauskaninchenrassen gehen auf das Europäische **Wildkaninchen** (*Oryctolagus cuniculus*) zurück, einen geselligen Vertreter aus der Ordnung der Hasentiere, der im Gegensatz zum Hasen meist in größeren Kolonien lebt. Wildkaninchen sind Höhlenbewohner und legen im weichen, gerne sandigen Boden ihre unterirdischen Baue mit diversen Gängen und auch Ein- und Ausgängen an. Bei Gefahr pfeifen Kaninchen recht laut. Dann trommeln sie mit ihren Hinterläufen auf die Erde, um ihre Artgenossen vor einer Bedrohung zu warnen.

Geradezu sprichwörtlich ist die Vermehrungsfähigkeit des Kaninchens. Ein weibliches Wildkaninchen kann innerhalb eines einzigen Jahres mit sechs Würfen zu maximal 15 Jungen bis zu 90 Nachkommen hervorbringen. Die neugeborenen Kaninchen sind nackt und blind. Sie sind Nesthocker und bleiben im unterirdischen Bau, wo sie etwa drei Wochen lang ausschließlich mit der Milch der Mutter ernährt werden. Sie verlassen nach etwa vier Wochen den Bau und sind schon mit vier bis sechs Monaten geschlechtsreif und somit fortpflanzungsfähig.

Bereits die alten Römer hielten eingefangene Wildkaninchen zusammen mit Hasen in sogenannten *Leporarien*, von hohen Mauern umgebenen Gärten. Doch sie betrieben noch keine gezielte Zucht mit den Tieren. Diese Kaninchengärten hielten sich noch jahrhundertelang, in erster Linie zum Zeitvertreib der edlen Frauen, die sich dort mit Pfeil und Bogen sowie ihrem Schoßhund auf die recht erfolgversprechende Kaninchenjagd machten.

Erst im frühen Mittelalter – wohl zwischen dem 4. und 8. Jahrhundert n. Chr. –, setzte die **Domestikation** des Kaninchens durch den Menschen im westeuropäischen Raum ein. Die ersten zahmen Kaninchen wurden wahrscheinlich in südfranzösischen Klöstern gezüchtet – galten doch die ungeborenen und neugeborenen Jungen des Kaninchens, die »laurices«, als erlaubte Fastenspeise. Die Hauskaninchen waren daher von besonderem Interesse für die Mönche, und über die Verbindungen der Klöster untereinander verbreitete sich die Kaninchenhaltung dementsprechend rasch über ganz Europa. Ihnen ihre ursprüngliche unterirdische Lebensweise durch entsprechende Unterbringung in Stallungen unmöglich zu machen, war ein wesentlicher Faktor für ihre Haustierwerdung, ihre kontrollierte Fortpflanzung und ihre gezielte Zucht.

Die noch jungen Haustiere wurden in erster Linie zur Fleischgewinnung gehalten. Hauskaninchenrassen können heute fünfmal so schwer sein wie ihre wilde Stammform, die es auf durchschnittlich zwei Kilogramm bringt. Durch die menschliche Zucht entstanden beim Hauskaninchen so rasch unterschiedliche Formen und Ausprägungen, dass schnell andere Nutzungsbereiche hinzukamen. Heute gibt es weltweit über hundert verschiedene Kaninchenrassen.

Vor allem das in Farbe und Struktur vielfältige Fell der Kaninchenzuchtrassen ließ sich vom Menschen unterschiedlich einsetzen. Das Farbspektrum reicht von Schwarz und Weiß über Rot und Blau bis zu Gelb und Grau. So gewann das Hauskaninchen auch bald als Pelztier an Bedeutung. Manche Rassen liefern mit langen feinen Fellhaaren die Angorawolle, einen wertvollen Rohstoff zum Spinnen. Angorawolle ist sogar um ein Vielfaches wärmer als Schafwolle – und dementsprechend kostbar. Gut ein Kilogramm rupft der Mensch einem Angorakaninchen meist sehr schmerzhaft jedes Jahr aus der Haut – wahrlich eine Tortur für dieses intelligente und mitfühlende Lebewesen.

Zwergrassen wie beispielsweise der Zwergwidder werden heute gerne als Heimtier gehalten. Nur wenn man sich viel mit dem tagsüber aktiven **Zwergkaninchen** beschäftigt, kann man eines alleine halten. Sonst sollte man zwei der sozialen und intelligenten Tiere zusammentun. Allerdings muss man beachten, dass Kaninchen sehr territorial sind, es daher zwischen gleichgeschlechtlichen Tieren zu teils rabiaten Auseinandersetzungen kommen kann. Am ehesten vertragen sich Wurfgeschwister, die sich bereits kennen. Sonst muss man die Verträglichkeit der Tiere ausprobieren. Und in jedem Fall sollte man seinen Kaninchen häufiger Freigang wenigstens in der Wohnung, möglichst natürlich in einem geräumigen raubtiergeschützten Freigehege gönnen, um ihnen ein etwas artgerechteres Dasein zu bieten. Und bitte bei der Anschaffung beachten: Hauskaninchen werden gut und gerne zehn Jahre alt.

Passen Sie zu einem Kaninchen?

Sind Sie selbst sehr schreckhaft? Oder zerrt es an Ihren Nerven, wenn ein Tier schreckhaft ist und sich dann sehr ruckartig in seinem Käfig bewegt? Wenn Sie eine dieser Fragen bejahen, gibt es zwei Möglichkeiten: Entweder Sie lassen die Finger von einem Kaninchen, weil es Ihnen zu ähnlich ist. Oder Sie gehen in sich, und fragen sich ehrlich, ob Sie jetzt bereit und auch zeitlich in der Lage sind, sich in vollem Respekt für die Tiere mit diesem Spiegel auseinanderzusetzen.

Wenn Sie Letzterem zustimmen oder sowie ein ruhiger und eher gelassener Mensch sind, sollten Sie sich noch folgende Fragen auf dem Weg zu einem Kaninchen – in aller Regel sicherlich einem Zwergkaninchen – stellen: Verfügen Sie über einen ruhigen, hellen und zugfreien Platz für den großen Käfig? Können Sie den Tieren möglichst täglich genügend Auslauf in der Wohnung, am besten aber raubtiergeschützt draußen bieten? Sind Sie bereit, dafür auch alle Elektrokabel aus dem Weg zu räumen? Und haben Sie Zeit, wenigstens einmal pro Woche den Käfig für die geruchsempfindlichen Tiere gründlich zu reinigen? Haben Sie eine Urlaubsvertretung, die sich auch traut, die Tiere anzufassen? Wenn sie alle diese Fragen mit Ja beantworten, dann passen Sie und die Kaninchen gut zusammen.

Die Wüstenrennmaus*

In Bescheidenheit unseren Raum einnehmen

* Auch wenn die Wüstenrennmäuse aus biologischer Sicht keine Mäuseartigen sind, haben sie auf spiritueller Ebene dennoch die Energien und Botschaften der kleinen Nager in sich, deren deutschen Trivialnamen sie immerhin tragen. Deshalb können der mongolischen Einwanderin auch die mythologische Symbolik und die spirituellen Qualitäten der Maus zugeordnet werden.

Mythologie

Sicherlich weil sie so schnell umherhuschen, gelten Mäuse gemeinhin als Sinnbild für die Seelen Verstorbener. Daher stammt wahrscheinlich auch das Adjektiv »mausetot«, das die diesseitige Endgültigkeit betont. Vielfach hieß es früher, dass mit umherlaufenden Mäusen die Seele aus dem Toten entweicht.

Allgemein gelten die vermehrungsfreudigen Mäuse – teilweise bis heute – als Inbegriff von Unersättlichkeit und Zerstörung. Besonders in Notzeiten mit schlechten Ernteerträgen waren Mäuse als ungebetene Vertilger von Nahrungsmittelvorräten gleichermaßen gefürchtet und verhasst.

Die Bibel bezeichnet im Buch Moses die Mäuse als unrein. Fanatische **Christen** des Mittelalters schrieben den verschiedenen Mäusen sogar Züge des Teuflischen und die Vertretung der Irrlehre zu. So nagen auf einigen christlichen Darstellungen Mäuse die Wurzeln des Lebensbaums an. Der Volksglaube dichtete Mäusen sogar an, für Beelzebub, »den Herrn der Fliegen« und obersten Teufel, Aufträge zu erledigen.

Verschiedenste Geister, Dämonen und auch verstorbene Menschen sollten die Gestalt einer Maus annehmen können. Und lange Zeit glaubte das **Volk**, dass böse Menschen von Mäusen aufgefressen werden könnten. Manche altüberlieferte Sage berichtet davon, zum Beispiel die Geschichte vom wollüstigen Herzog *Popiel von Polen* aus dem 9. Jahrhundert, dessen unmoralisches Verhalten durch die Mäuse gesühnt worden sein soll.

Eine ähnliche Geschichte wird von dem hochgradig geizigen Mainzer Bischof *Hatto dem Zweiten* berichtet. Zur Beseitigung der sichtbaren Armut ließ Hatto die Hungrigen der Stadt nicht zu gedeckten Tischen führen, sondern sie in einer Scheune verbrennen. Anschließend suchte er selbst Zuflucht in einem Turm inmitten des Rheins, wo er sich vor seinen auf Rache sinnenden Verfolgern sicher wähnte. Daraufhin taten sich jedoch die Mäuse der Stadt zusammen, schwammen durch den Fluss auf die Insel und erklommen den Turm, um den unbarmherzigen Bischof bei lebendigem Leibe aufzufressen. Und in alten Naturgeschichten wird felsenfest behauptet, dass Mäuse aus Dreck entstünden.

Im **Märchen** entpuppt sich der unscheinbare Nager häufig als unerwarteter Helfer der Hauptfiguren. In den »Sieben Tauben« befreit eine Maus die Heldin *Cianna* mitsamt ihren sieben Brüdern aus den Fesseln von Räubern, indem sie die Schnüre durchnagt. Sie revanchiert sich damit für den hilfreichen Rat der Geschwister. Sie hatten der kleinen Maus geraten, zu ihrem Schutz der Katze ein Glöckchen an ein Bein zu binden, damit sie stets – durch das Klingeln gewarnt – rechtzeitig fliehen könne.

In Grimms Sage vom »Mäuselein« kriecht in Gestalt einer Maus die Seele aus dem Mund einer Thüringer Magd. Wenn Kinder mit offenem Mund schliefen, so dachte man lange Zeit, würde ihre Seele in Gestalt einer weißen Maus aus dem Mund entweichen. Hier kommt dem unscheinbaren kleinen Säugetier also eine bedeutende Rolle zu: Menschenseelen scheinen sich in den Mäusen aufhalten oder verstecken oder die Gestalt dieses Tieres annehmen zu können.

Traumdeutung

Wer des Nachts von Mäusen träumt, sorgt sich vielleicht am Tage übermäßig um irgendwelche x-beliebigen Nichtigkeiten. Würde der Träumer die ihn scheinbar belastenden Sorgen genauer betrachten, würden sie sich geradezu in nichts auflösen.

Wenn in den nächtlichen Bildern sehr viele Mäuse auftauchen, können die kleinen Nager auch der Hinweis auf überflüssige Gewissensbisse des Betreffenden sein. Eine einzelne Maus will mit ihrem Erscheinen den Träumenden auffordern, sich nicht länger als vermeintlich unscheinbare »graue Maus« zu verstecken. Stattdessen soll er mit all seinen vorhandenen und verfügbaren Potenzialen aus dem eigenen Schatten hervortreten. Wenn man von einer toten Maus träumt, soll dies ein Zeichen dafür sein, dass sich bald alles zum Positiven wandelt, weil man das Alte losgelassen hat. Die aktuellen Probleme lassen sich nun plötzlich lösen oder lösen sich manchmal sogar wie von selbst. Die Maus signalisiert, dass es wieder aufwärtsgeht.

In der Psychologie steht die kleine und eher unauffällige Maus als Symbol für die Macht oder Ohnmacht des Unscheinbaren – Pole, die oft gar nicht so weit auseinander liegen. Gerade das, was so »un-scheinbar« anmutet, kann genau das Wesentliche sein.

Spiritualität

Mäuse tragen stets die Energie der angemessenen Bescheidenheit in sich. Dabei handelt es sich nicht um äußere Angelegenheiten oder materielle Dinge. Mäuse wollen unseren Blick auf unsere innere Haltung lenken. Sie weisen uns darauf hin, beispielsweise unsere inneren Ansprüche und Anforderungen sowohl an uns selbst als auch an andere nicht zu hoch anzusetzen, sondern sie stets ein wenig zu »bescheiden«.

So fordert uns auch unsere Wüstenrennmaus auf, erst einmal die Messlatte der Erwartungen an uns selbst nicht zu hoch zu hängen. Wir sollten von uns nicht mehr Einsatz, Ausdauer, Geduld, Mut, Opferbereitschaft, oder was uns sonst gerade beschäftigt, erwarten, als uns tatsächlich zur Verfügung steht. Wir sind nicht auf der Welt, um irgendein abstraktes Ideal zu befriedigen, sondern um zu lernen und zu wachsen. Und das können wir nur, wenn wir erkennen, wer wir wirklich sind, wo unsere Stärken und Schwächen liegen, und wenn wir diese erst einmal annehmen. Wenn wir dann die Messlatte unserer Erwartungen an uns selbst noch ein klein wenig tiefer hängen, werden wir merken, dass uns viel innere Kraft zur Verfügung steht, um die anstehenden Dinge zu erledigen. Dann müssen wir uns nicht länger mit Unzufriedenheit aufhalten, mit Hadern über uns selbst, sondern können unsere tatsächlich vorhandenen Energien bündeln und nutzen, um damit voranzugehen. Die stets munteren Mäuse machen uns dies täglich vor. Lernen wir dies von ihnen.

Und lernen wir auch von ihnen, die Erwartungen an andere zurückzuschrauben. Dann müssen wir uns nicht damit beschäftigen, dass andere beispielsweise weniger achtsam oder fleißig sind, als wir gerne hätten. Damit ersparen wir uns nicht nur viel Ärger und Enttäuschung und somit Energieverlust, sondern wir können unseren Mitmenschen und auch anderen Mitlebewesen im weiteren Sinne mit sehr viel offenerem Herzen begegnen. Das bringt uns viel näher zueinander und viel mehr Licht in unsere Beziehungen, in unser Leben. Auch das führen uns die sich gegenseitig zärtlich pflegenden oder miteinander kuschelnden Rennmäuse deutlich vor Augen.

Andererseits sollen wir uns aber auch nicht zu klein oder gar unsichtbar machen. Rennmäuse sind zwar klein, aber keinesfalls unscheinbar. Sie schleichen nicht wie kaum vorhanden durch ihren Lebensraum, sondern sprühen förmlich vor Lebenskraft und Lebensfreude. Sie sind stets wachen Sinnes und bereit, sich ihren arttypischen Aufgaben zu stellen. Mit ihrer spirituellen Kraft machen sie uns Mut, nicht durch unser Haus und unser Leben zu schleichen. Es macht nur Sinn, sich an der Wand entlangzudrücken, wenn es eine tatsächlich gefährliche Situation erfordert.

Lernen wir von den munteren Nagern, wie wunderbar und

letztlich einfach und selbstverständlich es ist, den eigenen Raum einzunehmen. Mehr noch: Geben wir uns den Raum, den wir brauchen. Das kann so einfache Dinge meinen, wie uns hin und wieder zur Ruhe kommen zu lassen, damit unsere zarte innere Stimme mit ihren Gedanken und Einfällen Raum bekommt, sich zu entfalten, damit wir sie besser hören, uns selbst besser verstehen und somit unserem Weg besser folgen können. Das könnte aber auch bedeuten, dass wir mehr in Aktion gehen sollen, uns mehr entfalten, vielleicht sogar regelrecht austoben sollen, damit diese Seiten unserer Persönlichkeit in unserem Leben auch den ihnen gebührenden Raum einnehmen können. Auch hierzu können wir wieder mental unsere flitzenden Hausgenossen befragen.

Vielleicht geht es aber auch direkter, materieller: Haben wir nicht in unserer Rennmausgruppe ein Tier, das uns besonders anrührt? Vielleicht, weil es nicht mit den anderen durch den Käfig tobt, sondern sich lieber zurückzieht? Unsere Vorlieben und Abneigungen den einzelnen Wüstenrennern gegenüber spiegeln schon auf ganz materieller Ebene unsere inneren Haltungen und Wünsche wider. Gestatten wir den freundlichen Tieren mit einem herzlichen Dankeschön, uns zu spiegeln.

Vom wilden Gerbil der Wüste zur heimischen Rennmaus

Trotz ihres Namens sind die Wüstenrennmäuse im biologischen Sinne keine Mitglieder der Mäusefamilie, sondern als Wühler sehr viel näher mit dem Hamster verwandt. Die Wildform der Wüstenrennmaus ist die mongolische Wüstenrennmaus, auch als mongolischer **Gerbil** (*Meriones unguiculatus*) bezeichnet. In asiatischen Steppen- und Halbwüsten etwa von der südlichen Mongolei bis in den Nordosten Chinas hinein lebt die Wildform unteririsch in selbst gegrabenen Gängen und Höhlensystemen. Zwar verbringt der Gerbil die heißeste Tageszeit in seinem Bau; im Gegensatz zu vielen anderen Bewohnern solch heißer Regionen ist er aber kein nachtaktives Tier. Auch in den kältesten Perioden des Tageslaufs in seinem Lebensraum, also in den kalten Wüstennächten, zieht er sich in seinen geschützten Bau zurück. Das oberirdische Leben der kleinen Nager läuft vorzugsweise unter Sträuchern ab, die ihnen ausreichend Deckung bieten: unter anderem zur Nahrungsaufnahme, vor allem von Samen, Früchten und kleineren Insekten, aber auch zum blitzschnellen Flitzen von Unterschlupf zu Unterschlupf. Gewöhnlich sind sie in einem Rhythmus von etwa zwei bis vier Stunden tag- und nachtaktiv.

Wild lebende Wüstenrennmäuse sind Familientiere. In jedem Bau leben die Eltern mit manchmal sogar zwei Würfen zusammen, ehe sich dann der Nachwuchs seine eigenen Territorien sucht. Bei Gefahr trommeln die Tiere heftig mit ihren Hinterpfoten auf den Boden, um die anderen Mitglieder des Familienclans zu warnen.

Wohl fühlen sich Wüstenrennmäuse nur in Gesellschaft mit ihren Artgenossen. Sie brauchen einander für ihr ausgeprägtes Sozialverhalten wie Körperpflege, zum Schlafen, indem sie sich eng aneinander kuscheln oder auch zum Spielen als Aktivitätsersatz für die Nahrungssuche. Deshalb darf man sie niemals allein halten. Sie geraten sonst in Dauerstress, zeigen Verhaltensauffälligkeiten und werden meist bald krank. Am besten hält man gleichgeschlechtliche Geschwister aus einem Wurf zusammen in einem geräumigen und stets abwechslungsreich gestalteten, möglichst sogar mehrgeschossigen Käfig. Hier können sie dann das tun, was sie am liebsten tun: herumflitzen, nagen, klettern, sich verkriechen, ein Sandbad nehmen. In Gefangenschaft werden Wüstenrennmäuse gut bis vier, manchmal sogar acht Jahre alt.

In unsere Wohnungen gelangten die putzigen Rennmäuse übrigens erst vor wenigen Jahrzehnten – dafür haben sie aber im Sturm die Herzen der Nagerfreunde erobert.

Passen Sie und Wüstenrennmäuse zusammen?

Wollen Sie ein Kuscheltier, das sich gerne streicheln lässt? Dann sind Rennmäuse nur für Sie geeignet, wenn Sie die nötige Geduld und Zeit mitbringen, um die kleinen Nager nach und nach an Ihren Geruch und Ihre Hände zu gewöhnen.

Schwebt Ihnen ein einzelnes Tier vor, das sich voll und ganz auf Sie konzentriert und dann so zahm wird, dass es sich richtig freut, wenn Sie nach Hause kommen? Mit solchen Ansprüchen werden Sie den Rennern nicht gerecht, denn die sehr sozialen Tiere verkümmern, wenn sie alleine sind. Sie brauchen wenigstens einen Artgenossen, um sein Fell zu pflegen, mit ihm herumzutollen oder eng eingekuschelt zu schlafen. Ein Mensch kann solche Sozialpartner niemals ersetzen. Doch wie gesagt, wenn Sie mit Fingerspitzengefühl herangehen, werden allerdings auch mehrere Rennmäuse einigermaßen zahm. Und schon allein Ihre Neugierde macht Sie als Mitbewohner ihrer Welt attraktiv für Erkundungen.

Haben Sie nicht regelmäßig Zeit für ein Haustier? Wenn ausreichend Zeit für die äußere Versorgung und Pflege der Tiere bleibt und Sie täglich einmal nach ihnen schauen können, sind Wüstenrennmäuse ideal für Sie. Die Tiere haben in Ihrer Abwesenheit immer sich selbst, also ihren sowie wichtigsten Sozialkontakt, und langweilen sich nicht so schrecklich wie zu lang allein gelassene Katzen, Hunde oder Kaninchen.

Für Kinder sind Wüstenrennmäuse besser geeignet als beispielsweise der nachtaktive Goldhamster. Vor allem durch die verschiedenen Beziehungen der Tiere untereinander sind sie besonders für ältere Kinder ab zehn Jahren höchst interessant zu beobachten. Doch auch wenn sie mit ihren großen Augen und ihrem weichen Fell so niedlich sind: Die Wüstenrenner sind keine Schmusetiere oder gar Spielzeug.

Stört es Sie, wenn es in Ihrer Wohnung deutlich nach »Tier« riecht? Ein von den Rennmäusen ausgehender strenger Uringeruch wird sich auch bei optimaler Käfigreinigung – wenigstens einmal monatlich – nicht vermeiden lassen. Diese Geruchsmarkierung gehört zu den Tieren. Das sollten Sie vor einer Anschaffung bedenken.

Die Ratte

Sich verbünden und vertrauen

Mythologie

Im buddhistischen **China** wird die folgende Legende erzählt: Eines Tages saß Buddha im Wald. Da rief er alle Tiere zu sich. Doch diese waren allesamt auf irgendeine Art und Weise beschäftigt: Die einen schliefen, die anderen fraßen gerade und wiederum andere Tiere paarten sich gerade. Keines kam. Lediglich die Ratte hörte den göttlichen Ruf. Sofort eilte sie herbei. Aufgrund ihrer Gläubigkeit und ihrer Disziplin erhob Buddha die Ratte in den Himmel. Hier nimmt sie im chinesischen Rad der Astrologie das alle zwölf Jahre wiederkehrende Jahr der Ratte ein. Dieses Jahr gilt in China als ein ausgesprochen erfolgreiches. Im Reich der Mitte wird der Ratte ein besonders kritischer Verstand zugesprochen. Neben dem Hund gilt die Ratte in China auch als der Herbeibringer des ersten Reiskorns – ein sehr bedeutsames Mitbringsel, ernährt Reis doch nicht nur Milliarden Chinesen, sondern gilt auch in der chinesischen Mythologie als Symbol für Unsterblichkeit.

Auch im Nachbarreich **Indien** steht die Ratte in hohem Ansehen. So hatte sich der indische Elefantengott *Ganesha*, der für Weisheit und göttliches Wissen steht, als Reittier eine Ratte auserwählt, weil er sie als einziges Tier für schlau genug für diese Aufgabe hielt. Wegen ihrer Klugheit wird sie hier auch als heiliges Tier verehrt.

Im **christlich** geprägten Abendland hingegen stellte man die Ratte an die Seite des Teufels. Sie galten als verschlagen und ekelerregend. Wenn Unglück, Seuchen oder Krankheiten über die Menschen hereinbrachen, wähnte man die Ratten nicht weit.

Diese Verbindung hat sicherlich auch damit zu tun, dass die Ratten als Überträger der Pesterreger in Seuchenzeiten überhand genommen hatten. Nicht zuletzt Albert Camus mit seinem Weltbestseller von 1947 *Die Pest* hat mit der Gefahr der Krankheitsübertragung durch die Ratte ihren schlechten Ruf mit Assoziationen wie ekelhaft, stinkend, gefräßig, abstoßend, gespenstisch, gefährlich, giftig, massenhaft und unheimlich bis in die heutige Zeit hinein manifestiert.

Der deutsche **Volksmund** schätzt die geradezu legendäre Intelligenz der Nagetiere. Spruchweisheiten wie »Die Ratten verlassen das sinkende Schiff« unterstreichen die Klugheit und Anpassungsfähigkeit der Tiere, selbst wenn in dieser Redensart auch immer ein Anklang von Feigheit mitschwingt. Aber ist es nicht eine Gabe, ein Zeichen von Klugheit, einen Ort des Untergangs rechtzeitig zu verlassen?

Die Fähigkeit, Ratten zu fangen, stand früher in hohem Ansehen. Man sagte diesen Menschen nach, sie könnten auf die gleiche Weise auch Menschen »fangen«. Die **Sage** vom »Rattenfänger von Hameln« hat sich im ausgehenden 14. Jahrhundert in ganz Europa verbreitet. Ein Spielmann soll die westfälische Stadt Hameln von einer Rattenplage befreit haben, indem er die Tiere mit seinem Flötenspiel aus der Stadt herausgelockt hat. Die Bürger verweigerten ihm jedoch seinen ihm zustehenden Lohn. Aus Rache zog er daraufhin wieder auf seiner Flöte spielend durch die Straßen der Stadt, nur dass ihm diesmal die Kinder der Stadt folgten. Dieser Legende soll übrigens die vom Bischof ausgehende Anwerbung von Mädchen und Jungen aus Hameln für die Besiedelung Mährens zugrunde liegen, die dort jedoch nie ankamen.

Traumdeutung

Die volkstümliche Traumdeutung schreibt der Ratte einen sehr unterschiedlichen Symbolcharakter zu. Wenn ein Traum mit einer Ratte für den Träumenden mit einem Gefühl des Ekels behaftet ist, soll dies auf eigene Schuldgefühle hinweisen. Diese stehen möglicherweise im Zusammenhang mit nicht ganz lauteren Motivationen und Wünschen, die der Träumende anderen Menschen oder Lebewesen gegenüber zu haben scheint. Der Träumende wird wissen, worum es geht. Andererseits kann die Traumratte aber auch auf das Zutagetreten oder Aufdecken von etwas bislang Verborgenem, Heimlichem oder Verdrängtem hindeuten. Ein solcher Traum kann auch bedeuten, dass sich der Träumende möglicherweise von seiner näheren Umgebung seine Lebenskraft nehmen oder sogar zerstören lässt. Und zwar läuft dieses Energieabziehen im Verborgenen ab. Die Ratte will den Träumenden darauf aufmerksam machen, dass er sich bewusst werden soll, was gerade mit ihm geschieht, um sich entsprechend davor schützen zu können.

Wenn das Auftreten von zahlreichen Ratten den Traum beängstigend werden lässt, soll dies einen Verlust an materiellem Wohlstand ankündigen. Diese Deutung ist sicherlich auf die Rattenplagen zurückzuführen, die in früheren Zeiten die gesamten Nahrungsvorräte vernichten konnten. Wenn im Traum eine Ratte stirbt, so kann dies als ein Sieg über einen Feind gedeutet werden – dies kann auch der eigene innere Feind sein.

In der tiefenpsychologischen Traumdeutung fallen der Ratte meist negative symbolische Bedeutungen zu. Sie steht vor allem für destruktive und selbstzermürbende Gedanken und für tiefe und nagende Selbstzweifel. Diese beängstigenden Selbsteinschätzungen sollen zudem noch mit starken Schuldgefühlen gepaart sein. Manche professionellen Traumdeuter gehen sogar davon aus, dass man der psychotherapeutischen Hilfe bedarf, wenn man sehr häufig von diesen Nagetieren träumt, die so sehr die Nähe des Menschen suchen.

Spiritualität

Die Ratte kann als intelligentes, sehr lernfähiges und äußerst anpassungsfähiges Tier mit nahezu jeder Situation zurechtkommen. Doch sie ist auch klug genug, dies nicht alleine zu tun. Ihre größte Stärke ist, dass sie sich mit anderen verbünden kann. Und dies ist auch das geistige Geschenk, das uns dieser extrem vielseitige Nager anbietet.

Eine Ratte ist also kaum alleine unterwegs, sondern sie lebt und agiert in mehr oder weniger großen Sozialverbänden stets mit ihresgleichen zusammen. Ihre Kommunikation läuft so gut, dass es selbst dem Menschen kaum möglich ist, die Ratten dort, wo er sie für unerwünscht hält, auszurotten. Wenn irgendwo Gift ausgelegt ist, sterben sicherlich eine oder wenige der Ratten daran. Die übrigen aber werden – durch welche Form der Verständigung auch immer – gewarnt und meiden rasch die ausgelegten Köder.

Auf ähnliche Weise will eine Ratte, die mit uns zusammen lebt, sich auch auf energetischer Ebene mit uns verbünden. Und sie rät uns dringend an, dass auch wir uns immer wieder Verbündete suchen. Erst einmal unter unseresgleichen, also unter Menschen, damit wir unsere Vorhaben, Projekte, aber auch Konflikte, Auseinandersetzungen oder sonstigen Anstrengungen nicht alleine durchstehen oder gar ausfechten müssen. Denn steht uns jemand unseres Vertrauens zur Seite, erlangen wir mehr Sicherheit und haben in aller Regel eine größere Entscheidungsfreiheit, mehr Mut und gegebenenfalls auch mehr Durchsetzungs- oder Durchhaltevermögen. Und gerade wenn es uns nicht besonders gut geht, wenn wir gesundheitlich oder seelisch nicht obenauf sind, wenn wir aufgrund der Anforderungen an uns schon ganz verzweifelt sind, dann brauchen wir Menschen in unserer Nähe, auf die wir uns in dieser schweren Zeit stützen und verlassen können, auf die wir zählen können.

Mit ihrem starken (Über-)Lebenswillen fordert uns die Ratte auf, die Augen zu öffnen, weil auch in unserer näheren Umgebung Menschen sind, die uns in dieser vielleicht sogar schweren Zeit beistehen können. Die Ratte macht uns Mut, niemals aufzugeben, weil sich immer ein Weg findet. Und wenn es nicht ein Mensch ist, der uns helfen und zur Seite stehen kann – auf geistiger Ebene stehen immer wohlwollende und lichtvolle Wesenheiten bei uns, um uns auf unserem Weg zu unterstützen. Wir müssen sie nur anrufen, um Hilfe bitten, vielleicht auch beten. Unsere geistigen Helfer dürfen nämlich nicht aktiv werden, wenn wir sie nicht darum bitten.

Die Ratte mit ihrer saloppen Art macht uns vor, wie undogmatisch, wie einfach das geht. Die Ratte kann uns somit auch auf feinstofflicher Ebene, quasi eine Etage höher als die materiell-weltliche Dimension, weiterhelfen. Sie pflegt im Allgemeinen ein fast kumpelhaftes Verhältnis zur geistigen Welt. Sie geht beispielsweise völlig unbefangen, beinahe schon flapsig, mit ihren Geistführern und schützenden Engeln um. Wenn wir uns auf ein Zusammenleben mit einer Ratte einlassen und sie als die weise Tierseele, die sie ist, erkennen und akzeptieren, können wir auch hierin viel von dem klugen Nagetier lernen. Wenn wir uns von ihrer Energie führen lassen, können auch wir selbst einen leichteren Zugang zu unserer spirituellen Dimension, einen sehr viel direkteren und unkomplizierteren Umgang mit unseren Geistführern, Schutzengeln, Krafttieren und sonstigen hilfreichen Wesenheiten lernen. Dazu können wir sie – auch wenn uns das zunächst vielleicht merkwürdig vorkommen mag – um Hilfe dabei bitten, indem wir unseren Wunsch laut aussprechen. Am besten tun wir dies, wenn wir uns selbst so gut wie gerade möglich in unsere Mitte gebracht haben – vielleicht mithilfe einer Meditation.

Die Ratte ist vorsichtig und klug, sie verlässt sich auf ihre innere Stimme, die genährt wird von der großen Tierseele der Ratten, zu der die unzähligen Erfahrungen aller Ratten aus Vergangenheit, Gegenwart und Zukunft beigetragen haben. Wir Menschen bezeichnen unsere gemeinsame Erfahrungsseele als das »kollektive Unbewusste«. Der Ratte fällt es dank ihrer unmittelbaren spirituellen Verbundenheit wie allen Tieren sehr leicht, diesem Wissensmeer an Erfahrungen und Erkenntnissen, dieser alten und lichtvollen Weisheit zu vertrauen. Wir erhalten von der mit uns lebenden Ratte das Angebot, uns zu helfen, (wieder) Zugang zu diesem Weisheitsbrunnen zu erlangen, indem wir uns der geistigen, spirituellen Dimension unseres Daseins öffnen und den daraufhin hochgespülten inneren Sätzen oder Bildern zu vertrauen.

Wenn wir uns mit der Energie der Ratte verbinden, wenn wir sie um Hilfe bitten, werden sich diese Tore für uns öffnen, damit uns aus der kollektiven Weisheit Hilfe für unsere nächsten Schritte im Leben zuteil wird. Wir können die Ratte außerdem darum bitten – und übrigens jedes andere Haustier –, uns dabei zu helfen, unser Vertrauen in unsere Führung zu stärken. Denn nun ist es nur noch das Zutrauen, das Vertrauen, das für die letzte Öffnung ins Licht gebraucht wird: Vertrauen in uns und unsere innere Stimme, in unsere geistige Führung – die ja auch die Ratte zu uns ins Haus gebracht hat – und letztlich in das Gute in der Welt, um uns herum. Die Ratte fordert uns auf, das Gute, die Liebe – und Vertrauen ist ein wichtiger Aspekt davon – zu entdecken, in und um uns zuzulassen, zu stärken, zu vermehren und in die Welt zu schicken.

Von der Wanderratte zum Haustier

Ahn unserer Laborratten und somit auch aller gezähmten Ratten, die in unseren Haushalten oder den Jackentaschen von Jugendlichen leben, ist die **Wanderratte** (*Rattus norvegicus*). Die in freier Natur lebenden Wanderratten haben sich aus biologischer Sicht kaum auf ein enges Verhaltens- und Lebensraumspektrum spezialisiert. Daraus ergibt sich für die sehr intelligenten Ratten eine interessante Nichtspezialisierung: eine äußerst flexible Anpassungsfähigkeit. Ausgehend von ihrer Ursprungsheimat in Ostasien – sibirische und chinesische Gebiete mit gemäßigtem Klima – haben die Wanderratten als blinde Passagiere der menschlichen Entdeckungs- und Reiselust die ganze Welt erobert.

Die dämmerungs- und nachtaktiven Wanderratten leben in großen sozialen Gruppen, die sich aus hierarchisch gegliederten Familienverbänden zusammensetzen. Sie orientieren sich weniger mit ihren Augen als über ihren hervorragenden Geruchssinn. Die Wildform gräbt sich selbst ihre unterirdischen Bauten mit Vorratskammern und speziellen Fluchtgängen. Hier werden von den Rattenweibchen in den Nestern auch vier- bis sechsmal pro Jahr die rund acht Jungen großgezogen.

Die Kulturfolger sind zwar Allesfresser, nehmen aber bevorzugt pflanzliche Kost zu sich. Wanderratten können sogar dem so sehr viel größeren Menschen gegenüber aggressiv werden, wenn sie sich in die Enge getrieben fühlen. Sie sind es übrigens – und nicht die etwas kleineren **Hausratten** (*Rattus rattus*) –, die in unseren Städten unsere unterirdischen Abwasser- und Rohrleitungssysteme sowie Müllkippen als ihren Lebensraum erobert haben.

Der Weg in die Forschungslabors ging für die Wanderratten zunächst über ein Jagd- und Wettspiel, das sich vor allem in England in der ersten Hälfte des 19. Jahrhunderts großer Beliebtheit erfreute: die Hetzjagd von Ratten mit Terriern wie beispielsweise den Soft-Coated Wheaten Terriern. Da viele Ratten für die Veranstaltungen benötigt wurden, ging man bald dazu über, die benötigten Ratten selbst zu züchten. Damit war der Grundstein für die **Zucht** von Ratten in Gefangenschaft auch für Forschungszwecke gelegt. Die weltweit verbreiteten und berühmten weißen Laborratten mit dem wissenschaftlichen Namen »Wistar-Albino-Stamm« stammen aus dem gleichnamigen Forschungslabor in Philadelphia, USA. Die meisten heutigen Stämme und Linien gehen auf Tiere aus dieser Zucht zurück. Daneben gibt es aber auch allerlei gezüchtete Farbvarianten.

Da die Ratten Geruchstiere sind und alle Mitglieder einer Familiengruppe sich am Geruch erkennen, ist es zur Konfliktvermeidung günstiger, Wurfgeschwister des gleichen Geschlechts zusammen zu halten. Die sozialen und wegen ihrer Intelligenz auch hinsichtlich ihrer Beschäftigung sehr anspruchsvollen Tiere sollte man besser nicht allein halten. Auch zahme Ratten lieben Abwechslung und brauchen reichlich Material zum Nagen und Spielen in ihrem Käfig.

Übrigens haben auch die »Schoßratten« der Punker ihre Vorläufer. So ist bereits aus dem Jahre 1667 in Paris ein Rattenspiel der gezähmten Nager belegt. Wie sonst zu dieser Zeit nur dressierte Äffchen tanzten diese zahmen Ratten als Attraktionen auf Jahrmärkten und Dorffesten über ein Seil und vollführten allerlei weitere Kunststückchen.

Passen eine Ratte und Sie zusammen?

Haben Sie Freude an Überraschungen, die Sie aufgrund der hohen Intelligenz und der enormen Neugier der Ratte erleben werden? Ist es gerade die Andersartigkeit der Tiere, gepaart mit ihrer großen Lernfähigkeit, ja, fast schon Lernbegierigkeit, was

Sie interessiert? Trauen Sie es sich zu, sich in diese Andersartigkeit der Ratte hineinzuversetzen, um ihr ein zugleich artgerechtes und interessantes Leben zu bieten? Dann scheinen Sie ja ein echter Rattenfan zu sein.

Aber sind Sie doch recht viel unterwegs und hätten nicht regelmäßig Zeit für Ihr Tier? Dann sollten Sie, wenn es unbedingt Ratten sein sollen, tatsächlich zwei dieser sehr geselligen Tiere anschaffen, die dann in Ihrer Abwesenheit wenigstens sich selbst haben.

Sind Sie sehr empfindlich gegen strenge Gerüche? Auch wenn sie in ihrer Dimension sauber ist – da ihr in der menschlichen Obhut nur ein begrenzter Raum zu Verfügung steht, wird man in aller Regel in Ihrer Wohnung riechen, dass Sie hier mit einem Tier leben. Leiden Sie unter einer Tierhaarallergie, vielleicht gegen Katzenhaare? In aller Regel sollten Sie dann von der Anschaffung jeglichen bepelzten Tieres Abstand nehmen. Selbst wenn die Allergie noch nicht weit entwickelt ist, sind die Chancen doch leider hoch, dass sich bei dauerhaftem Kontakt auch gegen die Hautschuppen der Ratte eine allergische Reaktion ausbildet.

Der Papagei

In Kontakt gehen

Mythologie

Diente in **Indien** ein Papagei der hinduistischen Göttin der Liebe *Kama*, so war der prachtvolle Vogel in China der heilige Begleiter von *Kwan Yin*, der Göttin der Liebe, des Mitgefühls und der Barmherzigkeit. In Indien galten die auffällig farbenprächtigen Vögel vielerorts als Tiere, die der Weissagung mächtig waren. In manchen Regionen sollte ihr auffälliges Erscheinen auch Regen ankündigen.

Die nordamerikanischen **Indianer** waren insbesondere von der Schönheit und Farbenpracht der Papageien angetan. Ihre Federn wurden als Schmuck und Zierde vor allem heiliger Gegenstände benutzt. Manche Stämme hielten die prächtigen Vögel wegen ihrer strahlenden Farben auch für Boten der Sonne, für Lichtbringer. Den Papageien wird in der indianischen Mythologie daher ein sehr tief reichendes Verständnis für die Rolle und die Bedeutung von Schönheit im heiligen Netz allen Lebens zugesprochen. Die Indianer glaubten, wenn sich Menschen mit der Energie und Weisheit der Papageien verbänden, könnten sie ihrer eigenen Schönheit und ihrer eigenen Lebenskraft auf den Grund gehen. Dann würde es ihnen möglich sein, in aller Tiefe zu verstehen, warum sie sich nach Schönheit in ihrem eigenen Dasein sehnen.

Ihre Fähigkeit, die menschliche Sprache nachzuahmen, bereitete den Papageien im **Christentum** den Boden für zwei entgegengesetzte Symboliken: Wenn die Weisheit eines höheren Bewusstseins nachgeahmt wird und der Nachahmende dabei ein »reines Gefäß« bleibt, ist dies äußerst lobenswert; werden jedoch Populismen und billige Allgemeinplätze nachgeplappert, kann es schnell in gefährliche Dummheit ausarten. Berichtet wurde von einem Papageien des Kardinals *Ascanio* in Rom, der angeblich das gesamte Glaubensbekenntnis – selbstverständlich auf Latein – herunterbeten konnte.

In einem Schelmenroman aus dem 17. Jahrhundert fällt ein Papagei unablässig einem wichtigtuerischen Staatsmann ins Wort, indem er fortwährend einzig und allein das Wort »Wasserträger« ausruft. Der Vogel will so den angeberischen und arroganten Mann daran erinnern, dass er einst selbst aus kleinen Verhältnissen gekommen war.

Durch ihr Plappern und Reden geraten Papageien aber auch leicht – mutwillig oder unfreiwillig – in die Rolle des Verräters, beispielsweise von heimlichen Liebschaften oder Ehebruch.

Traumdeutung

Taucht ein Papagei im Traum auf, will er den Träumenden ermahnen, nicht blauäugig und kritiklos das nachzuahmen, was andere ihm vormachen. Es kann auch sein, dass er explizit vor Klatsch und Tratsch warnt. Spricht im Traum ein Papagei seinen Träumer ganz direkt an, kündigt er auf diese Weise eine wertvolle Botschaft an, die wahrscheinlich viel mit Lob und Anerkennung zu tun hat.

Spiritualität

Die augenfälligste Eigenschaft der Papageien ist es, in den Kontakt mit anderen zu gehen. Natürlicherweise sind diese anderen ihre jeweiligen Artgenossen. Und eigentlich ist es eine sehr »ohrenfällige« Eigenschaft: Denn die Kontaktaufnahme erfolgt bei den Papageienvögeln überwiegend durch ihre Lautäußerungen, durch ihre Sprache. Bei den meisten Papageien ist diese Kommunikation untereinander auffällig lautstark.

Diese Fähigkeit, dieser innere Drang, mit ihresgleichen die Verbindung und den Austausch über Laute und Sprache zu suchen, das ist auch die Energie, mit der die prachtvollen, munteren Vögel zu uns kommen. Sie führen es uns immer wieder auch sehr eindrücklich und unüberhörbar lautstark vor: Ein wesentlicher Aspekt des Daseins ist es, sich anderen mitzuteilen, Befindlichkeiten, Gefühle, Wünsche, Angebote oder andere Informationen auszutauschen. Das ist auch eine der vielen Möglichkeiten, das eigene Selbst-Bewusstsein auszudrücken.

Nahezu alle Tiere können sich darüber auf dem mentalen Weg verständigen, so auch die schönen und selbstbewussten Papageien. Aber diese Vögel sind mit der energetischen Aufgabe in der Welt, zu demonstrieren, dass es sinnvoll ist, sich lautstark über Sprache miteinander zu verständigen. Lernen wir das von den intelligenten Vögeln, denn nur wenige von uns Menschen sind tatsächlich in der Lage, sich an den universellen Gedankenstrom anzuschließen und sich sowohl auf geistig-mentaler Ebene den eigenen Artgenossen verständlich zu machen, als auch andere Wesen zu verstehen.

Wir Menschen können von den Schwarmvögeln ganz direkt abschauen, wie existenziell wichtig es ist, stetig in Kontakt mit Gleichartigen, mit Wesen, mit Menschen zu sein: So wie sich die Vögel in ihren sozialen Gruppen beispielsweise untereinander vor drohender Gefahr warnen oder einander ergiebige Futterplätze mitteilen, so brauchen auch wir Menschen ein soziales Netz. Und dieses wird sowohl im Tierreich als auch unter uns Menschen durch Kommunikation und Kontakt gewebt.

Besonders dann, wenn wir uns für unseren spirituellen Weg entschieden haben, hilft es uns bei Unsicherheiten, inneren Zweifeln oder energetischen Beeinträchtigungen, uns mit

Gleichgesinnten zusammenzutun und auszutauschen. Vielleicht erhalten wir gute Ratschläge oder meditativ-energetische Unterstützung oder auch einfach nur ein offenes Ohr. Die Papageien fordern uns Menschen auf, nicht allein zu bleiben, sondern uns mit Gleichgesinnten zu einer Art Netzwerk zusammenzutun – etwa so, wie sie es mit ihrer Schwarmbildung machen. Der Zusammenhalt der Vogelgruppe hebt dabei keineswegs die Individualität oder die meist sehr engen Paarbindungen auf. Doch der Kontakt, die Verbindung mit der Gemeinschaft stützt jeden einzelnen Vogel.

Vom Urwald in die Voliere

Der Ausspruch eines lange verstorbenen Naturkundlers, Papageien seien die Affen unter den Vögeln, sei hier positiv verstanden im Sinne von großer Neugier der Vögel, eines hoch entwickelten Spieltriebs und ausgeprägter Intelligenz. Denn neben ihrer Beredsamkeit erfreuen Papageien uns Menschen immer auch mit ihrer Klugheit. Dank ihrer stark verdickten Zunge können sie neben verschiedensten Lauten und Geräuschen auch die menschliche Sprache imitieren. Bereits seit der Antike hat der Mensch dem »Luxusvogel« insbesondere Grußformeln, aber auch Schimpfworte beigebracht – eigentlich nur dauernd vorgeplappert.

Die **Haltung** von Vögeln in der beobachtbaren Obhut des Menschen hat eine sehr lange Tradition, deren Wurzeln bis weit vor die Antike reichen. Bereits die Naturvölker in Amerika, in Afrika und Australien hielten seit Jahrtausenden Papageien als Hausgenossen. Und auch im alten Indien hielten sich Fürsten Papageien.

Alle Vögel aus der großen Familie der Papageien sind Schwarmvögel – deshalb ist ihre Einzelhaltung Tierquälerei, auch wenn sich einige dieser hochintelligenten Tiere mit großer Geduld und Genügsamkeit in ihr Schicksal der Einzelhaft fügen. In Paaren sind die Vögel sehr kommunikativ und liebevoll zu ihrem Partner, dem sie meistens ein Leben lang treu verbunden bleiben.

Die meisten Papageienarten legen in ihrer Heimat weite Flugstrecken zurück – auch wenn wir die großen und prachtvollen Aras und Amazonen meist auf einer Stange sitzend kennengelernt haben. Die geselligen Vögel sind extrem verspielt und gelehrig. Gelangweilte und isolierte Papageien weisen daher meist schwerwiegende Verhaltensstörungen auf. Nicht selten rupfen sie sich in selbstzerstörerischer Anklage ihre Federn aus – manchmal bis zur völligen Kahlheit. Andere reagieren mit Apathie oder extrem aggressivem Verhalten. Das Nachsprechen menschlicher Laute und Worte oder das Imitieren von Umgebungsgeräuschen ist letztlich nichts anderes, als gegen die unfreiwillige Einsamkeit anzugehen. Und vor der Anschaffung eines Papageien sollte man sich klarmachen, dass die Vögel sehr alt werden. Zwar erreicht der Graupapagei in Gefangenschaft nicht wie in freier Wildbahn das Höchstalter von gut siebzig Jahren, aber er kann durchaus vierzig Jahre die Begleitung seiner Menschen übernehmen.

Bei uns am häufigsten und bekanntesten sind der **Nymphensittich** (*Nymphicus hollandicus*), der besonders »sprachbegabte«, etwa 40 cm große **Graupapagei** (*Psittacus erithacus*), die verschiedenen Kakadus wie der bildhübsche **Gelbhaubenkakadu** (*Kakatoe galerita*), der bis zu 50 cm groß werden kann, und die wesentlich kleineren afrikanischen Papageienarten aus der Gattung der »**Unzertrennlichen**« (*Agapronis spec.*). Dem klassischen Bild des Papageien entsprechen jedoch die prachtvollen Aras, eine Gattung, die einen Meter groß werden kann – ohne den langen Schwanz, versteht sich – wie ihr größter Vertreter, der **Hyazinth-Ara** (*Anodorhynchus hyacinthinus*). Diese besonders farbenprächtigen Riesen leben in den tropischen Regenwäldern Mittel- und Südamerikas. Auch der in einem eigenen Abschnitt behandelte Wellensittich gehört in diese im wahrsten Sinne des Wortes bunte Vogelfamilie.

Passen Papageien in Ihr Leben?

Wollen Sie einen hübsch anzuschauenden Exoten in Ihrem Wohnzimmer, der Sie jeden Abend, wenn Sie nach Hause kommen, mit einem lustigen Satz begrüßt? Dann sollten Sie Abstand von den großen Schwarmvögeln nehmen, denn Sie haben ein falsches Bild von einem Papageien.

Die Haltung von Papageien wie den großen Graupapageien oder auch den etwas kleineren Nymphensittichen ist aufwändig, wenn sich die intelligenten Vögel auch wohlfühlen sollen – und nichts anderes kann ja unser Anliegen sein, wenn wir diese Vögel mögen. In jedem Fall müssen Sie den Papageien ein großes Spektrum vielseitiger Spiel- und Klettermöglichkeiten anbieten. Papageien sind Schwarmvögel und sollten daher niemals allein gehalten werden. Geben Sie den intelligenten Tieren neben abwechslungsreicher Beschäftigung die Möglichkeit, ihr natürliches Sozialverhalten auszuleben. Werden Papageien in Einzelhaft gesperrt, weisen sie bald Verhaltensstörungen auf. Wie erwähnt, rupfen sich manche Tiere, die artwidrig alleine leben müssen, aus Langeweile und Kummer ihre Federn aus.

Um wenigstens zwei Papageien einen angemessenen Platz bieten zu können, muss die Voliere schon sehr groß sein – je größer die Papageienart, desto mehr Platz benötigen sie naturgemäß auch. Der Gesetzgeber schreibt als Mindestmaß für die Grundfläche einer Graupapageien- oder Amazonen-Voliere zwei mal zwei Meter vor. Aber das ist nur theoretisches Minimum. Bedenken Sie, dass die großen Vögel in freier Natur täglich mehrere Kilometer weit fliegen. Am gerechtesten werden den natürlichen Ansprüchen der Tiere entweder eine große Flugvoliere oder ein eigenes Zimmer. Können Sie den Papageien so viel Platz bieten? Haben Sie andernfalls ausreichend Zeit, den Vögeln tägliche Freiflugstunden zu ermöglichen, und zwar unter Aufsicht, um Verletzungen vorzubeugen? Sind Sie sich im Klaren darüber, dass Sie sich mit Papageien für mehr als zwanzig, vielleicht sogar bis zu vierzig Jahre an Ihre fliegenden Haustiere binden? So hoch ist nämlich bei guter Haltung die mittlere Lebenserwartung der Vögel in Gefangenschaft.

Sind Sie sehr empfindlich gegenüber nicht von Ihnen zu regulierenden Geräuschen? Haben Sie lärmresistente Nachbarn? Das gewaltige Stimmvolumen mancher Papageien kann sowohl für Sie und Ihre Familie als auch für die unmittelbare Nachbarschaft zu einer wahren Zerreißprobe werden. Die anfängliche Euphorie über die außergewöhnlichen Vögel lässt dann schnell Federn.

Informieren Sie sich bitte in jedem Fall *vor* einer noch dazu meist sehr kostspieligen Anschaffung ausführlich über die spezielle Biologie und Haltungsbedingungen Ihrer in Betracht gezogenen Papageienart. Können Sie den intelligenten Papageien nicht ausreichend Platz, Flugmöglichkeiten und Beschäftigung bieten, sollten Sie zum Wohle der Vögel auf eine Haltung verzichten. Dies ist auch eine Form, in der Sie die Liebe und Bewunderung für derart schöne und kluge Vögel ausdrücken können.

Der Wellensittich

Sich von Herzen freuen

Mythologie

– siehe unter Papagei –

Traumdeutung

– siehe unter Papagei –

Spiritualität

Es mag banal klingen: sich von Herzen freuen. Doch diese Lebensqualität ist die Energie, mit der die Wellensittiche auf spiritueller Ebene zu uns Menschen kommen. Selbst in einer Vogelvoliere, mit der wir Menschen ihm einen Großteil seiner natürlichen Freiheiten so arg beschneiden, zwitschern die kleinen Papageienvögel meist munter und vergnügt – vorausgesetzt sie sind nicht allein. Vereinzelt ertragen Wellensittiche sogar diese für sie völlig unnatürliche, isolierte Situation mit der ihnen eigenen natürlichen Fröhlichkeit. Sie zwitschern sogar dann ihren munteren Singsang vor sich hin, und manchmal auch direkt für ihre menschlichen Bezugspersonen – vor allem, wenn diese sehr einsam sind und sich von ihren Artgenossen verlassen fühlen. Diese Frohnaturen sind tatsächlich kaum unterzukriegen – auch wenn sie diese »Aufmunterungstherapie« für Menschen mit einem hohen Preis bezahlen. Denn einzeln gehaltene Wellensittiche werden in aller Regel nicht sehr alt.

Die Wellensittiche fordern uns Menschen von ganzem Herzen auf, das Leben zu feiern, dieses wunderbare Geschenk mit offenen Sinnen, mit offenem Herzen zu genießen und uns jeden Tag aufs Neue darüber zu freuen. Die Vögel machen es uns auch ausgesprochen leicht, uns mit ihrer spirituellen Energie zu verbinden. Setzen wir uns einmal vor ihre Voliere oder noch besser, begeben wir uns in ihren Freiflugraum: Ihre vergnügliche Lebendigkeit, ihre reine Freude am Dasein werden auf uns überspringen wie Funken eines Freudenfeuerwerks.

Lernen wir es von unseren fliegenden Gästen von »down-under«: unser Leben als das festliche Geschenk zu nehmen, das es ist.

Verbinden wir uns mit ihrer Energie und holen Freude in unser Leben, in unseren Alltag. Gestatten wir es uns, die unzähligen Facetten der Freude zu empfinden und einfach so auszudrücken, wie sie kommen. Lachen wir von Herzen, wenn uns danach ist. Und wenn uns danach ist, laut zu juchzen und zu schreien, tun wir auch dies aus Leibeskräften. Wir können es unseren Kindern abschauen, die – meistens – noch so spontan ihre Begeisterung über das, was das Leben zu bieten hat, ausdrücken. Freuen wir uns wie sie darüber, dass wir einfach so über den Boden laufen können oder dass sich ein Marienkäfer auf unsere Hand setzt, oder dass der Apfel so gut schmeckt oder, oder ...

Von den australischen Wäldern in die gute Stube

Wellensittiche (*Melopsittacus undulatus*) sind ausgesprochen gesellige Vögel. In ihrem natürlichen Lebensraum im australischen Binnenland legen sie in teilweise riesigen Schwärmen unzählige Flugkilometer zurück, um mit den extremen Klima- und Nahrungsangebotsschwankungen dort zurechtzukommen.

Regional können die Temperaturunterschiede zwischen Tag und Nacht 40° C betragen.

Die **wilden Wellensittiche** brüten in Baumhöhlen lichter Eukalyptuswälder. Nach 18 Tagen schlüpfen aus den vier bis sechs Eiern die Jungen. Die Männchen sind bereits nach 60 Tagen geschlechtsreif – eine wichtige physiologische Anpassung an das wüstenartige Klima. Es geht hier nämlich darum, die kurzen Regenzeiten optimal für eine möglichst hohe Fortpflanzungsrate zu nutzen, damit die Art überleben kann.

Die wilde Stammform dieses kleinen Papageien ist grün gefiedert und trägt die bekannte gelbe Maske. Aber auch in freier Natur kommen die unterschiedlichsten Farbvarianten vor, die bei uns gezielt durch Züchtung hervorgebracht und intensiviert werden. Seitdem mit ihrer **Zucht** in Europa um 1850 begonnen wurde, sind in Gefangenschaft inzwischen wohl schon mehrere Millionen dieser beliebten Ziervögel ausgebrütet worden. Ihren Ursprung nahm die Wellensittich-Zucht kurz zuvor in Australien selbst. Über England breiteten sich die Vögel rasch auf die Nord-, dann wieder auf die Südhalbkugel aus. Zunächst Exot der Begüterten, wurde der lebhafte und auch recht zutraulich werdende Wellensittich bald beliebter Stubenvogel breiter Bevölkerungsschichten.

Die sehr kommunikativen Schwarmvögel dürfen keinesfalls als Einzeltier gehalten werden, auch wenn sie dann in Ermangelung eines Artgenossen sehr zahm werden können. Für ein einigermaßen glückliches Vogelleben braucht ein Wellensittich wenigstens einen Artgenossen mit den entsprechenden Sozialkontakten sowie den täglichen Freiflug im Zimmer, falls nicht eine größere Vogelvoliere vorhanden ist. Die Lebenserwartung des kleinen Papageienvogels liegt bei guter Haltung in Gefangenschaft bei rund 14 Jahren.

Welcher Mensch passt zu Wellensittichen?

Lieben Sie das nahezu ständige, manchmal auch zu einem Konzert sich steigernde Zwitschern der Wellensittiche? Die kleinen Papageienvögel brauchen nämlich Gesellschaft – wenigstens zwei, lieber noch mehrere der Schwarmvögel unterhalten sich eben sehr gerne lautstark. Dies tun sie übrigens mittels sehr vielfältiger Lautäußerungen. Und kein Mensch kann einem Wellensittich den Artgenossen ersetzen, auch wenn der Vogel sehr zutraulich ist und sich von ihm kraulen lässt.

Spekulieren Sie darauf, den Vögeln Kunststückchen und bestimmte Worte beizubringen? Dressieren kann man Wellensittiche nicht, ihr Zutrauen geschieht nur aus freiem Willen – erwarten kann man nichts. Wellensittiche sind keine Streicheltiere, und jeder hat seinen eigenen Charakter – vielleicht ist einer unter Ihren Vögeln, der großes Zutrauen zu Ihnen fasst, vielleicht aber auch nicht.

Können Sie die einzelnen Vögel so respektieren, wie sie sind? Sind Sie berufstätig, und Ihre Haustiere müssen jeden Tag viele Stunden allein bleiben? Haben Sie dennoch Zeit, sich immer wieder ausführlich mit Ihrem Haustier zu beschäftigen? Und ein bis zweimal wöchentlich den Käfig zu reinigen? Und können Sie den Wellensittichen regelmäßig ausreichenden Freiflug unter Ihrer Aufsicht gewähren, damit sie ihr Körperbewusstsein als Vogel nicht verlieren – möglichst täglich?

Reagiert ein Familienmitglied allergisch auf Hausstaub oder sogar speziell auf Vogelfedern oder Federstaub? Haben Sie bereits ein Haustier wie etwa eine jagdfreudige Katze, die nicht zu Wellensittichen passt und den Vögeln Dauerstress bereiten würde? Und wer pflegt die Vögel, wenn Sie in den Urlaub fahren?

Wenn Sie alle diese Fragen ehrlich beantwortet haben, wissen Sie, wie gut Sie und Wellensittiche zusammenpassen.

Der Kanarienvogel

Bitten und beten

Mythologie

Weniger im **Märchen** selbst denn als Begleiter eines Märchenlesers taucht der Kanarienvogel in der Literatur auf. In einem berühmt gewordenen Brief schreiben die Gebrüder Grimm an *Bettina von Armin*: »Es war einmal ein Mann, der ging in seinem Zimmer auf und ab und las dabei. So sehr vertiefte er sich in die Lektüre, dass er kaum zu bemerken schien, dass ein zahmer Kanarienvogel, in zierlicher Bewegung mit den Flügeln sich im Gleichgewicht haltend, auf seinem Kopfe saß, in dessen vollen Locken es ihm sehr behaglich zu sein schien.« Der Mann war der Gatte der Adressatin, der Schriftsteller Achim von Armin, und bei der Lektüre handelte es sich um Manuskripte der Brüder, die 1812 als *Kinder- und Hausmärchen, gesammelt durch die Brüder Grimm* herauskamen und um die ganze Welt gingen.

Traumdeutung

Der bezaubernde Singvogel soll für den Wunsch nach Liebe und Freundschaft stehen. Allerdings warnt der geträumte Kanarienvogel auch davor, sich von wenig wohlmeinenden Schmeichlern betören zu lassen. Singt und zwitschert der kleine Vogel durch den Traum, soll dies unerwartetes Vergnügen und Freuden verheißen. Wer im Traum einen Kanarienvogel verschenkt, dessen sehnlichster Wunsch soll hingegen nicht in Erfüllung gehen. Wenn der Traumvogel stirbt, soll sich der Träumende vor falschen Freunden in Acht nehmen.

Spiritualität

Die munteren Kanarienvögel bringen uns als spirituelles Geschenk ihre Fähigkeit mit, aus ganzem Herzen in das innige Gespräch mit unserem höheren Selbst, mit unserer geistigen Führung, mit Gott zu gehen. Wenn wir uns für ihre klare Energie öffnen, lehren uns die kleinen Sänger, wie einfach die Verbindung zur geistigen Welt herzustellen ist. Wenn wir es nur mit Gefühl, mit ganzem Herzen tun, können wir einfach aussprechen, was unser Anliegen ist, was wir für uns und andere wünschen, wo wir Hilfe brauchen. Dabei ist es ganz gleich, ob wir dies Meditation, Bitten, Zwiegespräch, Mantra oder Gebet nennen. Es kann so spontan und formlos sein, wie wir uns das mit klarem Herzen nur vorstellen können, es kann aber auch ein Ritual sein oder eine Form von visualisierender Übung oder ein ganz konventionelles Gebet.

Eine sehr einfache und zugleich sehr wirkungsvolle Methode, in Kontakt, ins Gespräch mit dem eigenen höheren Selbst zu kommen, ist das visuelle Dreieck nach Phyllis Krystal (Literatur siehe Bibliografie). Es ermöglicht eine Art Gespräch mit dem wesentlichen eigenen Seelenanteil, der einen größeren Überblick über unser Leben, unseren Weg und unsere Möglichkeiten hat.

Dies ist aber nur ein Beispiel, gedacht als Anregung, um in Kommunikation mit der geistigen Welt zu gelangen.

Die Antworten aus der geistigen Dimension dürfen wir uns nicht als laut ausgesprochene Sätze von einer deutlich hörbaren Stimme vorstellen. Die Antworten, Hinweise, Ratschläge oder Informationen können bei jedem Menschen anders übermittelt werden: Manche erhalten Bilder, manche Lieder, manchen werden Spruchbänder gezeigt, und wieder andere empfangen einen Gedankenfluss, den sie deutlich von ihren eigenen Gedanken unterscheiden können, wie ein lautloses Flüstern.

Die Kanarienvögel fordern uns nun auf, aktiv in diese Kommunikation zu gehen, zu fragen, zu bitten, zu beten. Denn so können wir auf der spirituellen Ebene sehr viel mehr bewirken. Wir geben mit dieser aktiven Form des Gesprächs im wahrsten Sinne des Wortes eine ganz andere, bewegendere Energie ins Universum. Beispielsweise können wir für das Wohlergehen des Nachbarhundes bitten, der wieder einmal von seinem Halter geschlagen wird. Aber wir können auch fragen, wie wir diesem Hund sein Dasein erleichtern können.

Es ist tatsächlich so einfach, wie es uns unsere Kanarienvögel jeden Tag vorsingen.

Von der Insel in den Bauer

Vorfahren unserer Kanarienvögel sind die wild auf den Kanarischen Inseln lebenden **Kanariengirlitze** (*Serinus canaria*). Die Wildform dieser Vertreter aus der Vogelfamilie der Finken ist graugrün gefärbt. Die wilden Kanarienvögel leben in kleinen Schwärmen im offenen Waldland. Außerhalb der Brutzeit sind sie sehr gesellig. Mit Einsatz der Brutzeit, beginnend im Februar oder März, bilden die Hähne jedoch unter lautstarkem Sangeswettstreit, aber auch mit körperlichem Einsatz Reviere und verteidigen diese dann energisch.

Vor allem wegen seines wohlklingenden und variationsreichen Gesanges wird der Kanarienvogel gerne als Heimtier gehalten. Für eine Anschaffung ist zu berücksichtigen, dass der kleine Singvogel gut und gerne über zehn Jahre alt wird. Einzelhaltung ist für die sozialen Vögel eine Quälerei – auch wenn wir Menschen uns an dem sehnsüchtigen Gesang der Männchen ergötzen. Wie alle Vögel sind sie nur wirklich Vögel, wenn sie auch täglich wenigstens einige Freiflugzeiten im Zimmer haben.

Nach der Eroberung der Kanarischen Inseln Ende des 15. Jahrhunderts durch die Spanier gelangten die Singvögel rasch nach Europa. Unter anderem bei den Bergleuten waren die kleinen Singvögel beliebt. Sie nahmen die Kanarienvögel mit unter Tage, wo sie beispielsweise bedrohliche Wetterlagen durch unruhiges Hin- und Herflattern in ihrem Käfig anzeigten. Nachdem die Bergwerke im Harz stillgelegt worden waren, widmeten sich manche der ehemaligen Bergleute hingebungsvoll der Kanarienvogelzucht, und so entstand der wegen seiner gesanglichen Perfektion und tiefen Stimmlage weltberühmte »Harzer Roller«.

Ein Kuriosum gibt es aus Südtirol zu berichten: Dort bot man den Kanarienvögeln Nachtigallen als »Vorsänger« an, deren Sangeskunst sie auch in ihr Repertoire einflochten. Dieser »Tiroler Nachtigallenschläger« setzte sich allerdings langfristig nicht auf dem Vogelmarkt durch. Heute gibt es weit über einhundert verschiedene Kanarienvogelrassen, die sich durch ihren Gesang, ihre Färbung und ihre Gestalt unterscheiden.

Passen Sie und Kanarienvögel zusammen?

Können Sie den Kanarienvögeln täglich Pflege und Zuwendung geben – bis zu 15 Jahre lang?

Da Kanarienvögel nur außerhalb der Brutzeit gesellig in Schwärmen leben, sollten Sie am besten zwei Vögel in einem ausreichend großen Vogelbauer halten. Bedenken Sie, dass Weibchen nicht so hinreißend singen können. Männchen sollten wegen der Revierstreitigkeiten je in einem Käfig gehalten werden – gerne jeder mit einem oder mehreren Weibchen zusammen. Dass ein Vogel im Bauer zahmer wird oder mehr singt, stimmt nicht. Wenn Kanarienvögel Vertrauen zu ihrem Besitzer gefunden haben, werden sie von ganz alleine zutraulich. Das gilt umso mehr, je wohler sich die Vögel bei Ihnen fühlen.

Wie alle Ziervögel fühlen sich Kanarienvögel am wohlsten in einer Flugvoliere, in der sie frei umherfliegen können. Sind Sie andernfalls – auch zeitlich – in der Lage, den Vögeln regelmäßige Freiflugzeiten unter Ihrer Aufsicht zu gewähren? Unter Beaufsichtigung deshalb, weil in unseren Wohnungen unzählige Gefahren- und Unfallquellen für die kleinen Vögel lauern. Und im Übrigen wollen Sie doch sicherlich Ihre Hausgenossen auch in ihrem Element erleben, oder? Haben Sie in Ihren Urlaubszeiten jemanden, der wenigstens alle zwei Tage nach Ihren Vögeln schauen kann?

Die Schildkröte

Schutz und Relativierung von Zeit

Mythologie

In zahlreichen Kulturen und Weltbildern der Völker gilt eine Schildkröte, wenn sie als Tier überhaupt bekannt ist oder dort vorkommt, als klassisches Symbol für Weiblichkeit. Sie dient als Bild für alles Substanzielle, für das, was im Chinesischen das Yin umfasst, für die Erde selbst.

In **China** galt die Schildkröte mit ihrer starken Yin-Energie unter anderem als Feuerfresser – Feuer ist Yang, und zwar in seiner exzessiven Form und kann vom Yin kontrolliert werden. Deshalb stehen als Abwehrzauber Schildkrötenfiguren auf den Dächern älterer chinesischer Häuser.

Meist wird die Schildkröte auch als eines der ältesten Wesen überhaupt verehrt. So schöpft sie ihre Weisheit aus ihrem unvorstellbar hohen Alter: In der chinesischen Mythologie gibt es die Schildkröte seit Anbeginn der Welt, und in ihr findet sich das Wissen aus allen Zeiten. Somit steht die Schildkröte in der chinesischen Mythologie für den Inbegriff von Weisheit: für die älteste Weisheit und die Weisheit aus dem Weiblichen, dem Yin.

Eine die Mythen der Welt umspannende Rolle kommt der Schildkröte bei der Stabilisierung der Welt zu. Ihr gewölbter Panzer bildet das Gewölbe des Himmels, das sich schützend um unsere Erde legt. Das gepanzerte Reptil steht für das Prinzip der kosmischen Ordnung. Aus Stein gefertigte Schildkrötenfiguren sollten im alten China zur Unterstützung und Festigung kosmischer Zusammenhänge auch auf der Erde beitragen. Mit ihrem mächtigen Panzer gibt das Tier der Erde ihren Halt.

Im chinesischen Taoismus gab es ein Bild, in dem der Himmel von fünffarbigen Steinen, die Erde jedoch von einer Schildkröte getragen wird. Ein anderer chinesischer Mythos erzählt, dass sowohl die Erde als auch das Firmament auf dem kräftigen Panzer der Meeresschildkröte *Ao* ruhen. Der Berg der Ao, der Ao-Shan, liegt auf einer der Inseln im ostchinesischen Meer, dort wo der Aufenthaltsort der Unsterblichen ist. Ao war auch sehr weise: Die Meeresschildkröte sollte in sich alle Geheimnisse des Himmels und der Erde beherbergen. Sie stellte zugleich das Fundament als auch die Ewigkeit des Universums dar. Zahllose Legenden ranken sich um diese kraftvolle und weise Schildkröte. So stand sie dem ersten chinesischen Kaiser mit Rat und Tat zur Seite, um den Gelben Fluss zu bändigen.

In der hinduistischen Mythologie wird von einer Verwandlung des Gottes *Vishnu* in eine Schildkröte mit Namen *Khurma* berichtet, in deren Gestalt der Gott das Gewicht der Welt tragen konnte. Ohne diesen Verwandlungsschritt wäre die Welt in den Weiten des Urozeans untergegangen. Ein anderer hinduistischer Mythos erzählt von einem starken Elefanten, der auf seinem Rücken die Welt trägt. Der Elefant seinerseits wird von der mächtigen Schildkröte mit Namen *Chukwa* auf ihrem Rückenpanzer getragen.

Bei den Irokesen, einem Stamm der amerikanischen Ureinwohner, erzählte man sich folgenden Mythos von der **Weltentstehung**: Bevor es zum sexuellen Akt kam, wurde im Dorf der Urwesen der Welt eine schöne Jungfrau, die »Fruchtbare-Erde« genannt wurde, allein durch den Atem des Himmelshäuptlings »Er-hält-die-Erde« schwanger. Der Häuptling verstand diesen Vorgang jedoch nicht. Aus verletztem Stolz und Eifersucht verstieß er »Fruchtbare-Erde« aus dem Himmel. Die Herabgefallene drohte in den Fluten, die damals den größten Teil der Erde bedeckten, unterzugehen. Da traten ihr die Tiere zur Seite, indem sie der Jungfrau auf den sicheren Platz auf dem Rücken einer mächtigen Schildkröte halfen. So entstanden durch das mit einem kräftigen Rücken- und Bauchschild ausgestattete Reptil die Stütze und der Halt der »Fruchtbaren-Erde«, der Welt. Von da an ruhte die Erde sicher auf dem Rücken einer riesigen Schildkröte.

Ein anderer amerikanischer Stamm berichtete von einem ähnlichen Schöpfungsmythos: Zu einer Zeit, als die Erde nur Wasser war, tauchte eine Schildkröte in das Urmeer hinab, um dem »Großen Geist« unermüdlich eine Schlammkugel nach der anderen zu bringen, aus denen der Schöpfer das Land formen konnte.

In einer weiteren indianischen Legende wurde zunächst die Erde durch die gewaltige Kraft des Wassers gereinigt. Anschließend fand die erste Frau, eine Geistfrau, die aus dem Himmel kam, eine Handvoll Erde und verteilte sie auf dem Rücken der Schildkröte, die ihren Rückenpanzer für das Fundament der Erde zur Verfügung gestellt hatte. Anschließend hauchte die Geistfrau der Erde Leben ein, um es dadurch der opferbereiten Schildkröte zu ermöglichen, wieder unter ihresgleichen leben zu können. Daher steht die Schildkröte in der indianischen Mythologie auch für die tiefe und bedingungslose Bereitschaft, sich für andere hinzugeben – sicher einer der wichtigsten Mutteraspekte.

Mit der Bezeichnung »Schildkröteninsel« für den nordamerikanischen Kontinent ehrten die amerikanischen Ureinwohner dieses stets mit dem Element Erde verbundene und mit der Gabe alter Weisheit ausgestattete heilige Reptil. Die Verbindung mit der Energie der Schildkröte soll dem Menschen ein tiefes Verstehen seiner Verbindung mit der Erde ermöglichen. Eine andere spirituelle Aufgabe der Schildkröte war es bei einigen indianischen Stämmen, die neugeborenen Kinder in das Licht zu begleiten.

Der Schildkrötenpanzer mit seinen zum Teil mysteriös anmutenden Mustern diente manchem Orakel zur Weissagung. In einigen chinesischen Regionen nutzte man den Panzer für das *I Ging*. Andere Kulturen nahmen die Muster und Zeichen zuhilfe, um die Sterne zu deuten. Auch im afrikanischen Volksglauben sollten Schildkröten, die als sehr machtvolle Tiere und Geister angesehen wurden, nicht nur Krankheiten und böse Geister vertreiben können, sondern auch die Zukunft voraussagen können.

In der Schildkröte verehrten die **Griechen** die dem Wasser entstiegene Göttin der Liebe und der Schönheit *Aphrodite*. Aus dem Schild des Reptils fertigte der griechische Götterbote *Hermes* für den Sonnengott *Apollon* ein Saiteninstrument: die Lyra. Die Lyra symbolisierte die harmonische Ordnung des Universums. Da Schildkröten enorm viele Eier legen, galten sie besonders in der griechischen Antike auch als Sinnbild für Fruchtbarkeit. Die Griechen hoben besonders den »milden Blick« der Schildkröte hervor. Dieser sollte nicht nur dazu beitragen, dass sich die lederartigen Hüllen ihrer eigenen Eier auftun, sondern Schildkröten sollten ganz allgemein auch gegen Krankheiten, insbesondere die Pest, helfen.

In der **christlichen** Mythologie steht die Schildkröte häufig für die Unterwelt – insbesondere die viel im Schlamm wühlende Wasserschildkröte. Die vermeintliche Trägheit der Landschildkröte wurde gerne für das Bild von der »Trägheit im Glauben« herangezogen, die zu Sünde und Unglück führte. An anderer Stelle wird ihr, wohl aufgrund der großen Zahl an Eiern, die sie legt, ebenfalls der Aspekt der Fruchtbarkeit zugeschrieben.

Lediglich im frühen Christentum symbolisiert die Schildkröte alles Irdische, alles Substanzielle, Stoffliche, als Gegenpart zum Licht, dem energetischen, feinstofflichen, das sich in der Gestalt des Hahns ausdrückt. Diese alten christlichen Zuordnungen entsprechen übrigens dem chinesisch-taoistischen Yin-Yang-Prinzip.

Im Gegensatz zur tragenden Rolle im Schöpfungsmythos hat die Schildkröte in den indianischen **Fabeln** eine eher dumme oder gar närrische, manchmal sogar eitle oder lüsterne Rolle inne. Auch in einer europäischen Fabel, der Geschichte vom Fliegenlernen der Schildkröte, kommt das gepanzerte Reptil aufgrund seiner Eitelkeit nicht besonders gut davon: So jammerte einst eine Schildkröte unablässig über ihre Unbeweglichkeit, bis sich zwei Störche erbarmten, sie einmal auf einen Flug mitzunehmen. Dazu sollte sich die Schildkröte in der Mitte eines Stocks festhalten, dessen Enden jeweils einer der Störche in seinen Schnabel nahm. So trugen die beiden großen Vögel die Schildkröte in die Lüfte. Unterwegs schmeichelten sie der Schildkröte ob ihrer Klugheit und Schönheit. Und es dauerte nicht lange, bis die Schildkröte glaubte, sie habe ebenso starke Flügel wie die Störche. Sie ließ den Stock los und stürzte ab.

Die Tiefenpsychologie deutet die Schildkröte als Symbol für stille Kraft, aber auch für das tiefe Bedürfnis, sich vor Angriffen jeder Art von außen zu schützen. Mit dieser Kombination steht die Schildkröte für eine fast archaische Lautlosigkeit, ein altes Naturgesetz, in dem sich Leben bei Gefahr stets in die Stille zurückziehen kann.

Traumdeutung

Die Traumdeutung schreibt der Schildkröte ein hohes Maß an Sensibilität sowie ein reiches Gefühlsleben zu. Wer von dem gepanzerten Reptil träumt, sollte sich fragen, ob er seinen empfindsamen Persönlichkeitsschatz hinter scheinbarer Gleichgültigkeit, manchmal sogar hinter einer gewissen Härte zu verstecken sucht – im Grunde wohl aus Angst, verletzt zu werden. Die Schildkröte erinnert den Träumenden daran, sich auf seine inneren Qualitäten zu besinnen, insbesondere die Wahlmöglichkeiten aus seinem reichhaltigen Gefühlsspektrum. Mit einer Mischung aus Geduld und Ausdauer eingesetzt, führen diese Schildkröteneigenschaften den Träumenden nun gut auf seinem Lebensweg voran. Es kann auch sein, dass bald unerwartete Hilfe und Unterstützung von einem wohlmeinenden Mitmenschen auf den Träumenden zukommt.

Spiritualität

Zum einen zeigt und lehrt uns die Schildkröte*, wie wichtig es ist, dass wir uns auf allen Ebenen gut schützen, damit wir in angemessener und friedlicher Ruhe und Gelassenheit durch unser Leben gehen können.

Die Schildkröten gehören zu den ältesten Tieren auf der Erde – über 200 Millionen Jahre, also gut hundertmal so lang wie unsere menschliche Art, lebt die Schildkröte bereits hier. Sie ist eine uralte Überlebende längst vergangener Zeiten. Das gepanzerte Reptil hat bis heute in nahezu unveränderter Gestalt überlebt, und zwar vor allem auch, weil jedes Tier aus der großen Schildkrötenseele heraus darum weiß, wie wichtig es ist, sich vor den unterschiedlichsten Beeinträchtigungen zu schützen. Sogleich nachvollziehbar ist für uns der rein körperliche Schutz durch ihren dicken Hornpanzer, in den sich die Schildkröte fast vollständig zurückziehen kann, um ihre empfindlichen Körperteile vor Feinden zu schützen: Kopf und die beiden Vorder- sowie die beiden Hinterbeine. Dabei handelt es sich aber nur um einen für uns vordergründig sichtbaren Aspekt des Schutzpanzers.

Auf spiritueller Ebene verdeutlicht diese Fähigkeit, sich quasi in sich selbst zurückziehen zu können, gepaart mit Regungs-

* Gilt für Land- und für Wasserschildkröten

losigkeit, einer Art Sich-tot-stellen, eine Relativierung von Zeit. Die Schildkröte kann ihre individuelle Zeit, also ihre Lebensuhr, anhalten.

Manche Menschen haben es schon mehrmals erlebt, dass ihre Zeitmesser, ihre Uhren, gleich welcher Antriebsart, für beispielsweise exakt zwei Stunden stehen geblieben sind. Dann sind sie – materiell völlig unerklärlich – wieder ganz normal und korrekt weitergegangen. Auf etwas anderer Ebene ist dies das gleiche Phänomen wie die im wahrsten Sinne des Wortes »innere Uhr« der Schildkröte, die doch etwas anders zu ticken scheint. Auch wir Menschen erhalten laufend Hinweise aus der geistigen Welt – vielleicht von unseren eigenen Geistführern: zum einen die messbare Zeit nicht absolut zu nehmen, da sie nicht wirklich so linear läuft, wie der Zeiger oder die Digitalanzeige uns glauben machen will. Zum anderen die aktuelle Lebenszeit zu nutzen, um auf dem eigenen Lebensweg voranzukommen und das, was wir uns vorgenommen haben im Leben, auch tatsächlich umzusetzen, unsere Aufgaben zu erledigen.

Die Schildkröte lehrt uns, dass wir Menschen uns verlieren, wenn wir nur der äußeren Zeit nachjagen. Selbstverständlich müssen wir in unserem organisierten Alltag auch zeitliche Termine, Absprachen und Verabredungen einhalten. Aber die Schildkröte lehrt uns, dass wir uns selbst, unsere Mitte und damit letztlich den Bezug zu unserer Umgebung, vor allem jedoch den Kontakt zu den höheren geistigen Zusammenhängen verlieren, wenn wir nur nach der Uhr und nicht nach unserem Herzen leben. Wie oft hetzen wir Terminen hinterher und wissen gar nicht (mehr), wie ruhig und friedlich, wie beglückend es sich in einer schlichten Versenkung in uns selbst anfühlen kann.

Solche Erkenntnisse und vor allem auch der Umgang mit den verschiedenen Ebenen von Zeit sind für die sehr weise und wissende Schildkröte, für die fast unendlich alte Tierseele der Schildkröte, ganz alltäglich.

Wenn wir Menschen ihr Geschenk annehmen können, können wir von dem vielfach fälschlicherweise als träge eingeschätzten Tier tiefe Weisheiten über die Dimensionen der Zeit lernen, beispielsweise über die Gleichzeitigkeit auf einer höheren Ebene von Vergangenheit, Gegenwart und Zukunft. Sehr meditative und mediale Menschen, die schon auf einer sehr viel höheren Ebene schwingen, können dies selbst erfahren und berichten immer wieder davon.

Von der wilden Schildkröte zum Haustier

Schildkröten gehören zu den Kriechtieren (Reptilien), von denen sie sich allerdings durch ihren den gesamten Rumpf umschließenden Panzer unterscheiden. Dieser wird von zahlreichen Knochenplatten gebildet, die auf der Rückenseite mit den Dornfortsätzen der Wirbelsäule fest verwachsen sind. Der Schildkrötenpanzer ist also ein Teil des Skeletts. An der Seite sind Brust- und Bauchpanzer fest miteinander verbunden. Als Teil des Körpers wächst der knöcherne Panzer mit, wenn das Tier größer wird. Der Panzer passt dem Tier also immer, sodass die Schildkröte Beine und Arme jederzeit in das knöcherne Gehäuse zurückziehen kann. Wird allerdings eine Schildkröte bei gleichzeitigem Bewegungsmangel zu gut gefüttert, verfettet das Tier, und das Panzerwachstum kommt nicht nach. Dann kann sie sich kaum noch zurückziehen.

In der Natur würde sie das kaum überleben, hier kommt dieses »Überfressen« aber auch nicht vor. Denn beispielsweise die **Griechische Landschildkröte** (*Testudo hermanni*) findet in ihrem Verbreitungsgebiet rund um das südöstliche Mittelmeer während des langen heißen Sommers kaum nahrhafte Pflanzennahrung, da in der Hitze das meiste verdorrt ist. Sie muss also unter den harten Lebensbedingungen hier über einen langen Atem, sprich großes Durchhaltevermögen, verfügen. Und dabei dient der Panzer der Landschildkröten ebenfalls als Schutz: zum einen vor der Hitzeeinwirkung und zum anderen vor Verlust des so kostbaren Wassers. Die dicke Hornschicht über den Knochenplatten unterstützt die isolierende Wirkung, sie lässt kein Wasser hindurch. Das ist für viele Landschildkröten, die wie ihre griechischen Verwandten meist in verkarsteten Regionen leben, überlebenswichtig – damit sie nicht verdursten.

Hinzu kommt, dass tatsächlich auch aus biologischer Sicht ihre Lebensuhr anders zu ticken scheint: Schildkröten sind Tiere der Langsamkeit. Im Vergleich zu vielen anderen Wirbeltieren bewegen sie sich beinahe wie im Zeitlupentempo. Dass sie sich Zeit lassen, erspart den Tieren viel Stoffwechselenergie. Wohl im Gegenzug werden Schildkröten ausgesprochen alt: Riesenschildkröten auf den Seychellen bringen es auf über 200 Jahre, und die Griechische Landschildkröte kann immerhin auch gut hundert Jahre alt werden.

Alle Schildkröten – auch die Arten, die das Wasser als Lebensraum wiedererobert haben – legen in großen Gelegen ihre Eier an Land ab. Dazu schaufeln sie ein tiefes Loch, legen die Eier hinein und bedecken das Gelege wieder mit Sand oder Erde. Die Jungschildkröten sind sofort nach dem Schlüpfen auf sich allein gestellt.

Ihr ausgesprochen gemächliches und so friedlich wirkendes Wesen macht Schildkröten für den Menschen zu den großen Sympathieträgern unter den Reptilien.

Vor einigen Jahrzehnten ereilte Deutschland ein regelrechter Landschildkröten-Boom. Für nur fünf Mark konnte man eine echte Griechische Landschildkröte kaufen. Die ehrwürdigen Tiere wurden in Pappkartons gehalten oder »bestenfalls« angebunden im Garten frei laufen gelassen: an einem Strick, dessen eines Ende durch ein Loch im Panzer mit der Landschildkröte verbunden war. Das billige Kinderspielzeug wurde auch einfach so draußen laufen gelassen. War das Tier plötzlich verschwunden – und spätestens den nächsten Kälteeinbruch überlebte es nicht –, wurde eben ein neues gekauft. Es war ja nicht so teuer. Doch die einstige Massenware ist jetzt durch das Einsammeln der Wildtiere für den Handel vom Aussterben bedroht und steht unter Schutz. Die Griechische Landschildkröte darf nicht mehr unkontrolliert aus der Natur entnommen werden.

Obwohl Schildkröten mit durchschnittlich gut fünfzig Jahren sehr alt werden können, überleben die meisten dieser im Handel angebotenen Tiere die ersten fünf Jahre als Haustier nicht. Diese stets urtümlich wirkenden gepanzerten Tiere werden nicht nur fälschlicherweise, sondern vom Handel meist auch fahrlässig als besonders anspruchslose Tiere verkauft. Aber sowohl die Land- als auch die Wasserschildkröten sind dies keineswegs. Beispielsweise brauchen die meist als fünfmarkstückgroße »niedliche« Winzlinge verkauften Jungschildkröten in ihrer Wachstumsphase extrem viel ultraviolettes Licht, damit ihr Panzer, wie von der Natur vorgesehen, aushärten kann und die Tiere keine schwerwiegenden Missbildungen erleiden.

Als Anpassung an ihren natürlichen Lebensraum werden zahlreiche lebenswichtige Stoffwechselvorgänge durch Licht und Wärme gesteuert – in ihrer heißen Heimat am Mittelmeer mit der intensiven Sonneneinstrahlung kein Problem. Wollen wir in unserem Klima der Schildkröte derartige Bedingungen schaffen – und für ihr Wohlergehen sowieso, aber auch für ihr reines Überleben müssen wir dies tun –, ist ein erheblicher Aufwand nötig: unter anderem ein wenigstens 30 Quadratmeter großes Freigehege für mehrere der Landschildkröten mit reichlich Sonnenfläche, aber auch Schattenplätzen, freiem Zugang zu einem aufheizbaren Gewächshaus oder Frühbeet für Schlechtwetterphasen sowie einem ruhigen und gleichmäßig kühlen Platz für die Überwinterung.

Aus der fünfmarkstückgroßen **Rotwangen-Schmuckschild-**

kröte (*Trachemys scripta elegans*), einer Wasserschildkröte, wird normalerweise recht schnell ein mehr als tellergroßes, stattliches Tier – auch wenn Händler immer wieder behaupten, diese Wasserschildkröten blieben so klein, wie es ihr Aquarium zuließe.

In sehr begrenztem Maße verlangsamt sich das Größenwachstum der Tiere in zu kleinen Aquaterrarien tatsächlich – allerdings ganz sicher nicht, weil sie sich in ihrem zu kleinen Gefängnis wohlfühlen oder sich – o Wunder – unsinnigerweise ihr Größenwachstum an ihre Behausung anpassen würde! Viele der ursprünglich in den weiten amerikanischen Sümpfen beheimateten Wasserschildkröten sterben einen qualvollen Tod oder werden vom kurzsichtigen Besitzer einfach in die Natur ausgesetzt, wo sie die heimische Fauna verfälschen und beispielsweise die seltenen und deutlich kleineren mitteleuropäischen Sumpfschildkröten verdrängen.

Zudem darf man keine der Schildkrötenarten alleine halten. Sie mögen sich vielleicht meist langsam bewegen, sind aber sehr gesellig und in sozialer Gesellschaft von Artgenossen auch agiler und geschickter, als man sich gemeinhin vorstellt. So sind Landschildkröten sehr wohl in der Lage, über Zäune zu klettern oder sich auch gegebenenfalls darunter durchzugraben. Die Tiere brauchen für eine artgerechte Lebensform ein sehr großes und gut gesichertes Innen-, aber auch Außengehege.

Alles in allem ist die artgerechte Haltung einer Land- oder einer Süßwasserschildkröte recht aufwändig und setzt umfangreiche Informationen sowie ausführliche Beobachtung durch den Halter voraus. Keinesfalls ist eine Schildkröte ein Kinderspielzeug, und bei Weitem auch kein widerstandsfähiges Haustier – selbst wenn manche Leute Schildkröten, die schon seit so vielen Millionen Jahren auf der Erde leben, für eine Art »lebende Steine« halten. Schildkröten leiden nur noch stiller als andere falsch gehaltene Tiere, und sie sterben langsamer.

Passen Sie zu Schildkröten?

Ziehen Sie die Anschaffung einer Schildkröte in Erwägung, weil Sie die Ruhe und Gelassenheit des Tieres schätzen? Reicht es Ihnen, Tiere zu beobachten, anstatt sie anzufassen? Sind Sie bereit und sowohl räumlich als auch finanziell in der Lage, den Schildkröten – sei es zu Lande oder in Form eines aufwändigen Aquaterrariums – ein großzügiges und artgerechtes Zuhause zu bieten? Ist Ihnen bewusst, dass die Lebensgemeinschaft mit den Schildkröten wenigstens Ihr ganzes Leben andauert – denn Sie wollen die Tiere doch sicherlich so gut pflegen, dass sie auch ihr hohes natürliches Alter erreichen?

Wenn Sie alle diese Fragen mit einem eindeutigen Ja beantworten können, sind Sie ein echter Schildkrötentyp. Und wenn Sie ausreichend Geduld und Einfühlungsvermögen mitbringen, können Sie auch zu den einzelnen Schildkröten intensive individuelle Beziehungen entwickeln – viel Spass bei den ungewöhnlichen Erfahrungen mit den zeitlosen spirituellen Begleitern.

Die Echsen

(Bartagame, Gecko, Chamäleon, Grüner Leguan u. a.)

Hinter der Vorstellung die Wirklichkeit entdecken

Mythologie

Um die kleinen flinken Eidechsen rankt sich folgender Mythos: Wenn sich alte und erblindete Eidechsen mit ihrem Gesicht immer wieder zur aufgehenden Sonne wenden, sollen sie bald wieder sehen können. Deshalb sollen sie sich so gerne in der Sonne aufhalten. Nach **christlicher** Vorstellung ist diese permanente Ausrichtung zur Sonne ein Symbol für die Hinwendung zu Gott und seinem Sohn und zur Heilung durch das göttliche Licht.

Andererseits hält sich die Eidechse aber auch gerne in den dunklen Ecken und Winkeln von Grabstätten auf. Das hat sie auch in die Nähe dunkler Mächte und des Todes gerückt.

Aus der spanischen Provinz Katalanien stammt folgende Legende: Gott soll eines Tages die Eidechse geformt haben, wohingegen der Teufel die Schlange hervorbrachte. Deshalb wird hier die Eidechse als die lichtvolle Feindin der Schlange angesehen, die den Menschen vor dem sich schlängelnden Teufelstier beschützt.

Und noch ein interessanter Echsenmythos, der von den Zulus in **Südafrika** stammt: In der geistigen Vorstellung der Zulus war es selbstverständlich, dass man durch Raum und Zeit reisen kann – und zwar nicht wie etwa ein Vogel am Himmel fliegt, sondern auf nichtstoffliche Art und Weise, also auf geistiger Ebene. So ist eine berühmte Legende überliefert, nach der vor vielen, vielen tausend Jahren ein Volk merkwürdiger Wesen vom Himmel heruntergekommen ist. Ihre Gestalt glich der von sehr großen, allerdings auf zwei Beinen aufrecht gehenden Echsen.

Und die Wesen konnten, wenn sie wollten, jederzeit ihre Form verändern. Diese Außerirdischen wurden damals mit den Töchtern der Zulus vermählt, woraus eine besonders kraftvolle Rasse entstand, eine bedeutende und machtvolle Linie von Königen und Stammesfürsten. Diese echsengleichen Wesen aus einer anderen Welt erhielten verschiedene Namen, am bekanntesten sind *Zswazi*, *Imbulu* und *Chitauri*.

Neben zahlreichen weiteren Legenden erzählt man sich bis heute folgende: Die Echsenwesen hatten sich in früherer Zeit sogar mit Gott angelegt, um das Universum zu beherrschen. Gott hatte sie aber in einer schrecklichen Schlacht geschlagen und zur Strafe zu einem Leben unter der Erde verbannt. Hier hielten sie Menschen als Sklaven, die unter anderem die riesigen Feuerstätten in Gang halten mussten. Die Echsenwesen sollen nicht in der Lage gewesen sein, feste Nahrung zu sich zu nehmen. Sie haben also entweder frisches menschliches Blut getrunken oder die Kraft und Energie inhaliert, die immer dann frei wird, wenn sich Menschen auf der Erde gegenseitig bekämpfen oder gar töten. So sprechen heute noch immer gläubige Zulus bei Massakern unter ihren Landsleuten warnend davon, dass die Täter auf diese Weise die unterirdischen Monster nähren.

Wesentlich mehr Mythen ranken sich weltweit allerdings um fabelhafte und übernatürliche Mischwesen, deren Gestalt Körperteile von Echsen enthält: **Drachen**, meist zusammengesetzt aus Schlange, Vogel und eben der Echse, manchmal auch mit Elementen von Krokodil oder Löwe. Nach den Gebrüdern Grimm meint der unter anderem an das althochdeutsche »traccho« angelehnte Begriff stets den geflügelten Drachen. Noch im 16. Jahrhundert glaubten die europäischen Gelehrten tatsächlich an eine physische Existenz von Drachen.

In den östlich-asiatischen Regionen der Erde verkörpern Drachen das Gute; sie stehen für das Glück des Menschen. In **China** gibt es beispielsweise fünf *Lung* oder Glücksdrachen: Himmelsdrachen, die dort oben die Götter bewachen, über Wind und Regen herrschende Drachengeister, die Flüsse reinigende Erddrachen, die Schätze bewachende Drachen und die fünfkralligen Drachen des chinesischen Kaisers.

Drachen als geflügelte Echsen begegneten auch den Archäologen in **altägyptischen** Grabkammern, abgebildet an den Wänden. Sie werden – insbesondere wegen ihrer Flügel – als Zeichen der Wiederauferstehung und als hilfreiche Geister für die Toten gedeutet.

In Babylonien hingegen soll dem Mythos nach der junge Sonnengott *Marduk* in Gestalt eines Wasser- oder Feuerdrachen die Urmutter *Triamat* getötet haben. Marduk wollte auf diese Weise die kosmische Macht an sich reißen.

In Europa und anderen westlichen Kulturen hingegen steht der Drache meist für das Böse, zumindest aber für Kraft und Gewalt; er ist der Feind und Gegner von Göttern und Menschen. Die Folge ist, dass er in den Geschichten meist durch einen Helden getötet werden muss. In manchen **christlichen** Geschichten steht der Drache unmittelbar für die Verkörperung des Teufels selbst.

Den Bug vieler **Wikinger**-Schiffe schmückten Drachenköpfe, um sowohl den Schiffen zum Sieg zu verhelfen als auch den Kriegern Kraft, Mut und Geschick im Kampf zu verleihen. Noch heute hat Wales den Drachen als Nationalsymbol auf seiner Flagge.

Bei den **Germanen** saß neben anderen Tieren der Drache *Niddhöggr* im Baum des Lebens, der Weltenesche *Yggdrasil*. Durch Hin- und Hertragen von Zankworten schürte das Eichhörnchen *Ratatoskr* seinen ewigen Streit mit dem im Wipfel des Baumes lebenden, vielwissenden Adler *Orn*. Niddhöggr nagte zudem ständig an den Wurzeln des Lebensbaums, wodurch er die Existenz der ganzen Welt bedrohte. Die Nornen aber wässerten den Baum immer wieder, um den von dem Drachen angerichteten Schaden wiedergutzumachen. Niddhöggr gilt auch als der Neiddrache der nordischen Mythologie. Sein Name soll »Leichenzerfetzer« bedeuten, und er selbst soll ein leichenfressender Dämon gewesen sein.

Eine psychologische Deutung des germanischen Urdrachen schreibt Niddhöggr den Neid der Toten gegenüber den Lebenden zu. Versinnbildlicht durch den Drachen, frisst dieser Neid beständig am Gefüge der Welt und nimmt diesem dadurch die Kraft.

Die altisländische Sagen- und Liedgutsammlung der *Edda* berichtet von einem weiteren Drachen: *Fafnir*, Sohn des Riesen *Hreidmar*, der letztlich von dem Helden Sigurd (später Siegfried) getötet wird.

Auch die **griechische** Mythologie erzählt von Drachen. So bewachte *Ladon*, ein hundertköpfiger Drache, die goldenen Äpfel im Garten der Hesperiden. Sein ebenso vielhäuptiger Vater *Typhon* soll noch heute unter dem Vulkan Ätna leben. Auf seiner Argonautenfahrt begegnete *Jason* verschiedenen Drachen. Die von seiner Reise mitgebrachten Drachenzähne grub er in Griechenland in der Erde ein, was einer Aussaat gleichkam: Aus der Drachensaat brachen geharnischte Riesen hervor, die sich zum überwiegenden Teil sogleich gegenseitig töteten. Auch *Kadmos*, der Gründer von Theben, säte Drachenzähne aus und erntete daraus mutige Krieger.

Doch auch in unseren Breiten wohnt dem Drachenmythos manchmal ein besonderer Zauber inne: Wer das Herz eines Drachen isst, der soll die Fähigkeit erlangen, fortan die Sprache der Vögel zu verstehen. Verspeist man hingegen die Zunge des Fabelwesens, so soll man jederzeit mit seinen Worten und Argumenten sein Gegenüber überzeugen können. Wer sich mit Drachenblut einschmiert, soll vor Stichwunden geschützt sein.

Eine spezielle Form der Drachen sollen die sogenannten Kleinen Drachen sein, die als koboldähnliche Hausgeister unmittelbar in der Hausgemeinschaft mit den Menschen existieren.

Traumdeutung

Der Anblick einer Echse erinnert auf den ersten Blick an einen verkleinerten Drachen. Wenn jemand von einer Echse – sei es eine kleine Eidechse oder ein größerer Grüner Leguan – träumt, so deutet dies dementsprechend auf eine gravierende Größen- bzw. Dimensionsverschiebung des Träumenden innerhalb seines wachen Tagesgeschehens hin. Möglicherweise bläht sich der Träumende seinen Mitmenschen gegenüber gewaltig auf, um größer zu erscheinen, als er eigentlich ist – wie viele Echsen dies tun.

Wer sich im Gegenteil im Traum selbst vor der kleinen Eidechse fürchtet, der ist in seinem Alltag mit völlig unnötigen Ängsten vor anstehenden Situationen beschäftigt. In diesem Fall bauscht der Träumende die Begebenheit erheblich zu groß auf und nimmt sich selbst als viel zu klein und unbedeutend wahr, oder er nimmt die Kommentare und Meinungen anderer zu wichtig. Angst ist sowieso selten ein guter Ratgeber, aber in der anstehenden Situation ganz offensichtlich völlig unangebracht.

Tiefenpsychologisch ausgerichtete Deutungen verknüpfen das Auftreten einer Echse ganz unmittelbar mit dem Unterbewussten und seinen Ahnungen, die aus dem Wissen des kollektiven Unbewussten gespeist werden. Hier steht die im Traum auftretende Echse für die Vorausschau, sie betont den seherischen Aspekt des Träumens. Möglicherweise deutet ihr Erscheinen in einer Traumsequenz speziell auf den prophezeienden Charakter der gerade empfangenen Traumvision hin. In aller Regel geht es dabei um grundlegende anstehende Veränderungen im Leben des Träumenden und die dafür zu fällenden Entscheidungen.

Eine grüne Echse steht für aktuell aufgetretene Missverständnisse, die sich jedoch rasch wieder aufklären lassen. Ist das Reptil grau, sollen Streitereien und Ärger ins Haus stehen, meist in Verbindung mit Menschen aus dem näheren sozialen Umfeld.

Spiritualität

Echsen laden allein schon wegen ihrer meist drachenartigen Gestalt in das Reich von Vorstellung und Fantasie ein. Sie wirken wie Tiere aus grauer Vorzeit und haben doch bis heute auf der Erde überlebt. Aus spiritueller Sicht hat die große Tierseele der Echsen beschlossen, auf der Erde zu verweilen. Einige der sonst eher scheuen Tiere haben sich sogar auf Seelenebene bereit erklärt, sich näher auf uns Menschen einzulassen.

Ihr Spezialgebiet ist die Unterscheidung von Vorstellung und Wirklichkeit, von Fantasie und Realität, von Bild und Wahrheit. Und diese Fähigkeit bieten uns die verschiedenen Echsen an: Sie helfen uns, hinter unserer selbstgemachten Vorstellungswelt die Wirklichkeit zu erblicken. Wenn wir uns mit ihrer Energie verbinden, sind sie uns behilflich, den Schleier wegzuziehen, damit wir klar und deutlich uns selbst und unsere Mitlebewesen sehen und spüren können.

Das kann bedeuten, dass wir einen Schleier der Verklärung von unserer Wirklichkeit ziehen. Das mag uns zunächst sehr unangenehm sein, weil die Gemütlichkeit, mit der wir uns bisher in unserem Leben eingerichtet haben, dadurch gestört wird. Unser Leben, unser Alltag, unsere Handlungen und Motive und auch unsere Mitmenschen sind oftmals gar nicht so harmonisch oder guten Willens, wie wir bislang immer angenommen haben. Wenn wir den Schleier der Täuschung entfernt haben, sind wir erst einmal ent-täuscht, was zunächst auch wehtut. Vielleicht haben wir uns zu sehr mit anderen identifiziert und sie zum Motor unseres Daseins gemacht. Oder wir leben in Beziehungen, deren Basis nicht Liebe, sondern ein gegenseitiges Brauchen ist. Oder wir meinen, so viel Gutes in der Welt zu tun, und befriedigen doch nur unsere eigenen Eitelkeiten, unser Ego.

Aber wenn wir begreifen, dass wir nun die Chance haben, tatsächlich unser Leben zu leben, unseren Weg zu gehen und unsere Aufgaben zu erfüllen, dann können wir unsere Ärmel hochkrempeln, in die Hände spucken und loslegen.

Es kann aber auch sein, dass wir die Welt und unser Leben zu dunkel wahrnehmen, unklar wie durch Milchglas. Alte Bilder oder Muster haben sich über unsere Sinne gelegt, und wir registrieren gar nicht mehr, was wirklich geschieht, wer wir wirklich sind. Wir sind wie gefangen in diesen Vorstellungen von uns und der Welt, die aus unserer Vergangenheit gespeist werden. Die Energie der Echsen und ihre Durchlässigkeit für die verschiedenen Wirklichkeiten helfen uns, diesen Grauschleier zu entfernen. Das kann für uns bedeuten, dass wir wieder unsere Sinne schärfen und klarer in unsere Welt, in unsere Wirklichkeit sehen, gegebenenfalls auch, dass wir uns Hilfe in einer Therapie suchen. Was auch immer für uns ansteht und wie immer wir uns entscheiden – die Energie der Echsen und unsere geistigen Führer begleiten und helfen uns dabei.

Auf spiritueller Ebene kann dies bedeuten, dass uns unsere Bartagamen, Leguane oder Geckos verdeutlichen, dass die geistige Dimension nicht nur aus wohlwollenden, lichten Wesen und Energien besteht, sondern dass hier auch dunkle, teils übelwollende Wesenheiten im wahrsten Sinne des Wortes ihr Unwesen treiben. Die Echsen fordern uns auf, die dunklen Energien niemals zu unterschätzen. Allerdings sollen wir auch nicht in Angst vor ihnen erstarren und uns dadurch für ihren Zugriff öffnen. Sie raten uns Menschen, uns stets gut zu schützen, vor allem, indem wir unsere Mitte und unsere Aura klären und stärken und das Licht, die guten Gedanken und unser Mitgefühl, in uns vergrößern.

Es gibt auch eine große Palette an feinstofflichen Schutzritualen und Hilfsmitteln. Eine Möglichkeit ist das Ausstreichen unserer Aura mit einem »Pomander« aus der Aura-Soma-Therapie, um sie zu reinigen und zu stärken. Das Gleiche können wir mit Weihrauchöl oder auch dem Rauch von verglühendem Salbei, Weihrauch oder Kampfer tun. Wir können uns auch durch einfache Visualisierung in eine Kugel aus goldenem oder violettem Licht einhüllen – je nach dem, was uns persönlich vom Herzen her mehr anspricht.

Wenn wir mit Echsen zusammenleben, können wir sie auch mental befragen, was uns in der anstehenden Situation am besten schützen wird. Wenn wir uns den kundigen Tieren öffnen, werden uns die Grenzgänger zwischen Fantasie und Wirklichkeit mit entsprechenden Bildern oder Gedanken antworten.

Aus Wüste oder Urwald ins Terrarium

Die **Haltung** von Echsen fasziniert sicherlich deshalb viele Menschen, weil die Tiere wie die Miniaturausgaben der urzeitlichen Dinosaurier aussehen. Doch ihre halbwegs artgerechte Haltung in zum Teil sehr großräumigen Terrarien ist nicht nur eine verantwortungsvolle Aufgabe, sondern meist auch sehr aufwändig, weil Echsen als wechselwarme Tiere über weniger klimatische Anpassungsmöglichkeiten verfügen als unsere Säugehaustiere. Manche Echsen sind ursprünglich in Wüstenregionen, andere im tropischen Regenwald beheimatet. Dementsprechend haben sie auch hohe Anforderungen an die Luftfeuchtigkeit und an die Außentemperaturen, von denen sie als wechselwarme Reptilien existenziell abhängig sind.

Bevor man sich daher für die Haltung von Echsen entscheidet, sollte man sich genau über die teilweise sehr komplizierten und auch kostspieligen Terrariumsanforderungen der verschiedenen Reptilien erkundigen. Außerdem muss man sich klarmachen, dass man meist parallel eine Futtertierzucht einrichten muss, um seine neuen Mitbewohner ausreichend ernähren zu können. Dabei kann es sich um Heimchen oder andere – nicht unerhebliche Geräusche erzeugende – Grillen und bei sehr großen Echsen sogar um Mäuse handeln. Bei der Futtertierzucht ist zu bedenken, dass auch diese Tiere wie jedes andere Lebewesen das Recht haben, ihren Bedürfnissen entsprechend zu leben.

Agamen sind eine sehr artenreiche Familie der Echsen (lat. *Sauria*). Neben verschiedenen Geckos, Anolis und Leguanen gehören die Agamen, beispielsweise die mit Schwanz gut 50 Zentimeter lange **Bartagame** (*Amphibolurus barbatus*), zu den bei uns am häufigsten in Terrarien gehaltenen Echsen. Bartagamen (Abb. S. 177) kommen aus der Buschsteppe oder dem lichten Savannenwald Australiens. Die tagaktiven Bodenbewohner leben in kleineren Gruppen zusammen, die durch eine Rangordnung strukturiert sind. Wie von den Chamäleons bekannt ist, können auch Anolis und Agamen, wenn sie beispielsweise durch drohende Gefahr sehr erregt sind, ihre Körperfärbung wechseln.

Mit durchschnittlich anderthalb Metern Körperlänge sind die Grünen Leguane (*Iguana iguana*) wahre Riesen unter den als Heimtier gehaltenen Echsen. Sie kommen schon nicht mehr mit einem großen Terrarium aus, sondern benötigen im Grunde ein eigenes kleines Zimmer von rund zehn Quadratmetern. Des Weiteren ist bei der Anschaffung eines Leguans zu bedenken, dass das Tier gut und gerne über 15 Jahre alt wird.

Passen Sie und Echsen zusammen in eine Wohnung?

Zunächst einmal Hand aufs Herz: Sind Sie sicher, dass Sie einer Echsenart Ihrer Wahl einen großen Bereich in Ihrem Wohnraum zur Verfügung stellen wollen und es Ihnen nicht reicht, die interessanten Tiere häufiger in einem öffentlichen Terrarium zu besuchen? Wollen Sie die exotischen Tiere bei sich haben, um andere zu beeindrucken? Dann sollten Sie sich lieber entsprechende DVDs zulegen – denn auch Leguane, Geckos und Agamen haben wie wir Menschen ein Recht auf ein Leben in Würde.

Sind Sie ein echter Fan der Echsen, machen Sie sich bewusst: Die Haltung dieser Tiere ist sehr technik- und zeitaufwändig. Jede Echsenart braucht ihre eigene Terrarieneinrichtung entsprechend ihrem natürlichen Lebensraum. Machen Sie sich vorher kundig, was Ihre Auserwählten benötigen und ob Sie das Notwendige bei sich installieren können. Tun es vielleicht auch etwas kleinere Echsen? Und: Ekeln Sie sich vor Heimchen, Mehlwürmern oder Mäusen? Diese müssen Sie nämlich Ihren schuppigen Heimtieren als Nahrung anbieten können und gegebenenfalls selbst züchten.

Die Aquarienfische

Verbindung zum tiefen Unterbewusstsein

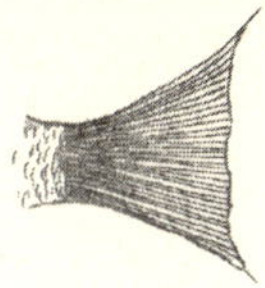

Mythologie

Wie in der Psychologie steht auch in der Mythologie das Lebenselement der Fische, das Wasser, für das Ursprüngliche und Tiefgründige. Daher galten in fast allen Kulturen Fische als heilig. Sie versinnbildlichen meist die Ganzheit des Menschen, stehen aber auch für den Aspekt der Fruchtbarkeit. Fischsymbole dienten unter anderem zur Abwehr von Dämonen, zur Vermehrung von Geld und als Liebeszauber.

In der **chinesischen** Mythologie steht der Fisch für Wohlstand. Das chinesische Wort »yu« für Fisch klingt genau gleich wie das Wort für Reichtum und Überfluss. Chinesische Fischsymbole stehen stets für Fülle. Sie werden auch in der westlichen Welt gerne als Talisman verwendet, die das Glück anziehen und Unheil und den bösen Blick fernhalten. Möglicherweise isst man bei uns auch traditionell den Neujahrsfisch, um für das kommende Jahr den Wohlstand anzuziehen. Und auch der traditionell im Feng Shui den »Geldfluss« nicht nur symbolisierende, sondern auch fördernde Fisch im Eingangsbereich eines Hauses hat längst bei uns Einzug gehalten. Er ist nicht nur in fast jedem Chinarestaurant zu finden, sondern auch an ausgewählten Standorten in zahlreichen Geschäfts- und Privaträumen.

Aus **Sibirien** ist ein skurril anmutendes Fischorakel überliefert. Man setzte hierzu einen Fisch in einen als Becken dienenden ausgehöhlten Stein. Aus der Bahn, die der Fisch in seinem steinernen Gefäß schwamm, las der kundige Schamane die Zukunft voraus. Schwamm der Orakelfisch ruhige und unauffällige Bahnen, sollte das eine zunächst unbeschwerte zukünftige Lebensphase anzeigen, in der keinerlei schwerwiegende Veränderungen zu erwarten waren. Schwamm der Fisch allerdings wie panisch hin und her, sollte dies umwälzende Ereignisse ankündigen. Die Zukunftsdeutung aus dem Verhalten von Fischen hat sogar einen eigenen Namen: *Ichthyomantie*. Das sibirische Fischorakel wurde auch zu Heilzwecken eingesetzt. Dazu zeichnete man die geschwommenen Bahnen des Fisches auf ein pergamentartig dünnes Stück Birkenrinde. Der Kranke musste diesen sogenannten Schluckzettel mit dem Ziel der Genesung anschließend tatsächlich hinunterschlucken.

Bereits im frühesten **Christentum** war der Fisch das Symbol für Christus selbst. Als Symbol ist der Fisch deutlich älter als das Kreuz. Wenn man die griechischen Worte für »Jesus Christus, Gottes Sohn, Retter!« (»**I**esous **CH**ristos **TH**eou **Y**ios **S**oter«) hintereinander stellt, ergeben die Anfangsbuchstaben das griechische Wort »Ichthys« für Fisch. Später wurden auch die gläubigen Christen selbst als Fische bezeichnet, wohl weil die ersten Jünger Jesu von Beruf Fischer waren. Dementsprechend gelten die Apostel mit ihrem Auftrag der Bekehrung auch als »Menschenfischer«. »Ichthys« und Abbildungen von Fischen waren speziell in der Antike die geheimen Erkennungszeichen der ersten Christen.

Die volkstümliche Redensart »nicht Fisch, nicht Fleisch« hat sich bis heute bei uns aus der Zeit der Reformation erhalten. Damit wurde und wird noch heute die Unentschlossenheit zum Ausdruck gebracht, sich klar für eine der beiden christlichen Hauptströmungen zu entscheiden. Für die Katholiken galt am Freitag das Fleischverbot, sie aßen daher traditionell Fisch, während die Protestanten auch am Freitag Fleisch aßen. Und die Unentschlossenen aßen einfach etwas anderes.

Die **Kelten** als meereskundige Seefahrer verehrten alles, was in den mysteriösen Tiefen des Meeres lebte. Gestaltwandlung in einen Fisch galt ihnen daher als eine besonders beeindruckende spirituelle Leistung. Überliefert ist der berühmte Gestaltwandler *Fintan*, der sich unter anderem in einen Lachs verwandeln konnte, ein bei den Kelten besonders hoch geachtetes, da äußerst weises Tier. Sie brachten bereits das Wasser mit großem, tief reichendem Wissen und übernatürlichen Kräften zusammen.

Kamen beispielsweise neugeborene Kinder kurz nach der Geburt durch irgendwelche Umstände mit Wasser in Berührung, so galten sie als zum zweiten Mal geboren, als »weise Kinder«, da ihnen die Kräfte des Wassers unmittelbar zuteil wurden. So wird vom keltischen Helden *Finn* berichtet, dass er als Neugeborener, um der Ermordung durch den König zu entgehen, unter Wasser getaucht wurde. Es war ein Fisch, der *Finn*, den »Leuchtenden«, schließlich rettete. Und als in einer anderen Geschichte *Finn* später einen Lachs aß, ging die uralte Weisheit des Lachses, der als eines der fünf ältesten Tiere der Erde galt, auf ihn über.

Aus der keltischen Mythologie wird auch von einem Fischerkönig berichtet, der der Hüter des Grals war.

In vielen Mythen tauchen Mischwesen aus Mensch und Fisch auf. Meist handelt es sich um Frauen mit dem Unterleib eines Fisches, verführerisch schöne und stets junge Meerfrauen oder gar Meerjungfrauen wie die Nereiden, die Nixen oder die Melusine. Die **Griechen** stellten *Eurynome*, die Frau des *Ophion*, die noch vor *Kronos* göttliche Herrscherin über den Himmel gewesen war, als ein Mischwesen aus Mensch und Fisch dar. Auf der Flucht der Olympier vor dem ungeheuren *Typhon* verwandelten sich *Aphrodite* und *Ares* in Fische.

Eine alte Bauernregel besagt: »Wenn Neujahr uns die Sonne lacht, gibt's viel Fisch in Fluss und Bach.« Und wenn entweder der eigene Verstand oder beispielsweise die Führungsspitze einer Firma nicht richtig funktioniert, sagt der **Volksmund**: »Der

Fisch fängt beim Kopf an zu stinken.« »Stumm wie ein Fisch« ist jemand, der keinen Laut von sich gibt, obwohl er doch anscheinend etwas zu sagen hätte. Die Zuordnung hat natürlich damit zu tun, dass Fische keine für uns hörbaren Lautäußerungen von sich geben – allerdings sollte man diesbezüglich doch einmal diverse Tierkommunikatoren (Menschen, die sich auf die Kommunikation mit Tieren verstehen) befragen.

Traumdeutung

Fische gelten als alte Fruchtbarkeitssymbole. Tauchen sie im Traum auf, weisen sie auf Lebensfreude und Fülle hin. Bereits die volkstümliche Traumdeutung sagt, dass demjenigen, der von Fischen träumt, Geld ins Haus steht.

Ein vor sich hin schwimmender Fisch soll unbeschwerte Lebensfreude und Vitalität symbolisieren. Wenn man von einem auf dem Trockenen gelandeten Fisch träumt, soll dies auf eine aktuelle Schwäche oder Hilflosigkeit hinweisen. Die Frage an den Träumenden ist, was in letzter Zeit in seinem Leben schiefgegangen ist und was dazu geführt hat, dass er sich nun so erfolg- und sinnlos abstrampelt.

Über das Element Wasser ist der Fisch tief mit der Gefühlslage des Träumenden, insbesondere auch mit dessen unbewussten Impulsen verbunden. Als Traumsymbol deutet ein Fisch an, dass Inhalte aus dem tiefen Unbewussten sichtbar und erkannt werden wollen. Fische haben in besonders tiefer Weise immer etwas mit dem »Zu-sich-selbst-Finden« zu tun.

Aus tiefenpsychologischer Sicht steht der Fisch für das Selbst des Menschen: Im Sinne der seelischen Gesamtpersönlichkeit versinnbildlicht der Fisch sowohl die bewussten als auch die unbewussten Komponenten des Träumenden. Daher wird derjenige, der von einem Fisch träumt, dazu aufgefordert, sich völlig auf die eigenen Gefühle einzulassen. Im Gegenzug erlangen die weiteren Entscheidungen und Bewegungen seines eigenen Lebens eine unerwartete und sehr wohltuende Leichtigkeit. Schwimmt er in klarem Wasser, spricht dies für eine sehr wohltuende und Freude bringende Begegnung mit den tieferen Seelenschichten. Ist der Traumfisch allerdings bedrohlich groß, scheinen Ereignisse oder Gefühle aus dem Unterbewusstsein hervorzubrechen, die das Tagesbewusstsein des Träumenden zu verschlingen drohen. Der Träumende sollte sich darauf konzentrieren, weiter »Herr im eigenen Haus« zu bleiben und sich nicht von »alten Dämonen« aus seiner Vergangenheit überrollen zu lassen.

In anderen psychologischen Deutungen betont ein Fisch manchmal die kalte und gefühllose Seite der Sexualität – so wie man umgangssprachlich sagt: »Er oder Sie ist kalt wie ein Fisch.« Wird von vielen kleinen Fischen in einem Schwarm geträumt, soll dieses Bild die männlichen Spermien symbolisieren – eine Anspielung auf Zeugungskraft und Fruchtbarkeit.

Spiritualität

Das Element der Fische ist das Wasser, das sowohl auf psychologischer als auch auf spiritueller Ebene für das tiefe Unterbewusste steht. Damit ist das Wissen gemeint, das unter unserem Tagesbewusstsein liegt, was somit nicht über unseren Verstand, nicht durch Nachdenken und schon gar nicht durch Grübeln zu erreichen ist. Dieses im wahrsten Sinne des Wortes unter unserem Bewusstsein liegende Wissen wird nicht nur aus unseren persönlichen Lebenserfahrungen gespeist, sondern auch aus dem sogenannten kollektiven Unbewussten. Hier gehen alle Erfahrungen und Erkenntnisse ein, die alle Lebensformen auf der Erde jemals durch ihre Existenz gesammelt haben: und zwar tatsächlich vom Bakterium bis zum Blauwal, von der Flechte bis zum Mammutbaum und von der Mücke bis zum Menschen. Und aus spiritueller Sicht sind dies Lebensweisheiten aus allen Zeiten: aus Vergangenheit, Gegenwart und Zukunft.

Wie keine anderen Tiere sind Fische im Wasser, in diesem Meer des Unbewussten, zu Hause – ausgenommen natürlich die Wale, die aber keine Fische, sondern wieder ins Wasser »gegangene« Säugetiere sind. Fische haben einen ganz unmittelbaren Kontakt zu dieser zugleich alten und zeitlosen Weisheit und Wahrheit. Wenn wir unsere Wohnung mit Fischen in einem Aquarium teilen, erhalten wir die Möglichkeit, unseren eigenen Zugang zu diesem wahrlich großen Schatz zu vertiefen oder auch überhaupt erstmalig herzustellen. Wenn wir sie darum bitten, können uns die Fische als Mittler dabei behilflich sein. Auch die Fische in unserem Aquarium sind bereit, wenn wir es zulassen, uns mit ihren Möglichkeiten auf unserem spirituellen Weg zu begleiten und zu helfen.

Wenn wir unseren Fischen ein lebenswertes Aquarium eingerichtet haben, in dem sie sich wohlfühlen, können wir die tiefe Ruhe, die von diesem kleinen, wenn auch künstlichen Lebensraum ausgeht, bei etwas Einfühlung sogleich spüren. Es ist nicht nur die Dreidimensionalität des Wasserbeckens, von der dieses Gefühl tiefer Gelassenheit ausgeht, sondern das Wasser selbst. Schon wenn wir uns in Ruhe vor das Aquarium setzen, erfahren wir, dass uns die Fische wie kleine Katalysatoren diese Tiefe des Wassers vermitteln.

Gehen wir vor einem Aquarium in unsere Meditation, helfen uns die Fische, Zugang zu tiefen Wahrheiten zu erhalten. Wenn wir in einer konkreten Angelegenheit geistige Unterstützung brauchen, ist es sehr hilfreich, unsere Frage so genau wie möglich zu formulieren und sie laut auszusprechen, um ihre Energie zu verstärken. Jetzt können durch unsere innere Versenkung oder auch einfach inneres Stillesein und In-uns-Hineinlauschen die Informationen in uns hochkommen. Unsere eigene Geistführung ist uns neben den Fischen, ihrer großen Fischseele, behilflich dabei, dass die Bilder, Szenen oder Sätze zu uns gelangen, die zurzeit für uns wichtig sind. Horchen wir nun auf die meist zart in uns aufkeimenden Töne oder Farben, dann vernehmen wir die Wogen aus dem unendlichen Meer der Weisheit – und erhalten manchmal ganz unerwartet pragmatische Hinweise, die uns in der anstehenden Angelegenheit weiterhelfen. Das kann so etwas Profanes wie das Bild einer Häuserfront sein, wenn wir auf Wohnungssuche sind. Oder es taucht ein fast geflüsterter Pflanzenname – vielleicht sogar auf Latein, sodass wir erst einmal nachschlagen müssen – in unserem Kopf auf, als Antwort auf eine Anfrage zu unserer kranken Katze. Und es stellt sich bald heraus, dass es sich um ein homöopathisches Mittel handelt, das unserer erkrankten Katze hilft.

Auch wenn sie in einer anderen Welt zu leben scheinen – mental können uns auch Fische verstehen. Manche Tierkommunikatoren können auch richtige Gespräche mit ihnen führen. Es ist also nur angemessen, dass wir uns bei unseren Fischen ebenso wie bei allen anderen Tieren bedanken, wenn wir das Gefühl haben, dass sie etwas für uns getan haben. Auch hier gilt: Laut aussprechen erhöht die Energie des Dankes.

Vom Wildfisch zum Aquarienbewohner

Seit je stellen Fische eine wichtige Nahrungsquelle für den Menschen dar. Neben diversen Fischfangtechniken etablierten sich später Lebendhaltungen von Fischen in künstlichen Anlagen, der sogenannten *Hälterung*. Ihre erste Blüte erreichte diese wässrige Nutztierhaltung in der römischen Antike. Das Artenspektrum blieb jedoch immer begrenzt, weil sich die meisten Fischarten in Gefangenschaft nicht vermehren. Große Ausnahmen bilden beispielsweise die Karpfenartigen. So gehört der Karpfen (*Cyprinus carpio*) auch zu den älteren bekannten Nutztieren. Inzwischen sehr populär geworden ist die Haltung von Kois im Gartenteich – raffinierten Zuchtformen des Karpfens aus Japan. Hier reicht es allerdings nicht, einfach die Fische in die wassergefüllte Plastikplane zu setzen.

Ebenfalls aus der Gruppe der Karpfenartigen stammt der berühmte Goldfisch (*Carassius gibelio*), der es tatsächlich weltweit bis in die Wohnbereiche des Menschen geschafft hat – allerdings nicht zu seinem Wohlergehen, wenn man sich einen Einzelfisch in einem engen und nackten Rundglas vorstellt. Dieser Zierfisch gehört zu den ältesten Hobbyhaustieren. Urahn der inzwischen so zahlreichen Zuchtformen ist der silbergraue Giebel, der auch als östliche oder Silberkarausche bezeichnet wird. Dieser bis zu 30 cm lange Süßwasserfisch bewohnt stehende und fließende Gewässer, ursprünglich von Osteuropa über China bis zur sibirischen Pazifikküste. Speziell in China wird er bis heute als begehrter Speisefisch in Flüssen und Seen gefangen. Auch bei der Wildform treten goldgelbe oder orangerote Exemplare auf. Ursache ist der Verlust der dunkelgrauen Pigmentzellen auf der Körperoberfläche, sodass die orangefarbenen oder schwach bläulichen Pigmentzellen dominieren können. Der Mensch hat durch Zuchtauslese zunächst das Farbenspiel der Goldfische, später auch ihre Gestalt beispielsweise mit schleierförmigen Flossen und vorstehenden Augen nach seinen Vorstellungen zur größtmöglichen Vielfalt gesteigert: Weltweit sind mehr als 150 Unterarten des Goldfisches anerkannt. Erste Belege für die Haltung von goldfarbenen Giebeln stammen aus der zweiten Hälfte des 10. Jahrhunderts n. Chr. aus China. Die eigentliche Zucht des Goldfisches und damit seine Domestikation begann in China im 12. Jahrhundert n. Chr. Nach Europa gelangten die Zierfische wohl erst mit Forschungsreisenden zu Beginn des 18. Jahrhunderts.

Vor allem in den letzten hundert Jahren sind aus allen Teilen der Welt unzählige Fischarten in unseren Aquarien gelandet. Doch Hände weg von Wildfängen! Tausende von Fischen werden immer noch beispielsweise in Südamerika aus freier Wildbahn gefangen. Nicht genug, dass sie aus ihrem Lebensraum entnommen werden: Damit einige der Fische bei uns in Aquarien landen, müssen Zigtausende auf den langen Transportwegen elendig zugrunde gehen. Empfohlen werden für Anfänger daher gerne einfach zu haltende Zierfische wie die Guppys, lebendgebärende Zahnkarpfen, die schon lange bei uns nachgezüchtet werden.

Passen Sie und Aquarienfische zusammen?

Sind Sie der eher intellektuelle, der abstraktere Typ? Es würde Ihnen also nicht nur ausreichen, sondern auch Freude bereiten, Ihre tierischen Mitbewohner ausschließlich zu beobachten? Und haben Sie nicht viel Zeit, sich um Haustiere zu kümmern, schon gar nicht regelmäßig jeden Tag? Verreisen Sie viel oder sind Sie sonst viel unterwegs?

Wenn Sie dennoch gerne weiteres Leben in Ihrer Wohnung haben möchten und bereit sind, sich regelmäßig um die Pflege Ihres kleinen wässrigen Ökosystems zu kümmern – beispielsweise Reinigung des Aquariums oder Kontrolle der Wasserqualität –, sind Sie ein idealer Kandidat für ein Aquarium. Vor allem zu Beginn ist weniger mehr – an Artenzahl und Stückzahl. Allerdings: Der einsame Goldfisch gehört nur auf Karikaturen in ein Einweckglas – für ein lebendes Exemplar ist dies Tierquälerei. Beginnen Sie am besten mit einem einfachen Süßwasseraquarium und vergleichsweise anspruchslosen und widerstandsfähigen, aber dennoch interessanten Fischarten wie den farbenfrohen und lebendgebärenden Guppys.

Das Pferd

Seelenspiegel

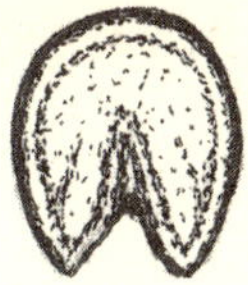

Mythologie

Aufgrund seiner zugleich anmutigen und kraftvollen Bewegung und seiner ausgesprochenen Schönheit galt bereits das Wildpferd in den meisten Kulturen als heiliges Tier. Höchstens Götter durften diese edlen Geschöpfe besteigen, um auf ihnen zu reiten.

Im Altertum glaubten die Menschen, dass der Wind die Stuten befruchten würde – deshalb sollten viele Pferde mit Flügeln versehen sein. Das berühmteste **geflügelte Pferd** ist sicherlich *Pegasos.* Es wurde einst vom griechischen Meeresgott *Poseidon* gezeugt, um dem Schoß der sterbenden *Medusa* zu entspringen. *Bellerophon* zähmte den wilden Pegasos. Auf dem Rücken des wunderbar schnellen und mit Zauberkräften versehenen geflügelten Pferdes besiegte *Bellerophon* das Ungeheuer Chimaira*. Als er später im Schwange von Überheblichkeit zum Olymp reiten wollte, ließ Göttervater Zeus beide ins Meer stürzen. Pegasos jedoch setzte er als Sternbild an den Himmel – fortan für alle sichtbar.

Pegasos wurden in anderen Erzählungen weitere Wunderkräfte zugeschrieben. So konnte er auf wundersame Weise Quellen hervorsprudeln lassen. Mit einem einzigen Schlag seiner Hufe tat er auf dem Musenberg Helikon eine heilige Quelle (*Hippokrene*) auf – was die Bedeutung des geflügelten Pferdes als Dichterross erklärt.

Von dem indischen Himmelsgott *Indra* wird berichtet, dass

* Chimäre: siehe unter Mythologie der Ziege.

er einst allen Pferden mit seinem Donnerkeil die Flügel abtrennte, um die Tiere, die zuvor wild umhergestreift waren, lenk- und beherrschbarer zu machen.

Auch Allah hatte sein Pferd aus Wind geschaffen. Und der Prophet *Mohammed* reiste auf einem geflügelten Pferd mit Namen ***Al Buraq*** (für: »Blitz«) umher, das er in Mekka eines Nachts vom Erzengel *Gabriel* erhalten hatte. Al Buraq war ein seltsames Himmelswesen mit dem Gesicht einer Frau und einem Körper, gemischt aus Pferd und Esel, und bewegte sich tatsächlich – wie sein Name schon vermuten läßt – blitzschnell durch die Luft. Das geflügelte Pferd brachte Mohammed unter anderem zum Gebet mit den anderen Propheten *Abraham* und *Moses* an den heiligen Felsen des Tempelberges von Jerusalem. Dort stieg Mohammed auf einer Leiter aus Licht durch die sieben Himmel empor zu Allah, um von ihm die Kunst des richtigen Gebets zu erlernen. Auf Al Buraq flog der Prophet sogleich nach Mekka zurück, um seine Erkenntnisse weiterzugeben. Die Nachkommen von Mohammeds Wunderpferd sollen übrigens an einem kleinen Wirbel im Fell zu erkennen sein – gerade dort, wo der Prophet sie berührt habe.

Im Buddhismus vertrat ein weißes oder ein geflügeltes Pferd neben der Sonne den reinen Intellekt. Mit der körperlichen Schnelligkeit des Pferdes wurde ein rascher Gedankenfluss verbunden. Als weißes Tier stand das mythische Pferd für das reine Licht, die ursprüngliche Unschuld und das Leben schlechthin. Auch *Kwan Yin*, die chinesische Göttin der Barmherzigkeit und Liebe, erschien den Menschen als kosmische Wolke, als weißes geflügeltes Pferd. Und wenn ein solches weißes geflügeltes Pferd zudem das »Buch der Lehre« auf seinem Rücken trug, standen dem, der es zu Gesicht bekam, womöglich sogar seinem ganzen Dorf oder Volk, Glück und Reichtum ins Haus.

Das **Einhorn** hingegen ist ein eher scheues Mischwesen mit meist pferdeähnlicher – manchmal auch hirschähnlicher – Gestalt. Charakteristisch ist sein langes, meist gerades und in sich gedrehtes Horn auf der Stirn. Ihm wurden magische Kräfte zugesprochen. Das Horn konnte allen Giften ihre Wirkung nehmen. Das Einhorn wurde daher gerne als Helfer für einen Gegenzauber gerufen. Diese übernatürliche Mythenfigur ist von leuchtendem Weiß. Das Einhorn findet meist nur im Schoße einer Jungfrau Ruhe und Schlaf. Manche Legende berichtet, dass aus dieser jungfräulichen Zähmung des Einhorns ein göttliches Kind entstand. Das Einhorn besitzt magische Eigenschaften, seine nahezu unbändigen Kräfte sind jedoch stets eng mit dem Horn verbunden – dem Symbol sowohl sexueller als auch spiritueller Stoßkraft. In seiner gezähmten Kraft drückt sich nach tiefenpsychologischer Vorstellung diejenige menschliche Lebensphase aus, in der die eigenen Kräfte beherrscht und konstruktiv auf ein Ziel gerichtet sind.

Die Figur des Einhorns ist fast über die gesamte geografische Mythenwelt verbreitet. Im alten China vertritt ein Einhorn mit dem Namen *Kilin* ebensolche Tugenden, wie Güte, Friedlichkeit, Unschuld und Keuschheit, wie sie als Attribut der christlichen Jungfrau Maria gelten.

Das Pferd war neben dem Schwein das häufigste Tier auf keltischen Abbildungen. Die **Kelten** verehrten das Pferd wegen seiner Stärke, die gleichzeitig gepaart ist mit ungeheurer Anmut. Neben Schnelligkeit und Schönheit stand das Pferd auch für das sich bewegende Leben schlechthin. Eine weiße Stute galt den Kelten als der Inbegriff von reiner Lebenskraft. Die Anziehungskraft war so groß, dass sich nach der Artuslegende zahlreiche Ritter aufmachten, um nach einer weißen Stute zu suchen.

Die Hochachtung seitens der Kelten ging sogar so weit, dass stets Druiden vor der Zähmung eines Pferdes hinzugezogen wurden. Die keltischen Priester sprachen einen Zauberspruch in ihre rechte Hand, den sie anschließend durch Reiben der

Hand über das Hinterteil an das Tier weitergaben. Dadurch sollte der Geist eines Hengstes ungebrochen und stark bleiben.

Die keltische Pferdegöttin *Epona* (wörtl.: »große Stute«) war Schutzgöttin der Reiter. Vom 1. bis 4. Jahrhundert n. Chr. verehrte man von Britannien bis nach Nordafrika diese häufig im Damensitz zu Pferde oder zwischen vielen Pferden abgebildete Göttin. Ein weiteres Attribut von Epona war ihre Zuständigkeit für Fruchtbarkeit und Überfluss, symbolisiert durch ein Füllhorn. Die Kelten feierten ihre Pferdegöttin am 18. Dezember jedes Jahres. Im Rahmen der kriegerischen Auseinandersetzungen der Kelten spielten Pferde für berittene Truppen eine herausragende Rolle. Epona war nicht nur zu Lebzeiten der Pferde für ihren Schutz verantwortlich, sondern begleitete sie auch in die Anderswelt. Als Lohn für ihre irdischen Taten erhielten die Pferde nicht selten Flügel.

Pferde galten als sehr machtvolle Boten der Anderswelt. Nicht nur Epona, auch andere Göttinnen ritten auf ihnen zwischen den Welten hin und her. Vielfach begleiteten die Pferde ihre Besitzer auch nach deren Tod in die Anderswelt. Man fand zahlreiche Gräber von ranghöheren Personen, die das Grab mit aufgezäumten Pferden teilten. Vielen keltischen Helden war ihr Pferd auch wie ein zweites Ich (Alter Ego): Es wurde am gleichen Tag geboren und verstarb auch zur gleichen Stunde wie sein Reiter.

Cuchullainn, eine zentrale Heldenfigur des irischen Sagenkreises, ritt ein spirituell sehr weises Pferd. Der »Graue von Macha« entstieg eines Tages auf wundersame Art und Weise einem See. Der stolze und unzähmbare Hengst ließ sich nur von Cuchullainn reiten und begleitete seinen Herrn treu ergeben bis zum Tod. Als sich der Stammesheld allen Omen nach in seine letzte Schlacht begeben wollte, ließ sich der »Graue von Macha« nicht vor den Streitwagen spannen, sondern weinte Tränen aus Blut.

Auch Mythen nordamerikanischer **Indianer** berichten von

Pferden als Wesen, die den Menschen aus dem diesseitigen Leben in andere Welten hineintragen. Dies sehr schnelle und sehr kraftvolle Tier war den nordamerikanischen Ureinwohnern wie ein »älterer Bruder« und eine tiefe Quelle der Inspiration. Und auch in China wurden verstorbene Fürsten mit ihren Pferden begraben, um sicherzugehen, dass die Seele der Fürsten auch von ihren Tieren in den Himmel getragen würde.

Den alten nordischen Kulturen waren Pferde mit ihrer Würde und Kraft nicht nur ein hoch geachteter Besitz, sondern stets auch Symbol für Macht und Fruchtbarkeit. So war eines der bedeutsamsten Geschenke, das *Loki* den **germanischen** Göttern machte, das achtbeinige Pferd für *Odin* mit dem Namen *Sleipnir.* Sleipnir, was der »Dahingleitende« bedeutet, war ein Pferd, das über Zauberkräfte verfügte. Verwandelt in die Gestalt einer Stute, hatte Loki das Pferd zusammen mit dem Hengst *Svadilfari* gezeugt.

Sleipnir war das schnellste Pferd überhaupt auf der Erde und konnte alle Hindernisse überwinden. Man sagte, dass das Pferd nie müde würde, weil sich immer vier seiner acht Beine ausruhen könnten. Sleipnir verfügte zudem über außerordentliche Kräfte. Odin band ihn einmal an. Dazu stieß er mit seinem Schwert ein Loch durch einen mächtigen Felsen, um da hindurch die Leine zu führen. Doch Sleipnir ließ sich nicht irgendwo festmachen und riss den Felsen kurzerhand entzwei. Allein das Gewicht des Geschirrs des achtbeinigen Pferdes soll einen Stein, auf den Odin es abgelegt hatte, zerbrochen haben.

Um auf Erden für Ordnung und Gerechtigkeit zu sorgen, erschien Odin gerne in Gestalt eines Schimmels oder eines Schimmelreiters. Die weißen Pferde – ob mit oder ohne Reiter – galten daher im indogermanischen Raum als Inbegriff für die von den Göttern gebrachte kosmische Ordnung. Dieses Motiv mag wohl auch die symbolische Vorlage für Theodor Fontanes Novelle *Der Schimmelreiter* gewesen sein.

Die Germanen hatten die Pferde ihrem Gott *Freyr* geweiht. Folgende Sage rankt sich um die besondere Beziehung Freyrs zu Pferden: Einer seiner Priester (*Hrafnkel*) liebte und verehrte Freyr unter allen Göttern so sehr, dass er nicht nur all sein Hab und Gut mit ihm teilte, sondern ihm auch seinen besonders prächtigen Hengst *Freyfaxi* (»Freyrs Mähne«) weihte. Sehr wahrscheinlich wurden Freyr auch Pferde zum Opfer gebracht, vor allem in der Zeit der großen Völkerwanderung. Vor allem Knochenfunde in Schweden belegen einen solchen Pferdekult. Das Pferd galt, zumindest im europäischen Raum, als das erhabenste und vornehmste Opfertier, von den Germanen als häufigstes Tier ihren Göttern geopfert.

Pferde spielen in der germanischen Mythologie auch beim Wechsel von Tag und Nacht, von Sonne und Mond eine Rolle. Eine Riesin mit dunkler Haut und dunklen Haaren und dem Namen *Nacht* sowie ihr schöner und lichter Sohn *Tag* erhielten von Odin jeweils ein Pferdegespann. Darin sollten sie innerhalb von 24 Stunden jeweils einmal die Erde umfahren. Die Nacht wurde von dem Pferd *Hrimfaxi* (»Reifmähne«) gezogen, das jedes Mal, wenn es an seiner Trense kaute, die Erde mit Tau besprengte. Das Pferd *Skinfaxi* (»Leuchtmähne«) hingegen, das den Tag über die Erde zog, erhellte den Himmel mit seiner leuchtenden Mähne. Analog soll auch der griechische Sonnengott *Helios* jeden Morgen im Osten aus dem Meer aufgetaucht sein, um mit seinem von vier edlen Rössern gezogenen Sonnenwagen seine Tagesreise über den Himmel anzutreten.

In der germanischen Mythologie wird dem Pferd zugeschrieben, sich auch mit den Schriftzeichen, den Runen auszukennen. So hat eine urtümliche Rune die Form eines Hufeisens. Ihr wird helfende und heilende Kraft zugeschrieben. Möglicherweise geht auf diese Rune das bis heute gültige Hufeisen als Glückssymbol zurück.

Ähnlich wie noch heute in Indien die Kühe galten den Germanen Pferde als heilige Tiere, die nicht geschlachtet und gegessen werden durften. In unseren Essgewohnheiten klingt diese Einstellung bis heute nach: in der rein gefühlsmäßig bedingten Ablehnung von Pferdefleisch, auch noch nach fast 2000 Jahren.

Die **griechische** Mythologie hat ihre eigene Vorstellung davon, wie das erste Pferd auf die Erde gekommen sein soll: Der griechische Meeresgott *Poseidon* soll mit seinem Dreizack derart kräftig auf die Felsen geschlagen haben, dass nicht nur unzählige Funken aufstoben, sondern zudem das erste Ross hinter dem Felsen hervorsprang. Dieses Pferd war von zugleich bezaubernder Schönheit und graziler Anmut und hatte zugleich ein feuriges Temperament, gepaart mit enormer Kraft.

Die **Christen** schrieben den Verzehr von Fleisch des als besonders edel und rein erachteten Pferdes dem heidnischen Unglauben zu. Vermeintlichen Hexen wurde die Schuld an solchen Zusammenkünften zugeschrieben, bei denen Pferdefleisch gegessen wurde. Ein Hauch von heidnischem Opferritus umwehte noch lange nach Ausklang des Mittelalters diese Fleischspeise: So sollte der Spielmann der Hexen auf einem Pferdekopf seine Lieder spielen, während die Anwesenden ihre betörenden Getränke aus einem Pferdehuf tranken und der Teufel selbst mit seinem Pferdefuß erschien. Also verabscheute das Christentum insbesondere das Pferdeopfer als verwerflich, da durchweg heidnisch. *Karl der Große* erklärte später den Verzehr von Pferdefleisch für ein schweres Kapitalverbrechen.

Auch der Herr selbst sprach in höchsten Lobestönen von dem Mut des Pferdes zum vor sich hin jammernden *Hiob*: »Schrecklich ist sein prächtiges Schnauben. Es stampft auf den Boden und ist freudig mit Kraft und zieht aus, den Geharnischten entgegen. Es spottet der Furcht und erschrickt nicht und flieht vor dem Schwert nicht« (Hi 39,20–22).

Mancher Papst ritt auf einem Apfelschimmel daher, dem Träger von Licht und Frieden, dem mutigen, treuen und großherzigen Tier schlechthin. *Augustinus* hingegen wollte im typischen Hochwerfen des Pferdekopfes eine Geste des Hochmuts sehen. Und für *Hieronymus* war das Wiehern eines Pferdes in Gegenwart einer Frau Indiz für die zügellose Begierde und Wollust des Tieres.

Der **Volksmund** erzählt, dass das Pferd mit seinen wunderschön großen Augen alles zehnmal so groß sehe wie der Mensch. Nur deshalb habe es sich dann eines Tages dem doch letztlich kleinen Menschen untergeordnet, also von ihm zähmen lassen. In Island heißt es, dass ein Mensch für sich allein genommen nur ein halber Mensch sei. Erst wenn ihm ein Pferd zur Seite steht, kann er über sich hinauswachsen.

Unsere Vorfahren schrieben Pferden eine über ihren ausgezeichneten Instinkt hinausgehende Hellsichtigkeit und Hellhörigkeit zu. So hat das Pferd als Schutzgeist eine lange Tradition. Abgeschlagene Pferdeköpfe, die auf einem Pfahl vor einem Haus aufgestellt waren, sollten Zauber und Unglück fernhalten. Noch heute sind auf westfälischen und niedersächsischen Höfen mit dem gleichen Hintergrund geschnitzte Pferdeköpfe auf den Giebeln der Häuser zu finden. Diese sogenannten Dachreiter wurden in dem Glauben angebracht, sie würden die Dachbalken gegen Wind und Wetter schützen.

Aber es hielten sich bei uns mancherorts bis ins 20. Jahrhundert hinein auch sehr skurrile Bräuche um den Pferdekopf: Auf dem Pferdekopf wurde Musik gespielt, er wurde als ritualisierte Opfergabe ins Johannisfeuer geworfen oder zu Weihnachten auf eine Stange gesteckt. Im Märchen bewirkt ein solcher abgeschlagener Pferdekopf meist ein Wunder.

Das Glück, das die Pferde bringen sollten, versuchten die Menschen gerne festzuhalten. Eine bis heute verbreitete Möglichkeit war das Aufhängen eines Glück bringenden Hufeisens. Aber Vorsicht: Niemals mit der Öffnung nach unten, da sonst das Glück sogleich herausfällt. Ein »Pferdefuß« hingegen bedient den negativen Aspekt, einen ausliegenden Fallstrick.

Der Teufel soll seine Opfer gerne auf einem schwarzen Pferd geholt haben. Meist erschien dieser Rappe in den zwölf Raunächten zwischen dem alten und dem neuen Jahr.

Alte Pferde haben ein moralisches Anrecht auf Pflege und Versorgung bis zu ihrem Tode. Die Begriffe Schindmähre, Hippe oder Zosse tragen ihren Ursprung in einer Anklage gegen den Herrn, der zu hart und unbarmherzig gegen sein eigenes, nicht mehr arbeitsfähiges Pferd ist.

Im **Märchen** nehmen Pferde vielfach die Rolle des Klugen, Gerechten und Helfenden ein. In zahlreichen Geschichten wird von Rat gebenden, sprachkundigen Pferden berichtet. So soll in einer Geschichte ein Hengst mit drei weißen Füßen und zwei gläsernen Augen um eine ganz besondere Weisheit wissen. Der Volksglaube schreibt Pferden auch die intuitive Fähigkeit zu, sowohl Gold als auch – wie einst *Pegasos* – Wasserquellen mit den Hufen frei zu scharren.

Auch der Weissagung sind viele Pferde in Märchen mächtig. Zu den bekanntesten gehört sicher der sprechende *Falada* in der »Gänsemagd«, dem die falsche Braut den Kopf abschlagen lässt. Doch selbst der abgetrennte Pferdekopf – an das Stadttor genagelt – spricht noch immer die Wahrheit aus. Lediglich Stolz und Übermut – zwei mögliche Charakterschwächen im Pferdemythos – können in Fabeln einem Pferd auch einmal zum Schaden gereichen.

Die unzähligen Pferdediebgeschichten zeugen von dem großen Wert – auch rein materieller Natur – eines Pferdes. In vielen Sagen und Märchen ist es ein Vorzug der Götter, der Helden und der Heiligen, auf einem weißen Pferd daherzureiten. Die römische Sage berichtet von einem heiligen Pferd, das über das Wasser wandelt, ohne seine Füße zu benetzen.

In anderen Märchen kommen drei sogenannte Mondpferde

vor: ein rotes morgens, ein weißes mittags und ein schwarzes abends. In der »Geheimen Offenbarung« des Johannes ist von vier Reitern die Rede – als viertes kommt ein fahles hinzu, das aus der Unterwelt hervorgekommen sein soll (Of 6,2–8). Diese vier Reiter der Apokalypse sollen die großen Übel der Menschheit versinnbildlichen: Der Krieg reitet das rote, die Hungersnot das schwarze, die Pest das weiße und der Tod das graue Pferd. Rudolf Steiner hat diese vier apokalyptischen Reiter übrigens später uminterpretiert: Für den Anthroposophen stellen sie die vier Schritte oder Phasen dar, die der Intellekt auf seinem Siegeszug bis zur Unsterblichkeit des Ichs vollzieht.

In der Tiefenpsychologie setzte man das Pferd mit einer Geschlechtskraft (Libido) gleich, die – im Gegensatz zu der des unbändigen Stieres – auf der seelischen Ebene diszipliniert sein soll. Diese Form der Libido soll dem Weg des Menschen, seinen Lebenszielen, dann zuträglich sein, wenn er diese sexuelle Energie gut und achtsam behandelt.

Wilde Pferde stehen allerdings für den Kontrollverlust über die Leidenschaften, die aus dem menschlichen Unterbewusstsein hervorgebrochen sind. Dann gehen im wahrsten Sinne des Wortes »die Pferde mit einem durch«. Diese Unbeherrschtheit kann sich sowohl auf die rein körperliche Ebene als auch auf die geistige Ebene, die Welt der Gedanken, beziehen.

Traumdeutung

Geträumte Pferde stehen immer mit der eigenen Kraft des Träumenden in Zusammenhang. Sie repräsentieren die Energie, die dem Träumenden aktuell zur Verfügung steht: Schwarze Pferde sollen eher die wilden und körperlichen Aspekte der Kraft versinnbildlichen, die mit der Leidenschaft des Menschen einhergehen. Sie stehen auch für das Verborgene. Weiße Pferde vertreten den geistigen oder auch spirituellen Anteil des Träumenden, sie stehen quasi im göttlichen Licht, während braune Pferde die praktische Seite des irdischen Daseins versinnbildlichen und besonders tatkräftig sind. Gescheckte Pferde können besonders gut Extreme miteinander verbinden, und zwar sowohl durch Entfaltung des einen Extrems als auch durch Rückwendung von den anderen zu dem einen.

Zieht das Pferd einen Karren, scheint der Träumende sein Augenmerk zu sehr auf äußerlich nützliche Dinge zu lenken. Stirbt ein Pferd im Traum, so scheinen die Kräfte des Träumenden derzeit geschwächt zur werden, wahrscheinlich, weil er sich selbst zu stark unter Druck setzt.

Wenn die Traumatmosphäre um das Pferd friedlich und wohlwollend ist, es beispielsweise gut behandelt wird, deutet dies für den Träumenden auf Ausgeglichenheit und eine Lebensphase voll Wohlbefinden hin. Aufgescheuchte Pferde hingegen weisen auf die derzeitige eigene Unausgeglichenheit und nervliche Anspannung hin, die es anzuschauen und zu beheben gilt.

Die Tiefenpsychologie interpretiert ein Pferd, das stürmisch alle Hindernisse niederreißt und sich überall Zutritt verschaffen kann, als eine Schattenseite aus dem kollektiven Unbewussten, als einen negativen Aspekt der Persönlichkeit, der nicht integriert oder transformiert, sondern lediglich verdrängt worden ist.

Wenn jemand von einem *Einhorn* träumt, soll dies auf einen Fluchtwunsch in eine andere Welt hindeuten, ähnlich dem Eintauchen in eine Märchenwelt. Vielleicht möchte der Träumende seiner Realität entfliehen. Als Wunsch verbirgt sich aber dahinter auch die tiefe Sehnsucht nach Heilung. Ein geflügeltes Pferd erinnert den Träumenden daran, dass die Seele alles Irdische überwinden kann.

Spiritualität

Das Pferd, das einst aus Wind geschaffen worden sein soll, kann für uns Menschen ein magischer Führer in und durch die geistigen Dimensionen sein.

Es können zwar fast alle Tiere mehr auf der feinstofflich-spirituellen Daseinsebene mehr wahrnehmen als die meisten Menschen. Sie sehen, riechen oder spüren unterschiedlich klar und deutlich, dass da etwas ist –, je nach den Erfahrungen ihrer großen Tierseele, aber auch ihrer individuellen spirituellen Entwicklungsstufe.

Pferde sind jedoch darüber hinaus fähig, alle diese Ebenen gleichzeitig mit ungeheurer Klarheit zu durchleuchten und zu erfassen. Anscheinend gibt es für die Tiere so gut wie gar keinen Unterschied zwischen den verschiedenen Welten und Daseinsdimensionen. Sie haben einen ganz freien und völlig unvoreingenommenen Zugang zu den Dimensionen. Letztlich heißt das, dass sich ihre Seele bei der Inkarnation in ihren Pferdekörper nicht vollständig von dem bewussten psychischen und intellektuellen Anteil gelöst hat. Damit hat das Pferd nicht nur das Wissen oder die tiefe innere Gewissheit vom Einssein allen Daseins im Universum. Das Pferd geht gewissermaßen über den Glauben hinaus und lebt als einer der unmittelbarsten Diener Gottes dieses Einssein. Auf diese Weise gehören die Pferde zu den zugleich tiefsten und reinsten Spiegeln unter den inkarnierten Lebewesen der Erde.

Pferde können ganz direkt und unverstellt in unsere menschliche Seele schauen. Auch wenn sie es uns auf ihrer physisch-tierischen Ebene nicht zeigen – Pferde sehen zugleich auch die Wahrheit all unserer Ebenen: der körperlichen, der psychischen und der geistig-spirituellen. Und als lichtvolle Wesen bewerten sie nichts von dem, was sie aus all unseren Existenzen, all unseren Entscheidungen und Erfahrungen zu sehen bekommen. Im Gegenteil: Die breite Palette unserer Stärken und Schwächen, unserer Wahrheiten und Lügen, unserer lichtvollen und schattigen Seiten verstärkt ihre Milde und Güte gerade uns unfertigen Menschen gegenüber. Schauen wir ihnen mit respektvollem Abstand in die Augen, können wir diese innere Grundhaltung meist recht leicht bei ihnen entdecken. Nur manchmal durchzieht das weise sehende Auge des Pferdes ein Anflug von Staunen oder Fassungslosigkeit, wenn wir Menschen ganz und gar unser Herz verschlossen haben und mit einer solchen Härte in die Welt treten, dass es den gutmütigen Tieren fast Tränen in die sehenden Augen treibt.

Wenn wir es gut behandeln und eine respektvolle Beziehung zu unserem Pferd aufbauen, können wir das Tier bitten, uns mit seiner großen körperlichen und spirituellen Kraft beim Beschreiten unseres Lebensweges behilflich zu sein.

Das Pferd kann uns auf mentaler Ebene Botschaften und Informationen aus allen Dimensionen des Seins vermitteln. Wenn wir uns nach einer respektvollen Anfrage mit der Pferdeenergie verbinden, führt uns dieses energetisch im wahrsten Sinne des Wortes so weitsichtige Tier durch unsere jetzt für uns zugängliche Seelenwelt. Verbinden wir uns beispielsweise in einer tiefen Meditation mit der Energie unseres Pferdes und vertrauen uns der Führung dieses Seelenpartners an, können wir sehr ungewöhnliche sinnliche und spirituelle Erfahrungen machen. Voraussetzung ist, dass wir das Pferd auch als gleichwertigen Partner ansehen und annehmen.

Das ist übrigens auch der größte Wunsch der großen Pferdeseele für die irdische Ebene zwischen Pferd und uns Menschen. Wenn wir uns ehrlich in unser Vertrauen in unseren spirituellen Begleiter fallen lassen, werden wir ungeahnte Erfahrungen machen, die uns auf unserem spirituellen Weg fast katapultartig voranbringen. Wir können sicher sein, dass uns unser Pferd nur so tief in die vielen Dimensionen des Universums führt, wie wir es bei unserem aktuellen spirituellen Entwicklungsstand auch verkraften.

Wir können von dem energetisch so durchlässigen Tier auch lernen, selbst in klarere Kommunikation mit der geistigen Welt zu treten. Wenn wir unser Pferd darum bitten, unterstützt es unsere spirituelle Öffnung. Dies können wir tun, indem wir unseren Wunsch aussprechen, wenn wir uns über unsere Herzensenergie mit der spirituellen Kraft des Pferdes verbinden. Dann können wir mit seiner Unterstützung unsere bislang selbst erarbeitete Öffnung erweitern oder vertiefen. Auf diese Weise kann uns das Pferd sehr viel weiter reichende und höher schwingende Informationen, Bilder und auch Aufgaben aus der feinstofflichen Daseinsebene zugänglich machen. Wir können uns die Hilfe vielleicht als eine Energie- oder Schwingungserhöhung bei unserer Meditation oder spirituellen Öffnung vorstellen. Mit seiner energetischen Durchlässigkeit und zugleich starken Anbindung an die universelle Kraft, an das Göttliche, vermag dies ein Pferd.

In jedem Fall sollten wir uns nach der energetischen Verbindung bei unserem spirituellen Begleiter bedanken – auch wenn wir etwas zu sehen bekommen oder erfahren haben, was uns nicht so gut gefällt. Denn darüber sollten wir uns vor einer Bitte um Hilfe klar sein: So wie die geistige Welt nicht nur aus lichtvollen Energien und Wesenheiten besteht, so sind auch unsere Spuren im feinstofflichen Universum nicht nur edel und hell leuchtend. Das Pferd wertet nicht, und wenn es uns das zumuten kann, wird es uns auch in unsere dunklen Ecken führen. Sehen wir in allem, was uns auch auf den geistigen Ebenen begegnet, unsere Chance, als Mensch alle unsere verstreuten Puzzleteile zu einem Ganzen zusammenzutragen. Dann können wir uns auch mit dem Einen und Ganzen verbinden und unsere Herzen für alles Leben öffnen.

Vom Wildpferd zum Hauspferd

Zwar berichten schon alte Mythen von Pferden und liefern unter anderem Höhlenmalereien aus der frühen Steinzeit Nachweise ihrer Existenz, doch zum domestizierten Begleiter des Menschen wurde das Pferd erst etwa 4000 bis 3000 v. Chr.

Alle domestizierten ehemaligen und heutigen Pferderassen stammen vom **Wildpferd** (*Equus ferus*) ab. Von ihm hat sich bis heute lediglich ein Vetter erhalten, manche sehen in ihm auch eine Unterart: das Przewalskipferd (*Equus przewalski*). Der wilde Urahn war einst im gesamten Eurasien mit gemäßigtem Klima

verbreitet. Der Lebensraum der letzten bekannten Wildpferde befindet sich in den Steppen mongolisch-chinesischer Gebirge. Dieses letzte Refugium liegt 1000 bis 4000 m hoch und besteht aus trockenen, mit Kies aufgelagerten Halbwüstenböden, durch die sich ausgedehnte Sanddünen ziehen.

Wildpferde leben gesellig meist in Herden von fünf bis zwanzig Tieren. Zum einen leben Familien in solchen Gruppen zusammen, zum anderen tun sich aber auch die Hengste, die keine eigene Herde aus Stuten erfolgreich um sich scharen konnten, zu einer rein männlichen Herde zusammen. Die Familienherden setzen sich aus mehreren Stuten und deren Fohlen sowie dem Leithengst zusammen. Die Gruppe wird von einer erfahrenen Stute angeführt und von dem alten Leithengst beschützt.

Kraft und Schnelligkeit, gepaart mit großer Ausdauer, machen Pferde zu Nomaden in ihrem Lebensraum. Im Gegensatz zum Esel sind Pferde Fluchttiere. Bei drohender Gefahr machen sie sich, wenn es geht, immer davon – und zwar typischerweise im Gänsemarsch. Dabei übernimmt der Leithengst die wichtige Führungsrolle. Fehlen seine Signale, wird die gesamte Herde in aller Regel kopflos: Die Tiere können sich nicht für eine Fluchtrichtung entscheiden.

Im Sozialgefüge der Gruppe kommt der Fellpflege durch gegenseitiges Beknabbern mit den Zähnen eine wichtige Rolle zu. Sie ist auch ausgiebig bei unseren Hauspferden zu beobachten. Ohren und Nase sind deutlich besser entwickelt und somit sensibler als die Augen des Pferdes. Sobald sich die Zusammensetzung der Gruppe verändert, wird die Rangordnung unter den Stuten neu ausgehandelt.

Eine auffällige Verhaltensweise ist das Flehmen, das man vor allem bei Hengsten beobachten kann. Das Pferd schiebt dabei seinen angehobenen Kopf weit nach vorn und zieht die Oberlippe hoch, sodass die Zähne frei liegen. Es schließt seine Nasenlöcher, manchmal auch seine Augen und zieht bei geschlossenen Zähnen Luft ein. Was dem Laien wie eine Drohgebärde vorkommt, ist tatsächlich ein äußerst intensiver Riechvorgang. Die Luft wird nämlich an Riechzellen im Gaumen (Jakobson'sches Organ) vorbeigeführt – und besonders interessant sind hier alle Düfte, die das Tier sexuell stimulieren. Bereits neugeborene Fohlen üben dieses Flehmen an ihrer eigenen Nachgeburt.

Wenn ein Pferd tatsächlich drohen will, senkt es den Kopf mit zurückgelegten Ohren in die entsprechende Richtung. Kämpfende Hengste richten sich auf ihren Hinterbeinen auf und versuchen, den Gegner in den Nacken zu beißen. Die Lautäußerungen sind bei der Wildform und dem Hauspferd annähernd identisch: Das Wiehern dient der Begrüßung sowie der Behauptung des eigenen Platzes, während das Schnauben Aufregung ausdrückt.

Zur Paarungszeit duldet der Leithengst keinen Nebenbuhler auch nur in der Nähe seiner Herde. So ist es in freier Natur in aller Regel der Leithengst, der zur Fortpflanzung kommt. Nur selten gelingt es einem jüngeren Hengst, eine meist ebenfalls noch jüngere Stute quasi zu »entführen«. Beim Vorspiel jagt der Hengst die auserwählte rossige Stute vor sich her. Dabei nähert er sich immer wieder von der Seite an, um ihren nach hinten ausschlagenden Hufen auszuweichen. Schließlich reitet er zum Akt von hinten auf und beißt sich in der Mähne der Stute fest. Nach gut 330 Tagen Tragzeit bringt die Stute dann – meist nachts und liegend – ihr Fohlen zur Welt. Nach der Geburt stehen Mutter und Kind sogleich auf: Die Stute säubert den Nachwuchs und entfernt die Fruchthülle; das neugeborene Fohlen stellt sich als Laufjunges und zukünftiges Fluchttier sogleich auf seine zunächst noch wackeligen Beine. Schon nach kurzer Zeit kann es seiner Mutter folgen, und zwei Wochen später zieht es schon mit der Herde umher.

Übrigens ruhen Wildpferde tagsüber sehr viel. In freier Wildbahn ziehen sie meist nachts umher, um neue Weidegründe zu finden oder an Wasserstellen zu trinken. Wildpferde können wie ihre domestizierten Verwandten über dreißig Jahre alt werden.

Das Przewalskipferd ist mit einer durchschnittlichen Widerristhöhe von 140 cm von kleinerer und zugleich gedrungenerer Statur als das ursprüngliche Wildpferd. Seine Fellfarbe reicht von einem gräulichen Gelb bis zu einem dunklen Braun. Im Winter trägt es langes, dichtes und struppiges Fell inklusive eines Kehlbarts, im Sommer ist das Fell kurz und glatt. Im Gegensatz zum Hauspferd wechselt das Wildpferd außerdem jährlich das Haar seiner Stehmähne.

Die nordamerikanischen Mustangs sind übrigens keine Wildpferde, sondern gehen auf verwilderte Hauspferde zurück, die in der Neuzeit mit den Spaniern nach Amerika gelangt sind. Mustangs gelten als Pferde mit schwierigem Charakter – sie lassen sich kaum als Arbeits- oder Gebrauchspferde einsetzen. Nach dem Wiedergewinn ihrer Freiheit lassen sie sich lediglich als Reitpferde wieder auf den Kontakt mit den Menschen ein. Die Ureinwohner Amerikas, die Indianer, die noch in einer unmittelbaren spirituellen Verbindung zur Natur und zwischen allen Lebewesen lebten, bauten diesen quasi zweiten Kontakt zu den Pferden auf. Ihnen erwiesen die Mustangs meist gute Dienste als Reitpferde. Die vor allem aus Wildwestfilmen bekannten weiß gefleckten und recht gutmütigen Pferde (Apaloosas) sind hingegen keine Nachkommen der Mustangs, sondern Neuzüchtungen aus eingeführten englischen und französischen Militärpferden, teilweise auch durch die Indianer.

Die **Domestikation** des Pferdes erfolgte wahrscheinlich zeitgleich in verschiedenen Gebieten Eurasiens, etwa ab der Zeit um 4000 v. Chr. Allgemein wird davon ausgegangen, dass zur Domestikation des Hauspferdes die regional vorkommenden Wildpferdrassen verwendet wurden. So entstammen dem mongolischen Przewalskipferd (*Equus przewalski przewalski*) die kleinwüchsigen, ausdauernden und widerstandsfähigen asiatischen Rassen wie die Mongolenponys oder die Kirgisenpferde. Der feingliedrigere südrussische Steppentarpan (*Equus przewalski gmelini*) hingegen gilt als Vorfahr solch anmutiger und temperamentvoller orientalischer Rassen wie des Araberpferds. Auf den Waldtarpan (*Equus przewalski silvaticus*) werden so genügsame Rassen wie die an ihrem urtümlichen Aalstrich und ihrer Mehlnase zu erkennenden Koniks, Dülmener Pferde oder Exmoor-Ponys zurückgeführt. Kaltblutrassen wie die Belgier, Schleswiger, Pinzgauer und Percheron stammen vom schweren norddeutschen Westpferd (*Equus przewalski robustus*) ab. Die kleinen, aber äußerst zähen Vertreter wie das Island-Pony, das Shetland-Pony und auch der aus den Alpen stammende Haflinger wurden aus dem kleinsten Wildpferd (*Equus przewalski gracilis*) gezüchtet, dessen Fossilien unter anderem in Frankreich gefunden wurden. In Mitteleuropa stammen die ersten Hinweise auf die Haltung von Hauspferden aus der Zeit um 3000 v. Chr.

Der islamische Glaube hatte wesentlichen Einfluss auf die reine Zucht der Araber, deren wichtigster Ursprung im Hochland von Najd inmitten der arabischen Halbinsel liegt. Und zwar hatte der Prophet Mohammed dem Pferd einen besonderen Platz im islamischen Glauben eingeräumt. Die reine Zucht der Araberpferde wurde so zur heiligen Pflicht.

Die Domestikation durch den Menschen folgte zunächst wohl in erster Linie dem Interesse, die große Muskelkraft der Pferde zu nutzen: als Trag-, Zug- und bald auch als Reittier. Vor allem im osteuropäischen und asiatischen Raum haben Pferde außerdem bis heute eine große Bedeutung in der Fleischgewinnung.

Auf dem Rücken des Pferdes sowie mit dem eingespannten Pferd gelang dem Menschen eine enorme Ausweitung seiner Fortbewegungsmöglichkeiten, denen durch seine eigene körperliche Verfassung sehr viel engere Grenzen gesetzt sind. Zugleich erhöhte sich die Transportgeschwindigkeit. Hatten Menschen bereits in einigen Gegenden Rinder vor Wagen gespannt, erreichten nun Pferdefuhrwerke in einem Drittel der Zeit ihr Ziel.

Obwohl das Reiten hier eine untergeordnete Rolle spielte, fungierten Pferde im Alten Ägypten als schnelles Transportmittel für Kuriere. Viele Weltreiche, wie das mongolische Reich unter Dschingis Khan Ende des 12. Jahrhunderts n. Chr., konnten sich nur mithilfe starker Reiterarmeen oder auch von Pferden gezogener Kriegswagen etablieren. Ab dem frühen Mittelalter wurden Pferde vermehrt vor den Pflug gespannt. Die aus China stammende Erfindung des sogenannten Kummets hatte die Kraftübertragung vom Pferd auf das Gefährt bzw. den Pflug erheblich verbessert.

Bereits im 7. Jahrhundert v. Chr. hatten sich die Assyrer nachweislich mit der Zucht innerhalb der aufgekommenen Hauspferderassen befasst. In der griechischen Antike erreichte die Pferdezucht ein sehr hohes Niveau. Beispielsweise waren Pferderennen – mit und ohne Wagen – sehr beliebte Sportveranstaltungen bei den Griechen: 680 v. Chr. wurden Wagenrennen mit Vierergespannen als Disziplin in die Olympischen Spiele aufgenommen.

Nach Mitteleuropa gelangten Pferde als Nutz- und Reittiere ab dem 8. Jahrhundert v. Chr. Bei den Kelten, die sich zu dieser Zeit im europäischen Raum ausbreiteten, genossen die Tiere für berittene Krieger und als Zugpferde für Wagen schnell ein hohes Ansehen. Die Kelten waren sehr erfolgreich in der Pferdezucht.

Der Steigbügel wurde wohl erst im 1. Jahrtausend n. Chr. in Ostasien erfunden und gelangte erst später nach Europa. Vor allem die unzähligen Reiterkriege haben ihre Entstehung dieser Erfindung zu verdanken, die dem kämpfenden Reiter bei größerer Bewegungsfreiheit einen erheblich besseren Halt auf dem Pferd verschaffte.

Mit dem Aufkommen von modernen Zugmaschinen in der ersten Hälfte des 19. Jahrhunderts wurden die Pferde bis heute in den Industrienationen nahezu vollständig als Arbeits- und Transporttiere verdrängt. Inzwischen werden sie fast nur noch für die verschiedenen Arten des mehr oder weniger kommerziellen Pferdesports gehalten, aber auch zum Freizeitvergnügen und als touristische Attraktion, leider nur zu selten einfach als anmutige Tiere. Von weltweit gut 60 Millionen Pferden werden rund eine halbe Million in Deutschland gehalten.

Welcher Mensch passt zu einem Pferd?

Wenn Sie nur hin und wieder am Wochenende einmal ausreiten wollen, müssen Sie dann unbedingt dieses Pferd Ihr Eigen nennen? Würde es nicht völlig ausreichen, wenn Sie sich ein von Ihnen geschätztes Pferd – zu dem Sie dann bei gegenseitiger Zuneigung und Achtung sehr wohl auch eine gute Beziehung aufbauen können – ausleihen, immer dann, wenn Sie Zeit dafür haben? Die Frage ist auch dann besonders wichtig, wenn sich typischerweise etwa zehnjährige Mädchen ein Pferd wünschen und ihre Eltern meinen, ihrer Tochter mit einem Kauf einen Herzenswunsch zu erfüllen. Mit Eintritt in die Pubertät verändern sich meist die Interessen der Heranwachsenden, und nicht selten wird das Pferd oder Pony dann vernachlässigt.

Pferde sind Herdentiere, Einzelhaltung ist Tierquälerei. Können Sie den sensiblen und intelligenten Tieren täglichen Auslauf und ausreichend Kontakt zu Artgenossen bieten? Sind Ihre Weiden und Stallungen groß genug? Und haben Sie jeden Tag ausreichend Zeit, sich um Ihre Tiere zu kümmern? Diese Zuwendung sollte über Füttern und Striegeln hinausgehen, denn Pferde möchten auch gerne eine Beziehung zu ihren Menschen aufnehmen und pflegen.

Wie bereits erwähnt, können Pferde gut dreißig Jahre alt werden. Ist Ihnen klar, dass Sie mit der Anschaffung auch die finanzielle Verantwortung für ein kostenintensives Tier für diesen langen Zeitraum übernehmen? Denn die Anschaffungskosten mögen noch kalkulierbar sein, aber die laufenden Kosten für Futter, Unterbringung, Tierarzt, Hufschmied etc. sind für den vierbeinigen Partner über seine gesamte Lebenszeit zu erbringen. Und was, wenn Ihr Tier krank wird, dauerhaft gepflegt werden muss, teure Medikamente, Behandlungen und Diätfutter benötigt? Können Sie sich das leisten?

Pferde sind weder ein Reit- oder Sportgerät noch Umtauschwaren. Informieren Sie sich vor einer Anschaffung bei verschiedenen Menschen, die gut mit ihren Pferden umgehen, was auf Sie zukommt. Hier erhalten Sie auch Tipps für die Besonderheiten der einzelnen Rassen. Wollen Sie ein bereits ausgebildetes Pferd, oder haben Sie gerade Freude daran, sich mit Ihrem verständigen Partner zusammen zu entwickeln?

Wenn zu viel dagegen spricht, sich selbst ein Pferd anzuschaffen oder eigene Pferde zu halten, können Sie diesen wunderbaren Tieren helfen, indem Sie eine Patenschaft beispielsweise auf einem Gnadenhof übernehmen. Wenn Sie einen solchen Hof in Ihrer Nähe haben, können Sie sicher auch eine Beziehung zu dem Tier aufbauen.

Der Esel

Gnade und Güte

Mythologie

In den Mythen der Welt erfuhr der Esel mehr Achtung und Wertschätzung, als es sich unser Volksmund bis heute auch nur im Entferntesten vorstellen kann.

Aus dem alten Mesopotamien sind Darstellungen bekannt, auf denen ein Esel mit Leier abgebildet ist. Hier schrieb man dem Esel ein profundes Wissen sowie einen spielerisch leichten Umgang damit zu: Wissen um den zyklischen Charakter der Natur und damit zugleich um die harmonische Ordnung allen Seins. Im Traum des Sumerers *Gudea von Lagasch* (2144–2124 v. Chr.) wird der König selbst mit einem Esel verglichen. Bis in die späte Antike hinein galt der Vergleich mit einem Esel als großes Lob und eine hohe Auszeichnung. Und in Indien war der Esel immerhin das Fortbewegungsmittel der Götter.

Ein roter Esel sollte die Seelen der Verstorbenen in das Jenseits, in das **ägyptische** Totenreich begleiten. Dieser Esel wurde auf Kuchen abgebildet, die man den dunklen Gottheiten anbot, um sie zu besänftigen. Auch die Dämonen, die das Tor zur Unterwelt bewachten, trugen Eselsköpfe. Der altägyptische Gott *Seth* wurde häufig mit Eselsohren dargestellt, ein Sinnbild, das den »störrischen Esel« mit der Herrschaft des Gottes über die Kräfte verglich, die dem Wachstum der Natur Widerstand entgegensetzen. Die ersten ägyptischen Könige trugen in Anlehnung an Seth ein eselsohriges Zepter, um damit ihre Herrschaft über Leben und Tod zu verdeutlichen. Später schleppten unzählige Esel für die Pharaonen die Steine zum Bau der Pyramiden. Die Ägypterinnen badeten ihre Körper in reiner Eselsmilch.

Für die alten **Griechen** war der Esel Sinnbild zugleich von Trägheit wie von Lüsternheit und wilder Leidenschaft. So ist es kein Wunder, dass *Dionysos*, der Gott des Rausches, der Ekstase und des Weines, aber auch der Vegetation und der Fruchtbarkeit, oft in Gestalt eines Esels erschien.

Eine antike Geschichte erzählt von dem Greis *Oknos*, der unermüdlich ein Seil geflochten hat. Sein Tun war allerdings vergeblich, denn das fertiggestellte Ende wurde permanent von einer Eselin aufgefressen. Gern wird das Flechten des Seils als die männliche, schaffende Kraft der Natur (analog dem chinesischen Yang) und die Eselin als das weibliche, auflösende Naturprinzip (entsprechend dem Yin) interpretiert.

Für die Weissagung der Zukunft wurden in der Antike gerne die Kopfbewegungen von Tieren, vor allem von Eseln, herangezogen. Diese Form der Astrologie wurde mit Vorliebe durch Hofnarren lächerlich gemacht, die mit Eselsohren auf dem Kopf ihr groteskes Spiel mit den Deutungen trieben. Hintergrund war die Befreiung von festlegenden Zukunftsweisungen, um wieder frei und offen in die Situation mit ihren Möglichkeiten einzutreten.

Am Eingang zum Hades wachte *Empusa*, eine Schrecken verbreitende Wesenheit aus dem Gefolge der *Hekate*, die Männer mordete, indem sie ihnen die Lebenskraft aussaugte. Sie war von schrecklicher Gestalt, die der eines Maulesels glich, und leuchtete wie heiß brennendes Feuer. Sie hatte einen Fuß aus Erz, der allerdings in einer goldenen Sandale steckte; der andere war derart mit dem Mist des Maulesels verschmutzt, dass man ihn nicht mehr als Eselsfuß erkennen konnte. Empusa schlief gerne mit ihren Opfern, ehe sie die Liebhaber nach dem Akt auffraß. Man konnte sie nur loswerden, indem man sie offen beschimpfte und schmähte, woraufhin sie lauthals schreiend die Flucht ergriff.

Die latinische Landbevölkerung ehrte jeweils am 21. August

und 15. Dezember *Consus*, den **römischen** Gott der Ernte und der Felder. An diesen beiden Tagen durften Zugtiere wie Esel und Maultiere nicht zur Arbeit eingesetzt werden. Stattdessen wurden sie mit Blumengirlanden geschmückt und gefeiert.

In **jüdischen** Überlieferungen ritten sowohl Könige als auch Propheten häufig auf Eseln, um dadurch ihre Herrschaft über alle Widerstände zu verdeutlichen. Dieses Bild wird auch als die Herrschaft des Geistes über den Körper (hier: Esel) gedeutet. Bei der Geburt *Jesu* standen ihm im Stall ein Ochse und ein Esel zur Seite – sicherlich auch um die bescheidene Behausung mit ihren Körpern zu wärmen. Als **christliches** Sinnbild für Bescheidenheit reitet *Maria* auf einem Esel und auch Jesus zieht schlicht auf einem Esel reitend in Jerusalem ein. Dadurch wird der Esel im wahrsten Sinne des Wortes zum Träger des Messias.

Im Buch Moses wird von einer weissagenden Eselstute des Propheten *Bileam* berichtet. Lange vor den Menschen konnte dieses weise Tier mit seiner tief verinnerlichten Achtung vor dem Leben als etwas Heiligem erkennen, was wirklich im Sinne Gottes war: Der Seher und Prophet Bileam, der den Engel und damit den Willen Gottes nicht erkennen konnte, trieb mit Schlägen seine Eselin voran, als Gott den Mund des Tieres öffnete und die Eselin daraufhin zu Bileam sprach: »Bin ich nicht deine Eselin, auf der du geritten bist von jeher bis auf diesen Tag? War es je meine Art, mich so gegen dich zu benehmen?« Hier wird der Esel auf eine Stufe mit dem Menschen, ja, sogar mit einem Propheten gestellt.

Im voranschreitenden Christentum wurde der Esel weitestgehend zum Bild für Dummheit, geistige Trägheit und Geiz bei gleichzeitiger Genusssucht degradiert. So wurden im Mittelalter Menschen für unehrenhaftes Fehlverhalten und Vergehen zur Strafe unter dem boshaften Gespött der Bewohner auf einem Esel reitend durch den Ort getrieben (»Eselsreiten«). Mit zum Teil nachgebildeten Eselsohren, die den Betroffenen aufgesetzt wurden, brandmarkte man vermeintliche Ketzer oder auch Lüstlinge. So feierten denn im Gegenzug auch die ketzerischen Menschen im Mittelalter sogenannte »Eselsfeste«, auf denen alles, was den Christen heilig und für die Ausübung ihrer Religion wichtig war, der Lächerlichkeit und dem Spott preisgegeben wurde.

Darstellungen an Kirchengebäuden von Eseln, die die Laute schlagen oder gar eine Messe lesen, werden meist als Warnung vor Versuchungen verstanden. Im deutschen Sprachgebrauch haben sich die Eselsohren bis heute gehalten: für umgeknickte Ecken und damit für den unachtsamen bis schlampigen Gebrauch von Papier, speziell von Büchern. Biologischer Hintergrund für diesen Vergleich sind die abgeknickten Ohren, mit denen die Esel zur Welt kommen. Auch im Koran werden Esel mit den Ungläubigen verglichen, die verstockten Herzens sind und daher nicht auf das Wort Gottes hören.

Wird vom **Volksmund** der als Esel tituliert, den man als dumm bezeichnen möchte, ist der »gesattelte Esel« ein geradezu erzdummer Mensch. Der vermeintliche Starrsinn der Esel macht die geduldigen Grautiere bis heute zum Vergleichsobjekt für den sogenannten Altersstarrsinn; steht doch die Bezeichnung »ein alter Esel« für einen Greis, der sich scheinbar leicht wegen seines sturen Festhaltens an alten Vorstellungen übertölpeln lässt.

Je weiter man in Europa nach Norden kommt, desto schlechter ist der Ruf des Grautiers. Dies mag daran liegen, dass man weiter nördlich naturgemäß weniger Kontakt zu den hier immer seltener werdenden Hauseseln hatte und daher die Meinungen und Fehlurteile über ihn kaum durch die Wirklichkeit überprüft werden konnten.

Der französische Philosoph Jean Buridan behauptete im 14. Jahrhundert, dass ein Esel, der im gleichen Abstand zwischen zwei gleich großen Heuhaufen stünde, verhungern würde, da er sich – von beiden gleich stark angezogen – für keinen entscheiden könne.

Der schlechte Ruf des Esels wurde auch zu Formen von Züchtigung und Demütigung herangezogen. Wie bereits erwähnt, beschämte man in Ungnade gefallene Menschen, indem man sie rücklings auf einen Esel setzte, ihnen seinen Schwanz in die Hand gab und sie so durch den Ort reiten ließ. Letztmalig ist dieser Rechtsbrauch aus dem Jahre 1814 belegt, als Diebe in Leipzig derart vorgeführt wurden. Noch zu Beginn der 1960er Jahre wurden zahllosen Kindern in Schule und Kindergarten zur Demütigung wegen Ungehorsams Eselsohren aus Pappe aufgesetzt, oder sie wurden auf die sogenannte Eselsbank verwiesen. Von jeher waren Narrenkappen regional mit Eselsohren versehen, damit ihr Träger sogleich als Dummkopf erkannt werden konnte.

Im Mittelmeerraum, wo Mensch und Esel seit Jahrtausenden zusammenlebten, stand der Esel in besserem Ansehen. Um Alpträume zu vermeiden, hängte man sich des Nachts Eselsfelle um oder benutzte Amulette mit Eselssymbolik.

Als »Goldesel« bringt das Grautier im bekannten **Märchen** immerhin materiellen Gewinn und kommt folglich ganz gut weg. In anderen Märchen verbirgt gerade der für die Vermählung mit der begehrten Prinzessin besonders geeignete Jüngling seine Qualitäten unter den Charaktereigenschaften eines vermeintlich dummen Esels oder gar direkt unter dem Fell oder der Gestalt eines Esels.

In vielen **Fabeln** werden Esel geschildert, die gerne etwas anderes, vermeintlich Besseres wären. Doch die lehrreichen Geschichten bringen das Langohr schnell wieder auf seinen angestammten Platz, wenn er beispielsweise sieht, wie das Schwein zur Schlachtbank geführt wird.

In einer alten Fabel hingegen wollte der Esel als einziges Tier nicht zum Parlament der Tiere kommen. Als der Löwe nach ihm schickte, behauptete der Esel, es gäbe ein altes Dokument, das ihn von solcher Untertänigkeit entbinde. Wer diesen Vertrag nachlesen wolle, könne dies unter seinen Hufen tun. Die Boten kehrten allerdings lieber um, als unter des Esels Füße zu sehen. In einer bekannten Fabel von Christian Fürchtegott Gellert verkleidet sich der Esel zwar, um nicht erkannt zu werden, durch das Umlegen eines Tigerfells, aber er verrät sich durch seinen markanten Schrei.

Der eher bedächtige Maulesel versinnbildlicht in der Fabel mehr den Typus des Zurückhaltenden und Vorsichtigen, der unter anderem dem temperamentvollen Pferd anrät, seine Kühnheit und seinen Übermut zu zügeln. Doch das stolze Ross wirft sich heldenhaft in das Kriegsgeschehen, aus dem es schwer verwundet zurückkehrt. Dem Maultier, das sich damit brüstet, eine Pferdestute zur Mutter zu haben, entgegnet der umsichtige Maulesel mit großer Ruhe und Gelassenheit, dass allein die Herkunft noch keine Tugend sei.

Der Esel scheint gerade die Gegensätze und Widersprüche in sich zu vereinen. So steht das Grautier sowohl für Fruchtbarkeit als auch für Unfruchtbarkeit; es versinnbildlicht zugleich den Starrsinn, die Starrheit wie die Beweglichkeit.

Der Esel muss – besonders in Märchen – stets durch die Abgründe der Lebenserfahrungen hindurchgehen. Stets scheint er prädestiniert für den schweren Weg zu sein. Damit weiß der Esel aber auch immer um den Weg, der vom Dunkel ins Licht führt, von der Unwissenheit oder auch Narretei bis zur Erkenntnis. Selbst wenn er vielfach als ein lächerliches Wesen dargestellt wird: Er weiß um die hintergründige, meist von reichlich Humor durchtränkte kosmische Weisheit. Nicht selten hat ausgerechnet der Esel dem scheinbar so klugen Menschen mit seiner ihm eigenen liebevollen Hartnäckigkeit deutlich gemacht, dass er sich völlig in seinen eigenen Bildern und Strukturen festgefahren und verfangen hat.

Traumdeutung

Meist wird das Auftauchen eines Esels im Traum als ein Hinweis auf eine seelische Last gedeutet, über die sich der Träumende klar werden sollte. Wenn der Esel im Traum selbst mit Lasten beladen ist, soll dies darauf hinweisen, dass sich bald Lösungen von Problemen oder die Überwindung von Kummer und Schmerz ergeben werden.

Ist der Traumesel besonders mager und in einer schlechten Verfassung, so soll das Gegenteil eintreten: Probleme, die viel Kummer und Schmerz nach sich ziehen, sollen auf den Träumenden zukommen.

Das Schlagen eines Esels deutet nach alten Traumbüchern auf rücksichtslose und gefühlsarme Charakterzüge hin – entweder von Menschen, mit denen der Träumende in seiner näheren Umgebung zu tun hat oder, wenn er selbst der Täter ist, sollte er seine eigenen Einstellungen dringend überprüfen. Wer einen Esel geschenkt bekommt, auf den kommen berufliche oder gesellschaftliche Anerkennung und Erfolge zu. Es sagt Wohlstand und Fülle voraus, wenn wir im Traum die Geburt eines Esels miterleben. In der Tiefenpsychologie steht der Esel ebenso wie das Maultier für Kraft und Vitalität.

Spiritualität

Die Gegenwart eines Esels, vor allem wenn er seinen durchdringenden, meist heiseren und wie aus tiefsten Tiefen hervorbrechenden Schrei ausstößt, bewegt die meisten Menschen auf eine ganz wundersame Weise und kann selbst hartgesottene Menschen zu Rührung und Mitgefühl bringen. Wenn wir Menschen dem Esel gegenüber unser Herz öffnen, können wir von diesem weisen Tier den Akt der Gnade zum einen an uns selbst erfahren und zum anderen in Form von Liebe und Barmherzigkeit an andere Lebewesen weitergeben lernen.

Ein Esel, mit seinem scheinbaren Widerspruch aus Sanftmut und Sturheit, aus Opferrolle und Eigenwilligkeit, rührt an unsere allertiefsten Gefühle, bricht die emotionalen Verstecke in unserem psychologischen Verdrängungsirrgarten auf. Der Esel führt uns vor und lehrt uns zugleich, nichts übelzunehmen. Über Jahrtausende ist das Grautier immer wieder von Menschen schlecht behandelt oder gar grausam misshandelt worden. Doch der Esel, mit seiner großen Tierseele, nimmt uns das nicht übel und weist uns keine Schuld zu.

Im Gegenteil ist der Esel sogar betroffen, innerlich tief getroffen davon, dass wir Menschen uns dem Leben gegenüber so grausam und verachtend zeigen und verhalten. Und das tun wir natürlich in mindestens dem gleichen Maße auch uns selbst gegenüber. Da brauchen wir uns nur unsere menschliche Geschichte anzuschauen, die zu großen Teilen aus Kriegen und furchtbaren Gemetzeln besteht, bei denen Menschen andere Menschen missachten, quälen und töten – und die Brandschatzung und Plünderung unserer Mutter Erde und aller übrigen Lebensformen auf ihr kommen auch noch auf unser Konto.

Dass wir Menschen all dies über Tausende von Jahren getan haben, mehr unseren Schatten als unser Licht und unsere Liebe gelebt haben, das schmerzt den Esel tief in seinem Herzen, so sehr, dass er manchmal tatsächlich nur noch herzzerreißend schreien kann. Und wer sein Herz öffnet für diesen sanften Riesen, wird tief berührt sein von seinem Schrei. Denn der Esel liebt – und er liebt auch die Menschen.

Fast muss er uns noch mehr lieben, weil wir so umherirren in unserem Gefühlskarussell, so oft das Gute wollen, aber doch wieder nur Schmerz hervorbringen. Weil es uns so schwer zu fallen scheint, unser Herz zu öffnen und zu lieben. Der Esel drückt aus tiefstem Empfinden aus, was letztlich allen Tieren deutlich ist: Dass wir Menschen uns auf dem Weg ins Licht selbst so sehr im Wege stehen, weil wir die einfache und klare Verbindung zur universellen Energie, zu dem Einen, das alles miteinander verbindet, zur Liebe, zu Gott verloren haben. Der Esel nimmt uns auf energetischer Ebene ein Stück der Schwere und des Gefühls der grenzenlosen Einsamkeit durch unser ewiges Zweifeln ab – auch wenn oder gerade weil es ihn so sehr schmerzt, das mitanschauen zu müssen.

Wer sich besonders stark zu Eseln hingezogen fühlt – aber auch, wer eine unerklärliche Abneigung gegen die Grautiere verspürt –, sollte sich fragen, inwiefern Zweifel oder Selbstzweifel sein Leben, seinen Weg und seine Entscheidungen bestimmen.

Doch geht es nun keinesfalls darum, sich beispielsweise einen Esel anzuschaffen, damit das Tier einem die Zweifel und Selbstzweifel abnimmt. Damit würden wir nur unser eigenes Problem auf jemand anderen abladen – und abgeladen wurde auf allen Eseln, die je die Welt gesehen hat, mit Sicherheit genug. Zudem würden wir uns, wie es so treffend heißt, damit wahrhaftig ein schlechtes Karma schaffen. Und das, obwohl der Esel in einem solchen Falle gar nicht anders könnte, als uns von dieser zermarternden und selbstzerstörerischen Energie abzunehmen, so viel er kann. Wissentlich andere zu belasten fällt im Sinne des universellen Energieausgleichs immer irgendwann wieder auf uns selbst zurück – nichts anderes besagt ja die Karmalehre.

Es geht natürlich darum, dass uns der Esel behilflich ist zu erkennen, wo unsere größte Blockade liegt – im fehlenden Vertrauen: Vertrauen in ein sinnvolles Leben, in das wundervolle Eingebundensein in die großen universellen Zusammenhänge, in die Stärke und Kraft von Licht und Liebe und Vertrauen darauf, dass wir auf unserem Lebensweg nicht allein sind, sondern gut begleitet und geführt werden. Und mit dieser Selbsterkenntnis können wir nun die Verantwortung dafür übernehmen, lernen wieder ins Vertrauen zu kommen, der reinen und klaren inneren Stimme zu lauschen und zu vertrauen und das Leben in uns und um uns zu lieben.

Halten wir uns nicht damit auf, uns übelzunehmen, dass wir in unserem Leben noch nicht weiter vorangekommen sind, dass wir uns noch so viel mit Neid, Ungeduld, Misstrauen, Süchten, Überheblichkeit, Wut oder vielleicht sogar Hass befassen oder dass wir womöglich sogar Schlechtes getan haben. Lernen wir hier von der klugen Tierseele, gnädig mit uns selbst zu sein. Jeder Moment, der *jetzt* da ist, ist der richtige, um neu zu beginnen und das Gute in der Welt zu vermehren. Wenn wir uns selbst Gnade aus tiefstem Herzen erweisen können, können wir auch gnädig und gütig mit unseren Mitmenschen und anderen Mitgeschöpfen sein. So können wir die liebevolle Kraft des Esels in die Welt tragen.

Der Esel ist von ganzem und offenem Herzen bereit, uns dabei zu helfen. Denn er lehrt uns, unseren eigenen Problemen standzuhalten, und zwar gerade unseren inneren Widersprüchen und unseren ewigen Zweifeln an uns selbst, an unserem eigenen Lebensweg, an Gott und der Welt. Mit der ihm eigenen Beharrlichkeit führt uns der Esel allein schon in der physischen Wirklichkeit vor, wie es ist, vor etwas Neuem, Ungewöhnlichem oder bedrohlich Wirkendem nicht davonzulaufen, es auch nicht zu ignorieren, so als wäre nichts, sondern das Problem ganz bewusst in Augenschein zu nehmen. Mit seiner Energie von liebevoller Klarheit und Hartnäckigkeit hilft er uns und fordert uns energisch auf, auf ganz neue Art an Probleme heranzugehen.

Ein Esel lässt sich von nichts ablenken und schon gar nicht zu etwas zwingen. Schon das können wir von ihm lernen. Stemmen wir wie der Esel die Füße fest in den Boden, wenn wir eigentlich nach alter Gewohnheit, brav und bewusstlos dem alten

Lebensmuster folgend, gerade unsere Beine in die Hand nehmen wollten, um sang- und klanglos vor einer Widrigkeit in unserem Leben die Flucht zu ergreifen. Stemmen wir also lieber unsere Beine fest in den Boden, erden uns gut und schauen uns erst einmal ganz genau an, was uns da überhaupt beunruhigt hat.

Ein Gutteil der Probleme wird sich bei genauerer Betrachtung als nichtig erweisen. Es sind in Wirklichkeit oft nur harmlose Auslöser für ungute oder beängstigende Bilder, die sich ausschließlich in unserem Kopf, in unseren Erinnerungsschleifen befinden. Auch in diesem Fall rät uns der Esel, gnädig und gütig mit uns selbst zu sein: uns nicht übelzunehmen, dass wir uns so lange ins Bockshorn – wo immer das ist – haben jagen lassen, und uns einfach darüber zu freuen, dass diese Angelegenheiten viel einfacher sind, als wir uns in unserem Kopf ausgemalt haben.

Und wenn sich tatsächlich bei genauerer Betrachtung ein Problem ergibt, lässt es sich sicherlich auch auf die eine oder andere Weise lösen. Lernen wir wieder vom Esel, der bei größeren Schwierigkeiten seine Herde zusammenholt, um sich gemeinsam mit ihr der Widrigkeit entgegenzustellen. Also holen auch wir uns Hilfe von Freunden oder Verwandten, vielleicht auch professioneller Art. Wenn wir uns – wie es der Esel vormacht – nicht zurückziehen, nicht isolieren, sondern auf andere zugehen, wird uns geholfen. Wenn wir uns in innerer Ruhe – vielleicht einer Meditation – mit der Energie des Esels verbinden, wird uns schnell deutlich werden, von wo wir lichtvolle Hilfe bekommen. Und dann sind ja da auch noch unsere spirituellen Helfer, unsere Geistführer, Schutzengel und Krafttiere ...

Vom Wildesel zum Hausesel

Zunächst einmal: Was unterscheidet eigentlich einen Esel von einem Pferd? Denn Esel gehören zur **biologischen** Familie der Pferde (*Equidae*), Unpaarhufern mit sieben Arten: Neben dem Urwildpferd und den Zebras sind die Esel mit drei Arten vertreten, dem Asiatischen Wildesel (*Equus hemionus*), dem Tibetischen Wildesel oder Kiang (*Equus kiang*) und dem kleinsten Mitglied der Pferdefamilie, dem Afrikanischen Wildesel (*Equus africanus*).

Doch trotz der engen Familienzugehörigkeit und einer sogleich ins Auge fallenden Gestaltähnlichkeit gibt es einige Merkmale, die die Esel deutlich von den eigentlichen Pferden bzw. Hauspferden (*Equus przewalski caballus*) abgrenzen. Während die Ohren bei Pferden verhältnismäßig kurz sind und der Kopf recht schmal ist, sind die – deshalb sicherlich auch sprichwörtlich gewordenen – Eselsohren deutlich größer und der Kopf ist

vergleichsweise dick. Esel tragen eine kurze Stehmähne, während die Pferdemähne meist länger ist und häufig herunterhängt. Der Schwanz der Esel endet in einem dicken Quast, wohingegen der Pferdeschweif meist gleichmäßig von der Wurzel an behaart ist.

Im Gegensatz zum Pferd sind die Hufe der Esel an steinigen und unebenen Untergrund angepasst. Der sichere Halt durch die besonders harten Hufe geht bei Eseln allerdings auf Kosten der Schnelligkeit bei der Fortbewegung. Dennoch können Esel kurzfristig bis zu 50 Stundenkilometer schnell laufen.

Außerdem sind Esel ausgezeichnete Futterverwerter, Resultat einer weiteren biologischen Anpassung an ihr ursprüngliches Verbreitungsgebiet. Hier bewohnten sie trockene, nur spärlich mit niedrigen Pflanzen bewachsene Regionen, die nordafrikanischen Wüsten und Halbwüsten sowie Gras- und Dornbuschsavannen. Nicht selten gibt es hier während der Trockenzeiten als einzige Nahrungsquelle nur Gräser, wenige Kräuter und manchmal auch Blätter von Sträuchern. Um an das höhere Laub von Sträuchern und Bäumen zu gelangen, können sich Esel sogar am Boden aufrichten.

Ihren Flüssigkeitsbedarf können die Tiere zu einem großen Teil über die frische Pflanzennahrung – das saftige Grün – decken. Allerdings sind sie in Trockenzeiten mit lediglich dürrem Nahrungsangebot darauf angewiesen, möglichst jeden Tag Wasser zu trinken. Zwecks zusätzlicher Wasserersparnis schwitzen Esel wenig Körperflüssigkeit beim Laufen aus und passen überhaupt ihr Bewegungstempo an die aktuell herrschenden Hitzegrade an. In ihrer angestammten Heimat können sie in ausgetrockneten Flussbetten bis zu einem Meter tiefe Löcher graben, um an Wasser zu gelangen. Fließende Gewässer und vor allem nass-feuchten Untergrund und morastigen Boden hingegen meiden alle Esel – auch unsere Hausesel!

Das Schicksal des Afrikanischen Wildesels, dem wir Menschen als Stammvater alle unsere verschiedenen Hauseselrassen zu verdanken haben, scheint zu seinen Ungunsten besiegelt. Er zählt heute zu den am stärksten von der akuten Ausrottung bedrohten großen Säugetieren der Erde. Lediglich vom Somali-Wildesel (*Equus africanus somalicus*), erkennbar an der charakteristischen Querstreifung seiner Beine, werden in einigen östlichen Regionen der Sahara noch kleinere verstreute Populationen mit insgesamt etwa tausend Tieren vermutet. In unwegsamen, durch Fels und Geröll für den Menschen kaum erreichbaren Wüstengegenden, zum Beispiel wie Enklaven in der äthiopischen Danakil-Wüste, haben sie vielleicht ihre letzte Zufluchtstätte gefunden. Früher einmal war der Afrikanische Wildesel über das gesamte nördliche Afrika verbreitet, vom marokkanischen Atlasgebirge bis zum Horn von Afrika.

Verwilderte Hausesel sind allerdings in weiten Regionen der Erde verbreitet. So durchstreifen allein rund 1,5 Millionen der verwilderten Langohren das Landesinnere des australischen Kontinents. Und sogar im Südwesten der USA leben etwa 6000 verwilderte Hausesel – die hier als »burros« bezeichneten ehemaligen Helfer bei der Erschließung des amerikanischen Kontinents.

Esel sind gesellige, in kleinen Gruppen lebende Säugetiere mit differenziertem Sozialverhalten. In ihrem trocken-warmen Lebensraum besetzen die stärksten Eselhengste Territorien von gut 20 Quadratkilometer Größe. Die Grenzen ihres eroberten Gebietes markieren die dominierenden Männchen mit ihrem Geruch in Form von gezielt platzierten Dunghaufen. Besonders begehrt sind Gegenden, in denen Wasserlöcher zu finden sind. Vor allem wenn eine rossige Eselstute zugegen ist, kann es an den Reviergrenzen zu territorialen Kämpfen der Hengste kommen. Der Revierinhaber vertritt dann sein alleiniges Recht auf Paarung mit den hier lebenden Stuten durch vehementen körperlichen Einsatz gegen Konkurrenten. Allerdings duldet der

Hengst in seinem Revier andere Männchen, doch nur solange sie keinen Paarungsanspruch auf seine Stuten erheben. Diese geduldeten Hengste schließen sich zu einer kleinen Junggesellengruppe zusammen.

Da die männlichen Esel den überwiegenden Teil des Tages mit der Abklärung ihrer Hoheitsansprüche beschäftigt sind, werden die kleinen Herden meist von einer erfahrenen, älteren Stute angeführt. Eine solche Wildeselherde besteht meist aus etwa zehn Stuten und Fohlen. Die Tiere sind meist in der kühleren Dämmerung oder nachts unterwegs, um der Gluthitze des Tages in den Wüsten- und Halbwüstenregionen zu entgehen. Die Tageshitze verbringen sie möglichst an schattigen Plätzen wie Felsnischen. In steinigem Gelände sind sie mit ihren ungewöhnlich harten Hufen sehr trittsicher und bewegen sich auch an steilen Hängen mit großer Ausdauer.

Im Gegensatz zu Pferden sind Esel keine Fluchttiere um jeden Preis. Vor Bedrohung und Gefahr, aber auch Unbekanntem oder Ungewöhnlichem laufen Esel nicht davon, sondern sie bleiben stehen. Wenn Pferde im Zweifelsfall schon das Weite gesucht haben, schauen Esel erst einmal, was los ist, und verteidigen sich gegebenenfalls mit heftigen Tritten ihrer Hufe.

Dieses Verhalten, im Zweifel immer erst einmal stehen zu bleiben und als erste Reaktion stets abzuwarten, hat dem Hausesel ja den Ruf von Sturheit eingebracht. Dabei handelt es sich um eine hervorragende Überlebenstaktik in ihrem steinig-felsigen Lebensraum: Die Huftiere hätten kaum eine Chance, in dem schwierigen und unwegsamen Gelände zu fliehen. Die Wildesel treten stets in Gruppen auf. Zu mehreren Tieren zusammengetan, können sie sich entschieden wirkungsvoller mit ihren kräftigen Tritten gegen Raubtiere zur Wehr setzen. Häufig stellen sie sich einem Angreifer, indem die Herde einen Kreis bildet und sich mit Huftritten und Bissen zur Wehr setzt.

Als Stammvater aller Hauseselrassen gilt der Afrikanische

Wildesel. Die asiatischen Eselarten wurden wahrscheinlich niemals domestiziert. Vermutlich war die **Domestikation** des Afrikanischen Wildesels eine Reaktion der ortsansässigen Menschen auf die Ausbreitung der Sahara vor etwa 6000 Jahren. Die zunehmende Dürre zwang die Menschen, aus ihrem angestammten Lebensraum fortzugehen. Um ihr Hab und Gut mit auf den Weg nehmen zu können, fingen sie die damals noch sehr verbreiteten Wildesel ein, zähmten sie und nutzten die anspruchslosen Tiere fortan als Lastenträger. Demzufolge hat nicht nur der Mensch, sondern auch der Hausesel seine Wiege in Afrika, wenn auch weiter im Norden.

Bald dienten vor allem auf den alten Handelswegen zwischen Ägypten und Palästina, aber auch bei den Handelskarawanen durch die Wüste nach Nubien große und kräftige Hausesel als wichtiges Transportmittel. Kamele traten als Lasttiere erst sehr viel später in Erscheinung. Gehalten wurden die domestizierten Esel in Ägypten in teilweise riesengroßen Herden von über tausend Tieren. Zunächst waren sie Lastenträger, später Zugtiere von Wagen und Gespannen. Das Reiten auf dem Esel verbreitete sich wohl erst im 2. Jahrtausend v. Chr.

In trockenen und warmen Regionen sind domestizierte Esel besonders stark verbreitet. Mit ihren geringen Futteransprüchen, ihrer Belastbarkeit, Zähigkeit und Geduld sowie ihrer hohen Lebenserwartung von bis zu 40 Jahren konnten sich vormals und können sich auch noch heute sogar arme Leute dieses genügsame Haustier halten. Und im Gebirge ist der Esel wegen seiner Trittsicherheit dem sonst deutlich schnelleren Pferd wesentlich überlegen. In warm-trockenen Gegenden ist der Hausesel auch kaum anfällig gegen Krankheiten und meist bis in sein hohes Alter hinein arbeitsfähig.

Über Griechenland gelangte der Hausesel etwa 1500 v. Chr. nach Europa. Von den Römern sind vielfältige Nutzungen des Esels belegt: neben dem Lasttier als Zugtier vor einem Wagen oder einem leichten Pflug, als Arbeitstier in der Mühle, zum Mahlen des Korns. In Mitteleuropa setzte sich seine Haltung erst im Mittelalter durch – vor allem als unermüdlicher Mühlenarbeiter. Mit verbundenen Augen mussten die Tiere immerfort zum Betätigen der Mühlräder im Kreis laufen. Noch heute wird beispielsweise im Orient die Augenbinde verwendet, um die Tiere zur Feldbewässerung im Kreis laufen zu lassen. Erst im 16. Jahrhundert n. Chr. gelangten die Esel – unter anderem als Arbeitstiere in Bergwerken – nach Amerika.

Ohne die Arbeitskraft des Esels, gepaart mit seiner enormen Ausdauer, Genügsamkeit und Zähigkeit, wären wohl weder die Pyramiden in Ägypten noch das Colosseum in Rom erbaut worden. Und manches deutsche Adelsgeschlecht verdankt seinen tradierten Reichtum und Einfluss den heute inzwischen nahezu vergessenen Langohren, die beispielsweise im Rheinland zentnerweise Silber aus den Bergwerken schleppten.

Heute geht man von weltweit etwa 43 Millionen Hauseseln aus, davon 15 Millionen allein in Afrika und 800 000 in Europa, vor allem im trocken-warmen Gebiet rund um das Mittelmeer.

Zunächst einmal kann man die **Hauseselrassen** grob nach ihrer Größe in verschiedene Gruppen einteilen: Tiere mit einem Stockmaß bis zu 105 cm werden den Zwergeseln, bis zu 135 cm den Normaleseln und höher als 135 cm den Rieseneseln zugeordnet.

Als größter Esel gilt der Katalanische Riesenesel mit einem Stockmaß bis 160 cm und einem Gewicht von bis zu 380 kg. Das überwiegend schwarze, mit einigen bräunlichen Partien versehene Langohr wird heute vor allem in der Gegend um Girona und Banyolas in Spanien gezüchtet. Wesentlich bekannter und verbreiteter ist der etwas kleinere Poitou-Esel. Dieser allerdings kräftigere Riesenesel gilt mit bis zu 400 kg als der schwerste Esel der Welt. Seine Fellfarbe ist dunkelbraun mit eingestreuten gelblichen Fellflecken. Bauch, Maul und Augenringe sind weiß. Markant ist sein teilweise langes weiches Fell, das nicht nur zottig an seinem kräftigen Körper herabhängt, sondern schon fast possierlich anmutend auch aus den großen offenen Ohren herauswächst.

Erwähnt werden sollen noch der weiße oder apfelschimmelfarbene Andalusische Riesen-Esel, der vor allem in Spanien, aber auch in Nordafrika und den USA zu finden ist, sowie der Große Weiße Ägyptische Esel, auch Maskat-Esel genannt, ein weißer bis hellgrauer Riesenesel mit recht elegantem Körperbau, der dort vor allem als Reittier genutzt wird.

Hausesel, die kaum eine Schulterhöhe von 80 cm erreichen, werden vor allem auf verschiedenen Inseln wie den Balearen, Sardinien oder Sri Lanka gezüchtet. Zuchten des dunklen Makedonischen Zwergesels finden sich noch heute auf dem Balkan. Die meisten der über die Welt verbreiteten Hausesel lassen sich jedoch keiner dieser Zuchtrassen zuordnen, da sie sich über Generationen frei und unkontrolliert paaren und vermehren konnten.

Die Paarung von Pferden mit Eseln bringt die in der Regel nicht fruchtbaren Maultiere und Maulesel hervor. Vor etwa 4000 Jahren machten die Vorteile dieser Mischlinge ihre Zucht für den Menschen attraktiv: Ihr Temperament ist vergleichsweise ruhiger und robuster als das des Pferdes, und ihre Kraft beim Tragen und Ziehen ist größer als die des Esels. Bevorzugt wurde und wird bis heute das größere **Maultier**, auch kurz Muli genannt, Nachkomme von Eselhengst und Pferdestute. Das Maultier ist nicht nur genügsam und ausdauernd, sondern auch trittsicher im Gebirge und wegen seines weichen Ganges sehr geschätzt. Fast der gesamte römische Reiseverkehr zur Zeit der Antike erfolgte durch Maultiergespanne. Gewöhnlich kleiner und weniger kräftig ist der **Maulesel**, gezüchtet aus Pferdehengst und Eselstute.

Passen Sie und ein Esel zusammen?

Esel faszinierend oder niedlich zu finden, von ihnen angerührt zu sein oder sich einfach in die Grautiere verguckt zu haben, mag manche Menschen dazu bewegen, sich einen Esel anschaffen zu wollen.

Überprüfen Sie einmal – ganz ehrlich zu sich selbst –, was Sie zu dieser Überlegung bewegt: Warum wollen Sie einen Esel haben? Würde es nicht reichen, wenn Sie hin und wieder die Grautiere in einem Tiergehege besuchen können? Steht hinter Ihrem Wunsch – Hand aufs Herz – eine Form von Habenwollen oder eher eine Liebe zu den Tieren, die ihren Ausdruck im Alltag finden möchte? Wollen Sie an der gnadenvollen Energie des Esels, an der Güte, die er ausstrahlt, teilhaben? Oder wollen Sie die Herausforderung annehmen, von den weisen Tieren zu lernen, sich mit ihren biologischen und spirituellen Angeboten auseinandersetzen und ihnen dafür ein gutes Zuhause, ein artgerechtes Leben bieten?

Spricht Ihre innere Einstellung weiterhin für die Anschaffung eines Esels, geht es nun darum, ob Sie den Eseln eine artgerechte Unterbringung, Fütterung und Pflege zukommen lassen können:

Auch wenn wir den Eseln in unseren Breiten keine kilometerweiten Steppenlandschaften anbieten können, eine ausreichend große, ganzjährig begehbare Weide sollten Sie für die Tiere zur Verfügung haben. Esel, die als Wildtiere zwei Drittel des Tages damit zubringen zu weiden, brauchen immer die Möglichkeit, an die frische Luft zu gehen. Jüngere Esel mit ihrem Spieltrieb brauchen noch etwas mehr Platz. Verfügen Sie neben einer größeren, wenigstens überwiegend trockenen Weide außerdem über einen trockenen Stall oder wenigstens befestigten Unterstand? Für zwei mittlere Esel mindestens 50 Quadratmeter groß?

Ebenso wie Wildpferde sind die Wildesel ausgesprochene Herdentiere. Deshalb darf man Hausesel ebenso wie Pferde niemals allein halten. Zumindest muss mehreren Eseln, wenn sie beispielsweise untereinander nicht verträglich sind, ein Sicht- und Rufkontakt möglich sein. Ideal ist es, wenn die Tiere ihre soziale Fellpflege betreiben, miteinander raufen und sich gegenseitig Laufanreiz bieten können. Ist Ihre Weidemöglichkeit dementsprechend groß?

Als Grundfutter dienen Eseln Heu und Stroh. Da die Tiere aufgrund ihrer biologischen Anpassung extrem gute Futterverwerter sind, muss man achtgeben, sie nicht zu überfüttern. Einfach auf eine grüne Wiese stellen reicht nicht. Die an karge Kost angepassten Tiere brauchen daher Menschen, die sich mit ihrer Ernährung, aber auch ihrer sonstigen Gesunderhaltung beschäftigen. Haben Sie die Zeit dazu? Und können Sie die immer wieder anfallenden Tierarzt- oder Tierheilpraktikerkosten bezahlen?

Zur Paarungszeit wetteifern die paarungsbereiten Wildeselhengste nicht nur körperlich, sondern auch äußerst lautstark um die Stuten. Dieses Verhalten ist auch bei unseren Hauseseln erhalten. Deshalb sollten Sie vor einer Anschaffung unter anderem gut prüfen: Können alle – ich selbst, meine Familie und natürlich auch die davon betroffene Nachbarschaft – das Eselsgeschrei vertragen? Es ist saisonal sehr laut und durchdringend und je nach individuellem Temperament des Esels mehr oder minder unermüdlich. Liebe ich die Tiere tatsächlich so sehr, dass ich dies in Kauf nehmen will? Und kann ich dies tatsächlich meiner Umgebung zumuten – und zwar nicht nur tagsüber, sondern auch nachts und zur Mittagszeit?

Wenn Sie selber keinen Esel halten können, können Sie trotzdem in geistigen und vielleicht auch realen Kontakt mit den wunderbaren Grautieren treten und ihnen helfen: Übernehmen Sie eine Patenschaft für einen Esel! Viele Esel werden von Tierschützern aus schlechten oder nicht artgerechten Bedingungen herausgeholt oder von ihrem Besitzer, vielleicht weil sie zu alt sind, zu viel schreien oder einfach keine Zeit mehr für die Tiere da ist, abgegeben. Wenn die Esel Glück haben, landen sie auf einem der zahlreichen Gnadenhöfe. Hier können sie in entsprechender Würde und artgerechter Haltung den Rest ihres Lebens verbringen. Die Betreiber solcher Gnadenhöfe, vor allem aber natürlich die Tiere dort, sind auf Ihre finanzielle, vielleicht auch tatkräftige Hilfe angewiesen. Wenn Sie also Eseln etwas Gutes tun wollen, ist hier Ihre Chance.

Das Schwein

Herzensklugheit statt Bewertung

Mythologie

Bereits Terrakotta-Darstellungen aus der **Jungsteinzeit** (Neolithikum) bilden die Erd- oder Muttergöttin als weibliches Schwein ab. Vermutlich führte die Eigenart der Schweine, mit ihrem kleinen Rüssel ähnlich wie später der Mensch mit dem Pflug in der Erde zu wühlen, dazu, die Tiere mit dem Aussäen und späteren Ernten in Verbindung zu bringen. In Schweineplastiken aus Ton wurden Getreidekörner gedrückt, um das Tier mit dem Leben spendenden Getreide zu vereinen. Und gerade die Sau, die so offensichtlich zur starken Vermehrung der Schweine beitrug, wurde daher als heilig verehrt. Bereits für das 7. Jahrtausend v. Chr. sind Rituale nachgewiesen, in denen eine Verbindung zwischen dem Pflanzenwachstum und der Sau besteht. So sollen die Frauen bei diesen Zeremonien Saumasken getragen haben – den göttlichen Charakter des Tiere repräsentierend. Vermutlich existierte bereits um diese Zeit eine Art »Sauorakel«, das die Weisheit des Tieres für Weissagungen nutzte.

Auch in **Indien** glaubte man, dass die Menschen das Pflügen zur Ur- und Fruchtbarmachung vom wühlenden Eber gelernt haben. So wird im Norden Indiens bis heute die Kornmutter *Gauri* in Gestalt eines Wildschweins verehrt. *Vishnu*, einer der beiden Hauptgötter im Hinduismus, erschien in einer Inkarnation als ein Eber auf dem Meer. In dieser Gestalt wühlte der Gott den Bodenuntergrund des Urwassers auf und befreite so zum einen die Erdgöttin *Prithiri*, zum anderen setzte er fruchtbares Wachstum in Gang. Der weibliche Vishnu-Aspekt, die Himmelsgöttin *Vajravarahi*, hütete die unsterbliche sichtbare und unsichtbare Natur, die den Tod nicht kennt, sondern nur Umwandlung oder Transformation. Sie achtete auf das ewige Sprudeln der Wasserquellen, auf das fortwährende Fließen der Bäche und die stete Fruchtbarkeit. Einer von *Vajravarahis* Ehrennamen war »Diamantbache« (eine Bache ist das weibliche Schwein).

Selbst im chinesischen Tierkreiszeichen steht das Schwein für Bodenständigkeit. In der indianischen Mythologie versinnbildlicht das Schwein sowohl die tiefe, insbesondere körperliche Verbindung mit der Mutter Erde als auch ein von Gier und Rücksichtslosigkeit geprägtes Verhalten. Auch im Buddhismus taucht ein negativer Aspekt der Schweine-Energie auf: Neben dem Hahn und der Schlange symbolisiert das Schwein hier eine der drei Hauptsünden, durch die die Menschen an das karmische Rad der Wiedergeburten gebunden sein sollen. Das Schwein verkörpert in diesem Zusammenhang Habgier und Ignoranz, vor allem jedoch Unwissenheit, beziehungsweise die noch viel mehr den Eigenwillen und das Verhalten steuernde Unbewusstheit.

Die Farben von Schweinen variieren von Weiß über Rosa bis Schwarz. Damit waren sie prädestiniert als Symbol für die alten Mondzyklusfarben sowie das Wachstum der Pflanzenwelt: Keimen, Wachsen, Blühen und Verwelken. Eine weitere Verbindung zum Mond sind die halbmondförmig gebogenen Hauer der Tiere. Dementsprechend trug die keltische Mond- und Muttergöttin *Cerridwen* als ehrenvoll angesehene Zusatznamen wie »Saugöttin« oder »alte Bache«. In vielen weltweit verbreiteten Kulturen opferten die Menschen zu ihren Mondfeierlichkeiten Schweine – Opfer, die in aller Regel an das erschaffende oder gebärende Prinzip des Universums gerichtet waren. Mit dem **Schweineopfer** sollten die neu beginnenden Kreisläufe einen günstigen Verlauf für die Menschen nehmen.

Darauf beruht wahrscheinlich auch das noch immer regional übliche Ritual, zu besonderen Feierlichkeiten oder Familienfesten einen Schweinebraten zu reichen. Hier könnte auch eine der Wurzeln für die »Glücksschweine« liegen, die gerne zu jedem Jahresbeginn oder zu Geburtstagen verschenkt werden.

Wohl weltweit diente und dient zum Teil noch heute das Schwein als Opfertier. Damit trat auch das Schwein in das Mysterium um den Tod ein, in den Zyklus aus Sterben und Wiedergeburt. Nach der Opferung wurde das Fleisch der Schweine in aller Regel verzehrt. Man glaubte, dass man sich auf diese Weise die Essenz der Gottheit des Schweins unmittelbar einverleiben konnte.

Auf Kreta war das Schwein ein beliebtes und weit verbreitetes Opfertier. Es wurde bevorzugt auf heiligen Schreinen in bergigen Höhen, die der Herrin der Tiere geweiht waren, geopfert. Wenn die Göttin der Weisheit auf Kreta als altes Weib dargestellt wurde, dann meist in Gestalt einer Sau.

Im antiken Griechenland wurde das Schweineopfer zu Reinigungsriten verwendet. Die Sau, die geistige Kraft des Weiblichen symbolisierend, sollte in der Lage sein, das Böse zu vertreiben. Durch die enge Verbindung mit der Unterwelt – die sich auch im *Demeter*-Kult ausdrückt – standen dem Tier geradezu kathartische Kräfte und Eigenschaften zur Verfügung, die die Griechen zur Reinigung von Körper und Geist benutzten. Beispielsweise schlugen sich die Griechen zunächst mit Lorbeer- und Weidenruten quasi selbstkasteiend, um sich dann mit Schweineblut das herausgetretene Unreine abzuwaschen. Mancherorts glaubte man auch, durch das Trinken von Schweineblut könnte man die Fähigkeit der Weissagung erlangen. Und auch den Römern dienten Schweine als Opfer, die im Frühjahr vor der Aussaat für gute Fruchtbarkeit und im Herbst für eine gute Ernte sorgen sollten.

Auch in Neuguinea gab es Rituale, bei denen ein Schwein geopfert wurde: Im Rahmen einer Bestattungszeremonie wurde ein lebendes Schwein zum menschlichen Leichnam mit in das Grab geworfen. Der Sinn dieses Schweineopfers war es, um die

Versöhnung mit dem großen Schutzgeist *Le-hev-hev* zu bitten. Den Menschen auf Neuguinea war dies ein sehr kostbares Opfer, denn ihnen galt das Schwein als das heiligste aller Tiere.

Der **altägyptische** Kraft- und Kampfgott *Seth*, der aufgrund seines eigenen Bruderzwistes die ständigen Auseinandersetzungen der Menschen untereinander versinnbildlicht, wurde gerne als Eber dargestellt – und zwar als kraftstrotzende und todbringende Bestie.

Wie später auch in antiken Mythen greift oftmals zum Höhepunkt einer Entwicklung ein Eber eine bedeutsame Gottheit an – beispielsweise im Hochsommer einen Vegetationsgott wie Seth oder *Apollon*. In der Psychologie wurde dies folgendermaßen gedeutet: Das männliche Schwein greift dann ein, wenn gewiss ist, dass nichts Fruchtbares mehr hervorkommen und gedeihen kann. Es wird gewissermaßen beim Zustand geistiger Dürre und des Stillstandes tätig. Im übertragenen Sinne handelt es sich dabei um alte, unbrauchbar gewordene Strukturen, Ansichten und Verhaltensmuster. Der Eber symbolisiert demnach die stets vorwärtstreibende Energie.

Dem Eber werden auch die Energien des Mars zugeschrieben. Somit bietet das Tier nach dem Absterben und Loslassen der alten Muster machtvolle Potenzen frei werdender Kräfte an. Diese Kräfte und Antriebe drängen den Menschen regelrecht vorwärts zu neuen Ufern. Sie helfen dabei, festgefahrenes Denken und Handeln loszulassen und alte Schwierigkeiten mittels neuer Herangehensweisen zu lösen.

Das Schwein selbst war den Ägyptern tabu, da es als unrein galt. Einmal im Jahr jedoch – als Opferritus mit Verbindung zu *Osiris*, dem ägyptischen Vegetations- und Königsgott – wurde bei Vollmond Schweinefleisch verzehrt. Die armen Ägypter, die sich kein Schweinefleisch leisten konnten, buken zum gleichen Zweck Opferschweine aus Teig.

Zugleich galt die Sau als heiliges Tier der Himmelsgöttin *Nut*,

Mutter des *Osiris* und des *Seth*. Eine Geschichte ist überliefert, nach der Nut in der morgendlichen Dämmerung die Sterne verschlingt, um sie gegen Abend neu zu gebären. Dargestellt wird die Göttin daher gerne auch als Muttersau, die ihre eigenen Ferkel verschlingt.

Das (Wild-)Schwein galt den **Kelten** nicht nur als Symbol der Kraft und Stärke, sondern stand auch für Gestaltumwandlung und -wanderung. Als solches versinnbildlichte das Schwein sowohl Gastfreundschaft als auch die Fülle. Die Kelten aßen Schweinefleisch, quasi damit das Tier neu geboren werden und erneut verspeist werden konnte. Da vor allem der Eber ein Symbol für kämpferische Helden war, waren Schweine eine nicht nur unerschöpfliche, sondern in hohem Maße stärkende Nahrungsquelle. Dem Mutigsten in der Runde stand das beste Stück Schweinefleisch zu. Waren mehrere außerordentlich Tapfere an der Tafel anwesend, konnte es zu kämpferischen Auseinandersetzungen um das »Heldenfleisch« kommen, die nicht selten um Leben und Tod ausgefochten wurden. Für den Sieger galt auf jeden Fall das noch heute sprichwörtliche »Schwein gehabt«.

Schweinefleisch diente auch als Totenspeise und konnte den Übergang in die Anderswelt erleichtern. Traditionell waren Schweine – sowohl die Wildform als auch die in den Ansiedlungen gehaltenen Haustiere – im Wesentlichen Tiere der Anderswelt. Das heißt, auch die Hausschweine stammten aus dem keltischen Jenseits. Ihnen wurde die magische Zahl sieben zugeordnet.

Die wilden Eber waren den Kelten Kriegs- und Kraftsymbol, die Schweine verfügten aber noch über verschiedene andere magische Eigenschaften und spezielle Verbindungen zur Anderswelt. Im immerwährenden Rad der Vegetationszyklen repräsentierte der Eber oder Keiler in erster Linie die göttlichen und magischen Kräfte. Die zu ihrem neuen Aufenthaltsort in der Anderswelt eilenden Seelen der Verstorbenen wurden gerne mit einem mächtigen, durch die Luft jagenden Eber verglichen. Ein einäugiges männliches Schwein galt als der personifizierte Gott des Sturms, der die Macht und Kraft hatte, alles vor sich her zu treiben und somit die Jahreszeiten zu ändern. Ein namentlich erwähnter großer Eber, *Twrch Trwyth*, einstmals König des Landes, soll in alter Zeit zusammen mit seinen sieben Ferkeln die irische und britannische Bevölkerung in Angst und Schrecken versetzt haben. Der König war wegen sündhafter Vergehen in einen Eber verwandelt worden und rächte sich auf diese Weise. In dieser Verwandlung sollte *Twrch Trwyth* die kostbarsten Schätze der irischen Insel bewachen, nach denen später die Gralsritter suchten.

Die keltischen Druiden bezeichneten sich selbst als Eber, wenn sie auf Zeit zurückgezogen in Einsiedeleien im Wald lebten. Die Kelten verfügten sogar über einen eigenen Schweinegott mit Namen *Moccus*.

Ein überliefertes Ritual – das noch heute zu *Samhain*, dem Neujahrstag der Kelten, in Wales praktiziert wird – rankt sich um das schwarze Schwein: Nach Einbruch der Dunkelheit zündet man riesige Feuer an. Die Menschen blasen Hörner und tanzen ekstatisch herum. Alle laufen durchs Feuer und werfen dabei einen Stein hinein. Mit dem Erlöschen der Feuer flüchten alle Beteiligten vor dem Geist *Hwch ddu cwta* nach Hause und singen: »Wir wollen die Ersten sein, denn das schwanzlose schwarze Schwein fängt den Letzten ein!« Demjenigen, der am nächsten Tag in der Asche der Feuer seinen Stein wiederfindet, ist im kommenden Jahr das Glück hold. Möglicherweise liegt hier eine der Wurzeln für unser noch heute gebräuchliches »Glücksschwein«.

Der **germanische** Gott der Fruchtbarkeit, des Wohlstandes und der friedlichen Entfaltung *Freyr* besaß einen goldenen Eber mit Namen *Gullinborsti* (»goldene Borsten«), dem wunderbare Zauberkräfte innewohnten. Auf dem Rücken des Ebers konnte Freyr schneller als jedes Pferd durch die Luft und über das Meer galoppieren. Mit seinen goldglänzenden Borsten erhellte zudem das männliche Schwein des Gottes den nächtlichen Himmel. Wie manch andere Kostbarkeiten innerhalb der germanischen Mythologie stammte auch der goldglänzende Eber aus der Schmiede der Zwerge. Gullinborsti war ein Geschenk des *Loki* an Freyr. Auch Freyrs Schwester *Freya* ritt in Windeseile auf einem riesigen Kampfeber mit Namen *Hildesvini* umher.

Zur Wintersonnenwende, dem Julfest, opferten die Germanen einen Eber. Über den Borsten des heiligen Opfertieres schworen die germanischen Krieger den Göttern für das beginnende Jahr ruhmreiche Taten.

In geheimen Kulten, den sogenannten Mysterien, wurden in der **griechischen** Antike unter anderem Reinigungs- und Absolutionszeremonien vollzogen. Die zu reinigende Person wurde verschleiert. Zwischen ihren Füßen lagen die Hörner eines Widders als Symbol für das Vlies der Reinigung. Über dem Kopf des Kandidaten wurde eine Kornschwinge bewegt, deren ursprüngliche Aufgabe es war, die Spreu vom Weizen zu trennen. In dieser Zeremonie wurde mit der Kornschwinge die Seele vom Körper getrennt. Eine Speise aus Mohn gab dem Probanden den Schlaf, der ihn auf die Wiedergeburt vorbereitete. Unterdessen wurde ein Schwein in die Unterwelt gesandt – stellvertretend für den Menschen wurde es geopfert.

Des Weiteren feierten in der griechischen Antike ausschließlich Frauen ein drei Tage andauerndes Erntefest zu Ehren der Göttin *Demeter*. Ein Teil der Zeremonie bestand darin, sowohl Ferkel als auch Phallussymbole in eine natürlich entstandene Erdspalte zu werfen, die die Vagina der Erdenmutter symbolisieren sollte. Dieses Ritual ging auf eine Sage um *Hades* zurück, der Demeters Tochter *Persephone* entführt hatte. Durch die gleiche Erdspalte, die sich für den Gott der Unterwelt und seine spätere Gattin Persephone auftat, wurden auch ein Schweinehirt und seine Herde in die Unterwelt gerissen. Nach Abschluss der

Feierlichkeiten sollen die Frauen mit Männern auf die Felder gegangen sein, um sich dort in den Ackerfurchen zu lieben – ein Ritual zur Bekräftigung einer guten Ernte: Die menschliche Sexualität wird in eine direkte Beziehung zur Fruchtbarkeit des Ackerbodens gestellt. Im Demeterkult behielt das Schwein als »Saugöttin« über lange Zeit die Rolle des heiligen Tieres bei.

Auch allen übrigen Göttern, die mit der Landwirtschaft zu tun hatten, opferte man im antiken Griechenland Schweine.

In Homers Odyssee verwandelte die Zauberin *Kirke* die Männer des *Odysseus* in grunzende Schweine, als sie das Begehren der Seeleute auf sich selbst als Frau gerichtet sah. Damit setzte sie die Tiere mit ungezügelter oder zumindest unangemessener Begierde und Lüsternheit gleich.

Bereits die Zucht von Schweinen ist den **Juden** nach dem Talmud verboten. Über den Grund, warum unter anderem neben Moslems die Juden kein Schweinefleisch essen, herrschen recht verschiedene Ansichten. Einige Religionsforscher gehen davon aus, dass die Juden kein Fleisch vom Schwein zu sich nehmen, weil es ihren Vorfahren vor mehr als 5000 Jahren als Totemtier diente und von daher heilig und verehrungswürdig sei. Möglicherweise waren auch in Palästina, ähnlich wie in Griechenland oder Irland, Schweinehirten als geachtete Priester der Mondgöttin und somit als Weissager und Orakel tätig. Im Talmud steht geschrieben, dass einst ein Schwein, welches innerhalb der Mauern Jerusalems aufgezogen worden war, seine Pfoten in die Mauerritzen gesteckt und dadurch ein gewaltiges Erdbeben ausgelöst habe: »Verflucht der Mann, der Schweine züchtet.«

Und letztlich steht im Alten Testament unter den Reinheitsvorschriften geschrieben: »Ihr sollt für unrein halten das Wildschwein, weil es zwar gespaltene Klauen hat, aber nicht wiederkäut« (3. Buch Mose). Weiter hieß es eindeutig, dass weder von seinem Fleisch gegessen werden dürfe, noch sein Aas überhaupt berührt werden dürfe.

Die moderne Wissenschaft hingegen sucht einen Grund in der Vermeidung einer Ansteckung mit auf den Menschen übertragbaren Krankheiten und Parasiten wie der Trichinose. Die Krankheiten waren bereits seit der Antike bekannt, galten allerdings als von Dämonen verursacht. Um sich nachhaltig gegen diese Dämonen durchzusetzen, soll von Rabbinern das absolute Verbot des Verzehrs von Schweinefleisch verhängt worden sein.

Auch im Neuen Testament wurde die enge Verbindung zwischen Schweinen und Dämonen hervorgehoben. Hier vollbringt Jesus an den jenseitigen Ufern des Sees Genezareth die Heilung der Besessenen von Gadara (Mt 8,28–34). Die ausgetriebenen Dämonen fahren in eine nahe weidende Herde von zweitausend Schweinen ein. Die Tiere stürzen sich daraufhin in den See und ertrinken.

Im zweiten Petrusbrief wird folgendes Sprichwort zitiert: »Die Sau wälzt sich nach der Schwemme wieder im Dreck.« Das bedeutete im **christlichen** Abendland so viel wie: »Gute Vorsätze halten nicht lange!« Ihre natürliche Verhaltensweise des Suhlens im Dreck brachte den Schweinen, ähnlich wie dem Hund, den Vergleich mit falschen Propheten ein. Dabei handelt es sich um ein tradiertes und recht erfolgreiches Naturheilverfahren zur Bekämpfung von Hautparasiten.

Moses untersagte, wie erwähnt, den Verzehr von Schweinefleisch, weil es nicht von Wiederkäuern stammt. Jesaja schimpfte auf die Menschen, die diesem Gebot nicht gehorchten, die »essen Schweinefleisch und haben Brühe von verdorbenem Fleisch in ihren Töpfen« (Jes 65,4). Der Verzehr von Schweinefleisch wird hier zum Abfall vom göttlichen Glauben. Er wird auch in einem Atemzug mit dem Verzehr von Würmern und Mäusen genannt.

Der einzige Heilige, dem statt der sonst üblichen Lämmer, Adler und Falken als Attribut ein Schwein zugeschrieben wird, ist der heilige Antonius, ein ehemaliger Schweinehirt aus Ägypten. In Westfalen wird er auch »Schwiene-Tüns« und in Bayern »Sau-Toni« genannt – und zwar als Ausdruck seines hohen Ansehens in der gläubigen Bevölkerung. Antonius wird meist mit schweren Versuchungen in Zusammenhang gebracht, mit Kämpfen gegen innere und äußere Dämonen – für deren Darstellung ja vielfach das Schwein herhalten musste. Doch besteht Antonius letztlich die Kämpfe siegreich für den göttlichen Weg des Lichts.

Das Christentum stellte die teils ungezügelt hervorbrechenden Energien des männlichen Schweins, seine schiere männliche Kraft und Potenz und die teilweise wie blinde Wut anmutenden unerschrockenen Attacken bei einem Angriff in den Vordergrund. Diese Angst auslösenden Eigenschaften wurden vor allem im Mittelalter zum brutalen und unbeherrschten Zorn und zur ungezügelten Sinneslust des Teufels uminterpretiert. Sie entwickelten sich zu den christlichen Lastern der Unmäßigkeit und der Unkeuschheit. Es ist ein Eber, der den Weinstock des Herrn verwüstet. Und in alttestamentarischen Psalmen stehen unberechenbar aus dem Unterholz hervorbrechende, die Felder zerstörende Wildschweine für heidnische Völker. Doch schon die Kelten berichteten in alten Mythen von einer Umwandlung in die Gestalt eines Ebers, wenn Menschen sich auf die dunkle Seite des Daseins begeben hatten. Romanische Darstellungen hingegen schrieben dem Eber – ähnlich wie die Kelten – auch schöpferische und wandlerische Kräfte und Fähigkeiten zu: Hier findet sich der Eber als Ausdruck von Erlösung im christlichen Sinne.

Im **Volksmund** sind der sprichwörtliche Schweinestall sowie seine Bewohner Ziel für menschliche Verachtung und Aggression. Als »Schweinehund« wird ein Mischwesen aus etwas Gottlosem und Monsterhaften tituliert. Mit dem Ausruf »Schweinerei« tut man sein moralisches Entsetzen kund, meist über sexuelle Aspekte, die als sehr primitiv angesehen werden.

Manch psychologischer Ansatz deutet das Schwein auch als die sexuelle Seite eines Menschen, die nach Befreiung und Ausdruck drängt. Umgekehrt kann das Borstentier aber auch für eine ablehnende Haltung allem Körperlichen oder gar Sexuellem gegenüberstehen.

Auch die ambivalente Haltung zum Schwein drückt der Volksmund aus: »Mir geht es saumäßig!«, sagt der eine. Darauf der andere: »Oh, ich fühle mich sauwohl!« Da wird jemand »zur Sau gemacht«, während andere »die Sau rauslassen«. Und was dem einen ein »Saustall«, findet jemand anderes »saugemütlich«.

Hat jemand »Schwein gehabt«, erscheint sein Glück beinahe unverdient. In Süddeutschland war im 16. Jahrhundert beim Kartenspiel die »Sau« – also das heutige Ass – die höchste Karte. Sie stach sogar den König aus – quasi das Glücksschwein im Glücksspiel.

Die Schweine mussten bei uns viele Jahrhunderte lang für manchen Aberglauben herhalten: »Schweine rechts bedeutet Schlecht's.« Böse Menschen wurden in Schweine verwandelt, und umgekehrt galt manch nicht zu bändigendes Schwein als verwandelter Mensch. Sowohl Hexen als auch Dämonen wurden in der Nähe von Schweinen vermutet, und das Borstenvieh wurde nicht selten als Verursacher von Krankheiten verdächtigt. Auch in die Volksmedizin hielten unzählige Rezepturen um das Schwein Einzug. Beispielsweise wurden in eine Schweineblase drei Stück Kandiszucker gegeben und das Ganze für einen Tag in kaltes Wasser gehängt. Der süßliche Blaseninhalt wurde als Hustensaft gegen Keuchhusten eingesetzt.

In zahlreichen **Märchen** und Fabeln wühlen Eber Kostbarkeiten und Schätze aus dem Boden hervor. Daneben führen sie manchmal auch Liebende zueinander. Eine dänische Volkssage berichtet Folgendes: Eine Zauberin brachte ein Schwein zur Welt. Dieses wuchs und wuchs so groß und hoch, dass seine Borsten bis über die Baumkronen der Wälder reichten. In die

Erde wühlte sich dieses große Schwein dabei so tief hinein, dass sich das Meer in den Graben ergoss. Möglicherweise hängt damit der Volksglaube zusammen, dass ein wühlendes schwarzes Schwein den Untergang einer Stadt ankündigt.

In der berühmten Fabel »Das Schwein, die Ziege und das Schaf« von Lafontaine ist das Schwein das klügste der drei Tiere. Es sieht sogar sein Leid voraus, und da nützt auch alles Wehklagen nichts.

Am bekanntesten ist sicher die *Farm der Tiere* von George Orwell, veröffentlicht im Jahre 1943. An die Spitze der sich gegen ihre Unterdrückung aufbegehrenden Tiere setzen sich Schweine, wohl weil sie die klügsten unter den Tieren zu sein scheinen. Doch bald missbrauchen auch sie ihre Macht und werden immer menschenähnlicher. Sie können sogar irgendwann wie diese auf zwei Beinen stehen. Diese im Grunde bitterböse politische Satire auf die Russische Revolution endet so: »Die Tiere draußen blickten von Schwein zu Mensch und von Mensch zu Schwein, und dann wieder von Schwein zu Mensch; doch es war bereits unmöglich zu sagen, wer was war.« Für die Menschen hat sich nichts geändert, nur die Figuren sind ausgetauscht.

In zahlreichen europäischen Sagen werden in Ungnade Gefallene oder sonstige Missetäter zur Strafe in Schweine verwandelt. So muss manch zänkisches Ehepaar oder ungehorsames Kind die Schweinsmetamorphose durchmachen. Auch die Gefährten des *Odysseus* ereilt ja durch *Kirke* dieses Schicksal. Die Verwandlung in Borstenvieh scheint eine der Urängste des Menschen zu bedienen, möglicherweise gerade bedingt durch die gleichzeitige Nähe und Distanz zu diesen Tieren.

Häufig wird den Schweinen auch Geisterhaftes oder Dämonisches angedichtet. So bringen Geisterschweine die Nachtwächter des Ortes um den Verstand, oder selbige rennen nachts zwischen den Beinen der Frauen umher oder reiten gar mit ihnen davon. Auch von Geisterschweinen, die auf Friedhöfen umherstreichen, wird berichtet – es soll sich um die unerlösten Seelen böser Menschen handeln.

Traumdeutung

Ähnlich wie beim Glücksschwein soll ein nachts im Traum auftauchendes Schwein Glück verheißen und wird meist als ein gutes Vorzeichen einer zufriedenen und glücklichen Lebensphase betrachtet. Eine sehr alte Deutung lautet folgendermaßen: Wer vor einer Reise von Schweinen träumt, hat Glück zu erwarten. Eine andere altüberlieferte Traumdeutung besagt, dass immer Glück haben wird, wer nachts von einem goldenen Schwein träumt. Allerdings soll sich dieses Orakel nur bei kleinen, unschuldigen Kindern erfüllen.

In der Tiefenpsychologie wird das Schwein mit Kräften verglichen, die nach Entfaltung verlangen und sich mit meist großer Leidenschaft aus dem Unbewussten hervordrängen. Das Schwein steht für die große und mächtige und sich stets selbst erneuernde Lebenskraft. Sie ist zugleich nährend und aufgrund ihrer unberechenbaren Wildheit gefährlich, zuweilen bedrohlich. Es enthält aber auch hier Aspekte des Glücks. Das kann sich sowohl auf sexuelle Kraft und auf Fruchtbarkeit – vor allem weibliche – als auch seelische Bereicherung beziehen.

Aus tiefenpsychologischer Sicht will ein geträumtes Schwein vor Rücksichtslosigkeit in der näheren Umgebung warnen. Es kann aber auch auf die eigenen, ungebändigten – und damit auch oft rücksichtslosen – Energien und Triebkräfte des Träumenden hinweisen, die in Beziehungen allzu häufig Ursache für Konflikte und Kummer sind. Das Traumschwein fordert uns auf, das eigene Leben näher zu beleuchten und mehr zu reflektieren. Es rät uns, rücksichtsvoller zu sein und uns vor diesem

Hintergrund etwas zu zügeln, mehr Maß zu halten und eben angemessener zu agieren und zu reagieren.

Gelegentlich weist das Schwein auch darauf hin, dass der Träumende eine eigenartige Einstellung zu seiner Körperlichkeit und seiner Sexualität hat. Meist fehlt es dem Betreffenden an begleitender Herzensenergie, und er lehnt seine sexuellen Bedürfnisse entweder ab oder lebt sie ohne Rücksicht auf den oder die Partner hemmungslos aus.

Spiritualität

Schweine werden von uns Menschen stets unterschätzt: In den Tieren steckt sehr viel mehr, als es von außen den Anschein hat. Und obwohl das Schwein von den meisten Menschen auf ganzer Linie so falsch eingeschätzt wird, bleibt es innerlich stets gelassen. Das Schwein ist ein Tier von großer Klugheit. Daher hat es überhaupt nicht nötig, sich zu Bewertungen hinreißen zu lassen. So wie das Schwein ein anpassungsfähiger Allesfresser ist, kommt es auch auf geistiger Ebene mit nahezu allem zurecht, was ihm dort an Unverstand, Selbstüberhöhung, Eitelkeit oder sonstigen Eskapaden des menschlichen Egos begegnet. Würden wir dem Schwein mehr zutrauen, könnten wir von ihm eine seiner hervorstechendsten Eigenschaften lernen: Es bewertet nicht.

Das Schwein weiß schon seit alter, alter Zeit um die Klugheit der Instinkte, um den Wissensschatz, den eine Spezies im Laufe ihrer Existenz über die Zeit angesammelt hat. Der Instinkt der Schweine umfasst alle Erfahrungen und Erkenntnisse, die alle Schweine, die jemals auf der Erde gelebt haben, zu allen Zeiten gemacht haben. Dazu gehören sowohl alle Wildschweine als Urahnen wie alle Hausschweine und leider auch alle Mastschweine. Die Instinkte sind sozusagen ein artspezifisches Nebengewässer des großen Meeres des sogenannten kollektiven Unbewussten, in dem alle Lebenserfahrungen vereint und zusammengetragen sind. Und da Schweine eine besonders enge Bindung an diese artspezifische Weisheit haben und stets unmittelbar daraus schöpfen können, kommen sie zu dieser tiefen geistigen Gelassenheit.

Uns Menschen mag das unglaublich erscheinen: Wie können die Mastschweine, die ihr kurzes Leben (ein knappes halbes Jahr) unter unwürdigen Bedingungen in einem Massenmastbetrieb fristen, uns Menschen dieses Leid, das wir ihnen zufügen, nicht übel nehmen? Dass wir ihre wilden Verwandten seit Jahrtausenden in freier Wildbahn hetzen, jagen und töten, kommt noch hinzu.

Die Schweine, und auch ihre große Tierseele, können uns schlicht wegen unseres grausamen und verachtenden Verhaltens nicht bewerten. Bewertung und Übelnehmen ist den Tieren fremd. Manchmal sind sie allerdings bis ins Mark erschüttert, zu welcher Härte und Kälte wir Menschen fähig sind – vor allem in den letzten Jahrzehnten. Die Reaktion der Schweine auf unseren jegliche Würde missachtenden Umgang mit ihnen ist eine unendliche Traurigkeit und Fassungslosigkeit.

Die Schweine kommen als Hausschweine in unseren Lebensbereich, ursprünglich, um uns an unsere eigene instinktive Klugheit zu erinnern. Sie stellen sich auf spiritueller Ebene zur Verfügung, kommen freiwillig zu uns, weil sie unter anderem uns Menschen dabei behilflich sein wollen, wieder Zugang zu unserer großen Menschenseele, unserem menschlichen Erfahrungsschatz auf spiritueller Ebene zu erlangen. Diesen Zugang finden wir, indem wir ins Licht gehen, unser Herz öffnen, damit wir unsere innere Stimme hören können, über die diese große Menschenseele zu uns spricht. Daran wollen uns die Schweine erinnern, und wenn wir uns für sie öffneten, wären sie uns auf energetischer Ebene auch dabei behilflich.

Stattdessen erfahren die meisten Hausschweine, dass unsere Herzen und unser Mitgefühl so fest verschlossen sind, dass uns eigentlich kaum noch etwas erreichen, kaum noch etwas anrühren kann. Wir entseelen unzählige Tiere, allen voran die Schweine, aber auch die anderen Tiere in Massenhaltung. Wir schreiben ihnen einfach jegliche Gefühle und Schmerzempfindungen, vor allem aber ein Bewusstsein ab. Und das tun wir in so besonders grauenvoller Weise gerade den Tieren an, die zu uns gekommen sind, um uns genau dies zu lehren: Herzensöffnung und Mitgefühl. Wir Menschen haben diese Unterweisung mehr als nötig.

Aus unserer großen Menschenseele heraus ist es daher angezeigt, ehe wir uns energetisch mit einem Schwein verbinden, die Tierseele um Verzeihung zu bitten: Und wenn wir es können, sollten wir im Namen unserer großen Menschenseele Gott um Vergebung bitten für all das Leid, das wir den Tieren in Vergangenheit, Gegenwart und wohl auch noch in Zukunft zufügen. Zudem sollten wir jedem Tier den nötigen Respekt zollen und es fragen, ob es bereit ist, uns zu helfen – besonders bei Schweinen ist diese Achtung mehr als geboten. Wir werden genau spüren, ob das Tier, das womöglich leibhaftig vor uns steht, weil wir mit ihm zusammenleben oder wir es aufgesucht haben, sich uns zuwenden und helfen mag.

Öffnen wir uns für die spirituelle Energie des Schweins! Öffnen wir also unser Herz und lassen uns vertrauensvoll von ihm führen. Dann weist uns das Tier unseren ganz individuellen Weg zu unserem feinstofflichen Verbindungskanal, der uns mit aller menschlichen Weisheit verbindet. Dieser direkte, ganz kurze Zugang zum Meer der menschlichen Instinkte scheint für jeden Menschen ein wenig anders zu sein. Lassen wir uns beispielsweise in Form einer Meditation, einer Visualisierung, eines Traums (im Sinne einer direkten Durchsage aus der geistigen Welt) oder eines Gebets unseren ureigensten Weg zeigen!

Damit lösen wir ein ganzes Stück weit unser menschliches Abgeschnittensein von dem Lebenseinen, dem Licht, dem Göttlichen auf.

Wir verbinden uns über diese Urerfahrungen, diese Urinstinkte, über unser Herz mit allen Menschen. Dadurch erlangen wir eine tiefe innere Ruhe und Gelassenheit. An diese können wir – denn nun wissen wir, wie es geht – immer wieder andocken, wenn uns in unserem Alltag die Verbindung verloren geht. Die Verbindung schenkt uns alte Erkenntnisse, sodass wir »aus dem Bauch heraus« um ein Richtig oder Falsch bei anstehenden Entscheidungen wissen. Sie schenkt uns Sicherheit und eine tiefe Kraft, die uns von Wildschweinen wohl vertraut ist. Es gibt zwar – wie viele von uns wissen – auch zahlreiche andere Wege, sich mit diesem menschlichen Erfahrungsschatz zu verbinden, doch die Schweine können uns den kürzesten Weg zeigen. Lernen wir von ihnen.

Und eines ist gewiss: Die Schweine werden sich über unsere Öffnung kringelig freuen ...

Vom Wildschwein zum Hausschwein

Das Schwein, im Wesentlichen zur Erzeugung von Fleisch und Fett gehalten, gehört zu den ältesten Wirtschaftstieren des Menschen. Wahrscheinlich unabhängig voneinander wurde das Schwein an verschiedenen Orten im asiatischen Teil seines Verbreitungsraums domestiziert, und zwar bereits im 8. Jahrtausend v. Chr. So belegen Knochenfunde aus der Südosttürkei **Schweinehaltung** in den frühneolithischen Siedlungen in der ersten Hälfte des 8. Jahrtausends. Aus wirtschaftlicher Sicht hatte das domestizierte Schwein in der Region des Fruchtbaren Halbmondes jedoch nie eine größere Bedeutung. Das Aufkommen des jüdischen Glaubens und des Islams, alltagsbestimmende Religionen, bei denen das Schwein als »unreines Tier« gilt, führten zu einer weiteren Abnahme der Schweinehaltung.

In Ost- und Südostasien erlangte das Hausschwein dagegen weitaus größere Bedeutung. Das im asiatischen Raum als ältestes Haustier angesehene Schwein wurde in China im 6. Jahrtausend v. Chr. domestiziert, etwa 2000 Jahre vor Rind, Schaf und Ziege. Hauptsächlich als Fleischtier gehalten, war das Schwein um 1400 v. Chr. das häufigste Haustier in Ägypten. Es wurde hier auch zum Eintreten des Saatguts in den Ackerboden eingesetzt.

Nach Europa gelangte das Hausschwein um 7000 v. Chr. – etwa zeitgleich mit Schaf, Ziege und Rind. Hier war zu allen Zeiten die Weidewirtschaft von Schweinen am weitesten verbreitet. Bei den Germanen machte insbesondere im Binnenland das Schwein etwa ein Drittel aller Haustiere aus. Es gab kaum Stallungen, sondern die Schweine wurden in größeren Herden

meist in den Wäldern gehalten. Da die Versorgung mit Futter über den Winter recht problematisch war, schlachteten die Germanen vorzugsweise im Herbst und frühen Winter. Während der kalten Jahreszeit ließ sich das Fleisch auch besser aufbewahren.

Speziell im Herbst wurden die Hausschweinherden in die Mischwälder zur Mast mit Eicheln und Bucheckern getrieben. In manchen Regionen wurden die Schweine während dieser Waldweide angebunden und suchten sich ihr Futter dann in der Reichweite des Strickes. Dieses Anbinden unterhalb des Sprunggelenks wurde übrigens als »Tüdern« bezeichnet. Wenn die Tiere zu sehr »herumtüderten« – wie man noch heute in Norddeutschland sagt –, konnten sie sich allerdings äußerst unangenehme Brüche im Fußgelenk zuziehen. Eine veränderte Nutzung der Wälder sowie deren Abholzung zwang die Schweinehalter vermehrt zu Stallhaltung und veränderter Fütterung. Damit waren die Grundsteine für die Schweinezucht gelegt.

Allein in China, wo sich mit gut 365 Millionen Tieren der bei Weitem größte Schweinebestand der Welt befindet, werden heute mehr als hundert verschiedene Hausschweinrassen unterschieden. Nur wenige dieser Hausschweine werden im Reich der Mitte tatsächlich noch als Haus-Schwein gehalten: mit freiem Zugang zum kleinen Innenhof des meist bescheidenen bäuerlichen Hauskomplexes, der oftmals eine kleine Suhlstelle enthielt, stets mit frischen Küchenabfällen versorgt und einem kleinen Verschlag für Ruhe und Rückzug.

Wie beim Rind setzte durch die Domestikation zunächst ein vermindertes Größenwachstum des Hausschweins ein. Im Mittelalter waren die europäischen Hausschweine nur noch 75 cm hoch. Insgesamt entsprach das Erscheinungsbild des mittelalterlichen Hausschweins stark seinem Urahn, dem Wildschwein: hochbeinig, schlankwüchsig, langgestreckter Kopf, dichte Körperbehaarung, Stehmähne und kaum Fettansatz. Dies geht vermutlich auf eine bis dahin andauernde Einkreuzung von Wildschweinen in ihre domestizierte Vetternschaft zurück.

Heute hat das moderne dänische Landschwein statt der 13–14 Rippen des Wildschweins auf jeder Körperseite 16–18. Das ergibt pro geschlachtetem Tier 6–8 Koteletts mehr. Die Fleischmenge hat sich in den meisten Muskelregionen drastisch erhöht. Die Zucht richtet sich hinsichtlich der Fleischqualität nach den aktuellen Verbraucherwünschen: Mal soll das Fleisch fetter, dann wieder fester und fettärmer sein. Heute bestimmt die Nachfrage die Zuchtrichtung. Bleibt also zu hoffen, dass die Menschen, die nicht auf Fleisch verzichten können, mit ihrer Nachfrage die möglichst artgerechte Haltung und Fütterung der Hausschweine unterstützen, indem sie Bio-Fleischwaren einkaufen!

Als Stammform der Hausschweine gilt das auch bei uns heimische **Wildschwein** (*Sus scrofa*), dessen Verbreitungsgebiet sich etwa über das gesamte Eurasien erstreckt. Es lebt bevorzugt in deckungsreichem Gelände wie Laub- und Mischwäldern, aber auch in Sumpf- und Schilfgebieten.

Wie alle Schweine suhlen auch die Wildschweine gerne in Schlammlöchern – übrigens in erster Linie eine natürliche Gesundheitsmaßnahme, um lästige Hautparasiten und andere Plagegeister loszuwerden. Die anpassungsfähigen Allesfresser nehmen von Gräsern über Insekten und Eiern bis zu jungen Rehen alles zu sich.

Sie leben gewöhnlich gesellig in kleinen Gruppen von mindestens fünf bis zehn Tieren, die als Rotte bezeichnet werden. Eine solche Rotte umfasst erwachsene Sauen (Bachen), die einjährigen Jungtiere (Überläufer) und den frischen Nachwuchs (Frischlinge). Auch geschlechtsreife Eber rotten sich zusammen. Alte Eber sind dagegen meist Einzelgänger.

Nach der Ausrottung des Wolfes hat das Wildschwein bei uns keine natürlichen Feinde mehr. Zur Paarungszeit (Rauschzeit), kämpfen die bis zu 350 kg mächtigen Eber um die brünstigen Sauen unter Einsatz ihrer gefährlichen Hauer miteinander. Um bei den Rivalitätskämpfen nicht ernsthaft verletzt zu werden, ist ihre Körperseite mit einer festen Schutzschicht ausgestattet. Die hochbeinigen Wildschweine können übrigens schneller laufen, als man sich das für ein Schwein gemeinhin vorstellt. Daher kommt auch der Begriff Schweinsgalopp. Wem einmal unerwartet, vorzugsweise in der Dämmerung, ein ausgewachsener, mit kräftig ausgebildeten und scharfen Eckzähnen bewaffneter paarungsbereiter Keiler oder eine zur Verteidigung ihrer Jungen wild entschlossene Sau in freier Wildbahn ohne einen schützenden Gehegezaun begegnet ist, weiß von dem wahrlich furchterregenden Verteidigungs- und Aggressionspotenzial der Borstentiere ein Lied zu singen. Der umsichtige Mensch wird hier rasch dem Wildschwein weichen.

Zwischen drei und zwölf Junge wirft die Wildsau nach gut 16 Wochen Tragzeit in ihrem selbst hergerichteten Wurfkessel. Etwa drei Monate säugt die Mutter ihre Jungen, die mit sechs Monaten bereits selbstständig und zwischen dem 9. und 18. Lebensmonat geschlechtsreif sind.

Welcher Mensch passt zu einem Schwein?

Sind Sie eher der Gummistiefeltyp und räumen lieber den Dreck weg, als darüber die Nase zu rümpfen? Und bringen Sie auf Jahre genug Zeit auf, um für die hochintelligenten und mitfühlenden Tiere zu sorgen – jeden Tag?

Können Sie den Schweinen einen Stall und eine ausreichend große Weide zur Verfügung stellen? Sie wissen, dass dies kein englischer Rasen mehr bleibt? Schweine sind beständig auf Nahrungssuche und wühlen mit ihrer Schnauze den gesamten Boden nach Fressbarem wie Wurzeln, Knollen, Insekten und

Regenwürmern um. Haben Sie auch eine richtig matschige Suhlstelle für die Tiere – eine ihrer genussvollen Lieblingsbeschäftigungen? Da Schweine keine Schweißdrüsen besitzen, brauchen sie bei der Weidehaltung immer auch ausreichend Schattenplätze.

Wenn Sie diese Minimalbedingungen für eine artgerechte und würdevolle Schweinehaltung nicht erfüllen können, Sie aber trotzdem Schweine lieben, können Sie den Tieren auch Gutes tun, indem Sie die Patenschaft für ein Tier übernehmen. Sicherlich gibt es auch in Ihrer Nähe einen Gnadenhof.

In letzter Zeit ist immer wieder einmal von **Minischweinen** als Heimtieren die Rede. Doch Vorsicht: Es gibt keinen Rassestandard für Minischweine, sodass das vermeintliche Miniferkelchen, wenn es ausgewachsen ist, gut 70 kg auf die Waage bringen kann statt der auch möglichen 20 kg. Als soziale Tiere leben auch Schweine natürlicherweise in Familienverbänden. In aller Regel können andere Haustiere oder der Mensch Artgenossen nicht wirklich ersetzen. Wohnungshaltung ist zudem Tierquälerei, denn die Minischweine brauchen Auslauf und wollen sowohl suhlen als auch in der Erde wühlen.

Außerdem sind die intelligenten Schweine zwar sehr gelehrig, aber sie werden doch niemals wirklich zahm. Ihre starke Eigenwilligkeit bleibt kleinwüchsigen wie großen Schweinen stets erhalten. Und niemals ist zu vergessen, dass alle Hausschweine gut und gerne 15 Jahre alt werden können. Deshalb ist das Ferkel als Geschenk keine gute Idee, sondern Tierquälerei – denn im Nu wird aus dem niedlichen Jungtier ein zentnerschweres Hausschwein, dessen Ansprüchen kaum noch jemand gerecht werden kann. Wohin dann mit dem Tier? Am besten schon, bevor Probleme bei Schwein und Mensch auftreten, auf einen benachbarten Biohof oder einen Gnadenhof.

Das Rind

Aus der Fülle geben

Mythologie

Das weibliche Rind trägt als nährendes, mütterliches Urbild in vielen Mythen auch zur Erschaffung der Welt bei. Indem die gehörnte Mondkuh kräftig ihren Euter hin und her schüttelte, erschuf sie den Sternenhimmel. Aus ebendiesem Euter strömte ohne Unterlass und strömt auch noch heute und bis in alle Ewigkeit die Milchstraße. Die Sonne hingegen wird durch die Mondkuh jeden Tag aufs Neue geboren. Auf diese sehr anschaulichpoetische Weise stellen verschiedene alte Mythologien die Allmutter, die kosmische **Kuh**, als die Schöpferin des Universums dar.

In nahezu allen Kulturkreisen, in denen Rinder gehalten wurden, war eine ihr Kälbchen säugende und ableckende Kuh heiliges Symbol für Fruchtbarkeit. Die Sumerer und Babylonier bildeten das »kleine Kalb mit dem Milchmund« als heiliges Motiv ab. Im altpersischen Mithrakult sind alle Pflanzen und Tiere aus dem Körper der Urkuh *Geush Urvan* hervorgegangen. Das Blut dieser sinnbildlichen Urmutter soll die Menschheit gesegnet haben.

Alle Völker, die Rinder auch als Haus- und Nutztiere nutzten, verehrten eine solche Kuhgottheit, und dieser Kult hat sich zum Teil bis heute erhalten. Seine Ursprünge lassen sich über das benachbarte Mesopotamien bis in das vordynastische Ägypten zurückverfolgen.

Hier im alten **Ägypten** wird die kuhköpfige Muttergöttin *Hathor* verehrt. Eine Geschichte berichtet, dass ihr Sohn (manchmal auch Gatte) *Horus*, der falkenköpfige Welt- und Himmelsgott, seiner Mutter den Kopf abgeschnitten und durch einen Kuhkopf ersetzt haben soll.

Vor allem im weitläufigen Nildelta herrschte die Vorstellung vor, der Himmel sei eine überdimensionale Kuh, die sich am Anfang der Welt aus den Urgewässern emporgehoben hat. Daher auch die Bezeichnung von Hathor als Himmelsgöttin. Die Fürsorge der mächtigen Göttin Hathor verlieh dem jeweiligen ägyptischen König, der offiziell den Titel »Stier« trug, Ewigkeit und Göttlichkeit. Darstellungen zeigen einen jungen König am Euter der Kuhgöttin trinkend. Ihre nährende Milch gab ihm zum einen die Königswürde, zum anderen schützte sie den König auf seinem Weg in die nächste, die göttliche Welt. Über 3000 Jahre lang erinnerte noch ein Stierschwanz, der vom Gürtel des feierlichen königlichen Zeremoniengewandes herunterhing, an die Gnade, die den ägyptischen Königen durch die Kuhgöttin Hathor zuteil geworden war.

Auch nachfolgende hohe ägyptische Göttinnen wie *Neith* oder *Isis* wurden gerne in Gestalt einer Kuh dargestellt. Eine Sage berichtet, dass die Göttin des Nachthimmels und des Todes *Nut* – dargestellt als große Kuh mit den Sternen des Firmaments auf ihrem Bauch – jeden Morgen erneut von dem Himmelsstier geschwängert wurde. Ihr kurz darauf im Osten geborenes Kalb war die aufsteigende Sonne. Das Blut, das sie bei der Geburt verlor, färbte den Morgenhimmel in rosaroten Tönen. Der Himmelsstier starb an jedem Sonnenuntergang, wurde jedoch jeden Tag wieder neu geboren. Auf diese Weise garantierte die Göttin »Große Kuh« das Weiterleben all dessen, was sterblich ist, und nährte den ununterbrochenen Fluss des Lebens.

Der sumerischen Himmelsgöttin *Inanna* wurden neben einem Stier als Geliebtem heilige Rinderherden zugeschrieben. Sie galten als Heiligtümer der Göttin, für die eigens gut zehn Meter lange Schilfhütten gebaut wurden. Als Eigentum der Göttin wurden sie mit ihrem Symbol, dem Schilfringgürtel, gekennzeichnet. Dieser Schilfringgürtel hing noch lange Zeit nach den Sumerern über den Rinderställen und sollte den Nutztieren Gesundheit und Wohlergehen bringen.

Bis in die heutige Zeit hinein gelten Rinder in **Indien** als heilig. Nicht nur, dass sie nicht gegessen werden dürfen, auch ihre Fortbewegungen über Land oder auch durch Städte dürfen nicht gestört werden.

Nach hinduistischer Vorstellung wurde das Universum aus der Milch der Muttergöttin, der Urgöttin, geboren. Diese Leben erschaffende Göttin ist die heilige Kuh *Surabhi.* »Surabhi« ist Sanskrit und bedeutet »Kuh des Überflusses«. Aus ihr strömt sowohl die Substanz für das trockene Land als auch der Nektar für die Speisung der Götter. Die festen Bestandteile des Universums sollen den Mythen nach aus der Verquirlung dieser göttlichen Milch hervorgekommen sein. Unvorstellbare Mengen dieser Milch sollen einst die Ozeane gefüllt haben. Und zwar soll *Vishnu,* der hinduistische Hauptgott und Welterhalter, in Begleitung einer Schildkröte inkarniert sein. Von dem sicheren Rücken der Schildkröte aus hat Vishnu mithilfe eines Berges (*Mandara*) und der kosmischen Schlange *Vasuki* den heiligen Milchozean *Kshiroda* so verrührt und aufgeschlagen, dass – ähnlich wie sich Butter schlagen lässt – 14 Kostbarkeiten zum Vorschein kamen. Darunter befanden sich die hinduistische Göttin der Liebe, des Glücks, der Schönheit und des Reichtums *Lakshmi,* Hauptgattin Vishnus, der himmlische Wunschbaum *Parijata,* gleichzeitig wiederum die Kuh der Fülle *Surabhi* und der für den Erhalt der Welt unerlässliche Unsterblichkeitstrank *Amrita.* Noch heute nimmt das weltweit größte Pilgerfest, die *Kumbha-Melas,* auf diesen hinduistischen Mythos Bezug.

Mahatma Gandhi sagte in einer überlieferten Ehrung der heiligen Kuh: »Das eigentliche Wesen des Hinduismus besteht im Schutz der Kuh – für mich die wunderbarste Erscheinung in der Entwicklung des Menschen, da sie ihn über die Grenzen seiner

Art hinausführt. Durch die Kuh wird der Mensch dazu geführt, sein Eins- und Gleichsein mit allem, was da lebt, anzuerkennen.« In den indischen Religionen gilt die Kuh bis heute als Gottesgeschenk an die Menschen, als Spender allen Reichtums: Milch und Butter sowie die Ermöglichung des Ackerbaus als Zugtier.

Eine indische Sage verkündet: Wer die Milch der besten aller Kühe, der *Nandini*, getrunken hat, soll zehntausend Jahre lang jung bleiben. *Nandi* hingegen ist ihr männliches Pendant: Der hinduistische Stier- und Fruchtbarkeitsgott galt als Personifikation von Stärke und Kraft. Nandi, ein weißer Stier mit einem schwarzen Schwanz, wurde als eine Erscheinungsform von *Shiva* angesehen.

Mutter des indischen Himmelsgottes *Indra* war *Prithivi*, die gerne die Gestalt einer Kuh annahm. Prithivi unterstützte die Menschen vor allem mit ihrer Ausdauer und Geduld, Eigenschaften, die speziell bei der oft mühsamen Bestellung der Felder vonnöten waren. Gleichzeitig stärkte sie aber auch die Hoffnung und Zuversicht auf eine gute Ernte.

Die Vehemenz, mit der die Schonung der Kuh in Indien bis zum heutigen Tag praktiziert wird, soll durch politische Faktoren verstärkt worden sein: Sowohl die in das Land eingefallenen Muslime als auch die britische Kolonialmacht ignorierten die religiösen Gefühle der Hindus. Die entscheidende Opposition unter der einheimischen Bevölkerung erhob den Schutz der Kuh zum Symbol religiöser und nationaler Solidarität gegen Fremdherrschaft. So ist das Bild der Kuh bis heute Symbol der indischen Nation sowie das Emblem der Kongresspartei.

In zahlreichen Religionen und Mythologien Europas, Asiens und Afrikas wurde die Macht von Himmels-, Wetter- und Vegetationsgottheiten durch einen **Stier** symbolisiert. So kam in China dem Stier bei der Einteilung des Jahres eine bedeutsame Rolle zu. Am ersten Frühlingstag, also zu Beginn des chinesischen Jahres, fand eine farbenprächtige Prozession unter dem Motto

»das Schlagen des Frühlingsochsen« statt. Zum Höhepunkt des Festes schlugen die Dorfbewohner mit Stöcken auf eine mit Getreide gefüllte Ochsenfigur ein. Diese zerbrach dann inmitten der feiernden Menge und entließ mit jedem Korn Fruchtbarkeit und Üppigkeit für das kommende Jahr.

Vergleichbare Stierfeste wurden auch im Nahen Osten und im antiken Griechenland gefeiert. Rituell wurden Stiergötterbilder zerstückelt und als Fruchtbarkeitsomen über die Felder verstreut. Im klassischen Athen wurde sogar ein dem »Schlagen des Ochsen« sehr ähnliches Fest zelebriert: der »Ochsenmord« (*bouphonia*). In einer Vollmondnacht des letzten Erntemonats errichtete man einem Ochsen einen Altar mit reichlich Futter in Form von Weizen und Gerste. Das auserwählte heilige Tier schlug sich – quasi als Henkersmahlzeit – mit dem Getreide der Jahresernte den Bauch voll, um anschließend geschlachtet zu werden. Das Fleisch erhielten die Erntearbeiter, und die Haut des Ochsen wurde mit Gras ausgestopft. Über das Töten des heiligen Stieres wurde anschließend zum Schein eine Gerichtsverhandlung abgehalten. Ein jeder behauptete nun, dass er nichts gesehen habe, und die vermeintliche Schuld wurde unter fröhlichem Gelächter hin und her geschoben. Schließlich wurden Messer und Axt als schuldig überführt und verurteilt.

Auch aus Mexiko ist das Ritual bekannt, bei dem Kinder mit verbundenen Augen mit Stöcken auf einen hoch aufgehängten Papierstier einschlagen, um darin verborgene Geschenke und Kostbarkeiten herausfallen zu lassen. Die bei allen Ritualen um den Ochsen auftauchende »Blindheit« der beteiligten Menschen unterstützte möglicherweise den heiligen Charakter der Zeremonie – ähnlich wie man zur intensiveren Versenkung und zugleich Betonung der Demut beim Gebet die Augen schließt.

Mit seiner starken Lebenskraft, die sich gut sichtbar in den festen Hörnern Ausdruck verschafft, ist der Stier als männliches Rind Symbol für die phallische Kraft. Der heilige Stier bekommt die Rolle des Befruchters der Natur sowie die Verkörperung des Korngeistes zugeschrieben. Die sumerische Erd- und Muttergöttin *Ninchursanga*, eine Kuhgöttin, galt hingegen als Beschützerin der Viehherden und der Felder.

Der kastrierte Stier, der **Ochse**, vertritt dagegen die nicht mehr von Triebhaftigkeit und teils gewalttätigem Bestätigungsdrang dominierte, sondern die friedliche Lebenskraft. Der Ochse versinnbildlicht Geduld und Bedächtigkeit, die Bereitschaft und Fähigkeit zu mühseliger Arbeit und zur Selbstaufopferung. Er steht für die gebändigten Naturkräfte, dafür, wie ihre Zähmung – jedenfalls manchmal – zum Nutzen des Menschen gereichen kann.

Der **ägyptische** Fruchtbarkeitsgott *Apis* ist ein schwarz gefärbter Stier mit einem weißen Dreieck auf der Stirn und einem halbmondförmigen Flecken an der rechten Körperflanke. Entsprechend gezeichnete Stiere nannte man Apisstier. Der Tempel des Stiergottes war eine Art Stall in der Stadt Memphis, in der die Apisstiere gehalten und verehrt wurden. Ein Apisstier sollte in der Lage sein, Orakelsprüche zu verkünden. Und wer den Atem des heiligen Stieres einatmete, sollte dadurch ebenfalls zur Gabe der Prophezeiung gelangen. Zu Ehren des Gottes *Serapis* begrub man im ägyptischen Memphis 64 mumifizierte heilige Apisstiere.

Den **Kelten** galt das gehörnte männliche Rind, der Stier, als Pendant des wild lebenden Hirsches. Beiden wurde eine nahezu unbändige Kraft zugeschrieben. Noch heute erzählen schottische Sagen, dass es Kranichen durch ein Stieropfer möglich sein soll, wieder menschliche Gestalt anzunehmen. Im Rahmen der keltischen Gestaltwandlung berichtet eine Sage von einem braunen Stier, der ein verwandelter Schweinehirt war. Zu seiner menschlichen Klugheit hatte dieser nun die Kraft und Macht des Bullen hinzugewonnen, mit der er zahlreiche keltische Krieger schützen und zum Kampf anspornen konnte.

Die Kuh hatte bei den Kelten, die lange matriarchalisch geprägt waren, eine besondere Stellung inne. Sie verkörperte die Muttergöttin und versinnbildlichte Wiedergeburt und Stärke. Insbesondere eine rot gefärbte Kuh sollte unmittelbar aus der Anderswelt stammen und in direkter Verbindung mit den Feen stehen. Manchmal soll eine solche Fee mitsamt ihrer Kuh zu einem sterblichen Menschen gekommen sein. Wenn dieser die Kuh gut und liebevoll behandelte, dann vermehrte sie sich auf wundersame Art und Weise. Sie brachte zwar kleine, aber sehr kräftige und behände Tiere zur Welt, die außergewöhnlich viel Milch gaben. Behandelte der Mensch allerdings die Tiere oder die Fee schlecht, kehrten alle augenblicklich zurück in die Anderswelt. Weiße Kühe versinnbildlichten die Jungfräulichkeit, schwarze Alter und Weisheit.

Anfang Februar feierten die Kelten das Fest *Imbolc,* das die Zeit der Viehzucht und der Getreideaussaat einläutete. Familien, die ihre Wurzeln auf Feen zurückführten, gingen davon aus, dass sie dann von ihren Feenhelfern aus der geistigen Welt mit reichlich Milch und Wohlstand bedacht würden, wenn in ihrer Herde weiße, gefleckte oder rotohrige Rinder seien. Vor allem in den ehemals keltischen Regionen hat sich aufgrund dieser Hochachtung bis heute die Sitte erhalten, das Rindvieh zu schmücken, wenn es im Frühjahr auf die Weide und im Herbst in die Ställe getrieben wird.

In einem Mythos der **Germanen** wurde der erste Mensch von der Urkuh, der alles nährenden *Audhumbla* geschaffen, die selbst einst aus dem Eis hervorgesprungen war. »Audhumbla« bedeutet »milchreiches Glück«. Sie stellte die ursprüngliche, sowohl das Sichtbare als auch das Unsichtbare hervorbringende Kraft des Universums dar, sie war den Germanen Liebe und mütterliche Fürsorge, Zeugung, Fülle und Glück.

Die **griechische** Göttin der Jagd und des Bogenschießens *Artemis* hielt in ihrem Hain heilige Rinder. Eine besondere Rolle als Präsentation von Kraft, Macht und Potenz spielte jedoch das männliche Rind in der griechischen Mythologie. So verkörperte der Stier die Sonne, deren wärmende Kraft gemeinsam mit den Niederschlägen unerlässlich für das Gedeihen der Pflanzen ist.

Der griechische Göttervater *Zeus* näherte sich der schönen, am Strand spielenden *Europa* in Gestalt eines sanften weißen Stieres. Er warb erfolgreich um das schöne Mädchen, und sie bestieg den Rücken des zahmen Stieres. Zeus entführte Europa und trug sie auf seinem Rücken durch das Meer von Phönizien nach Knossos auf Kreta. Hier machte er sie zu seiner Geliebten und zeugte mit ihr drei Söhne, unter anderem *Minos*, den ersten König Kretas und Begründer der nach ihm benannten minoischen Kultur. Der Stier (*Taurus*) wurde als Sternbild an den Himmel versetzt.

Die großen Augen der Kuh galten besonders in der Antike als ein Schönheitsideal. So nannte man *Hera*, die Gattin des Zeus, auch die »Kuhäugig-Schöne«. Dennoch hatte der Frauenliebhaber Zeus neben seiner schönen Gattin Hera zahlreiche Geliebte. Um *Io*, eine Priesterin seiner Gemahlin, vor deren Eifersucht zu schützen, verwandelte er sie in eine weiße Kuh. Doch Hera schickte der verwandelten Io eine Bremse, die die Kuhgestaltige quälen sollte. Io floh über die Meerenge zwischen Europa und Asien, die Wasserstraße, die das Schwarze Meer mit dem Marmarameer verbindet, und gelangte schließlich ins rettende Ägypten. Die Meerenge wurde zum Bosporus, was so viel wie »Rinderfurt« bedeutet. Und Io wurde, nachdem ihr Zeus in Ägypten ihre eigene Gestalt wiedergegeben hatte, von den Ägyptern als *Isis*, die Muttergöttin, verehrt. Isis wurde gerne mit einem Kuhgehörn als Kopfschmuck dargestellt.

Noch berühmter geworden als die Stiere um *Zeus* ist allerdings der *Minotaurus*, das griechische menschenfressende Ungeheuer in Gestalt eines Mischwesens aus dem Leib eines Menschen versehen mit einem Stierkopf, um das sich folgender Mythos rankt: *Minos*, der König von Kreta, Sohn des Zeus und der Europa, bat eines Tages den Meeresgott *Poseidon*, einen Stier aus dem Meer aufsteigen zu lassen, den er dann dem Gott opfern wollte. Als der Stier jedoch mit seiner eindrucksvollen Kraft und imponierenden Schönheit vor ihm stand, wollte ihn Minos für sich behalten und versteckte ihn in seiner Rinderherde. Dies wiederum erzürnte Poseidon derart, dass er einen Zauber auf die Gattin des kretischen Königs legte, der bewirkte, dass sich *Pasiphae* mit dem Meeresstier vereinigte. Die Folge der Leidenschaft war das Ungeheuer Minotaurus, halb Mensch, halb Stier.

Der große Athener Künstler und Baumeister *Daidalos* (oder *Daedalus*) errichtete für den Minotaurus ein Labyrinth, um das Ungeheuer darin gefangen zu halten. Mit Menschenopfern wurde das Ungeheuer besänftigt. Aufgrund einer kriegerischen Niederlage war Athen gezwungen, als Tribut alle sieben Jahre sieben Jungen und sieben Mädchen als Opfergabe für den Minotaurus nach Kreta zu schicken. Der Bann wurde erst gebrochen, als der Athener Held *Theseus* den Stiermenschen tötete. Theseus konnte den Wirren des Labyrinths nur durch die kluge List der *Ariadne* mit dem Faden entkommen: Auf dem Hinweg abgewickelt, verriet er ihm umgekehrt den Rückweg aus dem Labyrinth.

Die Tiefenpsychologie interpretiert den Stiermenschen *Minotaurus* als den Hüter der tief in uns verborgenen Schätze und geheimen bzw. noch nicht offenbarten, also noch unbewussten Ressourcen. Die Rituale um den Stier sollen Ausdruck der tiefen Sehnsucht des Menschen nach Beherrschung und Kontrolle seiner tiefgründigen animalischen Urinstinkte sein. Der Ochse hingegen verdeutlicht noch einmal mehr die gezielte Nutzung dieser Urkräfte durch deren Zähmung.

Wie es im Buch Henoch steht, repräsentierte ein weißer Stier das Volk Gottes, den wahrhaftigen Samen Israels. Den **Juden** war es nur in ganz speziellen kultischen Angelegenheiten gestattet, eine Kuh zu schlachten. Ein solcher Ausnahmefall war die Herstellung des sogenannten »Lustrationswassers«, das zur Reinigung nach der Berührung mit einem Toten hergestellt wurde. Die geopferte Kuh musste von roter Fellfarbe sein und durfte, wohl als Bild für Sündenfreiheit, niemals unter einem Joch gestanden haben.

Im hebräischen Alphabet bedeutet der erste Buchstabe *aleph*, der für Lebensenergie und Kreativität steht, zugleich so viel wie »Ochse«.

Beim Auszug der Israeliten aus Ägypten formte *Aaron* auf Drängen seines Volkes aus dessen zusammengetragenem Goldschmuck ein goldenes Kalb – ein Bildnis des Gottes *Baal*, um es in der Wüste Sinai aufzustellen. Es kam zum berühmten »Tanz ums goldene Kalb«, den alten Gott, von dem sich die Israeliten ein Abbild gemacht hatten. Als *Moses* nach der Entgegennahme der Zehn Gebote wieder bei seinem Volk eintraf und dessen Rückfall sah, zerstörte er das goldene Kalb voller Zorn. Er ließ alle bestrafen, die das goldene Kalb umtanzt und angebetet hatten. Darüber zerbrach Moses sogar die steinernen Gesetzestafeln mit den Zehn Geboten. Hatte sein Volk doch gegen eines der Gottesgebote verstoßen, keine Götter neben dem einen zu haben (2. Mose, 32,1–6,20). Die zehn Gebote erhielt er dann bei einem zweiten Aufstieg auf den Berg Sinai.

Im Alten Testament deutet *Josef* den Traum des Pharaos, der von sieben fetten und von sieben mageren Kühen handelte. Dies wird als biblisches Bild für die natürlichen Zyklen angesehen. Neben dem Esel stand bei der Geburt *Jesu* auch ein Ochse im Stall. Bei *Jesaja* heißt es dazu: »Seinen Eigentümer erkennt ein Ochse, ein Esel die Krippe seines Herrn; Israel aber hat keine Erkenntnis, mein Volk hat keinen Verstand« (Jes 1,3).

Der Ochse, als Arbeitstier eines der ältesten Haustiere des Menschen, sollte stets auch seinen Futterlohn erhalten: »Du sollst dem Ochsen, der da drischt, nicht das Maul verbinden« (5. Mose 25,4). Ein Spruch, dessen schlichte Weisheit sich bis heute erhalten hat. Der potente Stier hingegen vertritt die **christlichen** Tugenden Beharrlichkeit und Geduld, wohingegen ihm als Laster Zügellosigkeit und rohes bis gewalttätiges Verhalten zugeschrieben werden.

Das Auge der Ruhe und Beschaulichkeit ausstrahlenden Kuh galt einst als ein Inbegriff der Schönheit, teilweise auch mit dem Aspekt besonderer magischer Ausstrahlung. Um den Verstorbenen zu ehren, wurde in Finnland die beste Kuh geschlachtet und als Leichenschmaus verzehrt – der Tote nahm symbolisch an diesem Akt teil. Anschließend vergrub man die Knochen des Rindes, damit der Tote im Jenseits ebenfalls wieder eine Kuh bekommen sollte.

Der nordische **Volksmund** sagt: »Die schwarze Kuh drückt jemanden.« Das bedeutet, dass diese Person von Mangel und schwerer Sorge niedergedrückt wird. Das Volk sah allerdings auch in der scheinbaren Leidenschaftslosigkeit, dem geradezu stoisch wirkenden Gleichmut der Rinder, das Bild der »dummen Kuh«, eine Fehleinschätzung, die sich bis heute erhalten hat. Dem irischen Volksmund wird folgender Spruch zugeschrieben: »Wo eine Kuh ist, da ist auch eine Frau. Und wo eine Frau ist, da ist Ärger nicht weit.«

Im Mittelmeerraum glaubte man, dass bald ein Erdbeben käme, wenn ein Stier unter heftigem Gebrüll und Stampfen mit seinen Hörnern in der Erde wühle.

Weihte man allgemein einen weißen Stier dem Mond, so wurden in vielen Regionen Rathäuser und Kirchen mit dem verdünnten Blut eines Stieres angestrichen, um die magischen Kräfte des Mondes anzuziehen und somit Unheil abzuwenden. Traten bei den Kälbchen Missgeburten beispielsweise mit zwei Köpfen auf, so deutete man dies als übles, zu manchen Zeiten auch als geradezu teuflisches Omen.

In manchen **Märchen** wird den Rindern ein besonderer Sinn für Verborgenes zugeschrieben. Die Gebrüder Grimm erzählen von einem Platz, an dem die von den Menschen errichteten Kirchbauten immer wieder über Nacht verschwanden. Irgendwann beschloss die Gemeinde, das Bauwerkzeug in ein Ochsengespann zu legen und den beiden Tieren die Entscheidung zu überlassen, den in Gottes Augen richtigen Ort auszuwählen. Die Ochsen gingen über den Fluss und blieben am jenseitigen Ufer stehen, dem Ort, wo fortan die Kirche St. Stephan stand. In einer anderen Volkssage heißt es, dass Kühe dort den Boden freilegten, wo zuvor eine Magd ihr totes Kind verscharrt hatte.

Eine indische Legende berichtet von einem Helden, der einen ganz besonderen Eid auf die Rinder leistet, um zum Stier unter den Königen zu werden: Er isst einen Kuhfladen, trinkt den Urin einer Kuh und schläft mit ihnen zusammen auf dem Boden, ohne sich nur ein einziges Mal zu kratzen.

Ein über sieben Jahre von sieben Kühen aufgezogener und von einer menschlichen Jungfrau in die Wildnis geführter Stier soll eine Region in der Schweiz von einem schrecklichen Ungeheuer befreit haben. Nach dieser deutschen Sage der Gebrüder Grimm soll so auch der schweizerische Kanton Uri zu seinem Namen gekommen sein: Auerochse oder Ur. Der »Uristier« ziert als Symbol das Wappen des Kantons.

Traumdeutung

Auch in der Traumdeutung repräsentiert die Kuh das Ewigweibliche, die nährende Mütterlichkeit. Die Traumkuh ermahnt die träumende Person jedoch, sich selbst nicht zu vergessen und auch Ansprüche an das eigene Leben zu stellen. Gute Eigenschaften wie Herzlichkeit, Geduld und Fürsorge sollten auch dem Träumenden selbst zugute kommen.

Wer im Traum von einer Kuh verfolgt wird, sollte sich vor einer Person in Acht nehmen, die ihm durch ihre Dummheit Schaden zufügen kann. Wer von einem Kuhstall träumt, dem scheint eine tiefe Reinigung und Heilung ins Haus zu stehen.

Der geträumte Ochse steht für Geduld und die Fähigkeit, Opfer zu bringen. Ein Ochse bei der Arbeit symbolisiert trotz reichlich Mühen nur einen bescheidenen Erfolg in der anstehenden Angelegenheit. Brüllt der Ochse im Traum lauthals, so kündigt er eine drohende Gefahr an. Wer einen Stier im Traum sieht oder gar kauft, soll alsbald einen guten Freund und wohlhabenden Gönner gewinnen. Rücksichtsloses Verhalten sollte aber unbedingt vermieden werden, da sich sonst sehr schwerwiegende Probleme ergeben. Umgekehrt steht der Verlust einer guten Freundschaft oder eines Gönners ins Haus, wenn ein Stier verkauft oder gar getötet wird.

In der tiefenpsychologischen Traumdeutung weisen Träume von einem Stier unmittelbar auf eine Auseinandersetzung mit der eigenen sexuellen Potenz, manchmal auch der schieren körperlichen Kraft hin. Im übertragenen Sinne ist damit natürlich auch die dem Träumenden zur Verfügung stehende Energie gemeint, die Tatkraft und das eigene Durchsetzungsvermögen. Ein Ochse weist auf Ängste um die eigene sexuelle Kraft hin – im Sinne einer Kastration. Er kann auch als Hinweis auf die eigene sexuelle Unreife verstanden werden. Ein Kälbchentraum fordert auf, sich mit eigenen noch sehr wenig entwickelten, eher unbeholfenen, manchmal sogar leichtsinnigen Seiten der Persönlichkeit zu beschäftigen.

Spiritualität

Bei den Rindern sind die jeweils weiblichen und männlichen Aspekte der spirituellen Energien sehr unterschiedlich betont, mehr als bei jedem anderen Haustier.

So steht die *Kuh* als weltweites Sinnbild für nährende Mütterlichkeit und für die Fülle im Leben. Wenn wir unsere Kühe gut und respektvoll behandeln, lassen sich diese großen und gutmütigen Tiere gerne bitten, von ihnen das Erreichen der Fülle und den Umgang mit der Fülle zu lernen. Kühe haben durch ihre spirituelle Verbundenheit sowohl den Zugang zu innerer als auch zu äußerer Fülle.

Innere Fülle bezieht sich auf solche Bereiche wie Gedankenfreiheit, Fantasie, Selbstbewusstsein im wörtlichsten Sinne, Herzensenergie und spirituelle Öffnung. Quelle der inneren Fülle ist ein reiner und klarer Zugang zur inneren Stimme, die wiederum aus der Weisheit des Lebens gespeist wird. Daher sollten wir stets dafür Sorge tragen, gut in unserer Mitte zu sein – etwa durch Formen von Konzentration, Besinnung und Meditation und auch durch eine gute und für uns individuell passende Ernährung und Lebensweise.

Äußere Fülle meint nicht das dicke Bankkonto und Luxusartikel. Die Fülle im Außen bezieht sich vor allem auf Menschen und Tiere um uns herum, die uns wohlgesinnt sind, mit denen es uns gut ergeht und deren Kontakt mit uns von gegenseitiger Wertschätzung getragen wird. Aber auch ausreichende finanzielle Mittel und ein schönes Zuhause, in dem wir uns wohlfühlen, gehören zum äußeren Aspekt von Fülle.

Vielleicht lassen sich beide Aspekte von Fülle am ehesten mit einem wohligen Zustand von Sattsein vergleichen: Wir haben genug, nicht zu viel und auch nicht zu wenig von etwas. Die Habenseite befindet sich in einem sehr angemessenen Zustand, und wir fühlen uns damit wohl. Letztlich handelt es sich bei Fülle immer darum, dass ES fließt. Wenn Gedanken fließen, wenn Achtung und Respekt fließen, wenn Geld fließt, wenn Liebe fließt – dann entsteht Fülle.

Wir Menschen irren uns so sehr, wenn wir meinen, wir hätten gerade dann besonders viel, wären vielleicht sogar reich, wenn wir besonders viel horten, ansammeln und sehr sparsam oder gar geizig damit sind, etwas davon fortzugeben. Das ist vergleichbar mit einem Füllhorn, das wir mit einem Deckel verschließen, damit nichts von den Kostbarkeiten verlorengeht. In dem Augenblick, in dem wir dies tun, ist das Füllhorn kein Füllhorn mehr. Der Zauber, den das Fließen dem Füllhorn bringt, ist dann verschwunden. Im spirituellen Sinne sind Fülle und wahrer Reichtum stets eng mit dem Aspekt des Gebens, Fortschenkens und Loslassens verbunden.

Wenn wir uns durchlässig machen, wenn wir kommen lassen und annehmen, was für uns vorgesehen ist, wenn wir unsere Lebensaufgaben entdecken, ernst nehmen, erfüllen und dann wieder loslassen, wenn wir unsere Entwicklungsschritte – gleichgültig, ob auf weltlicher, psychischer oder spiritueller Ebene – auf uns zukommen lassen oder auch sie suchen, sie annehmen, alles hineingeben und sie wieder loslassen – dann ist unser Leben voll. Dann ist unser Leben auch voll Sinn, dann ist es sinnvoll. Dann schöpfen wir Kraft aus der großen göttlichen Quelle von Liebe und Klarheit, weil wir vertrauensvoll in den Strom des Lebens eingetaucht sind. Das ist es im Grunde, was uns die Kühe lehren können, wenn wir unseren Hochmut ihnen gegenüber ablegen und uns in Wertschätzung ihrer gutmütigen Seelenstärke mit ihrer lichtvollen Energie verbinden.

Vielleicht ist an dieser Stelle die Frage angebracht, ob wir Menschen besser leben würden, wenn wir nicht so schändlich mit so vielen Rindern – vor allem den Milchkühen und Fleischrindern – umgingen. Besonders in den sogenannten reichen Industrienationen sind wir Menschen trotz materiellen Wohlstands unzufrieden und hecheln äußeren Ablenkungen und einem steten »Immermehr« hinterher. Und gerade hier werden Millionen Rinder in grausiger Massentierhaltung entwürdigt. Wir zollen weder den Rindern noch ihren Seelen, noch ihrer spirituellen Kraft Respekt. Wie sollen sie uns so dabei helfen, diesen uns fast paradiesisch anmutenden Aspekt von Fülle und

Fließen auf die Erde zu bringen und hier zum Wohle und zur »Zu-Frieden-heit« aller Lebewesen zu verbreiten?

Der *Stier* betont hingegen den Aspekt des Verteidigens der Fülle gegen räuberische Energien jeglicher Art. Das spirituelle Ziel des Stiers ist es nämlich, im Sinne des wehrhaften und starken Bewachers seiner Herde, das unter seiner Obhut stehende Leben zu schützen und für es zu sorgen. Im Wesentlichen fordert die Stierenergie uns auf, gut auf das, was wir in lichtvollen Fluss gebracht haben, zu achten. Während die Kuh den Vorgang des Nährens und Fließens verstärkt, wehrt der Stier vor allem auf energetischer Ebene beeinträchtigende Energien wie Neid, Missgunst oder Gier ab. Um die Fülle in unserem Dasein zu stärken und zu halten, müssen wir Menschen uns also sowohl mit den Energien der weiblichen als auch der männlichen Rinder verbinden.

Tun wir alles in unserer Macht Stehende, dass es den Kühen, Stieren, Ochsen und Kälbchen auf dieser Welt besser geht, dass sie (wieder) als fühlende und mitfühlende, liebenswerte und liebende, also als beseelte Wesen gesehen und geachtet werden! Solange wir das billige Steak und die billige Milch jederzeit verfügbar haben wollen, beteiligen wir uns an der körperlichen und seelischen Gewalttätigkeit an den Rindern. Wir können schon hier das Hergeben und Loslassen von den Kühen lernen – um Bewusstheit, Respekt und Würde ins Fließen zu bringen. Möge daraus die Fülle für die Lebewesen der Erde erwachsen!

Vom Wildrind zum Hausrind

Alle wilden Rinderarten leben gesellig in kleinen Gruppen, können aber auch sehr große Herden bilden, wie sie von Bisons und Büffeln aus Westernfilmen bekannt sind. Vorwiegend fressen frei lebende Rinder Gras, verschmähen aber auch Kräuter und Blätter nicht. Die Nahrungsaufnahme findet im Schutz des morgendlichen und abendlichen Dämmerlichts statt. Tagsüber und nachts ziehen sich Wildrinder wiederkäuend in geschütztes Dickicht zurück.

Stammvater all unserer Hausrinder ist der schon lange ausgestorbene **Auerochse** oder **Ur** (*Bos primigenius*), der einst weite Teile Europas, Asiens und Nordafrikas bewohnte. Bevorzugt suchte er Lebensräume mit mildem Klima auf. Hier hielt er sich am liebsten in lichten Au- und Mischwäldern auf, drang aber gelegentlich auch in Steppengebiete vor. Zu allen Zeiten war der

Auerochse ein sehr beliebtes Jagdwild. Besonders bekannt sind die Darstellungen des Ur in den altsteinzeitlichen Höhlenmalereien von Lascaux in Südfrankreich.

Der Auerochse war ein mächtiges Rind mit braunrotem Fell und schwarzem Rückenstreifen. Die männlichen Tiere waren meist dunkler, eher schwarzbraun gefärbt. Charakteristisch waren die nach vorn geschwungenen, lyraförmigen Hörner. Die unterschiedliche Gestalt der beiden Geschlechter (Geschlechtsdimorphismus) war beim Ur sehr ausgeprägt: Die Stiere waren erheblich größer und schwerer als die Kühe und besaßen auch ein deutlich größeres Gehörn als diese. Dänische Skelettfunde von nacheiszeitlichen Tieren lassen auf eine Widerristhöhe von bis zu 175 cm beim Urstier und bis zu 150 cm bei den Kühen schließen. Die Ausrottung des Urs wird neben der Bejagung vor allem auf die zunehmend starke Weide- und Nahrungskonkurrenz durch die Hausrinder zurückgeführt. Die Haustierformen des Urs wurden indessen vom Menschen weltweit verbreitet.

Bereits bei den Kelten hatte das Rind als Fleisch- und Milchlieferant und zur Gewinnung von Leder einen hohen wirtschaftlichen Rang – auch dienten hier Rinder vielfach als Zahlungsmittel. Die keltischen **Hausrinder** waren wie die germanischen nicht nur erheblich kleiner als ihr Stammvater Ur, sondern auch deutlich niedriger und schmächtiger als unsere heute bekannten Hausrinder. Erst mit den Römern begann in Europa eine Züchtung auf Fleischmasse. Die enorme Gewichtszunahme der römischen Rinder im Gegensatz zu den keltisch-germanischen geht auch auf eine ausgesuchte Ernährung der Tiere zurück.

Seit dem Altertum stellten die gutmütigen und arbeitsamen Ochsen eine wichtige Grundlage für die Landwirtschaft dar. Mit ihrer Arbeitskraft wie dem Ziehen des Pfluges und Wagens, dem Korndreschen und dem Lastentragen legten die kastrierten Rinder einen wesentlichen Grundstein für unsere heutige menschliche Zivilisation.

Die ältesten Knochenfunde von Hausrindern stammen aus Thessalien im Norden Griechenlands und werden auf das ausgehende 7. Jahrtausend v. Chr. datiert. Man geht jedoch davon aus, dass die **Domestikation** des Rindes schon früher stattgefunden hat, und zwar wahrscheinlich im Entstehungsgebiet der landwirtschaftlich ausgerichteten Wirtschafts- und Lebensweise, in der Region des Fruchtbaren Halbmondes im Vorderen Orient. Die genaue Datierung des Beginns der Domestikation ist schwierig, weil zur gleichen Zeit in dieser Region vier vom Knochenbau her sehr ähnliche Wildrinderarten lebten: Ur, Wisent, Wasserbüffel und Savannenbüffel. Man geht heute von der zweiten Hälfte des 8. Jahrtausends v. Chr. als Beginn der Rinderhaltung in Vorderasien aus. Neben Anatolien ist aber auch das mittelasiatische Belutschistan (Pakistan) als ein Zentrum der Rinderdomestikation anzusehen. Hier wurde neben den Vorfahren unseres heute bekannten Hausrindes aus einer anderen Unterart des Ur das Zebu gezüchtet, ein Rind mit charakteristischem Höcker im Schulterbereich.

Zunächst nutzten die Menschen die Hausrinder hauptsächlich für die Fleischgewinnung. Das Melken der Kühe zur Milchgewinnung fand zwar auch statt, spielte aber zunächst eine untergeordnete Rolle. Die systematische Milchnutzung kam wohl erst mit den züchterischen Veränderungen des Hausrindes im Laufe der Jahrtausende auf. Etwa ab dem 4. Jahrtausend v. Chr. etablierte sich diese Nutzungsrichtung des Hausrindes. Man zieht diesen Schluss aus Knochenfunden, bei denen diejenigen von erwachsenen weiblichen Hausrindern deutlich dominierten.

Die Verwendung als Zugtiere in einem Widerristjoch vor einem Wagen, aber auch vor einem Pflug belegen bildliche Darstellungen der Sumerer aus der Zeit zu Beginn des 3. Jahrtausends v. Chr. Wahrscheinlich wurden die Hausrinder aber bereits 2000 Jahre früher als Zugtiere eingesetzt. Im Alten Ägypten war das Rind nicht nur bedeutsames und sogar wichtigstes Haustier, sondern es nahm auch in den religiösen Kulten eine wichtige Rolle ein. Im Tempel Ramses II. in Luxor aus der Zeit 1300 bis 1200 v. Chr. findet sich das Abbild eines schweren Mastochsen. Bereits zu dieser Zeit kastrierte man die Stiere zu Ochsen, um durch den Verlust an männlichem Geschlechtshormon Testosteron schneller einen Fett- und Fleischansatz der Tiere zu erreichen.

Heute gibt es spezielle Milch- und Fleischrindrassen. Die wirtschaftlich leistungsstärkste und zugleich eine der bekanntesten Milchrindrassen ist das Holstein-Friesian-Rind mit 15 bis 25 Litern Milch pro Tag. Damit der Milchfluss nicht versiegt, muss eine Milchkuh jedes Jahr gedeckt werden und ein weiteres Kalb zur Welt bringen. Das Kalb wird rasch von der Mutterkuh getrennt und anderweitig ernährt, damit die Milchkuh auch eine Milchkuh bleibt, ihr der Mensch also die nahr- und schmackhafte Babynahrung täglich abmelken kann. Erstmalig gibt eine Milchkuh übrigens erst im Alter von zwei Jahren Milch, wenn sie gleich nach Erreichen der Geschlechtsreife befruchtet wird und nach neun Monaten Tragzeit ihr Junges zur Welt bringt.

Das am weitesten verbreitete Fleischrind ist die sehr anpassungsfähige englische Rasse Hereford. Eine Hereford-Kuh wird etwa 600 kg schwer. Die klassische Schwarzbunte, die ursprünglich aus den holländisch-friesischen Küstengebieten stammt, zählt zu dem sogenannten »Zweinutzungsvieh«. Die schwarz-weiß gefleckten Kühe geben sowohl reichlich Milch als auch irgendwann relativ viel Fleisch.

In anderen Regionen der Welt wurden übrigens andere Rinder domestiziert: in den zentralasiatischen Hochgebirgsregionen der Yak aus dem Wildyak (*Bos Poephagus mutus*); in weiten Teilen Asiens der Wasserbüffel aus dem Asiatischen Wasserbüffel (*Bubalus arnee*), der vor allem das Haustier der Reisbauern ist; sowie – bei uns wesentlich unbekannter – im südostasiatischen tropisch-subtropischen Raum aus dem Banteng (*Bos javanicus*) das Balirind und aus dem indisch-malaiischen Gaur (*Bos gaurus*) der Mithan bzw. Gayal.

Passen Sie und Rinder zusammen?

Der Wunsch, Kühe oder Bullen zu halten, ist bereits ein deutliches Zeichen dafür, dass Sie einen besonderen Bezug zu diesen Haustieren haben. Daher werden Sie sich vor einer Anschaffung bei erfahrenen Fachleuten beispielsweise Hobbyzüchtern oder Bauern, die sehr gut mit ihren Tieren umgehen, und in der einschlägigen Literatur die notwendigen Informationen für eine artgerechte Haltung der Rinder zu ihrem Wohlergehen holen. Wichtigste Voraussetzung ist, dass Sie neben den Mitteln genügend Zeit aufbieten können und werden, um den Tieren ein gutes Leben zu ermöglichen. Auch für die Haltung von Rindern – gleichgültig ob Schwarz-Bunte oder Hochlandrinder (Abb. S. 268) – brauchen Sie ein tägliches Minimum an Zeit, denn nach den Rindern muss auch wenigstens einmal täglich gesehen werden. Milchkühe müssen jeden Tag gemolken werden, ohne Ausnahme.

Wenn Sie den Rindern achtsamen Respekt entgegenbringen, stehen Ihnen wunderbare Erfahrungen mit diesen geduldigen und gutmütigen Wesen bevor.

Das Schaf

Klarheit durch innere Reinigung

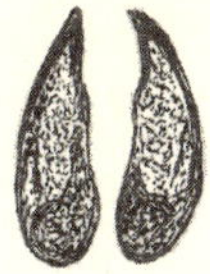

Mythologie

Prähistorische Felsgravuren aus der Jungsteinzeit in den Atlasbergen der Sahara legen den Schluss nahe, dass Schafe zu den ersten Haustieren gehörten, die einen heiligen, götterähnlich verehrungswürdigen Status innehatten.

Schafe haben einen überwiegend freundlichen und sanften Charakter und scheinen sich gerne führen zu lassen. Daher ist es kein Wunder, dass die Menschen in ihren Religionen und Mythen dem Schaf die Eigenschaften von Sanftmut, aber auch von Wehrlosigkeit bis hin zur Hilflosigkeit zuschrieben. Schafe stehen gemeinhin für Duldsamkeit, manchmal Schwäche oder sogar Einfalt. Auch für die nordamerikanischen Ureinwohner versinnbildlichte das domestizierte Schaf zum einen die Konformität der Herdentiere und zum anderen die Verletzlichkeit bis hin zur Hilflosigkeit.

Insbesondere das verletzliche **Lamm** erfordert fortwährenden Schutz, sowohl vor extremen Witterungseinflüssen als auch vor wilden Tieren. Da sich die Lämmer zum Säugen auf ihre Knie niederlassen, genießt der Nachwuchs der Schafe zugleich eine besondere Achtung: Diese Art zu trinken wurde als niederkniende Dankbarkeit und kindliche Hochachtung vor der nährenden Mutter gedeutet.

Der **Widder** hingegen steht mit all seiner Kraft, Potenz und Durchsetzungskraft für die männlichen Aspekte der Schafenergie.

In der algerischen Mythologie wird folgende Geschichte um den Widder erzählt: Die irdische Urmutter hatte einst aus Teig den ersten Widder geformt, dem sogleich wie den übrigen von ihr geschaffenen Tieren das Leben eingehaucht wurde. Als der Zeitpunkt seines irdischen Todes gekommen war, zog er sich nicht wie die anderen Tiere zum Sterben zurück, sondern stieg hoch hinauf in die Berge. Er erklomm Berggipfel, die so hoch waren, dass er mit seinen Hörnern an die aufsteigende Sonne stieß. Die Sonne blieb an ihm haften und wanderte fortan mit dem Widder durch die Welt.

In Widdergestalt vermählte sich der griechische Meeresgott *Poseidon* mit der schönen *Theophane* (wörtl.: »die einen Gott zur Erscheinung Bringende«), mit der er die geheimnisumwobene lebenserneuernde Kraft der Sonne, das »goldene Vlies«, zeugte. Später stießen die Argonauten, die fünfzig größten und mutigsten Helden Griechenlands, mit einem Schiff in See, um das »goldene Vlies« aus dem »Land der Morgenröte« zurückzuerobern.

Verehrt wurde der Widder – wohl aufgrund seiner Stoßkraft, die eng mit sexueller Potenz und Selbstbehauptungswillen verknüpft wurde – bereits seit der Zeit der Urnenfelder. Die enge Verbindung zur Sonne blieb weitestgehend erhalten. Im Weltenkalender des *Zodiak* begann einst das neue Jahr zu dem Zeitpunkt, an dem die Sonne im Widder stand, und zwar am 21. März. Und noch heute geht die Astrologie davon aus, dass im Sternzeichen des Widders die Sonne ihren höchsten Ausdruck findet. In der Astrologie ist auch der angriffsstarke Mars der Herrscher (Regent) des Widders. Menschen, die unter dem Sternzeichen Widder geboren sind, gelten bis heute getreu dem Widderprinzip als Charaktere mit temperamentvoller Risikobereitschaft und kämpferischem Mut, unter dem Schattenaspekt bis hin zu Ungeduld und Rücksichtslosigkeit.

Die kontinuierliche und recht problemlose Vermehrung der Schafe prädestinierte die außerdem noch sehr sanftmütigen Tiere als **Opfertiere**, obwohl oder vielleicht sogar gerade weil sie gleichzeitig die Kräfte des Wachstums und Neubeginns symbolisierten. Im Rahmen der Opferzeremonie, bei der man das Fleisch des Tieres aß und sein Blut trank, wurde die Vereinigung von Tier, Mensch und Gottheit vollzogen.

Die Opferrolle versinnbildlicht in extremer Form die Hingabe an das Höchste. Das reine, geduldige und unschuldige Lamm wehrt sich nicht, sondern lässt sich »wie ein Lamm zur Schlachtbank führen«, wie schon der Prophet *Jesaja* von dem leidenden Gottesknecht sagte (Jes 53,5–7).

Dem Frühlings- und Jünglingsgott *Attis* zu Ehren wurde gut 600 v. Chr. von dem kleinasiatischen Volk der *Phryger* jährlich ein Widder geopfert. *Attis* galt als ein Gott der jedes Jahr im Frühjahr wieder neu erwachenden Kräfte der Natur. Damit symbolisierte er sowohl das Sterben als vor allem auch das Wiederauferstehen. Das Widderopfer (*Criobolium*), das zugleich Reinigung und Regeneration versinnbildlicht, sollte die Auferstehung des *Attis* unterstützen.

Diese Widderopfer übten vermutlich später einen sehr tiefgehenden Einfluss auf die christlichen Riten aus: Das Lamm symbolisierte den auferstandenen Jesus Christus, der sich für die Menschen geopfert hat. Das »Lamm Gottes« (*Agnus Dei*), das hinwegnimmt die Sünden der Welt, wird noch bis heute in katholischen Gottesdiensten dreimal vor der Kommunion angerufen.

Um den Bund Gottes mit dem Volk Israel zu feiern, opferten die Juden im Tempelhof von Jerusalem jedes Jahr zum Passahfest ein unbeflecktes einjähriges Lamm. Und auch die alten Griechen opferten Schafe bzw. Lämmer. Bei den kulturell unterschiedlichsten Opferriten symbolisiert das Lamm die absolute Unschuld, die dennoch – oftmals aufgrund von Verleumdung – verurteilt und mit dem Tode bestraft wird. Im Christentum entwickelte sich aus dem hilflosen, verletzlichen und letztlich als demütig interpretierten Lamm später das Christusprinzip, das Prinzip der Erlösung.

Im alten **Ägypten** verehrte man an vielen Orten den lebenden Widder. Die berühmtesten männlichen Schafe erhielten als wiedergeborene (inkarnierte) Seelen eines Gottes einen ehrenvollen Namen, wie der »Bock von Mendes«, dessen Name *Banebdetet* »Seele, Herr von Busiris« bedeutete, also Seele des Gottes *Osiris*. Das ägyptische Wort *Chnum* für Widder steht auch für den Selbstgeschaffenen, für den Wächter der Nilquellen, die unter anderem durch die zyklischen Überschwemmungen des Flusses alles Leben in der Region spendeten, und für den Herrn über alle Weissagungen und Offenbarungen. Dieser Widder *Chnum* soll Hörner getragen haben, die spiralförmig, aber waagerecht von seinem Körper fortragten. Wahrscheinlich hat es einmal eine solche Schafsrasse gegeben, die um das 2. Jahrhundert v. Chr. ausgestorben ist.

Die **griechische** Göttin der Liebe, Schönheit und Fruchtbarkeit *Aphrodite* wurde unter anderem nackt auf dem Rücken eines galoppierenden Schafes dahinreitend abgebildet, umgeben von wirbelnden Pleiaden. Auf ihrer Geburtsinsel Zypern wurde der Liebesgöttin jedes Jahr ein Schaf geopfert. Die Gläubigen selbst kleideten sich zu diesem Ritual in Schaffelle. Aphrodite unterhielt eine längere Liebesbeziehung zum Götterboten *Hermes*, der oft in Gestalt eines Widders dargestellt wurde. Er war zudem als Gott der Tierherden der »gute Hirte«, verfügte über entsprechende Heilkräfte und wurde auch gerne mit einem Widder auf dem Arm oder um die Schultern gelegt dargestellt. Als Gott des Weggeleits und als Seelenführer (*Psychopompos*) geleitete Hermes die Seelen der Toten vom Diesseits in den jenseitigen Hades. Das Schaf wurde außerdem dem griechischen Gott der Träume und des Gestaltwandels *Morpheus* zur Seite gestellt.

In der **keltischen** Mythologie waren Schafe der irischen Muttergöttin und Lichtbringerin *Brigit* geweiht. Und auch der **germanischen** Fruchtbarkeitsgöttin *Eostre* waren heilige Schafe zur Seite gestellt.

Zu bestimmten Zeiten mussten die **Juden** zu Ostern ein Lamm schlachten, um es als Opfer darzubringen. Damit der »vorübergehende Gott« das Opfer auch sehen konnte, wurde in manchen Regionen das Blut des geschlachteten Tieres an den Häuserwänden ausgestrichen. Tieropfer haben im jüdischen Glauben eine lange Tradition. Bereits *Salomo*, Sohn des legendären Königs der Israeliten *David*, begann 962 v. Chr. in Jerusalem einen Tempel zu Ehren von Gott Jahwe zu bauen. Er beherbergte in einem abgetrennten Raum das Allerheiligste: die *Menora* (einen siebenarmigen Leuchter), die Bundeslade, die steinernen Gesetzestafeln, die Moses einst auf dem Berg Sinai empfangen hatte, sowie den Opferaltar. Einmal im Jahr an *Jom Kippur* (dem »Versöhnungstag«) durfte ausschließlich der Hohepriester diesen Raum betreten. Er sprengte dann das Blut eines geschlachteten Widders auf die Platte der Bundeslade, um für die Sünden des ganzen Volkes um Vergebung zu bitten.

Die Wahl des Widders als Opfertier mag auf Abraham zurückgehen: Abraham war bereit, seinem Gott seinen einzigen Sohn zu opfern. Gott verschonte aber den Jüngling, und an dessen Stelle wurde im 1. Buch Mose ein Widder genommen (1. Mose 22.13).

Das **Christentum** stellt das Angewiesensein einer Schafherde auf Führung durch den Hirten, der sie weidet, in den Vordergrund. Die positive Verbindung zwischen Gott und den Menschen ist demzufolge der »gute Hirte«. Jesus fordert Petrus auf: »Weide meine Lämmer, weide meine Schafe« (Joh 21.15–17). Als verlorenes Schaf wird der Mensch angesehen, der vom rechten, Gott zugewandten Weg abgekommen ist. Meist wird es von eben einem solchen »guten Hirten« heimgebracht auf den Weg der ursprünglichen Verbindung mit Gott.

Im Gleichnis vom verlorenen Schaf (Lk 15,4–7) steht das Schaf, wie überall im Neuen Testament, als Metapher für die unendliche Gnade des erbarmenden Gottes, der keinen Sünder aufgibt, mag dieser sich auch noch so weit von ihm entfernt haben. Der Hirte, der ein einziges verlorenes Schaf aus einer Herde von hundert Schafen nicht verloren gibt und zurückbringt, lässt Jesus in großer Freude ausrufen: »Ich sage euch: So wird auch Freude im Himmel sein über einen Sünder, der Buße tut, mehr als über 99 Gerechte, die der Buße nicht bedürfen« (Mt 18,13). Über den heiligen *Josef von Copertino* aus Italien wird berichtet, dass er jedes einzelne Schaf seiner Herde, von der alle bei einem schweren Hagel getötet worden waren, wieder zum Leben erweckte.

In der christlichen Kirche galten die von Gott geweideten Lämmer sowohl als Glaubensmärtyrer als auch allgemein als die Masse der gläubigen Menschen. Dargestellt neben Löwen, wurde der paradiesische Zustand absoluter Friedfertigkeit ausgedrückt. Das Lamm war das Neue und zugleich Reine, das frei von jeglichem Makel war. Gleichzeitig trieb dieses Tiersymbol die Höherentwicklung der Menschheit an und stand für deren Erlösung. *Johannes der Täufer* erkannte in Jesus Christus das bereits im Alten Testament durch *Jesaja* angekündigte »Opfer- oder Passahlamm«. Als er den erblickte, der sich für die ganze Menschheit opfern würde, rief er aus: »Seht das Lamm Gottes, das hinwegnimmt die Sünden der Welt!« (Joh 1,29).

Das Lamm stand stets für die Versöhnung mit Gott; es stand für Unschuld und die reine, alles umfassende und bedingungslose Liebe, die stärker ist als jede Art von Gewalt und sogar stärker als der Tod. So versinnbildlicht das demütig Leid und Schmerz ertragende Lamm bis heute sanftmütige Liebe, Reinheit und Unschuld sowie Frieden und Auferstehung. Jesus Christus – das geopferte Lamm Gottes – ist der Inbegriff von Demut und Duldung.

Beim Weltgericht wiederum werden durch Gottes Sohn die Menschen voneinander geschieden, wie der Hirte die Schafe von den Böcken trennt. Durch das gesamte Neue Testament zieht sich das Schaf als Versinnbildlichung des Menschen, der Gottes Willen tut, der Nächstenliebe und Barmherzigkeit praktiziert, der Bock hingegen steht für denjenigen, der sich der Nächstenliebe entzieht und sich ohne Erbarmen mit seinen Mitmenschen erweist. Übrigens konnte der Teufel trotz seiner Wandlungsfähigkeit niemals die Gestalt eines weißen Schafes, geschweige denn eines Lammes – mit der ihm eigenen Unschuld – annehmen. Er kommt in Geschichten und Sagen bestenfalls als schwarzer Schafbock daher.

Ist das »lammfromme« Lamm liebenswerter Inbegriff schützenswerter Unschuld, verliert es mit zunehmendem Alter an Ansehen und muss im **Volksmund** für allerlei Schimpfworte und Redensarten herhalten. Der deutsche Volksmund tituliert denjenigen als »dummes Schaf«, der augenscheinlich blindlings und ohne eigene Meinung oder gar Kritik einer gerade populären oder mehrheitlichen Meinung und Ansicht folgt. »Dem einen Schaf folgen die anderen.« Ohne gründliche Abwägung scheint die Person nahezu willenlos einer äußeren Führung zu folgen. In einem anderen Sprichwort heißt es: »Ein Schaf, das blökt, verliert seinen Bissen.« Dies meint, dass die Dummen doch besser ihr Maul, ihren Mund halten sollen, »Schafsköppe« eben.

Schwarze Schafe sind Außenseiter ihrer sozialen Gruppe.

Ebenso wie der Herrgott trieb Frau Holle in ihrem **Märchen** an schönen Tagen ihre Schäfchen am Himmel aus. Als »Schäfchenwolken« tragen sie den Leben und Wachstum spendenden Regen in sich und versinnbildlichen zugleich die gut behütete Herde der verstorbenen Seelen und die Sorge um alles Leben auf der Erde. In vielen Märchen unterschiedlichster Kulturen bleiben selbst die bösen Zauberer letztendlich machtlos angesichts der Kraft, die aus der Unschuld eines Lamms entsteht.

In den Sagen der Gebrüder Grimm wird von einem schweizerischen Alpenhirt erzählt, der einem Lamm in seiner Herde so zugetan war, dass er es taufen ließ, um ihm einen christlichen

Namen zu geben. Um diesem Frevel Einhalt zu gebieten, verwandelte jedoch der Himmel das Lamm in ein scheußliches Gespenst, das fortan sein Unwesen trieb.

Viele Tierfabeln berichten von bösen Übergriffen auf die hilflosen Schafe, meist von Wölfen. In der Geschichte vom Krieg zwischen den Schafen und den Wölfen sind die Schafe so töricht, ihre Hirtenhunde als Geiseln an die Wölfe zu übergeben, wodurch sie jedoch ihren letzten Schutz vor den Räubern verlieren.

Im Märchen tauchen allerdings auch häufiger Schafe auf, die sich keineswegs vor Wölfen fürchten, sondern sie mit List oder sogar Prahlerei in die Flucht schlagen: Ein Schaf erschrickt ein ganzes Wolfsrudel, indem es ihm den Kopf eines angeblich von ihm erschlagenen Wolfes präsentiert. Einem anderen reichen die Worte: »Gestern habe ich sieben Wölfe gefressen, heute fresse ich den achten.« Ein weiteres Schaf bittet den Wolf, ihm doch noch etwas Schönes vorzusingen, bevor er es fresse. Der geschmeichelte Wolf heult sogleich los, und das Schaf kann entkommen. Zumindest in Notsituationen scheint also vom Schaf doch einiges zu lernen zu sein.

Taucht in Fabeln ein dreibeiniges Schaf auf, soll dies meist den natürlichen Lebenskreislauf versinnbildlichen: Wachstum, Blüte und Verwelken oder im größeren Sinne Leben, Tod und Auferstehung. Wohl wegen seiner angeblichen Unbewusstheit taucht das Schaf in psychologischen Zusammenhängen häufiger als Symbol für den Schlaf auf.

Traumdeutung

Wer von Schafen träumt, sollte sich fragen, ob er nicht seine Sanftmut geradezu übermäßig zur Schau trägt, und zwar weniger aus tiefer Herzensüberzeugung heraus, sondern eher aus Bequemlichkeit und Konfliktscheu. Eine andere Deutung lässt ein geträumtes Schaf signalisieren, dass sich der Träumende auf dem richtigen Weg befindet. Hier wird die Sanftmütigkeit deutlich positiv belegt, das Schaf steht für den guten Willen des Träumenden.

Tauchen im Traum gleichzeitig Schaf und Wolf auf, soll der Träumende darauf hingewiesen werden, einen anstehenden Konflikt zwischen Gut und Böse zu erkennen, um darin selbst eine eindeutige Position zu beziehen, entsprechende Entscheidungen zu fällen und Handlungen zu vollziehen.

Ein Lamm bringt sogar direkt Glück und Freude in das Leben, insbesondere in die Familie. Ein schlafendes Lamm soll auf die eigenen – wohl verdrängten, also schlafenden – Ängste verweisen. Ein totes Lamm hingegen symbolisiert den Zustand von Hilflosigkeit angesichts des Gefühls des Träumenden, mit zu großer Verantwortung beladen zu sein. Es versinnbildlicht tiefe Einsamkeit. Wer ein Lamm im Traum selbst schlachtet, läuft Gefahr, Wohlstand gegen vorübergehende Zufriedenheit einzutauschen. Speziell ein Widder taucht im Traum auf, um den Träumenden zu größerer Rationalität aufzufordern, besonders im Verlauf von Entscheidungsfindungen.

Spiritualität

Das Schaf verbindet uns auf geistiger Ebene mit tiefer innerer Reinigung. Dabei geht es um eine Art inneren Aufräumens, um energetische Klärung. Das Ziel dieses Prozesses – und es ist tatsächlich ein meist langwieriger (Energie-)Arbeitsprozess – ist das (Wieder-)Erlangen von Klarheit und Reinheit, ein Zustand, der ein wenig an die reine Unschuld* des Lamms erinnert. Alten

* Wobei das deutsche Wort *Unschuld* etwas unglücklich ist, denn es geht dabei nicht um Schuld.

Ballast loszulassen, hinter uns zu lassen, hilft uns, wieder klarer unseren Lebensweg zu erkennen und – wie mit leichterem Gepäck – auch leichter zu gehen.

Tatsächlich läuft diese innere Reinigung auf drei Ebenen ab: der rein energetischen, feinstofflichen Ebene, vor allem unserer Aura und der sich dahinein öffnenden Chakren; auf unserer psychischen Ebene, auf der unser bisheriges Leben seine emotionalen Spuren und Reste auf unserer Seele, teilweise auch in unserem Körper hinterlassen hat; und letztlich auch auf rein körperlicher Ebene, auf der sich durch unsere Ernährung und unseren Umgang mit unserem Körper einiges an Stoffwechselschlacken angesammelt hat, die unserem Organismus mehr schaden als nützen.

Zur körperlichen Reinigung können wir von den Schafen Genügsamkeit lernen – wenigstens um Schlacken- und Giftstoffe aus unseren Organen zu entfernen. Hin und wieder einmal einen Fastentag einzulegen oder einige Tage den Magen-Darm-Trakt beispielsweise mit Reis-Gemüse-Kost »durchzupusten«, könnte für uns sehr wohltuend sein. Viel Wasser zu trinken spült in jedem Fall unseren Körper gut durch und schwemmt viel Ballast aus. Machen wir uns kundig, wie wir unseren Organismus unterstützen können, die Altlasten loszuwerden. Wenn wir auf unsere geistige Führung vertrauen, wird uns das jetzt Richtige zur Reinigung unseres Körpers begegnen.

Interessant ist, wie die Schafe innerhalb ihrer Gruppe mit den Sozialkontakten umgehen. Ihr Grundwesen ist sehr friedfertig. So gehen sie auch miteinander um und fordern uns auf, es ebenso zu tun: Das Schaf lehrt uns, den Platz, auf den wir auf dieser Erde gestellt worden sind, anzunehmen und die sich daraus ergebenden Aufgaben mit Hingabe zu erfüllen. Es gibt für das Schaf keinerlei Grund für Neid, Hass, Gier, Eifersucht und diesen ganzen Kanon der beeinträchtigenden, unser Licht und unsere Liebe verkleinernden Gefühle.

Doch wir sind Menschen, also von Grund auf lernende Wesen. Und aufgrund unserer bisherigen Lebenserfahrung und weil wir jetzt und auch in der Zukunft auf unserem Lernweg sind, sind wir alle mit solchen Gefühlen angefüllt – jeder auf seine ganz persönliche Weise. Das Schaf bietet uns auf der energetischen Ebene seine Hilfe an, uns auch auf dieser psychischen Ebene von altem und neuem emotionalem Ballast zu befreien; es lädt uns ein, mit ihm zu träumen. Der einfachste Weg ist, uns auf die Kindersprüche zu besinnen, nämlich »Schäfchen zu zählen«, wenn wir nicht einschlafen können, also unseren Gedankenkreisel im Kopf nicht loslassen können.

Wenn wir uns auf diese oder ähnliche Weise mit den Tieren verbinden, unterstützen sie unsere Träume. Und in diesen be- und verarbeiten wir unsere jüngsten und aktuell wieder hochgespülten Situationen und Konflikte und erhalten die Chance, die dazugehörigen Gefühle loszulassen. Das ist tatsächlich wie eine emotionale Reinigung im Schlaf zu verstehen. Wir können, aber müssen uns dazu nicht unbedingt am nächsten Tag an die Träume erinnern. Wenn wir einen besonderen Bezug zu Schafen haben, können wir die Tiere um Hilfe bei der Traumarbeit bitten. Sie werden aus Liebe zu uns Menschen tun, was sie vermögen – vor allem natürlich, was wir zulassen und an Gefühlsschlacken dann auch tatsächlich loslassen.

Mit einer ähnlichen Bitte können wir an Schafe auch zur spirituellen Reinigung herantreten. Dieser Klärungsprozess findet zum Teil zwar auch in Träumen statt, doch hauptsächlich sind hier verschiedenste Formen von Meditationen, Versenkungen, Atmen in Stille oder andere Formen der lichtvollen Energiearbeit hilfreich. Zur Unterstützung unserer eigenen Konzentration und energetischen Klärungsarbeit können wir uns mit entsprechendem Respekt mit der Energie des Schafes verbinden, es bitten, uns den friedlichen und offenen Umgang mit der universellen oder göttlichen Verbindung zu lehren. Das Schaf ist gerne bereit, uns an seinem inneren Frieden teilhaben zu lassen.

Wenn wir mit Schafen leben oder sonst eine Gelegenheit haben, diese Idee umzusetzen, sollten wir einmal unsere Meditation auf eine Schafweide verlegen. Wenn wir es zulassen können, erfahren wir, wie uns das Blöken der Herde und die mit dem Dasein so friedlich einverstandene Energie jedes einzelnen Tieres hilft, unseren Alltag und die Gedankenwirbel in unserem Kopf loszulassen und uns auf unsere Meditationsebene einzuschwingen. Wir sollten keinesfalls vergessen, uns bei den Schafen für ihre Hilfe, ihre energetische Unterstützung zu bedanken – auch und gerade weil sie es gerne und von Herzen tun.

Ein Übungsvorschlag für Menschen, die schon etwas Meditationserfahrung haben, ist die *Prana-* oder *Qi-*Atmung. Diese **Meditation** verbindet nicht nur mit der universellen oder göttlichen Energie durch den Aufbau einer Lichtsäule. Sie reinigt und klärt auch alle unsere Energiezentren, unsere Chakren.

Zur Durchführung der Prana-Atmung stellen wir uns oder setzen uns mit aufrechter Wirbelsäule an einen ruhigen und ungestörten Ort, an dem wir uns geschützt und wohl fühlen. Zunächst atmen wir einige Male in unser Herzchakra, indem wir uns vorstellen, dass wir durch unser Kronenchakra an der höchsten Stelle unseres Kopfes einatmen und die Atemluft dann bis in unser Herzchakra in der Mitte des Brustbeins fließen lassen. Dann atmen wir einige Male über unser Wurzelchakra am Grunde unsres Beckenbodens in unser Herzchakra. Als Nächstes atmen wir gleichzeitig über unser Kronen- und Wurzelchakra in unser Herzchakra und lassen die Atemluft aus unserem vorderen und hinteren Herzchakra herausströmen – also zur Brust- und zur Rückenseite heraus. Dabei lassen wir mit unserem Bewusstsein zu, dass durch dieses lichtvolle Fließen und Strömen unser Herzchakra geöffnet, gereinigt und gestärkt wird.

Dann schicken wir von unseren Augen aus ein Lächeln in unser Herz. Und sogleich gehen wir mit unserem Herzbewusstsein hoch und noch höher über uns und leiten das klare weiße Licht – gleichgültig, ob es für uns die chinesische universelle Lebensenergie *Qi*, das hinduistische *Prana* oder die Verbindung zu Gott ist – über das Kronenchakra in unseren Prana-Kanal ein. Der Prana-Kanal ist der Durchfluss- und Lichtkanal entlang unserer Wirbelsäule, der unsere energetische Verbindung von der Erde zur geistigen, feinstofflichen Welt darstellt. Und wir lassen das klare weiße Licht durch den Prana-Kanal von oben nach unten in alle unsere Chakren einfließen, um diese zu öffnen, zu klären und zu aktivieren: vom Kronenchakra aus zunächst in das Dritte Auge, dann in das Halschakra, das Thymusdrüsenchakra, das Herzchakra, den Solarplexus, das Sakralchakra und das Wurzelchakra. Zuletzt lassen wir das klare weiße Licht über die Knie- und Fußchakren, den Erdenstern etwa 20 Zentimeter unterhalb der Stelle, wo wir stehen, zum Erdmittelpunkt, dem Herzen der Erde, strömen. Wir spüren hinein in das Eingebundensein und Gehaltensein inmitten der kosmischen Zusammenhänge. Wir fühlen die Verbindung zur Erde.

Wir merken, dass sich mit zunehmender Übung die Lichtsäule, die bei dieser Meditation durch unseren Prana-Kanal hindurchfließt, immer schneller aufbaut. Wenn wir in einem guten Energiefluss und gut zentriert sind, nehmen wir diese zugleich schützende, reinigende und öffnende Lichtsäule wahr, sobald wir unser Bewusstsein darauf richten.

Vom Wildschaf zum Hausschaf

Gemeinsam mit der Ziege gilt das Schaf als das älteste aller Nutzhaustiere. Einhergehend mit der Sesshaftwerdung des Menschen legte die **Domestikation** von Schaf und Ziege ein wichtiges Fundament für die Landwirtschaft in der Alten Welt. Bereits gegen Ende des 9. Jahrtausends v. Chr. wurden die ersten Schafe an die menschliche Gemeinschaft gebunden. Aufgrund ihrer Genügsamkeit, Widerstandsfähigkeit und ihrer recht anspruchslosen Haltung sowie ihrer hohen Fortpflanzungsrate und Nutzbarkeit breiteten sich die Hausschafe rasch über Asien, Europa und Afrika weltweit aus, in fast alle Klimazonen. In Mitteleuropa leben seit etwa 6000 Jahren domestizierte Schafe.

Anhand frühzeitlicher Fundstellen in Vorderasien geht man davon aus, dass die ersten, noch wilden Schafherden in naturgegebenen Gehegen wie Schluchten in den Bergregionen Südwestasiens gehalten wurden. Schafe wurden aber auch bei Wanderungen und Umsiedlungen von den Menschen mitgeführt, um immer ausreichend Nahrung und Kleidung zur Verfügung zu haben – auch in der Fremde.

Zunächst wurden die Schafherden nur für die Fleischgewinnung genutzt. Die Gewinnung von Schafsmilch im größeren Maßstab und die Verwertung der Wolle kamen erst 4000 bis 5000 Jahre später hinzu. Die Herausbildung eines Wollvlieses aus dem ursprünglichen Haarkleid der Schafe ist das Resultat gezielter und langwieriger Züchtung. Bei den meisten Hausschafen wächst das Haar länger und kontinuierlich. Der bei Wildschafen übliche Haarwechsel im Frühjahr und Herbst fällt weg. Erst die Römer verfeinerten durch ihre Zucht die Wollqualität.

Damit gewann das Hausschaf weiter an wirtschaftlichem Wert für den Menschen. Brachte zu altbabylonischer Zeit um 1000 v. Chr. ein Schaf noch ein Kilogramm Wolle pro Jahr, kann man heute von speziellen Wollschafrassen jedes Jahr das Siebenfache an Wolle ernten, noch dazu von erheblich höherer Qualität. Heute gibt es je nach Nachfrage beispielsweise Feinwoll-, Kurzwoll- oder Langwollschafe. Am bekanntesten ist sicherlich das Merinoschaf, mit gleichmäßigen, dichten und gekräuselten feinen Wollhaaren. In warmen Regionen wie Indien oder Afrika besteht wiederum kaum Bedarf an wärmender Wolle. Hier überwiegen Grobwollschafe, aus deren Haarkleid traditionell Teppiche oder Zeltplanen gefertigt werden.

Die menschliche Zuchtauslese hat auch zu vierhörnigen Schafen geführt, die seit dem Neolithikum aus Polen bekannt sind, oder bereits zu Zeiten des alten Ägyptens zu langschwänzigen Rassen mit Hängeohren. Auf die Zucht von Fleischschafrassen haben sich speziell die Engländer verlegt.

Alle Hausschafe stammen von Wildformen der Gattung *Ovis* ab. Die heutigen Wildschafe mit ihren unzähligen Rassen werden in zwei Gruppen eingeteilt: die **Orientalischen Wildschafe** (*Ovis orientalis*), darunter alle europäischen Kleinschafe und die **Riesenwildschafe** oder **Argali** (*Ovis ammon*). Die Größe variiert stark; es gibt 120 Kilogramm schwere Wildschafrassen, andere bringen sogar das Doppelte auf die Waage. Lebensraum sind Steppen bis mittlere Hochgebirgslagen, eigentlich überall, wo

die genügsamen Tiere ausreichend Nahrung finden. In Deutschland hat man beispielsweise das **Mufflon** (*Ovis orientalis musimon*) vor gut einhundert Jahren ausgewildert. Etwa 20 000 der kleinen Wildschafe finden sich hervorragend in unseren Mittelgebirgen sowie der norddeutschen Tiefebene zurecht. Auch auf Korsika, Zypern und Sardinien als Teil ihres ursprünglichen Verbreitungsgebietes sind die Mufflons zu finden.

Wilde Schafe leben in kleinen Rudeln unter der Führung eines älteren Schafes. Wenn Gefahr in Verzug ist, stampft eines der stets wachsamen Alttiere heftig mit einem Vorderfuß auf. Gleichzeitig stößt es einen Warnpfiff aus. Die weiblichen Schafe »fabulieren« gerne: Wie ihre domestizierten Verwandten blöken und meckern sie unermüdlich. Böcke hingegen verhalten sich ruhig. Bei sich nähernder Gefahr oder Rivalenkämpfen rammen sie allerdings erbarmungslos mit abgesenktem Kopf alles nieder, was sich ihnen in den Weg stellt. Nach gut 20 Metern Anlauf prallen die Männchen mit ihren Hörnern und verstärkten Stirnplatten ungebremst aufeinander – wie ein Rammbock eben, und das manchmal stundenlang. Wird die gesamte Herde beunruhigt, ziehen sich die Tiere wie im Gänsemarsch in einer langen Kette hintereinander laufend zurück. Witterungsbedingt können sich die sonst ortstreuen Tiere beispielsweise über strenge Winter hinweg zu großen Herden von bis zu hundert Tieren zusammenschließen. Die genügsamen Schafe fressen Gräser, Kräuter und Laub, nehmen in schlechten Zeiten aber auch Flechten und Moose zu sich.

Welcher Mensch passt zu Schafen?

Wer denkt, er könne sich mal eben einige Schafe als lebendige Rasenmäher auf seine Wiese stellen, und damit wäre es für ihn und die Schafe getan, irrt sich. Wenn Sie also ausreichend Platz haben, sind Sie auch bereit, täglich nach den Schafen zu sehen? Und trauen Sie es sich zu, die anfallende Pflege der Tiere zu übernehmen oder zumindest zu organisieren?

Alle Tiere müssen zweimal im Jahr geschoren werden. Hinzu kommt die regelmäßige Kontrolle und Pflege der Klauen. Die Schalen der Klauen wachsen ständig nach und müssen regelmäßig gekürzt werden. Und neben den entsprechenden Gerätschaften und Zeit setzt dies einen guten Bezug zu den Tieren voraus. Denn ein Schaf legt sich nicht einfach hin und wartet geduldig, bis ein Mensch mit der Schere seine Wollhaare abgeschnitten hat. Ein Schafsbock könnte sich vor der Schur sogar auf ein Kämpfchen einlassen. Dabei rammt er – ungebremst wie eine Lokomotive – alles nieder, was sich ihm in den Weg stellt: Erwachsene, Kinder, den Hund und so fort. Ein Großteil der Schafböcke verhält sich nach Eintritt ihrer Geschlechtsreife übrigens auch in anderen Situationen derart aggressiv.

Wer keine Erfahrung hat und sich nicht mit ausreichend Elan und Zeit auf die vor ihm liegende Arbeit einstellen will, sollte deshalb auf die Haltung eines Schafbocks verzichten. Und bei den weiblichen Schafen kann es passieren, dass man an ein Tier gerät, das scheinbar unmotiviert den lieben langen Tag über lautstark blökt – gleichgültig, ob es Ihnen oder Ihren Nachbarn gefällt.

Wenn diese Lautäußerungen der Schafe auf Sie hingegen eher beruhigend wirken und Sie in Ihrer zur Verfügung stehenden Zeit auch gerne einmal zupacken, sind Sie wohl bestens geeignet, die Tiere zu halten, zu versorgen und durch dick und dünn zu begleiten.

Die Ziege

Für andere da sein

Mythologie

Ziegen gelten als die ältesten Haustiere, die den Menschen wohl seit der Steinzeit nahrhafte Milch quasi direkt ins Haus brachten. Daher wundert es nicht, dass die weiblichen Ziegen in verschiedenen Kulturen den unterschiedlichen Mutter- und Mondgöttinnen zugeordnet waren. In den indischen *Veden* wurden die lebensspendende Kraft ihrer Milch und die Fruchtbarkeit der Ziegen mit Gewitterwolken verglichen, die den ihrerseits lebensspendenden Regen brachten. Noch heute werden besonders schwarze Sturm- oder Gewitterwolken in manchen indischen Regionen als »Gewitterböcke« bezeichnet.

Der **Ziegenbock** hingegen galt im Gegensatz zur liebenden und nährenden Ziege als Symbol überschäumender, nicht zu bändigender Lebenslust, der männlichen Zeugungskraft. So trugen die als wollüstig geltenden Waldgötter wie die *Satyrn*, der Hirtengott *Pan* und die *Faune* Teile der Ziegenbockgestalt: Ziegenbart, Hörner, Kopf und Füße. In anderen Kulturen stand der Ziegenbock wiederum für das Element Feuer – im weitesten Sinne ebenfalls ein Fruchtbarkeitssymbol: Die Sonne als Feuerball spendet Licht und Wärme für das Gedeihen und Wachsen der Pflanzen.

Akerbeltz war ein baskischer Höhlengeist, der die Gestalt eines schwarzen Ziegenbocks angenommen hatte. Er galt als Schutzpatron der in Herden lebenden Tiere und war auch heilkräftig tätig.

In der modernen indianischen Mythologie steht die Ziege für den Aspekt der Freiheit, der sich schnell von äußeren Bedingungen oder Konventionen eingeengt fühlt. Mit ihren Hörnern ist die Ziege jedoch bereit, für ihren freien Willen und zur Erreichung ihrer Ziele zu kämpfen.

Der **germanische** Gott *Thor* oder *Donar*, der Sohn des *Odin*, der als Gewitter-, Fruchtbarkeits- und Schutzgott die Himmelsfeuer verwaltet, wurde von zwei Ziegenböcken begleitet: *Tanngnjostr*, der »Zähnefletscher« und *Tanngisnir*, der »Knirschzahn«. Sie wurden häufig Thors Wagen ziehend abgebildet. Thor besaß einen Hammer, *Mjölnir*, der über ungewöhnliche Zauberkräfte verfügte. Nicht nur, dass Mjölnir sowohl Riesen als auch Trolle in Angst und Schrecken versetzte, der Hammer konnte sogar wieder zum Leben erwecken.

So erzählt eine Sage: Nachdem Thor auf einer Reise Quartier bei einem armen Bauern genommen hatte, schlachtete er seine beiden Ziegen, zog ihnen das Fell ab und verzehrte das Fleisch gemeinsam mit seinen Gastgebern. Er wies dabei alle zur Speise Geladenen an, die Knochen auf die ausgebreiteten Felle zu werfen. Der Sohn des Bauern jedoch zerbrach einen Schenkelknochen, um das köstliche und nahrhafte Mark herauszuschlürfen. Bei Anbruch der nächsten Morgendämmerung schrieb Thor mit seinem Hammer Mjölnir magische Zeichen über Knochen und Ziegenfelle in die Luft, und sogleich standen Tanngnjostr und Tanngisnir quicklebendig vor ihm. Allerdings hinkte einer der Ziegenböcke. Zunächst wollte der Donnergott die Bauern wegen ihres Ungehorsams bestrafen, da er aber ein gütiger und gerechter Gott war, stellte er die Söhne der reuigen Familie in seine Dienste, wo sie ihm fortan treu ergeben waren.

Noch im Jenseits nährte die wunderbare germanische Ziege *Heidrun* die gefallenen kriegerischen Helden aus ihrem niemals versiegenden Euter.

Den jungen *Zeus*, der auf der Insel Kreta versteckt wurde, säugte eine Ziege mit Namen *Amaltheia*. Die Ziege bietet damit in der **griechischen** Mythologie ein Urbild für mütterliche, selbstlose Fürsorge und Liebe, für das Gute und Friedliche schlechthin. Aus Dank für diese Fürsorge verwandelte der spätere griechische Göttervater das abgebrochene Horn der Ziege in ein segensreiches, niemals versiegendes Füllhorn, das berühmte »Horn der Amaltheia«, das Horn des Überflusses. Aus ihrem Fell machte Zeus die *Aigis*, das Prinzip von Erhalten und Schützen. Aus ihrem Körper wuchs später der Lebensbaum mit goldenen Äpfeln. Zudem setzte Zeus seine Lebensretterin für alle sichtbar als Sternbild »Capella« an den Himmel. Als Tier des Olymp wurde die Ziege jedoch später zu einem Lebewesen, das die Menschen der Antike Zeus und den übrigen Göttern am häufigsten opferten. So musste jedes Mal, wenn das Orakel der *Pythia* in Delphi befragt werden sollte, eine Ziege geopfert werden.

Des Weiteren berichtet die griechische Mythologie von einem schrecklichen Ungeheuer, der *Chimaira*: Dieses Mischwesen (Chimäre) sah vorne aus wie ein Löwe, in der Mitte wie eine Ziege und hinten wie ein Drache. Mithilfe des geflügelten Pferdes *Pegasos* gelang es *Bellerophon*, einem Enkel des *Sisyphos* und mit übermenschlichen Kräften versehenen Helden, das Ungeheuer zu besiegen. Die Besetzung der zweiten Position in dem Mischwesen mit den Attributen der Ziege wird manchmal als Symbol für die fruchtbaren Sommermonate innerhalb eines früheren dreiphasigen Kalenderjahres gedeutet.

Am Versöhnungstag opferten die **Juden** zur Sühne für das gesamte Volk ihrem Gott einen Ziegenbock. Ein weiterer Bock wurde dem Dämon *Azazel* geweiht, der viele Parallelen mit dem griechischen Gott *Dionysos* aufweist. Tatsächlich wurden diesem Ziegenbock alle Missetaten, Verfehlungen und Sünden der jüdischen Gemeinschaft symbolisch aufgeladen, und das Tier wurde dann »schwer beladen« in die Wüste – also in seinen sicheren Tod durch Verdursten – geschickt. Manchmal wurde dieser »Sündenbock« auch gleich gesteinigt.

Eine der häufigsten Erscheinungen, in denen der Teufel auftrat, war die des Ziegenbocks. Möglicherweise geht die Wahl dieses Tieres als Symbol für das Böse darauf zurück, dass bei vorchristlichen Ritualen zu Wachstums- und Erntefesten furchterregende Tiermasken getragen wurden, und zwar gerne mit Ziegenbockattributen wie Hörnern und Ziegenbart. Das **Christentum** tat sich schwer mit der starken Zeugungs- und Fortpflanzungspotenz, die dem Ziegenbock zugeschrieben wurde. Es deutete die vorher als Wachstumskraft gewertete Energie bald in zügellose und schlüpfrige Sexualität und hemmungslose Begierde um – also teuflische Attribute. *Luxuria*, die Wollust in Person, ritt beispielsweise splitterfasernackt auf einem Ziegenbock daher oder bedeckte kaum mit einem Bocksfell ihre Blöße. Im Mittelalter festigte sich die vorgestellte Verbindung zwischen dem Ziegenbock und dem Teufel: So ritten etwa die Hexen auf einem Ziegenbock durch die Lüfte.

Ähnlich wie selbst manche Zoologen den Esel als weniger edel erachten als das Pferd, ordnet meist auch der **Volksmund** die Ziege niedriger ein als das Schaf. Ob dies allein auf ihre enorme Genügsamkeit zurückzuführen ist, bleibt ungeklärt.

In unserem Sprachraum hat sich bis heute einiges an Vorurteilen und schlechter Nachrede der Ziege gegenüber gehalten: »meckern« steht für schimpfen, eigensinnige Menschen sind »zickig«. Dementsprechend ist immer noch »Zicke« ein Schimpfwort für eine eigensinnige und hartnäckige Frau, die viel meckert – oder sich, positiv betrachtet, nicht alles gefallen lässt. Als (Ziegen-)Bock wird spätestens seit dem Mittelalter tituliert, wer mit seiner Sexualität herumprahlt, wohingegen ein »alter Bock« ein meist nur noch mit Worten auf das andere Geschlecht fixierter Greis ist.

Im Schweizer Kanon Uri erzählt man folgende Geschichte: Als die Tiere vom Herrgott ihre Weideplätze zugeteilt bekamen, meckerten die Ziegen unablässig ihr: »Nu meh, nu meh!« Es wurde als »noch mehr« verstanden. Dem Herrgott wurde dies Gemecker zu viel, und er rief: »So geht doch, wohin ihr wollt, ihr dummen Ziegen.« So ist es gekommen, dass Ziegen überall leben, fressen und naschen und wahre Schelmentiere sein können.

Ziegen wurde aber auch eine starke Wirkung gegen Übel jedweder Art zugeschrieben, besonders auch gegen Krankheiten. Deshalb hielt man bis Anfang des 20. Jahrhunderts stets eine Ziege oder einen Ziegenbock in Pferde- oder Rinderställen. Man glaubte, die Ziege werde entweder die Übel, die auf das übrige Vieh kommen konnten, abschrecken, oder die Ziege würde die einfallenden Krankheiten auf sich ziehen und somit von den anderen Tieren fernhalten. In vielen afrikanischen Ländern findet sich dieser Brauch bis heute.

In manchen Alpenregionen hat sich bis heute der Brauch gehalten, als Erntedank einen Ziegenbock, teils mit vergoldeten Hörnern, an die Kirche abzugeben. Meist wird er zugunsten der Kollekte versteigert, um anschließend von den Dorfbewohnern verspeist zu werden.

Auf die Wildform der Hausziegen, die Bezoarziege, geht wohl die Bezeichnung für die sogenannten **Bezoarsteine** zurück, denen magische Kräfte zugeschrieben wurden. Vor allem sollten diese Steine über die Fähigkeit verfügen, vergiftete Flüssigkeiten zu entgiften. Deshalb wurden sie gerne in die Getränke von stets von Attentaten bedrohten Persönlichkeiten wie Königen oder Fürsten gegeben. Außerdem sollten die ihnen innewohnenden Kräfte an jedem beliebigen Ort und zu jeder Zeit Regen, Schnee, Wind oder Nebel hervorbringen können. Dieser Zauber war besonders beliebt bei Steppenvölkern, um aus strategischen Gründen Unwetter heraufzubeschwören.

Dabei handelt es sich bei solchen Bezoarsteinen keineswegs um mineralisches Gestein, sondern um ein rein tierisches Produkt. Zunächst bildet sich aus verschluckten Haaren und anderen unverdaulichen Materialien wie Pflanzenresten die sogenannte Bezoarkugel. (Bei Raubvögeln wie Eulen sind diese ausgespienen Bälle bekannter als Gewölle.) Verweilt diese nun längere Zeit im Wiederkäuermagen, wie ihn unter anderen die Ziegen haben, verfilzen durch das ständige Umhergewälze mit der Nahrung die äußeren Haar- oder Pflanzenschichten der Kugel. Wenn sich die Bezoarkugeln dann irgendwann in den Darmwandtaschen der Ziege ablagern, erhärtet diese Filzkruste und man spricht von Bezoarsteinen.

Im **Märchen** »Der Wolf und die sieben Geißlein« besetzt die Ziege den Archetypus der selbstlos liebenden und sorgenden Mutter. Die weibliche Ziege steht hier symbolisch für Anspruchslosigkeit und Zähigkeit im Dienste des Nachwuchses, selbst wenn dieser undankbar ist und es das eigene Leben kostet. Und auch in manchen anderen Märchen kommt die Ziege dank ihrer Schläue und Umsicht besser weg als der Wolf.

Von ihrer Klugheit handelt auch folgende Geschichte: Zwei Ziegen begegneten sich auf einer schmalen Brücke ohne Geländer. Links und rechts gähnte ein tiefer Abgrund, sodass es für keine der beiden Ziegen die Möglichkeit der Umkehr gab. Da legte sich eine der beiden Ziegen ganz ruhig flach auf der Brücke nieder und ließ die andere ebenso ruhig über sich hinwegsteigen. Dank so viel Ziegenvernunft konnten beide Tiere nun weiter ihres Weges ziehen.

In verschiedenen Sagen ermöglicht erst die Opferung eines schwarzen Ziegenbocks, dass der Durchgang zu einem wichtigen Ort freigegeben wird. Möglicherweise steht dieses Bild für die Besänftigung des Teufels durch die Opfergabe, auf dass dieser das Eingangstor freigebe.

Traumdeutung

In der Tiefenpsychologie steht die Ziege für Genügsamkeit, aber auch für Anpassungsfähigkeit bis hin zu fast unerwarteter Gewandtheit. Die Traumziege kann auf jemanden in der näheren Umgebung hinweisen, der zu arge Kritik am Träumenden ausübt, wenn auch Teile davon berechtigt sein mögen. Übermütig springende Ziegen warnen den Träumenden vor ebenjenem Verhalten im Übermaß, vor gefährlichem Leichtsinn. Weiße Ziegen sollen auf ein in materieller Hinsicht gutes Auskommen hinweisen, während ihre schwarzen Artgenossen auf materielle Verluste hindeuten. Taucht ein Zicklein im Traum auf, will es den Träumenden vor seinem eigenen rücksichtslosen Verhalten warnen, da sonst ein geliebter Mensch verletzt wird.

Den Ziegenbock wertet die Tiefenpsychologie als einen Archetypus für die männliche Urkraft, für sexuelle Potenz und Zeugungsfähigkeit. Er vertritt Eigensinn sowie die eher männlichen Aspekte von Aggression und Triebhaftigkeit. Daher steht der Ziegenbock in der Traumdeutung für Uneinsichtigkeit und Halsstarrigkeit. Wer sich selbst im Traum als einen Ziegenbock sieht, wird mit seiner eigenen Sturheit konfrontiert. Wer auf einem Ziegenbock reitet, wird aufgefordert, mit den dunklen Seiten des eigenen Wesens ins Reine zu kommen. Wenn die Betonung im Traum auf den Hörnern des Bocks liegt, soll sich der Träumende nicht einschüchtern lassen, sondern all seine Kraft zusammennehmen und sich in der anstehenden Angelegenheit durchsetzen.

Spiritualität

Die spirituelle Energie der *Ziege* beinhaltet die große Stärke, von sich absehen zu können. Das meint, sich selbst nicht stets in den Mittelpunkt von Handlungen oder auch nur Gedanken zu stellen. So wichtig es ist, zur eigenen Mitte und inneren Stimme zu kommen und aus dieser Quelle heraus ins Leben zu treten und zu lernen, so wichtig ist es auch, von den eigenen Bedürfnissen und Wünschen absehen zu können. Die Ziege lehrt uns, unser Ego loszulassen und uns mehr auf unsere Lebensgemeinschaft zu beziehen. Dabei kann sich – je nach unserer individuellen spirituellen Aufgabe – der Begriff Lebensgemeinschaft auf eine kleine soziale Gruppe wie unsere Familie, unseren Freundeskreis, die Hausgemeinschaft oder die Menschen, die in unserer Stadt leben, beziehen. Es kann sich aber auch um größere Dimensionen handeln wie beispielsweise alle Menschen und Tiere, die in einem Krisengebiet oder in einer Region leben, die von einer großen Naturkatastrophe heimgesucht wurde. Oder es geht darum, für alle in Tierheimen lebenden Tiere oder alle Menschen oder sogar alle Lebensformen der Erde da zu sein. Die Ziege fordert uns auf, über unseren eigenen inneren Zaun zu schauen und herauszufinden, wo wir gebraucht werden. Und gebraucht werden wir mit Sicherheit irgendwo.

Auf welche Art und Weise wir für andere da sein sollen, was wir für andere tun können, bekommen wir wiederum heraus, wenn wir in Offenheit und Ruhe unsere innere Stimme befragen. Es kann sein, dass es darum geht, der alten Nachbarin hin und wieder ein Mittagessen zu bringen, Hunde im benachbarten Tierheim auszuführen, Sterbebegleitung im Rahmen der Hospizbewegung zu machen oder aktiv vor Ort bei den Aufräumarbeiten nach einer Überschwemmung zu helfen. Vielleicht ist es aber auch unser Job, Heilenergien zum Putenmaststall in unserem Ort zu schicken, und zwar jeden Tag, oder für den Frieden und das Wohlergehen von Menschen und Tieren an Kriegsschauplätzen zu beten.

Die Ziege weiß, dass wir herausfinden werden, was wir für das Wohl der Erde und alles Leben auf ihr tun können – wenn wir bereit dazu sind und es wollen. Mit der ihr eigenen Nachdrücklichkeit, fast Sturheit, fordert sie uns auf, nicht länger darüber zu reden, was man tun könnte, sollte, müsste. Wenn wir uns mit ihrer Energie verbinden, sagt sie uns klipp und klar: Tu es! Die spirituelle Energie, die die Ziege uns bringt, fordert uns also auf: Lausche mit Blick auf deinen erweiterten Horizont auf die zarte innere Stimme und lass dich leiten, Gutes in der Welt zu tun.

Der eher männliche Aspekt der Ziegenenergie verteidigt mit allen Kräften gegen jegliche Bedrohung von außen. So wie der *Ziegenbock* zur Not unter Einsatz seiner Hörner seine ganze Herde beschützt, so werden auch wir aufgefordert, natürlich uns selbst, aber auch die Lebewesen, die uns anvertraut sind, die sich uns anvertraut haben, zu schützen. Das können unsere Kinder sein, vor die wir uns in jeder Situation schützend stellen sollen, aber auch unsere Partner, Freunde, Nachbarn und natürlich auch unsere Haustiere.

Vielleicht ist genau dieser Schutz durch Verteidigung unsere Aufgabe. Wir werden es spüren, wissen, wenn wir in uns hineinhorchen und unserer Mitte Ruhe und Raum geben, sich zu entfalten und auf ihre klare und leise Art auszudrücken. Wenn wir selbst Ziegen halten, helfen uns vielleicht auch die Tiere auf die Sprünge. Vielleicht haben wir eine besondere Affinität zu dem Ziegenbock der Herde, oder umgekehrt zeigt dieser eine höchst ungewöhnliche Zuneigung zu uns. Dann sollten wir uns sicherlich mehr mit der männlichen Seite dieser spirituellen Aufgabe beschäftigen. Auf die gleiche Weise sind spezielle Affinitäten zu den weiblichen Ziegen zu verstehen.

Nehmen wir also die geistigen Herausforderungen an, die uns unsere Ziegen präsentieren. Gehen wir los und tun das Gute in der Welt – es geht jetzt ums Umsetzen, das, was uns im Kopf an Ideen kreist, auch zu machen.

Von der Wildziege zur Hausziege

Bekannt sind fünf Wildziegenarten: der Alpensteinbock (*Capra ibex*), der Pyrenäensteinbock (*Capra pyrenaica*), der Tur (*Capra caucasia*), der **Bezoar** (*Capra hircus*) und der Markhor (*Capra falconeri*). Im Wesentlichen stammen die Hausziegen vom Bezoar ab, und zwar von seiner Unterart *Capra hircus aegagrus*. Lediglich einige Rassen in Zentralasien scheinen vom Markhor beeinflusst zu sein. Ihre Hörner sind im Gegensatz zu den säbelförmigen der Bezoars schraubenförmig gedreht. Echte Wildziegen – zu unterscheiden von verwilderten Hausziegen – leben in geringen Beständen in Gebirgen zwischen dem Himalaja und den griechischen Inseln. Sie stehen unter strengem Naturschutz. Im Unterschied dazu sind die verschiedensten verwilderten Hausziegenrassen von Schottland bis Neuseeland verbreitet. Übrigens können weibliche Ziegen erfolgreich von Schafsböcken gedeckt werden, was umgekehrt nicht möglich ist. Die zur Welt gebrachten Hybriden sind – bis auf wenige Ausnahmen – allerdings unfruchtbar.

Da es sehr unterschiedliche Ziegen- sowie Schafsrassen gibt, die auf den ersten Blick nicht mehr zuzuordnen sind, ein kleiner Hinweis: Stellt das Tier den Schwanz in der Bewegung auf, handelt es sich um eine Ziege. Schafe lassen ihn immer hängen.

Ziegen sind wohl die ersten Wiederkäuer, die vom Menschen **domestiziert** wurden. Dort, wo die ersten Menschen begannen, sich mit Ackerbau sesshaft zu machen, lebten auch Wildziegen: in Südwestasien. Bei den ersten Aufzuchten – vermutlich aufgefundener Ziegenkitze – kam den Menschen sicherlich die hohe Widerstandskraft der Ziegen zugute. Zudem waren sie, im Gegensatz zu Schafen, besser an die natürliche Begrenzung der menschlichen Siedlungen angepasst, den Wald. Archäologische Funde belegen die Haltung von Hausziegen bereits im 8. bis 7. Jahrtausend v. Chr. im Gebiet des heutigen Iraks, Irans, Anatoliens und Palästinas. Im Neolithikum breitete sich die Ziegenzucht über Asien, Europa und Afrika aus. Spätestens also in der Jungsteinzeit sind auf diesem Weg Hausziegen dauerhaft nach Mitteleuropa gelangt.

Die Ziege hat den Ruf, die »Kuh der Armen« zu sein. Tatsächlich leben 93 Prozent des weltweiten Ziegenbestandes in den – meist in den Tropen liegenden – sogenannten Entwicklungsländern. Ziegen können auch sehr spärliche und nährstoffarme Vegetation nutzen und tatsächlich dort gut gehalten werden, wo das verfügbare Futter für ein Rind nicht mehr ausreicht. Die genügsamen Tiere verwerten sogar Stroh und menschliche Abfälle. Zudem lammen Ziegen bereits mit zwei Jahren erstmals (Kühe vor allem in den Tropen erst mit vier, fünf Jahren), sodass rasch Milch zur Ernährung der Menschen zur Verfügung steht. Werden mehrere Ziegen statt einer Kuh gehalten, steht das ganze Jahr über die nahrhafte Ziegenmilch zur Verfügung. In den schlechteren Zeiten wurden Ziegen selbst in Städten wie etwa im Ruhrgebiet von ärmeren Familien auf kleineren Grünflächen gehalten, als »Kühe des Bergmanns«.

Durch die wachsende Nachfrage nach Ziegenmilchprodukten hat sich der Ziegenbestand allein in Deutschland in den letzten zehn Jahren auf über 200 000 Tiere verdoppelt. Weltweit geht man von etwa 150 Millionen Ziegen aus.

Welcher Mensch passt zu einer Ziege?

Es spricht nichts dagegen, Ziegen als Freizeitpartner oder Spielgefährten am Privathaus zu halten. Grundvoraussetzung ist neben den äußeren Haltungsbedingungen, dass Sie auf Jahre genügend Zeit haben. Können Sie täglich nach den Tieren schauen, sie füttern und auch bei auftretenden Problemen sich länger um die Ziegen kümmern? Wichtig ist auch bei diesen größeren Haustieren, dass sie artgerecht gehalten werden, dass also ihre biologischen Ansprüche befriedigt werden. Beispielsweise klettern Ziegen gerne. Haben Sie Platz für einen Kletterberg aus Steinen oder entsprechende Holzgerüste? In ihrem Grundverhalten tragen auch die Hausziegen noch die meisten Züge ihrer wilden Verwandten in sich. Als ausgesprochen soziale Tiere brauchen sie stets andere Ziegen als Gesellschaft. Artgenossen sind durch den Menschen nur in besonderen Ausnahmefällen zu ersetzen. Wer kann schon annähernd rund um die Uhr Zeit und Raum mit einer Ziege teilen?

Geschlechtsreife Ziegenböcke haben nicht nur einen extrem strengen Geruch an sich, der nicht für jedermanns Nase geeignet ist. Die Ziegenmännchen setzen zudem ihre gefährlich spitzen Hörner teils mit dem Geschick eines Degenfechters ein, um ihre männliche Vorherrschaft zum Ausdruck zu bringen – und zwar auch gegen Menschen, gleichgültig, ob erwachsen oder Kind, Mann oder Frau. Die Anschaffung eines Ziegenbocks sollte man sich daher sehr gut überlegen. Es gibt allerdings auch Ziegenrassen, bei denen beide Geschlechter keine Hörner tragen. Hier sind auch die Männchen meist umgänglicher.

Können Sie den Tieren eine Weide mit genügend Auslauf und einen trockenen Stall bieten? Wissen Sie, dass Ziegen als Ausbrecherkönige unter den Haustieren gelten? Dementsprechend müssen Stall und Weide gut durchdacht und mit ausbruchsicherem Zaun angelegt werden, wenn man die intelligenten und sehr lernfähigen Tiere nicht ständig irgendwo einsammeln möchte. Lieben Sie Ihre Stauden und Zierpflanzen über alles? Im zur Verfügung stehenden Gartengehege fressen Ziegen nicht nur das Futter, das der Mensch für sie vorgesehen hat, sondern auch alle erreichbaren Blätter und Blüten von Zierstauden, Bäumen und den Lieblingssträuchern. Geradezu eine Ziegendelikatesse ist der herbe Saft von Baumstämmen – es bereitet den Ziegen keinerlei Probleme, den Obstbäumen die Rinde abzuschälen, um an den saftigen Leckerbissen zu gelangen, auch wenn sowohl die Obstbäume als auch die Menschen dies nicht gut verdauen können.

Wollen Sie sich immer noch Ziegen zulegen? Dann sind Sie wohl ein wahrer Fan dieser wachen Tiere. Und wenn Sie bei aller Liebe zu den Tieren keine Ziegen selbst halten können, gibt es immer noch die Möglichkeit, über eine Patenschaft Gutes für diese intelligenten Haustiere zu tun.

Die Gans

Zugehörigkeit und Treue

Mythologie

Ähnlich wie der Schwan kann sich auch die Gans zwischen den Elementen bewegen: Der große Vogel ist sowohl auf irdischen Gewässern als auch in den ätherischen Sphären der Luft und auf der Erde zu Hause. In der **indischen** Mythologie wurde der Gans daher stets eine große innere Freiheit und wenig Bekümmerung um die weltlichen Geschehnisse zugeschrieben, auch wenn ihre Seele in einem Körper ein materielles Zuhause gefunden hat – also in einem Ganskörper inkarniert ist. Die Gans galt als äußerst souverän und demonstrierte als Beherrscherin der materiellen Welt eine Art »fleckenloser Geistigkeit«. Auch das Verhalten ihrer wild lebenden Verwandten als Zugvögel unterstreicht diesen Freiheitsaspekt.

In China und Japan verhieß das Auftauchen der großen himmlischen Vögel ein gutes Omen. Sie brachten zugleich Licht auf die Erde und Inspiration – also ebenfalls den zugleich irdischen und den spirituellen Aspekt.

Die nordamerikanischen **Indianer** sahen in der Gans einen Vogel, der sowohl Traditionen als auch Autoritäten und Hierarchien in besonders hohem Maße respektiert. Dies sollte sich unter anderem in ihrer von jeher auf immer die gleiche Weise und zum Wohle der beteiligten Vögel durchgeführten Flugformation in Form eines V ausdrücken. In der britischen Sage wird die Wanderung der Wildgänse nach Norden mit der Verbannung der verdammten Seelen und der Seelen der ungetauften Kinder in die eisige Nordhöhle in Verbindung gebracht. Sibirische Schamanen ahmen in Trancezuständen den Schrei vorbeiziehender

Wildgänse nach, um sich auf diese Weise mit der Kraft der ziehenden Vögel zu verbinden und sich auf der spirituellen Ebene von ihnen in den durchgeistigten Luftraum emporheben zu lassen.

Entweder in Begleitung einer Gans oder selbst als Gans wurde der **ägyptische** urzeitliche Schöpfer- und Luftgott *Amun* dargestellt. Dieser Urgott soll dem Mythos nach aus einem im Dickicht eines Sumpfes verborgenen Ei hervorgekommen sein. Das ägyptische Totenbuch schreibt dieses Ei dem »großen Schnatterer« zu – also der Gans. Der Name *Amun* bedeutet »der Verborgene«, was allerdings auch damit zu haben könnte, dass er als Erzeuger der Welt für die Verkörperung des unsichtbaren Lebenshauches stand. Eine andere ägyptische Weltentstehungsgeschichte berichtet von der Nilgans als Schöpfer der Welt. Der Vogel hatte das kosmische Urei auf dem Urhügel abgelegt. Daraus schlüpfte dann die Sonne *Re*, die mit ihrem Licht die Welt erschaffen sollte. Re entwickelte sich später zum Sonnengott, der die Personifikation der Sonne im mittäglichen Zenit darstellte. Auch in dieser Geschichte taucht der »große Schnatterer« auf: Hier war es die himmlische Gans, die vor Freude über das Erscheinen der Sonne das erste Schweigen der Welt brach.

Ihre verschiedenen Doppelfunktionen als aufmerksamer Wächter und im Zweifel keinen Angriff scheuendes Tier oder als Inbegriff von Wachsamkeit und zugleich schöpferischer Kraft prädestinierte die Gans zu einem heiligen Tier der **Kelten**. Wenn sich die keltischen Druiden mit der Gans auf energetischer Ebene verbanden, konnten sie von dem großen Vogel ihre eigene schöpferische Kraft kennenlernen und auch lernen, wie sie sich am besten und wirkungsvollsten zum Wohle aller einsetzen konnten. Die Gans durfte daher nicht verspeist werden, sondern war vielmehr Begleiter der Kriegsgötter.

Bereits die **germanischen** Zauberinnen, die ihre Gestalt verbergen oder verwandeln konnten, nahmen gerne zunächst die

Gestalt der Gans an, die mit so großer Leichtigkeit zwischen den Welten wandeln konnte. Erst dann verwandelten sie sich in Katzen oder Wölfe. Mit dem wachsenden Einfluss des Christentums auf die keltische Religion wurde die Gans zum Symbol für den Heiligen Geist, eine Rolle, die später die Taube übernahm.

In der **griechischen** Antike galt die Gans als das Begleittier der Göttin *Nemesis*, die den Menschen das rechte Maß an Glück und Unglück zuteilte und jede Selbsterhöhung eines Menschen sogleich bestrafte. Bis in die heutige Zeit hinein ist mit der Gans die Tugend der Unbestechlichkeit verbunden. Als tugendhafte Zierde hielt sogar *Penelope*, die Gemahlin des *Odysseus*, eine Schar von zwanzig Gänsen in ihrem Hof. Die Gans war zudem ein beliebtes Geschenk an geliebte Knaben.

Einer berühmten **römischen** Legende nach soll das warnende Gänsegeschnatter im Jahre 387 v. Chr. einen Angriff des gallischen Heeres von *Brennus* auf Rom vereitelt haben. Tatsächlich können Gänse am Haus ebenso wachsam und teilweise auch wehrhaft mit ihren Schnabelattacken sein wie ein Wachhund. Aber auch die Schönheit des heiligen Vogels wurde damals bewundert.

Die Gans wurde verschiedenen Heiligen zur Seite gestellt, insbesondere St. Martin. Dem Heiligen – oder vielleicht doch der Gans – zu Ehren wird bis heute traditionell am 11. November die Martinsgans zubereitet. Um dieses **christliche** Ritual ranken sich unterschiedliche Legenden:

Eine erzählt, dass die Martinsgans als Anzeichen für das Ende der regnerischen Jahreszeit gegessen wird. Sobald der stets am Wasser lebende Vogel gestorben ist, wird dieser Legende nach das Goldene Ei gefunden. Das heißt nichts anderes, als dass die Sonne nun wieder zwischen den Wolken hervorkommt. Eine andere Geschichte berichtet von dem edlen Römer Martin, der im 4. Jahrhundert n. Chr. lebte. Dieser spätere Heilige St. Martin soll nicht nur seinen einzigen Mantel mit Bedürftigen geteilt, sondern als Gänsehirte auch ganz uneigennützig sein Federvieh vor dem Wolf gerettet haben.

Eine andere Variante weiß zu berichten, dass der integre Martin von der Obrigkeit für den Einsatz in ein hohes Bischofsamt gesucht wurde. Martin fühlte sich dieser hohen Aufgabe und der ihr obliegenden Würde jedoch nicht gewachsen und versteckte sich vor den Häschern in einem Gänsestall. Mit ihren schnatternden Warnrufen machten die Gänse den Suchtrupp auf den hier versteckten Martin aufmerksam, sodass er gefunden werden konnte. Wegen seiner großen Bescheidenheit wurden Martin bei seinem Einsatz in das hohe Amt noch mehr Ehren zuteil. Möglicherweise ein wenig zur Strafe für ihren »Verrat« soll es zu den Einführungsfeierlichkeiten Martins in das Bischofsamt Gänsebraten gegeben haben. Diese Legende um die Martinsgans wird zudem damit verknüpft, dass die Gans zu dieser Zeit ein Zinsmittel war. So waren an festen Terminen im Jahr Pacht und Zinsen der Bauern an die Lehnsherren fällig, vor allem an Martini. Da die Schlachtreife der Gans auf den Winter fällt, dienten also fette Gänse und Gänseeier als Zahlungsmittel.

Die große Beredsamkeit von Gänsen gereichte den Vögeln im **Volksmund** nicht immer zum Vorteil. So tituliert man noch heute ausuferndes und überwiegend sinn- und inhaltsloses Geschwätz als »Gänsegeschnatter«. Zudem vergleicht der Volksmund Mädchen und Frauen sehr herablassend mit »dummen« oder »albernen Gänsen«. Doch trotz solcher Schimpfworte setzen wir im Schriftdeutsch noch heute hervorhebenswerte und somit wichtige Worte wie Zitate oder wörtliche Rede in »Gänsefüßchen«. Im walisischen Volksglauben ist das nächtliche Erscheinen von Gänsen allerdings ein böses Omen: Die bei den Kelten noch so geachteten Vögel gelten dann als Hexen – sicherlich ein Überbleibsel der mittelalterlichen Verteufelungen.

In der deutschen Fabel kommt die Gans wesentlich besser davon. Oft trägt sie hier den aus dem Althochdeutschen abgeleiteten Namen »Adelheid«, der so viel wie »Gestalt von edler Gesinnung« bedeutet.

Im **Märchen** vertritt die Gans häufig Wohlstand und tiefe Zufriedenheit. In »Hans im Glück« steht die eingetauschte Gans unter dem Arm des Helden für die schlichte Zufriedenheit mit dem, was man gerade hat. Noch heute findet sich auf zahlreichen Gasthausschildern die Gans als Bild für Gastlich- und Gemütlichkeit. In der »Goldenen Gans« der Gebrüder Grimm versinnbildlicht der Vogel den Wohlstand. Allerdings hält die »goldene Gans« auch für dessen negativen Aspekt her: die Gefahr, immer mehr zu wollen und den Hals nicht vollzukriegen. Auch in anderen Märchen tauchen Gänse als Hüterinnen eines kostbaren Schatzes auf. In dem bekannten Märchen »Zwerg Nase« von Wilhelm Hauff setzt sich eine Gans mit großem Herzen für den Titelhelden ein und wendet dessen Schicksal doch noch zum Guten.

Traumdeutung

Taucht im Traum eine Gans auf, will sie den Träumenden vor seiner eigenen Leichtgläubigkeit warnen. Fliegen die Traumgänse, kündigen sie eine längere Reise an. Gänse stehen auch als gutes Zeichen für die Entwicklung auf materiell-finanzieller Ebene. Die geträumte Gans kann aber auch auf die charakterlichen Schwächen des Träumenden hinweisen. Dazu gehören vor allem übersteigerte Selbstzweifel und eine unangemessene Unsicherheit.

Die Tiefenpsychologie ordnet der Gans die Symbolik für Wachsamkeit und Treue zu.

Spiritualität

Lebenslang ist sie treu mit ihrem einmal gewählten Partner verbunden. Das ist die hervorstechendste Eigenschaft der Gans. Und es ist geradewegs dieser Aspekt tiefer Verbundenheit in Liebe, den die Gans in unser Leben bringt. Wenn wir uns der spirituellen Energie der Gans öffnen, können wir von ihr lernen, in Herzensverbindung mit anderen Lebewesen zu gehen – seien es Lebenspartner, Freunde, die biologische oder die gewählte Familie oder aber sonst Menschen und auch Tiere, mit denen wir näher zu tun haben.

Die Gans fordert uns auf, tatsächlich unser Herz zu öffnen, Mitgefühl und Liebe zuzulassen, fließen zu lassen, damit eine Verbindung von Herz zu Herz entsteht. Voraussetzung für diese Herzensöffnung sind Vertrauen und Liebe, und zwar zunächst uns selbst gegenüber, aber zugleich auch in Bezug auf unseren Lebensweg und unsere lichtvolle Führung. Letztlich ist es ein Vertrauen in unsere Zugehörigkeit zum großen Ganzen, in das im Guten geführte Prinzip unseres Universums, in Gott. Damit ist uns auch eine tiefe Zugehörigkeit zu anderen Lebewesen möglich, und wir können uns ohne Bedingungen, ohne Wenn und Aber, auf eine tiefe Bindung einlassen. Zu dieser Verbindung in Liebe auch treu zu stehen, ist dann der kleinere Aufwand. Schauen wir es uns an unseren Gänsen an: Ist die tiefe Bindung über beide beteiligten Herzen erfolgt, hungert es keinen nach mehr. Die Verlockungen des »Schneller-höher-weiter« prallen in ihrer Oberflächlichkeit von der Brücke liebevoller Zugehörigkeit ab. Und es ist dabei gleichgültig, ob es sich um einen Partner, Freund, Bekannten, Pferd oder Hund handelt.

Wir werden meist mehr Mühe haben, unser Herz wirklich so tief, wie es im Vertrauen möglich ist, zu öffnen, um beispielsweise ohne Bedingungen, ohne Zensur – und ohne Bewertung unsere Gefühle, unsere Empfindungen vorzuzeigen.

Wenn wir spüren, dass unser Herz verschlossen ist, oder wenn wir es einfach stärken wollen, seine Durchlässigkeit erhöhen wollen, können wir dies mit zahlreichen einfachen Übungen, Meditationen oder Gebeten tun. Eine Möglichkeit ist es, das klare weiße Licht des Universums durch unser Kronen-Chakra in unser Herz-Chakra einfließen zu lassen, wobei wir mit dem Einatmen in das Herz-Chakra das Licht einströmen lassen und mit dem Ausatmen das klare weiße Licht durch das vordere Herz-Chakra auf der Brustseite und das hintere Herz-Chakra auf der Rückenseite wieder hinausfließen lassen. Diese kleine Meditation stärkt unsere Mitte durch die lichtvolle Verbindung zur geistigen Welt, zu Gott. Wenn wir diese Übung oder andere Übungen häufig, möglichst täglich praktizieren, tragen wir zu dem Fundament des Vertrauens bei.

Wir werden spüren und erleben, dass wir mit diesem Eingebundensein sehr viel feinsinniger und offener in die Welt blicken und in ihr sein können. Es wird uns leichter fallen, tiefe Verbindungen zu anderen Menschen und Tieren zu knüpfen, weil wir uns mehr trauen, unser Herz zu anderen sprechen zu lassen.

Durch meditative Visualisierung eines goldenen Lichtstrahls können wir diese Herzensverbindung energetisch unterstützen. Dazu schicken wir das goldene Licht von unserem eigenen zuvor geöffneten Herzen hin zu dem anderen Herzen. Wenn das Gegenüber diese Form des geistigen Kontakts annimmt, bildet sich durch den Lichtstrahl eine goldene Brücke. Über diese ist ein ganz unmittelbares und nicht durch den Verstand verstelltes »Gespräch« auf mentaler Ebene möglich. Eine solche Verbindung ist beispielsweise die Voraussetzung für eine Kommunikation mit Tieren. Diese findet von Herz zu Herz statt und funktioniert nur dann, wenn das Medium der ausgetauschten

Informationen, Bilder oder Worte Achtung, Respekt und wertfreie Liebe ist.

Versuchen wir eine solch achtsame Annäherung doch einmal mit unseren Gänsen. Verbinden wir uns auf diese behutsame Weise mit ihrer Energie und stellen diesen kundigen Tieren, die als Wasservögel spirituelle Wanderer zwischen vielen Welten sind, unsere Fragen. Sie werden uns viel zu erzählen haben ...

Von der Wildgans zur Hausgans

Als Hausgeflügel ist die Gans recht jung. Sie wurde erst etwa im 2. Jahrtausend v. Chr. **domestiziert**, und zwar wahrscheinlich erstmals im alten Ägypten. Hier kam den Gänsen eine wichtige Rolle als Speiseopfertiere zu. Um den zeitweise recht großen Bedarf an Opfergänsen zu decken, hielt man zunächst Wildgänse zusammen mit Kranichen, Enten und Tauben in großen Geflügelgehegen. Bald fing man an, die Gänse zu mästen und später die gewünschten Eigenschaften bei den Vögeln heranzuzüchten. Auch das Stopfen der Gänse fand bereits statt, wie altägyptische Darstellungen von der Geflügelzucht auf den Höfen belegen. Alte ägyptische Schriften berichten dementsprechend von »fetten Gänsen, die auf dem Bauche liefen«. Die Gänsemast mit gequollenem Getreide gelangte wohl zusammen mit den Hausgänsen in der Antike nach Griechenland. Vielleicht fand ihre Domestikation in Europa aber auch parallel statt.

In Mitteleuropa datiert man die Haustierwerdung und -haltung von Gänsen bereits um das Ende der Bronzezeit um 800 v. Chr. Hier war es lange Zeit Sitte, die Eier von Wildgänsen einzusammeln, um sie durch Haushühner ausbrüten und aufziehen zu lassen. Möglicherweise liegen hier die Ursprünge der Domestikation der Hausgans in unseren Breiten. In unserem kühleren Klima etablierte sich auch rasch die Gewinnung der hervorragend wärmenden Gänsedaunen, die den Gänsen einfach zweimal im Jahr vom Körper gerupft wurden. Die kleinwüchsigen weißen Hausgänse der Germanen hatten den Ruf, die besten Daunenfedern zu liefern. Auch auf den römischen Märkten sollen diese Höchstpreise erzielt haben. Dennoch hatten die Römer ein eher kulinarisches Interesse an der Gans, galt sie doch als große Delikatesse – vor allem auch ihre gestopfte Leber. Im Mittelalter war die Haltung von Hausgänsen in Europa weit verbreitet.

Bringen wilde Graugänse etwa 3 kg auf die Waage, können die Zuchtformen es auf gut das Vierfache bringen. So ist auch die Fleischerzeugung neben dem Gewinn von Fett und Federn der Hauptgrund für die wirtschaftliche Haltung von Hausgänsen.

Wahrscheinlich wegen der steten Einkreuzung von Wildgänsen (Graugänsen) bis weit in die Neuzeit hinein hat die Hausgans beispielsweise im Gegensatz zum Haushuhn nur sehr wenige Veränderungen erfahren. Heute sind etwa zehn Hausgansrassen bekannt.

Stammform der Hausgans ist die **Graugans** (*Anser anser*). Diese silbergrauen Vögel mit dem großen, orangefarbenen Schnabel und den fleischfarbenen Füßen sind im gesamten eurasischen Raum bis an den Rand der Taiga verbreitet, von Island bis zum Stillen Ozean. Graugänse sind wie alle Gänse ausgesprochen treue Tiere. Bereits gut ein Jahr vor ihrer Geschlechtsreife wählen sie ihren Lebenspartner aus. Das Paar bleibt sich ein Leben lang treu. Ihr Kommunikations- und Verhaltensspektrum ist sehr umfangreich: So begrüßen heimkehrende Graugänse einander mit lautstarkem Geschnatter. Fühlt sich hingegen eine Gans verlassen, stößt sie weinende Laute aus. Mit weit vorgestrecktem Hals und zischenden Lauten droht sie, bevor sie gegebenenfalls auch kräftig mit ihrem Schnabel zuhackt.

Die Brut findet in einem bis zu zwei Meter großen Nest möglichst geschützt im Schilfdickicht statt. Die etwa sechs aus einem Gelege schlüpfenden Junggänse (Gössel) sind Nestflüchter und ernähren sich von Anfang an selbstständig. Noch einige Wochen werden sie von den Eltern beschützt, denen die Gössel auf Schritt und Tritt folgen, nicht selten in dem berühmten Gänsemarsch. Ein verängstigtes Gänseküken beginnt sofort herzzerreißend zu pfeifen, um seine wehrhaften Eltern herbeizurufen. Graugänse ernähren sich überwiegend gründelnd oder auch weidend von Pflanzenmaterial.

Welcher Mensch passt zu Gänsen?

Vertragen Sie und – in Absprache mit Ihnen – auch Ihre Nachbarn das laute bzw. sehr lebendige Schnattern von Gänsen zu allen möglichen und unmöglichen Zeiten? In allen Bereichen, in denen sich die Hausgänse bewegen können, »schietern« sie wirklich im wahrsten Sinne des Wortes alles voll. Ist Ihre Auslauffläche für die Vögel tatsächlich so groß, dass sich ihre überall fallen gelassenen, recht dünnflüssigen Ausscheidungen so verteilen, dass sie niemanden in Ihrer Familie stören? Oder haben Sie genügend Platz, um den Tieren eine ausreichend große Auslauffläche abzugrenzen?

Wenn all dies kein Problem darstellt, bleibt zu überlegen, ob Sie den Tieren auch genug Weidefläche anbieten können, auf der sie grasen können. Gänse sind ausgesprochene Weidetiere – selbst die Wildgänse werden Sie in aller Regel beim »Grasen« beobachten können. Gibt es für die Gänse eine Bademöglichkeit? Wenn es sich um ein stehendes Gewässer handelt, müssen Sie es aus hygienischen Gründen häufiger reinigen. Haben Sie einen ausreichend großen und trockenen Stall für alle Tiere – denn Gänse sind sehr gesellig und dürfen nicht alleine gehalten werden? Und haben Sie genügend Zeit, sich um die Vögel zu kümmern, jeden Tag nach ihnen zu sehen und sie zu füttern? Sind sie auch im Krankheitsfall versorgt?

Wenn Sie genügend Zeit und Einfühlungsvermögen haben, können Ihre Gänse sehr zahm werden. Sie pflegen gerne individuelle Beziehungen zum Menschen. Ich habe einen Ganter kennengelernt, der anfing zu humpeln, um von seinen Haltern wie Hund und Katze in die Küche gelassen zu werden. Der kluge Vogel hatte dies gelernt, als er nach einem Fuchsangriff verletzt worden war und in ebenjener Küche unter menschlicher Obhut und Fürsorge – und sicherlich auch mit der einen und anderen Verwöhnung – wieder gesund gepflegt wurde. Das hat ihm wohl sehr gefallen!

Die Ente

Soziale Möglichkeiten entfalten

Mythologie

Zwar taucht die Ente in nahezu allen Mythen der Welt auf, dennoch ist ihre Rolle eher unspektakulär. Seit alters gehören die weiblichen Enten zu den großen Muttergottheiten bzw. den Mondgöttinnen wie beispielsweise zur keltischen Göttin *Sequana*, nach der die Seine in Frankreich benannt ist und die deren keltische Quelle verkörpert.

Als Vögel, die neben der Luft auch die Erde und das Wasser als Lebenselement erobert haben, sind Enten prädestiniert dafür, als Botschafter zwischen Diesseits und Jenseits tätig zu sein, als Begleiter bei Wandlungs- und Transformationsschritten und als Gefährten der Seelen von Verstorbenen.

In der **finnischen** Mythologie entstand die Welt durch das Zusammenwirken der Ente (hier: der Wildente) mit der Herrscherin der Lüfte *Ilmatar*[*]: Als noch nichts da war außer der tobenden und brausenden See und unendlichem Nebel über dem Wasser, als noch keine Erde den Wassern trotzte, als noch keine Sonne und noch kein Mond schienen, also zu Anbeginn der Zeit, gab es nur Götter, Pflanzen und Vögel. Eine Ente suchte verzweifelt festen Boden unter ihren Füßen – Sturm und Gischt hatten schon ihr Gefieder zerzaust. Da hob *Ilmatar* ein mit Rasen bewachsenes Knie aus den Meereswogen empor. Die Ente

[*] In manchen Quellen ist diese Gottheit auch männlich: *Ilmarinen*, der göttliche Schmied der Urzeit, der das Himmelsgewölbe geschmiedet hat und daran die Sterne befestigte, oder auch *Väinämöinen*, der »große Zauberer«.

ließ sich auf der vermeintlichen Insel nieder, legte ein goldenes Ei und begann zu brüten. Mit jedem Bruttag wurde jedoch das Knie der *Ilmatar* immer heißer, und als sie meinte, es müsse nun verglühen vor Hitze, schüttelte sie ihr Knie. Das angebrütete goldene Ei fiel ins Wasser und zersprang. Aber die Bruchstücke sanken nicht in die Tiefe des Meeres. Aus der unteren Hälfte des goldenen Eis entstand die Erde, aus der oberen bildete sich das hohe Himmelsgewölbe. Das gelbe Eidotter begann als Sonne zu strahlen, und das Eiweiß oder Eiklar verwandelte sich in das sanfte Licht des Mondes. Aus den vielen goldenen Eierschalensplittern formten sich die unzähligen Sterne am Himmelszelt.

Die Ente war eines der heiligen Tiere der **germanischen** Göttin *Ostara;* sie versinnbildlichte die Wiedergeburt allen Lebens und wurde mit der Herzensgüte und Liebe in Verbindung gebracht.

Der Name der *Penelope,* der Gemahlin des **griechischen** Helden *Odysseus,* bedeutet wörtlich »Ente«. Folgende Legende erzählt, wie es zu dem Namen kam: Odysseus hatte *Palamedes,* den Sohn des *Nauplios,* auf heimtückische Weise getötet. Aus Zorn darüber ließ Nauplios verbreiten, dass Odysseus tot sei. Als Penelope die falsche Botschaft erreichte, wollte sie sich aus Trauer und Schmerz im Meer zu Tode stürzen. Die so schmerzlich Irregeführte soll von Enten gerettet worden sein.

Im **Christentum** wird eine Entenmutter zusammen mit den ihr eng folgenden Küken als Bild für die Kirche und ihre Gläubigen verwendet.

Der **Volksmund** schreibt der Ente weltweit sehr unterschiedliche Eigenschaften und Charaktere zu. So gilt im chinesischen Volksglauben die Begegnung mit einem Entenpaar als Verheißung von Glück.

Im Mittelalter glaubte man im mitteleuropäischen Raum, dass ein Erpel jeweils sein zehntes Junges töten würde, was als Opferbereitschaft in der eigenen Familie gewertet wurde. In manchen Darstellungen aus dieser Zeit wird das Hexengefährt zur Walpurgisnacht von vier Enten gezogen. Zur gleichen Zeit wurde in der Heilmittelkunde unter aufwändiger Rezeptur eine Salbe gegen die Gicht aus Teilen der Ente und reichlich Fliegen hergestellt. Gegen Ohrenschmerzen hingegen verwendete man ein Präparat allein aus der Gallenblase der Ente. Gegen Katarrh wurde Entenfett auf Brust und Hals aufgetragen.

Seit Martin Luther steht eine »Ente« oder »blaue Ente« für eine erfundene Nachricht. In Frankreich bedeutet *canard* (»Ente«) Sensationsflugblatt, und dementsprechend nennt sich auch noch heute eine der bekanntesten satirischen Zeitungen unseres Nachbarlandes *Le canard enchainé* (»Die angekettete Ente«).

Im Grimm'schen **Märchen** von »Hänsel und Gretel« gelangen die beiden Kinder auf ihrem Heimweg nach Überwindung der Hexe an ein großes Gewässer – ohne Steg, ohne Brücke, ohne Boot. Die Kinder können aber eine vorbeikommende weiße Ente bitten, sie an das andere Ufer zu bringen. Nacheinander bringt der schwimmende Vogel Gretel und Hänsel an das rettende Ufer, in bekannte Gefilde, nach Hause. Die Ente übernimmt hier die Vermittlerrolle zwischen Jenseits und Diesseits – erst im vertrauten Wald sind die beiden Kinder wieder in dieser Welt.

Im Märchen »Drei Männlein im Walde« der Gebrüder Grimm, schlüpft die Seele, das Unsterbliche, in die Gestalt einer Ente. In osteuropäischen wie in russischen Märchen tauchen Entenfüße auf, auf denen Gebäude stehen. In einem ungarischen Märchen ist dies eine Burg, die sich mit dem Himmel auf diesen Entenfüßen dreht. Im russischen Märchen wohnt die berühmte Hexe Baba-Jaga ebenfalls in einem solchen sich auf Entenfüßen drehenden Haus. Die Entenfüße werden als mütterlicher Aspekt und tiefe Erdverbundenheit interpretiert.

Ein häufiges Bild im Märchen ist eine Ente, die nach einem goldenen Apfel oder einer Kugel taucht, um das Verlorene wieder an die Oberfläche zu holen. Eine mögliche Deutung ist, dass der Tauchvogel auf diese Weise im tiefgründigen Element Wasser, dem tiefen Unbewussten, nach Licht sucht und dieses – symbolisiert durch einen sonnenähnlichen Ball – hervorholt, also ins Bewusstsein zurückbringt.

Traumdeutung

Es gilt als positives Zeichen, wenn sich eine Ente schwimmend oder fliegend durch den Traum bewegt. Insbesondere in den Bereichen Liebe und Beruf verheißt die Ente Gutes. Wer im Traum eine Ente fängt, dem sollen einträgliche Geldgeschäfte ins Haus stehen. Erschießt er hingegen im Traum eine Ente, so soll dies eine Warnung der Seele vor bedrohlichen und gefährlichen Situationen für den Betreffenden in der näheren Zukunft sein. Er soll sich daher besonders umsichtig verhalten. Piepsen possierliche Entenküken durch den Traum, kündigen sie die baldige Lösung von Problemen, die Auflösung von Kummer an.

Als Wasservögel sind Enten sowohl in der Luft als auch auf und im Wasser zu Hause. Sie sind daher in der Lage, die der Luft zugeordnete geistige Welt der Gedanken mit der Tiefe des Wassers, dem Unbewussten, der Welt der Gefühle, zu verbinden. Wenn eine Ente im Traum erscheint, fordert sie in der tiefenpsychologischen Traumdeutung daher auf, die Verstandesebene mit den darunter liegenden Gefühlsbereichen zu verbinden.

Spiritualität

Die Enten, die auch als Wildvögel in Paaren, gleichgeschlechtlichen Gruppen und kleineren oder größeren gemischten Gruppen leben können, stehen für die vielseitigen Möglichkeiten sozialer Ausdrucksformen. Und wenn wir Menschen uns die Wasservögel als Haustiere in unsere Nähe holen, bekommen wir hervorragende Lehrmeister für soziale Vielfalt an unsere Seite. Öffnen wir uns für ihre weltliche und geistige Vielfalt und lernen von ihnen die enorme Bandbreite irdischen Daseins – es gibt sie auch für uns Menschen.

Zunächst fordern uns unsere Enten dazu auf, unser breites Gefühlsspektrum, das uns als Menschen auszeichnet, zu entdecken. Oft genug beschränken wir Menschen uns – bewusst oder unbewusst – auf ein kleines Repertoire an emotionalen Empfindungen und ihren Ausdrucksmöglichkeiten. Widerfährt uns eine bestimmte Situation, spricht uns beispielsweise jemand auf eine bestimmte Weise an oder drückt der Kontoauszug eine bestimmte Wirklichkeit aus, löst dies stets die gleichen Gefühle aus – und meist reagieren wir auf ähnliche Weise darauf, fast stereotyp. Es ist fast wie ein Reiz-Reaktions-Muster – das ja übrigens die Biologen so gerne bei den Tieren untersuchen und klassifizieren.

Die Ente ermuntert uns nun, einfach einmal aus diesem Schema auszusteigen und ganz bewusst etwas anderes in uns hochkommen zu lassen. Es mag etwas zunächst völlig verrückt Anmutendes sein: Wenn wir beispielsweise auf einen plumpen Flirtversuch bislang stets mit Entrüstung und Ablehnung reagierten, versuchen wir doch einmal, diese Kontaktaufnahme als Kompliment zu nehmen, und lächeln einfach das Gegenüber an. Eine kleine neue Facette der Wirklichkeit wird sich auftun.

Die Ente fordert uns auf, unseren Gefühlskanon zu erweitern.

Entdecken wir doch voller Neugier, was alles noch in uns steckt, natürlich nicht blindlings und ohne Rücksicht auf Verluste. Verbinden wir uns mit der spirituellen Energie der Ente, werden wir sogleich spüren, dass sie ein sehr umsichtiges Tier ist: auf weltlicher wie auf geistiger Ebene.

Es geht um die Entdeckung der Spannbreite unserer emotionalen Vielseitigkeit – ein wenig wie ein Aufwecken unserer inneren Möglichkeiten. Das Ziel dieser emotionalen Entdeckungsreise ist es, all unsere Facetten in der uns Menschen zur Verfügung stehenden sozialen Vielfalt zum Ausdruck zu bringen. Brechen wir aus dem gewohnten Reaktions-, aber auch Aktionsschema aus, können wir auch andere soziale Aspekte in unser Leben und in die Welt bringen und neue, ungewöhnliche Wege beschreiten. Das ist es, was uns die Ente lehren will.

Von der Wildente zur Hausente

Um ihr Fleisch und ihre Federn – mancherorts, wie in China, auch ihre Eier – zu gewinnen, wird die Ente weltweit als **Haustier** gehalten. Alle heute lebenden Hausenten stammen von der ursprünglich auf der nördlichen Erdhalbkugel in den gemäßigten Breiten vorkommenden und höchst anpassungsfähigen Stockente (*Anas platyrhynchos*) ab.

Vereinzelte Hinweise auf Entenhaltung sind beispielsweise aus dem Alten Ägypten bekannt. Neben der Stockente hielten die Ägypter jedoch überwiegend Spießenten (*Ana acuta*). Wie bei der Gänsehaltung dienten die Wasservögel in erster Linie als Opfertiere für Kultrituale, die Ente wohl für Totenkulte.

Die antiken Römer hielten Enten in speziell eingefriedeten Gehegen, den sogenannten *Nessotrophien*. In die Mauer waren häufig steinerne Nistzellen eingelassen. Die Nessotrophien waren meist mit groben Netzen überdacht, zum einen, um die Enten am Wegfliegen zu hindern, zum anderen, um die Vögel vor Raubvögeln zu schützen. Wie bei den in den gleichen Geflügelgehegen gehaltenen Gänsen schob man gerne Haushühnern die Eier der eingefangenen Wildvögel zum Ausbrüten unter, um sie ein wenig zu zähmen. Ihre generelle Verfügbarkeit machte die Enten jedoch nicht interessant für die Zucht. Die Tiere in den Nessotrophien waren stets gefangene Wildenten.

Im Übrigen war die Stockente sicherlich einer der ersten tierischen Kulturfolger. Sie hielt sich bereits in der Antike gerne an siedlungsnahen Teichen und Seen auf und konnte dort selbstverständlich ohne größeren Aufwand gejagt werden. Daher spricht man in aller Regel erst mit dem ausgehenden Mittelalter von der Ente als echtem Haustier. Da die Wildente ein kräftiger und ausdauernder Flieger ist, ging ihre Domestikation vor allem mit einer Reduktion ihres Flugvermögens einher. Wesentlich trug dazu die zuchtbedingte Zunahme der Körpermasse der Hausenten bei. Denn die gleichbleibend große Tragfläche des Flügels kann irgendwann nicht mehr der Gewichtsbelastung standhalten und die Ente kann ab einem bestimmten Gewicht aus eigener Kraft nicht mehr fliegen. Bei weiterer Zuchtauswahl verringert sich zusätzlich die gesamte Brust- und Flugmuskulatur.

Für die Entenfleischgewinnung ist in Nordamerika und Europa die Amerikanische Pekingente am weitesten verbreitet. Seit etwa 1880 hält man in den USA Pekingenten in Farmen. Ihre Zucht geht auf zwölf einstmals aus China importierte Enten zurück, Pekingenten, die im Reich der Mitte wahrscheinlich bereits seit dem 14. Jahrhundert n. Chr. gezüchtet wurden. Die Pekingenten sollen sich außerdem durch eine gute Legeleistung von etwa 200 Eiern pro Jahr ausgezeichnet haben. Bis heute werden Entenfedern, die über einen hohen Anteil der qualitativ hochwertigen Daunen und Halbdaunen verfügen, vor allem in der Füllung von Kissen und Oberbetten verwendet.

In der heute bei uns praktizierten Entenmast, die überwiegend in Bodenhaltung in Ställen erfolgt, werden nach sechswöchiger Aufzucht vom Entenküken zur Jungente je nach Mastdauer Frühmastenten (6 bis 8 Wochen), Flugenten (Mastzeit 9 bis 11 Wochen) und Spätmastenten (20 bis 24 Wochen) unterschieden. Als Flugenten angebotene Tiere müssen also niemals geflogen sein. Und die meisten Mastenten haben niemals eine größere Wasserfläche gesehen, geschweige denn je darin gebadet. Das Maximalalter einer kommerziellen Hausente liegt bei 30 Wochen, einem guten halben Lebensjahr. Und niemand hat die Enten gefragt, ob sie nicht doch mehr vorhatten mit ihrem Leben.

Die wild lebende **Stockente** führt eine sogenannte Saisonehe, quasi die Liebe einen Sommer lang. Nach der Herbstmauser finden sich im eher zaghaften Balzspiel die Paare. Im Vorfrühling jedoch wird dann stürmisch Hochzeit gefeiert. Wenn Stockenten in größeren Gemeinschaften leben, animieren sich die Erpel gegenseitig zum fortwährenden heftigen Liebesspiel mit Pfeifen, Nicken, Figurenschwimmen und Formationsschwimmen. Die Weibchen werden teilweise heftig durch Wasser und Luft gehetzt – und meist nicht nur von einem Erpel. Doch auch wenn es die stürmische Balz nicht vermuten lässt, trifft letztlich das Weibchen die Auswahl unter den werbenden Erpeln.

Das Nest wird meist gut versteckt am Ufersaum aus Halmen errichtet. Gelegentlich nistet die Stockente auch weit vom Wasser entfernt in Baumhöhlen oder unter Reisighaufen. Daunen, aus dem eigenen Federkleid herausgezogenen, dienen der Auspolsterung. In den gemäßigten Breiten legt das Entenweibchen ab Ende März sieben bis elf Eier, die knapp vier Wochen lang bebrütet werden. Ausschließlich die Weibchen kümmern sich um den Nachwuchs. Bereits am ersten Tag führen sie die Jungen ans Wasser, was je nach Neststandort ein kurzer oder auch beschwerlicher und gefahrvoller Weg sein kann. Greifvögel haben in dieser Situation relativ leichtes Spiel. Wenn Marder oder Fuchs nahen, »verleitet« die Entenmutter den Angreifer, indem sie vorspielt, einen gebrochenen Flügel zu haben, und als vermeintlich leichte Beute den Räuber von den Jungen fortlockt. Da die Küken von Anfang an selbstständig Futter suchen, kann sich das Weibchen darauf beschränken, die Familie an nahrungsreiche Stellen zu führen und vor erkennbaren Gefahren zu warnen. Wildenten haben eine Brut pro Jahr.

Welcher Mensch passt zu Enten?

Enten sind Gruppentiere und sollten niemals allein gehalten werden. Können Sie den Enten pro Tier wenigstens zehn Quadratmeter Grünfläche als Auslauf zur Verfügung stellen? Haben Sie eine Schwimmgelegenheit für die Enten, wenigstens fünf Quadratmeter groß, besser aber noch einen Weiher oder Bach? Es sollte stets ein Drittel Ihrer Enten darin schwimmen können. Wenn Sie den Enten Ihren Folienteich im Garten anbieten, sollten Sie bedenken, dass die Wasservögel durch das Gründeln und Kotablassen die Wasserqualität verändern. Das kleine Biotop wird bei fehlender Intensivpflege meist nach kurzer Zeit umkippen und anfangen zu modern. Und haben Sie einen kleinen trockenen Stall für die Nacht oder schlechte Witterung?

Haben Sie die Zeit, täglich nach den Tieren zu sehen, sie zu füttern und sich um Probleme zu kümmern? Schaffen Sie es außerdem, den Stall und ein stehendes Gewässer regelmäßig zu reinigen, damit die Tiere nicht erkranken?

Zusehends werden auch immer mehr indische **Laufenten** von Gartenbesitzern als bequeme Form der Nacktschneckenvertilger gekauft. Vergessen Sie dabei nicht, dass auch diese Wasserenten ein Recht auf ein würdevolles Leben gemäß ihren artgerechten Ansprüchen haben. Können Sie den Laufenten ein wenigstens 500 Quadratmeter großes, unverbautes und dicht umzäuntes Gelände mit Schwimmgelegenheit und einem mardersicheren Stall zur Verfügung stellen? Und bedenken Sie, dass die Tiere stets reichlich Wasser brauchen, um die Schnecken herunterzuspülen, da sie sonst ersticken.

Das Huhn

Gründlichkeit und Ausdauer

Mythologie

Die Eier legenden Hühner galten seit Anbeginn der menschlichen Kulturen als ein Symbol für die Schöpfung, für das Lebensprinzip, für die Freisetzung alles Seienden aus der Hülle des Eies. Das **Huhn** wurde zum Ausdruck der Großen Muttergöttin, der alles Erschaffenden.

Das frühmorgendliche Krähen des **Hahns** mit dem Eintreffen der ersten Sonnenstrahlen machte speziell den männlichen Hühnervogel zu einem Symbol des Lichts. In den Mythen einer indonesischen Insel ist ein Hahn maßgeblich an der Belebung der Welt beteiligt. Ihm wird nachgesagt, dass er erstmals überhaupt das Licht auf die Erde gebracht haben soll. Außerdem soll dieser Hahn mit seinem charakteristischen Scharren eine Schlange aus dem Boden freigelegt haben. Die ersten Menschen zerstückelten das langgestreckte Reptil, woraufhin aus den Einzelteilen ihres Körpers alle Tiere und Pflanzen entstanden sein sollen.

Das morgendliche Erscheinen des iranischen Gottes der Weisheit *Ahura Mazda*, der klar zwischen Gut und Böse, Wahrheit und Trug unterscheiden konnte, wurde jeden Tag vom Hahnenkrähen angekündigt. Das Hervorkommen des lichten Gottes vertrieb sogleich die Mächte der Dunkelheit.

In den meisten Kulturen verkörpert der Hahn mit seinem morgendlichen durchdringenden Schrei den zuverlässigen Wächter und Warner zwischen Tag und Nacht, zwischen dem Hellen und dem Dunklen. So krähte im antiken Griechenland der Hahn bei der morgendlichen Geburt des Gottes *Apollon*, dessen rhythmisches Wiedererscheinen stets durch die Sonne vergoldet wurde.

In alten **chinesischen** Überlieferungen tauchte ein dreifüßiger Vogel auf, der als himmlischer Hahn bezeichnet wurde. Er galt als Ahnentier des männlichen Prinzips *Yang*, dem auch die Sonne zugeschrieben wurde. Die Sage erzählt, dass der Hahn jeden Morgen, wenn er sieht, dass die Sonne ihr Bad nimmt, mit seinem Krähen sowohl die Götter im Himmel als auch die sterblichen Menschen auf der Erde aufweckt. Ergänzender Gegenspieler des Hahns ist als Verkörperung des *Yin* der Hase. Später symbolisierte im Reich der Mitte ein Hahn mit einer Krone auf dem Kopf einen literarisch gebildeten Geist.

Mit seinem lautstarken Geschrei versinnbildlichte der Hahn auf der weltlichen Ebene den ungestümen Fortpflanzungsdrang, die männliche Potenz, gepaart mit eifersüchtiger Vertreibung jeglicher Konkurrenz. Ist der männliche Vertreter der Hühner doch zumindest augenscheinlich der Herr über seinen »Hühnerharem« – vielfach ist allerdings ein Weibchen mit leiseren, dafür aber autoritären Tönen und Signalen Chef auf einem Hühnerhof. Neben dem Ziegenbock gilt der Hahn seit dem Mittelalter als Symbol der sexuellen Geilheit. Seine bis heute sprichwörtliche Bereitschaft zu kämpferischer Auseinandersetzung, den Hahnenkämpfen, machte den Hahn zum Attribut kriegerischer Götter. Beispielsweise wurden in China traditionell im Monat Oktober Vorbereitungen für Kriege getroffen – und dieser Monat ist im chinesischen Tierkreis dem Hahn zugeordnet.

Den Gnostikern hingegen symbolisierte ein Hahn, der mit einer Getreideähre im Schnabel dargestellt wurde, die Tugend innerer Wachsamkeit, aus der letztlich die Fülle hervorkommen würde. Und für die nordamerikanischen **Indianer** waren Hühner in der Lage, auf tiefer Ebene das zu verstehen, was wirklich die Angst in uns Menschen auslöst oder verursacht.

In der **germanischen** Edda wird ein Baum erwähnt, dessen Früchte die Geburt erleichtern sollten. In seinem Geäst saß ein goldener Hahn. Der Baum fungierte als ein Ort der Geburt, des Übertritts ins Leben, und der goldene Hahn vermittelte diese Kräfte, wahrscheinlich auch die Fruchtbarkeit. An anderer Stelle der Edda wird ein Hahn mit Namen »Güldenkamm« erwähnt, der mit seinem Krähen die Götterdämmerung ankündigte, den Neubeginn. Da diese Neugeburt jedoch den Tod voraussetzt, wurden zunächst die heldenhaften Krieger von Walhall zur endgültigen und letzten Schlacht gerufen.

Als heiliges Tier der **Kelten** wurde der Hahn in einigen Regionen nicht verzehrt – eine kultische Regel, die auch von Julius Caesar überliefert wurde. Die biologisch bedingte, heute immer noch sprichwörtliche Streitlust des Hahns um die Hennen hat den Haremsführer bereits bei den Kelten zu einem Symbol des Kampfes werden lassen. Sein Abbild ziert diverse Kampfhelme. Als gallischer Hahn ist der Vogel unter kämpferischem Aspekt noch heute ein Wappentier Frankreichs, ein Nationalsymbol. Wahrscheinlich geht diese Bedeutung auch auf die Zeit der französischen Revolution zurück, in der der Hahn das Kampfzeichen gegen den König darstellte.

Die **Griechen** hatten Teile des aus der östlichen Welt stammenden Symbolgehaltes des Hahns übernommen: seine Verbindung mit Licht und Gesundheit. So ist beispielsweise belegt, dass der große *Sokrates* gut 400 v. Chr. dem Heiler *Äskulap* einen Hahn opferte, um damit seinen Dank für seine Genesung von einer schweren Krankheit auszudrücken. Der griechische Schutzgott der Kaufleute und Reisenden *Hermes*, der mit materiellem Überfluss verbunden war, wurde stets von einem Hahn begleitet. Aus ihm wird später der römische Gott des Handels *Merkur*. Beide waren auch als Götterboten und Seelenbegleiter tätig.

Vor ihren Schlachten pflegten die **Römer** das »Hühnerorakel« zu befragen: Fraßen die Vögel die bereitgestellten Körner, so war das Vorhaben von Erfolg gekrönt. Desgleichen wird aus einem Feldlager im ersten Punischen Krieg berichtet. Die weissagenden Auguren konnten dem Feldherrn Claudius allerdings keine erfolgversprechende Nachricht aus dem Hühnerorakel zukommen lassen, da die Hühner sich weigerten zu fressen. Das Orakel beschied daraufhin die Seeschlacht gegen die Karthager als aussichtslos. Der Feldherr jedoch spottete der Sage nach über den Orakelspruch und ließ die heiligen Hühner mit den Worten »Wenn sie nicht fressen, dann sollen sie saufen!« ins Meer werfen. Kurz darauf erlitt die römische Armee auf hoher See eine schmähliche Niederlage.

Zwar ist von einem bedeutenden Rabbi um 250 n. Chr. folgender schon weiter vorn zitierte Ausspruch überliefert: »Drei Hartnäckige (Unbeugsame) gibt es: Das ist Israel unter den Völkern, der Hund unter den Tieren und der Hahn unter den Vögeln.« Doch auch die **Juden** sahen in den scharrenden Hühnervögeln eine Gefahr der körperlichen und geistigen Verunreinigung. Zu Lebzeiten Jesu war in Jerusalem sogar die Hühnerhaltung untersagt. Man befürchtete, dass das Scharren der Vögel verunreinigtes und verunreinigendes Gewürm an die Oberfläche bringen könnte, Symbol für die Versuchung der frommen Menschen. Priesterfamilien durften sogar in Gesamtpalästina keine Hühner halten. Zudem galt der Hahn als extrem angriffslustig, auch gegen Menschen. So soll in Jerusalem ein Hahn gesteinigt worden sein, weil er angeblich einen Menschen getötet hatte.

Jesus prophezeit dem Petrus: »Heute, in dieser Nacht, ehe der Hahn dreimal gekräht hat, wirst du mich dreimal verleugnen« (Mt 26,34). Für manche rabbinische Tradition entwickelte sich aus diesem Hahnenschrei als Zeitangabe ein Symbol für die Verleugnung Gottes.

Lediglich einige frühchristliche Bilder stellen einen Hahn als das Licht Christi dar, während die Schildkröte das Irdische symbolisiert. Später wurde dem Hahn das Laster der Unkeuschheit und Wollust zugeschrieben. Im Neuen Testament hält sich die negative Besetzung des Hahns. Andererseits wurde der Henne aufgrund der langen Brutzeit die **christliche** Tugend der Beharrlichkeit zugeschrieben.

Während Engel in der christlichen Mythologie gerne als Vögel auf die Erde gesandt werden, wird dem Adler der Wind, dem Hahn vielerorts hingegen das Wettermachen zugeschrieben. Daher kommt der bekannte Wetterhahn. Nahezu im gesamten europäischen Raum gilt das naheliegende Sprichwort, dass der Hahnenschrei den Tag ankündigt. Ein Hahn auf einem Turm wird schon von den Mystikern als Heiliger Geist interpretiert. Bereits auf romanischen Kirchtürmen tauchte der Hahn auf. Zum einen sollte er quasi als Wetterfahne vor drohendem Unheil wie Blitzeinschlag oder Hagelunwetter schützen, zum anderen signalisierte der metallene Hahn in seiner erhabenen Position eine nach allen Seiten gerichtete Wachsamkeit, vor allem bösen Mächten gegenüber. Das dreifache Hahnenkrähen nach Petrus' Verleugnung Jesu wurde hingegen zum Sinnbild für die Schwäche, die Reue und die Buße des Menschen.

Im christlichen Mittelalter wurden schwarze Hennen als Erscheinungen der Todesgöttinnen bzw. als Teufelsgetier betrachtet. Nach dem Grundsatz »Gleiches ist mit Gleichem zu vergelten« fanden zahlreiche schwarze Hühner den Tod als Opfertier: Ihr Blut sollte das Böse vertreiben – etwa indem die Verfluchten unfruchtbar wurden. Auch im afrikanischen Volksglauben spielten schwarze Hühner bei Bannritualen eine wichtige Rolle: Hier wurde das Blut der Vögel gegen einen zuvor auferlegten bösen Bann eingesetzt.

Auch das männliche Huhn wurde im Mittelalter mit dem Teufel assoziiert – in erster Linie wurden dazu ebenfalls schwarze, aber auch feuerrote Hähne herangezogen, in deren Gestalt der Dämon erscheinen sollte. Wenn der Teufel eine Hahnenfeder am Hut trug, ließ er damit die vom wahren Glauben abgefallenen Menschen seine zweifelhaften Pakte und Abkommen unterschreiben – für den Menschen endeten diese nahezu immer mit dem eigenen Tod.

In manchen Überlieferungen heißt es, dass ein sieben Jahre alter Hahn das Ei legen musste, aus dem, ausgebrütet von einer Kröte, der Basilisk schlüpfen sollte – ein Mischwesen als Symbol für den Tod bzw. den Teufel. Auf dem Kohlenberg bei Basel wurde 1474 ein Hahn verbrannt, der ein Ei gelegt haben sollte. Aus Angst, aus dem Ei käme ein schrecklicher Wurm hervor, wurde auch dieses verbrannt.

Auf spätrömischen bis hin zu mittelalterlichen Bildern ist die Figur des *Abraxas* zu finden. Abraxas ist eine gnostische Gottheit und personifiziert das unsagbar höchste Seiende, aus dem sich 365 Geistwesen ableiten – nicht zufällig die Anzahl der Tage in einem Jahr. Abgebildet wird Abraxas mit menschlichem Rumpf und Armen, dem Kopf eines Hahns und zwei Schlangen als Beinen. Seine Hände halten eine Geißel und ein Schild.

In nahezu allen Kulturen brachte der **Volksglauben** den roten Hahn mit Feuer in Verbindung. Bei uns wurden Brandstiftung und Brandschatzung mit dem Sprachbild »den roten Hahn aufsetzen« umschrieben.

Im späten Mittelalter wurden Schulden und ihre Begleichung noch mit sogenannten »Zinshühnern« berechnet. Der Ursprung dieser Redensart lag wahrscheinlich in der germanischen Mythologie. Hier stand der Hahn unter anderem für Recht und Ordnung. Und auch auf christlichen Ikonen finden sich Darstellungen von Gerichtsverfahren, in denen der Hahn eine wichtige Rolle spielt.

In manchen europäischen Gegenden wurde dem Hahnenschrei die Fähigkeit zugeschrieben, bei seinem frühmorgendlichen Erklingen die Geister der Dunkelheit zu verscheuchen. Vertrieb das Krähen des Hahns die Dunkelheit der Nacht und kündigte somit das Licht an, lag es nahe, dass der Volksmund dem Vogel auch die Ankündigung der Geburt eines Menschen zuschrieb. So soll sogar die Geburt des göttlichen *Apollon* der griechischen Mythologie nach durch einen Hahnenschrei angekündigt worden sein.

Während dem stolzen Hahn solch männliche Eigenschaften wie scharfe Sporen, stolzer Gang, die Gewalt des Wortes oder die kampfeslustig geschwellte Heldenbrust zugebilligt wurden, galt für die geflügelte und ungeflügelte, allerdings in jedem Falle sehr wohl als flügge zu bezeichnende Weiblichkeit: »Mädchen, die pfeifen, und Hühnern, die krähn, denen soll man beizeiten die Hälse umdrehen.« Und mit der Redensart »Ein blindes Huhn findet auch mal ein Korn!« gab man im Grunde der großen Geduld und Ausdauer der Hühner beim Nahrungspicken Ausdruck.

Weil der Hahn mit seinem Schrei eindringlich den Übergang zwischen Tag und Nacht markiert, wird er gerne als Symbol für eine Grenze benutzt. In vielen **Märchen** sitzt wie bei Frau Holle ein Hahn beispielsweise auf einem Brunnen, dem klassischen Übergangsort in die Anderswelt. In anderen Märchen erlöst ein schwarzer, hinkend geborener Hahn ein verzaubertes Schloss. Und wer einem Hahn die längste und am weitesten rechts liegende Schwanzfeder ausreißt, soll damit jedes Schloss öffnen, unsichtbar für andere in die dahinter liegenden Räume eintreten und dort alles sehen und jede Sprache verstehen können.

Analog zu dem »stolzen Hahn« – im Sinne eines Machos – findet man in vielen Fabeln den männlichen Hühnervogel als meist wenig galanten und sehr grobschlächtigen Charakter. Dennoch fehlt in den Geschichten dem Hahn nicht eine gewisse Schläue, im Sinne von Durchtriebenheit. In nahezu allen Fuchsfabeln kommt die gesamte Hühnerschar jedoch meist schlecht weg. Hühnern wird nur wenig Respekt entgegengebracht, sie sind meist das Opfer.

Traumdeutung

Taucht im Traum ein Huhn – also eindeutig der weibliche Vertreter dieses Federviehs – auf, soll dies eine gute Entwicklung der zwischenmenschlichen Beziehungen ankündigen. Manche deuten das Auftauchen einer Henne auch als Betonung der Liebe einer Mutter zu ihren Kindern: Entweder gilt es, diese zu entwickeln oder zu verfeinern, oder der Traum weist auf eine liebevolle Beziehung zwischen diesen Generationen hin. Die emotionale Tönung des Traumes wird der träumenden Person die Deutungsrichtung weisen.

Der Hahn hingegen nimmt Bezug auf den männlichen, den aggressiven Aspekt der Sexualität des Träumenden. Es kann sich um einen Hinweis handeln, nicht allzu »gockelmäßig« aufzutreten oder sich gar mehreren Sexualpartnern zuzuwenden, etwa wie der Hahn im Hühnerhof. Rote oder schreiende Hähne gelten meist als ein ungünstiges Vorzeichen. Sollte der Hahn tatsächlich einmal im Traum ein Ei legen, kündigt dies für den Träumenden eine günstige Finanzsituation oder gar Geldgewinne an. Steht im Traum allerdings der Kirchturmhahn im Mittelpunkt, wird dies als Hinweis verstanden, sich nun zu besinnen und auf das Wesentliche zu beschränken.

Spiritualität

Wer einmal frei laufende Hühner beobachtet hat, wird genau vor Augen haben, mit welch enormer Ausdauer und Gründlichkeit die Vögel Millimeter für Millimeter ihres Auslaufs auf der Suche nach Nahrung freischarren. Nach kurzer Zeit wächst hier kein Grashalm mehr. Die Tiere haben ganze Arbeit geleistet. Das ist auch die spirituelle Energie, die Hühner mit sich bringen. Sie fordern uns auf, keine halben Sachen zu machen. Wir sollen uns mit vollem Einsatz und mit aller Kraft und Konzentration, die wir mobilisieren können, einer Angelegenheit oder Aufgabe widmen. Das Nächste können wir erledigen, wenn diese eine Sache abgeschlossen ist. Jetzt ist erst einmal das eine dran, und wir sind mit unserem ganzen Einsatz gefragt.

Wie alle Vögel sind auch die Hühner leichtflügelige Wandler und Boten zwischen den Welten, der feinstofflich-geistigen und der irdisch-materiellen Dimension. Doch ihr Hauptaspekt ist die weltliche Ebene. Mit ihrem Vogelwissen um die spirituellen Hintergründe betonen die Hühner in ihrer Botschaft für uns die Erledigung konkreter materieller Angelegenheiten. Diese beziehen sich in aller Regel auf unseren Alltag. Die Hühner wissen um die Bedeutung geistiger und spiritueller Klarheit, auch und gerade für uns so von Grund auf lernende Menschen. Wir Menschen müssen uns allerdings auch in unserer äußeren Welt klar und deutlich einrichten – und nichts anderes bedeutet es doch, mit voller Kraft eins nach dem anderem zu einem Ende zu bringen.

Je klarer und eindeutiger wir Menschen durch unseren Alltag gehen, umso klarer und deutlicher können wir uns auch unserem geistigen Weg widmen und unsere spirituellen Aufgaben angehen. Auch das, so raten uns die Hühner, sollten wir dann sehr gründlich und mit großer Ausdauer tun. Wenn wir sie gut und respektvoll behandeln, werden uns unsere Hühner auf Anfrage sicherlich gerne behilflich sein. Dann dürfen wir uns mit ihrer spirituellen Energie verbinden, um von ihnen das gründliche Arbeiten und das Dranbleiben auch an unangenehmen Dingen zu lernen.

Der Hahn schenkt uns zusätzlich noch seine Wachheit, die er bereit ist, nicht nur durch sein morgendliches Krähen, sondern auch auf spiritueller Ebene in die Welt zu geben. Seine Energie hält uns wach, sozusagen »bei der Stange«, wenn wir drauf und dran sind, unser Durchhaltevermögen in der anstehenden Angelegenheit zu verlieren. Wenn wir uns mit seiner Energie verbinden durften, erklingt in uns auf Seelenebene ein weckendes Krähen, das unsere geistigen Kräfte und unser Vertrauen in unseren Lebensweg erneut mobilisiert.

Vom Wildhuhn zum Haushuhn

Ahn all unserer unzähligen Haushuhnrassen ist das in Südostasien beheimatete **Bankivahuhn** (*Gallus gallus*). Als Wildhuhn lebt es am liebsten in trockenen oder feuchten Wäldern mit dichter, Schutz bietenden Bodenvegetation. Bankivahühner sind nicht nur recht schnelle, sondern auch geschickte Flieger. Nach Fasanenart gleiten sie zunächst mit ausgebreiteten Flügeln dahin, um dann ihre Geschwindigkeit durch einige schnelle Schläge mit ihren Schwingen zu erhöhen. Sobald sie Boden unter ihren kräftigen Füßen haben, suchen sie in raschem Lauf Schutz zwischen Pflanzen – und zwar in charakteristischer Hühnerhaltung mit geducktem Kopf.

Als ursprüngliche Waldbewohner weisen die Bankivahühner spezielle Anpassungen an ihren Lebensraum auf. So suchen sie zum Schlafen bevorzugt geschützt liegende erhöhte Zweige auf, wobei ihre großen Zehen eine energiesparende Klammerstellung einnehmen. Eine Beinmuskelsehne läuft über das »Knie«- und Fersengelenk, während sich eine andere nur über das Fersengelenk zu den Zehen zieht. Lassen sich die Hühner nun auf einem Ast nieder, werden durch das Beugen der Gelenke beide Sehnen gespannt, und die Zehen umklammern ohne ermüdende Muskelarbeit die Sitzgelegenheit. Dieses Verhalten zeigen auch unsere Haushühner – vorausgesetzt, der Mensch stellt ihnen überhaupt eine Sitzstange zur Verfügung.

Wie auch die aus ihm hervorgegangenen Haushühner verfügt das Bankivahuhn über eine Fertigkeit, die selten unter Vögeln zu finden ist: Mit seinen kräftigen Füßen ist es in der Lage, Laub und Erde fortzuscharren, um darunter liegende Nahrung wie Samen, Beeren, Knospen, aber auch Insekten und Würmer freizulegen. Was tun wir den Vögeln nur an, wenn wir sie in winzige Drahtverschläge sperren – gleichgültig ob nun zwanzig oder dreißig Hühner pro Quadratmeter!

Wahrscheinlich fand die Haustierwerdung des Bankivahuhns erstmals vor 8000 Jahren statt. Die ältesten Fossilfunde stammen von knapp 6000 v. Chr. aus Nordostchina, also deutlich von außerhalb des Verbreitungsgebietes der Wildform.

In altägyptischen Schriften aus der Zeit um 1500 v. Chr. ist vom Huhn als dem »täglich gebärenden Vogel« die Rede. Vermutlich hatte die menschliche Zuchtauswahl bereits Einfluss auf die Legeleistung der Hennen genommen. Die wirtschaftliche Hühnerhaltung hat aber wohl erst mehr als tausend Jahre später Einzug in die bäuerliche Wirtschaftsweise gehalten.

Möglicherweise bereits in der Bronzezeit, spätestens aber im 8. Jahrhundert v. Chr. kam das Haushuhn über Kleinasien und Griechenland nach Europa. Speziell die Griechen entwickelten ein Faible für die Kampfspiele der männlichen Hühner und die entsprechende Zucht von Kampfhähnen. Die Wurzeln dieser vermeintlichen Sportart, die auf der gezielten Zucht und Dressur der wildesten Hähne beruht, reichen wohl bis in die Industalkultur zurück. Im ausgehenden 1. Jahrhundert v. Chr. hatte das Haushuhn dann den gesamten europäischen Raum von Süd nach Nord und Ost nach West erobert.

Man schätzt, dass heute weltweit gut 12 Milliarden Haushühner unter menschlicher Obhut leben. Ihre enorme Verbreitung verdanken die Haushühner ihrer einfachen Haltung und schnellen Vermehrbarkeit sowie ihrer vielseitigen wirtschaftlichen Nutzung aufgrund ihres nährwertreichen Fleisches und ihrer Eier.

Übrigens stürzte sich der Mensch auf die Zucht von Rassehühnern, weil er große Freude an den durch Zuchtauswahl »herausgearbeiteten« ungewöhnlichen Farben, Gestalten, aber auch Verhaltensweisen hatte. Solche Zierrassen erfreuen sich auch noch heute bei uns zahlreicher Liebhaber. Wahrscheinlich war aber ein Grundmotiv für die Domestikation der Hühner auch ihre kultisch-religiöse Bedeutung für den Menschen. Bereits in der Industalkultur und der iranischen Kultur im 3. und 2. Jahrtausend v. Chr. finden sich Hahn- und Hennendarstellungen im Zusammenhang mit dem Sonnenkult. Aus dieser Zeit stammen aber auch erste Belege für die Nutzung des Hähnchenfleisches durch den Menschen.

Wie weit sind wir heute mit unseren für den Verbraucher meist unsichtbaren oder zumindest verborgen gehaltenen Eierproduktionsmaschinen und Masthähnchenfabriken von der einstigen Wertschätzung für dieses älteste Hausgeflügel abgerückt! Die Wildform unserers Haushuhns legt übrigens zwei- bis dreimal im Jahr sechs bis zwölf Eier ab. Die mittlere Legeleistung liegt heute für Junghühner bei 200 Eiern im ersten Legejahr. Das entspricht der durchschnittlichen Menge, die ein Deutscher pro Jahr verspeist. Es wäre wohl etwas Dank und Achtung durch uns Verbraucher angebracht: Für jeden Einzelnen von uns legt ein – leider allzu anonymes – Huhn jeden Tag ein Ei. Das Mindeste ist es, den Tieren ein lebenswertes Dasein zu verschaffen. Das können wir unter anderem mit bewusstem Kauf von Eiern aus – einigermaßen – artgerechter Haltung beeinflussen.

Die Zucht auf hohen Fleischertrag führte beispielsweise zu Hühnerrassen, bei denen die Hähne innerhalb von sechs Wochen eine Körpermasse von zwei Kilogramm auf die Waage bringen, bereits das doppelte Gewicht eines wilden Bankivahahns. Die Lebensspanne dieser »Industriehühner und -hähnchen« zur reinen Hähnchenfleischerzeugung reicht nicht einmal bis zur Entwicklung ihrer Geschlechtsreife. Wer meint, auf Hähnchenfleisch nicht verzichten zu können, sollte wenigstens auf Bio-Hühner aus Freilandhaltung zurückgreifen, deren kurzes Leben zumindest erträglicher war. Doch auch sie hat niemand gefragt, ob sie sich zum Zeitpunkt, den der Mensch bestimmt hat, als Fleischspender zur Verfügung stellen wollten!

Passen Sie und Hühner zusammen?

Zunächst: Haben Sie mit Ihrer Familie und Ihren Nachbarn abgeklärt, ob sie mit dem sehr frühmorgendlichen Krähen – wenn Sie einen Hahn zu den Hühnern aufnehmen – einverstanden sind? Die Haltung eines Hahns bringt zwar zeitiges Wecken mit sich, aber auch sehr viel Ruhe in die Sozialstruktur der Hühnergruppe. Eier legen Hühner natürlich auch ohne ihn, aber für Nachwuchs ist er unentbehrlich. Mit dem Hahn sollte der Hühnerharem wiederum aus mindestens sechs Weibchen bestehen, da sonst sexueller Stress auftritt, weil der Hahn die Hühner zu häufig beglückt.

Und noch eine grundlegende Frage vorweg: Neigen Sie zu Allergien? Der Hühnerstall muss nämlich wenigstens alle paar Wochen gründlich sauber gemacht werden, und dabei werden reichlich Staub, feinster Federbruch und auch Hautschuppen aufgewirbelt. Vor allem wenn Sie unter einer Hausstauballergie leiden, sind diese Haustiere wohl kaum für Sie geeignet.

Ist Ihr Hühnerstall trocken und durchzugfrei? Können Sie jedem einzelnen Huhn eine Stallfläche von wenigstens einem halben Quadratmeter bieten? Und dazu jedem einen Platz von etwa 30 Zentimeter auf einer Sitzstange? Auf der Freilauffläche wächst bald kein einziger Grashalm mehr. Haben Sie einen entsprechenden separaten Platz auf Ihrem Grundstück? Nur wenn ein einziges Huhn mehr als 30 Quadratmeter zur Verfügung hat, kann es kaum alles Grün wegscharren oder -fressen. Aber vielleicht haben Sie ja riesig viel Platz? Und können die Hühner trotzdem gegen Raubtiere wie Fuchs und Habicht schützen?

Haben Sie jeden Tag bei etwa zehn Hühnern wenigstens zwanzig Minuten Zeit, um nach den Tieren zu sehen, sie zu füttern, die Eier einzusammeln und gegebenenfalls das Wasser zu erneuern, sowie die Tiere abends in den raubtierdichten Stall zu bringen und durchzuzählen? Und alle zwei bis vier Wochen die Zeit für die gründliche Reinigung des Stalls? Und letztlich wieder die Frage: Wer kümmert sich um die Tiere, wenn Sie nicht da sind?

Wenn Sie nicht nur die Hühnereier essen wollen, sondern auch den Vögeln ein gutes Zuhause bieten können, noch folgender Tipp: Für Anfänger sind robuste Hühnerrassen wie Sussex, Cochin, Plymouth Rocks und andere alte heimische Landrassen am besten geeignet.

Die Taube

Im Strom der Liebe fließen

Mythologie

Einige Kulturen schreiben der Taube eine wichtige Rolle bei der **Entstehung der Welt** zu. So berichtet ein Mythos aus babylonischer Zeit von Fischern, die dereinst ein schönes Ei inmitten des Flusses Euphrat fanden. Die Fischer brachten es ans Ufer, und eine Taube brütete das Ei aus. Daraus kam *Ishtar* (die Venussterngöttin) hervor, die als die barmherzigste und gütigste Göttin galt. Dieser akkadischen Göttin wurde daher die Taube als heiliger Vogel zugesprochen. Interessanterweise vermutet man in Ishtar die weibliche Entsprechung Gottes, da sie ebenfalls eine kosmische Trias (mit *Sin* und *Shamash*) bildet. Übrigens soll auch der Geist der Genesis, der über den Wassern geschwebt hat, weiblich gewesen sein. Man hat dies als eine weibliche Wesenheit interpretiert, die nach Art einer Vogelmutter über dem Auszubrütenden schwebt und dabei mit ihren Flügeln flattert. Demnach wurde eine der ursprünglichen Schichten *Jahwes* von einer Art »muttergottheitlichen« Gestalt gebildet. Somit hätte sich eine weibliche Gestalt am Schöpfungswerk Gottes beteiligt.

Folgender Urzeitmythos, in dem auch eine Taube eine entscheidende Rolle spielt, soll im frühantiken Griechenland entstanden sein: Die Große Mutter war der Anfang von allem. Als sie eines Tages auf dem Urwasser tanzte, erfasste sie ein zarter Windhauch, der bald darauf in ihren Körper eindrang. Als sie den Wind endlich mit ihren Händen zu fassen bekam, verwandelte sich dieser in die große Schlange *Ophion*. In leidenschaftlicher Ekstase vereinigten sich die Göttin und die Schlange aus Wind miteinander. Die schwangere Göttin verwandelte sich bald in eine Taube und legte ein Ei auf dem Wasser des Urmeeres ab. Aus diesem Taubenei kam bald der gesamte Kosmos hervor. In diesem Mythos tragen gleichermaßen eine männliche Schlange und ein weiblicher Vogel zur Entstehung der Welt bei. Es gibt also einige Parallelen zur babylonischen Vorstellung von der Entstehung der Welt.

Die **Kelten** schrieben den Tauben wohl aufgrund ihrer markanten Lautäußerungen prophetische Gaben zu.

Den *Goten*, einem Stamm der **Germanen**, klang der Ruf der Turteltaube eher wie ein wehmütiger Klageruf im Ohr, etwa wie das Wehklagen für einen gestorbenen Partner. Die Taube galt ihnen daher als Leichen- oder Trauervogel, und sie nannten den Vogel auch »Leichentaube«. Ein anderer Stamm, die *Langobarden*, setzte die Abbilder von Tauben auf hölzerne Stangen. Die Schnabelspitze der Holzfiguren zeigte in die Richtung, in der die Betrauerten im Krieg oder in der Fremde umgekommen waren.

Im Eichenorakel von Dodona, neben Delphi die berühmteste Orakelstätte des antiken **Griechenlands**, wurde aus dem Rauschen des heiligen Eichenbaumes, aber auch aus dem Verhalten der hier beherbergten schwarzen Tauben geweissagt. Gedeutet wurden das Fort- und Heimfliegen der Orakeltauben, die Art ihres Fluges sowie ihr Gehabe und ihre stimmlichen Äußerungen. Als heilige Tiere durften Tauben in nahezu allen antiken Tempelanlagen nisten.

In **jüdischen** Tempeln opferte man Tauben, um sich von Schuld zu reinigen.

Die Taube wurde sowohl in der Bibel als auch im Alten Orient als Botschafter Gottes verehrt. Sie stand als flugfähiger Vogel nicht nur Gott sehr nahe, sondern hat zudem Noah auf der Arche die gute Nachricht vom Ende der Sintflut gebracht. Als die Wassermassen bei der Sintflut allmählich zur Ruhe kamen, sandte Noah drei Tauben zur Erkundung aus. Am siebten Tag kehrte eine Taube mit einem grünen Ölzweig im Schnabel zur Arche zurück. Noah verstand dies als Botschaft Gottes, dass er mit seinem Volk »göttlichen Frieden« schließen werde. Später wurde die Sintflut mit der Abwaschung der Sünden gleichgesetzt – und in dem **christlichen** Ritual der Taufe verewigt.

Die weiße Taube ist unter anderem als Friedenstaube der Inbegriff für das Gute und Friedvolle. Sie ist Inbegriff für Frieden und Rettung, für die göttliche Liebe schlechthin (Friedenstaube). An anderer Stelle beschreibt Jesus, als er seine Apostel ausschickt, die Taube als nachahmenswertes Vorbild für Arglosigkeit: »Darum seid klug wie die Schlangen und ohne Falsch wie die Tauben« (Mt 10,16).

Bekannt ist natürlich die Taube – vor allem in ihrer rein weißen Farbvariante – als christliches Symbol für den Heiligen Geist, der in Gestalt des Vogels auf die Erde zu den Menschen herabkommt. Sie versinnbildlicht Tugenden wie Demut, Mäßigkeit, Friedlichkeit, Aufrichtigkeit und Hoffnung.

Der Vogel wird aber auch vor der Erschaffung der Welt im 1. Buch Moses als Geist Gottes über dem Urwasser schwebend dargestellt. Damit ist die Taube selbst der Ausdruck der höchsten christlichen Gottheit. Der bereits in vorchristlichen Mythen auftauchende Lebens- oder Weltenbaum, der mit seinen Wurzeln in der Unterwelt verankert ist, dessen Stamm im irdischen Bereich verläuft und dessen höchste Zweige in den Himmel hineinragen, wird auch in christlicher Vorstellung von Tauben bevölkert. Tauben erscheinen als Geist Gottes mit Früchten des Lebens oder bringen Näpfe mit den Wassern des Lebens auf die Erde, zu den Menschen. Trinkende Tauben sollten versinnbildlichen, wie der Geist aus der Schale des Lebens trinkt. Somit steht der Vogel für die Nahrung des Geistes, für die Inspiration durch den göttlichen Funken, der zwar mitunter äußerst flüchtig, immer aber erhaben ist.

Auf christlichen Abbildungen vertreten zwölf Tauben die

zwölf Apostel; an anderer Stelle symbolisieren sieben Tauben die Fähigkeiten oder Gaben des Geistes: Verstand, Wissenschaft, Stärke, Rat, Weisheit, Frömmigkeit und Gottesfurcht, die von Jesaja an anderer Stelle auch als die »sieben Geister Gottes« bezeichnet werden.

Die Opferung von Jesus Christus für die Menschen stellt man sich bildlich so vor, dass uns Christus mittels seines eigenen Blutes als »feuerrote Taube« ins Leben geführt habe. Tauben spielten auch eine wichtige Rolle als Opfertiere, und zwar speziell der armen Leute, die nicht die Mittel besaßen, ein Lamm zu opfern.

Vielfach finden sich in christlichen Darstellungen Tauben anstelle der unsichtbaren Seelen der Verstorbenen – als Seelenvögel. Verbreitet war die Vorstellung, dass gerade die Seelen unschuldiger Kinder und reiner Jungfrauen, aber auch christlicher Märtyrer und unschuldig zum Tode Verurteilter bei deren Tod als helle Tauben in die Luft flögen. Je strahlend heller und weiß leuchtender der Vogel, desto heller und reiner sollte auch die begleitete Seele sein. So rankt sich um die heilige *Jungfrau von Orleans* die Legende, dass bei ihrem Tod ihre Seele als schneeweiße Taube davonflog. Auch die Seele der heiligen *Theresia von Avila* soll auf diese Weise ihren direkten Weg zu Gott genommen haben.

Das schnäbelnde und gurrende Liebeswerben der Tauben brachte diese Vögel schon von alters her in enge Verbindung mit zärtlicher Liebe, gegenseitiger Hilfe und Frieden. Der mittelalterliche **Volksmund** glaubte, dass die Taube deshalb so friedfertig, ganz und gar frei von Aggressionen sei, weil sie keine Gallenblase habe, die »überkochen« könne. Noch heute nennen verliebte Männer ihre Eroberungen »mein Täubchen«, womit sie die sanfte Anschmiegsamkeit der Frau hervorheben wollen.

Der manchmal recht wehmütig klingende Ruf der Taube soll dazu beigetragen haben, dem Vogel eine enge Verbindung zum

Tod nahezulegen. Die Taube galt als Seelenvogel, der die Seelen Verstorbener durch die verschiedenen Daseinsebenen begleiten sollte. Manch Sterbender soll das Jenseits zunächst als einen Schwarm weißer Tauben erblickt haben. Und nicht selten wurde zum Zeitpunkt des Übergangs einer Seele das Auffliegen einer weißen Taube beobachtet.

Manchmal tauchte eine Taube aber auch dort auf, wo noch ein Leben aus todbringender Gefahr gerettet werden konnte. Der deutsche Volksglaube sieht aus dem Mund eines Sterbenden eine Taube herausfliegen, weniger als dessen Seele selbst, sondern eher als ein sie geleitender Geist. Wenn ein Schiff im Meer versank, sollten die Seelen der untergegangenen Seeleute als weiße Tauben in den Himmel aufsteigen. Dieses Zeichen sollte immer auch vom Ufer aus sichtbar sein.

Auch in Syrien stellte man eine Verbindung der Taube zu den Seelen Verstorbener her: Über Begräbnisstätten wurden Taubenschläge als Seelenhäuser errichtet. Und der brahmanische Totengott und Gott über die Zeit *Yama* sendete neben Eulen auch Tauben als seine Botschafter aus.

Selbst im **Märchen** tauchen Tauben als Kuriere zwischen Gott, den Lebenden und den Toten auf. In einem Kindermärchen sitzt auf jeder Schulter des Papstes eine Taube, die ihm flüsternd ins Ohr eingibt, was er als Gottes Stellvertreter zu erledigen und vorzunehmen hat.

In »Schneewittchen« stehen drei Vögel am Übergang von Leben und Tod. Die Grenze zwischen Dies- und Jenseits ist in diesem Märchen einmal nicht ein Wasser, sondern der durchsichtige gläserne Sarg. Und an diesem »gläsernen Schleier« beweinen nicht nur die sieben Zwerge den Tod des schönen Mädchens, sondern auch die drei Vögel. Jeder versinnbildlicht eine Übergangsphase: Eine Eule kündigt zunächst den Tod an, ein Rabe übernimmt die Rolle des Totenvogels, während das Täubchen die Wiederkehr in ein neues Leben ankündigt.

Bereits in der alten Fabel »Ameise und Taube« von *Aesop* genießt die Taube große Hochachtung. Sie rettet zum einen selbstlos mit einem Grashalm das kleine Insekt vor dem Ertrinken und wird ihrerseits von der Ameise vor einem Vogelfänger bewahrt.

Traumdeutung

Taucht im Traum eine Taube auf, gilt dies im Allgemeinen als günstiges Zeichen. Der Vogel weist darauf hin, dass der Träumende in der aktuellen Situation eine sehr gute geistige Verbindung zu seinen verschiedenen seelischen und spirituellen Anteilen hat. Daraus sollen schöpferische Gedanken hervorgehen.

In der tiefenpsychologischen Traumdeutung steht die Taube als Sinnbild für schöpferische Gedanken, die durch die innige geistige Verbundenheit zwischen zwei sich sehr nahestehenden Menschen entstanden sind. Sie kann aber auch einfach als ein Zeichen einer besonders friedlichen und harmonischen Vereinigung in tiefer und ehrlicher Liebe verstanden werden.

Spiritualität

Seit je ist die Taube für uns Menschen Sinnbild für Friedlichkeit, für liebevolle Botschaften. Diese Energie bringen die Vögel auch mit zu uns, wenn wir in ihrer Nachbarschaft leben, wenn wir ihnen in unserer Nähe beispielsweise einen Taubenschlag einrichten.

Tauben sind nicht nur dazu in der Lage, Frieden, Achtung und Respekt zu bringen – etwa mit dem symbolischen Ölzweig im Schnabel oder als weiße Taube –, sie verfügen auch auf spiritueller Ebene über die Fähigkeit, diese wundervollen Ausdrucksformen des Lichts ins Fließen zu bringen und auch im Fluss zu halten. Es ist, als würden sie mit jedem einzelnen Schlag ihrer Flügel das luftig-lichte Meer der unendlichen Liebe innerhalb dieses Kosmos in Bewegung halten; als würden sie auf diese Weise auch eine Brandung der Liebe erzeugen, die uns Menschen immer mal wieder ergreift und fast zärtlich weiterspült auf unserem Lebensweg.

Tauben halten die Liebesenergie in Fluss, verdeutlichen aber zugleich ihr Kommen und Gehen – ähnlich wie Ebbe und Flut, die Gezeiten der irdischen Meere. So werden viele verschiedene Liebschaften oder die eine große Liebe zu uns herangespült. Und auf diese Weise erscheinen in unserem Leben auch all die anderen Spielarten der Liebe: gute Freunde, beste Freunde, enttäuschende Freunde, alle anderen Menschen, die uns mehr oder weniger eindrücklich begegnen, und natürlich auch die verschiedenen Haustiere, die sich uns annähern – entsprechend ihren Möglichkeiten und ihren teilweise auf geistiger Ebene übernommenen Aufgaben. Sie bleiben, vielleicht lange, vielleicht für immer, oder werden mit der nächsten Welle wieder fortgespült.

Die Taube unterstützt den Fluss. Unsere Aufgabe ist es, die Liebe in ihren mannigfaltigen Ausdrucksformen auch kommen zu lassen, uns auf sie einzulassen, um daraus zu lernen. Und es ist auch an uns, sie wieder loszulassen, wenn es an der Zeit ist.

Dieses Einlassen meint auch, dass wir uns nicht widersetzen oder sträuben, wenn Ereignisse auf unserem lebenslangen Weg des Lernens auftauchen, die uns unbequem oder ungerecht erscheinen. Es geht darum, dass wir uns auf geistiger Ebene auch tatsächlich führen lassen.

So kann es sein, dass unsere irdischen Liebesbeziehungen eher enttäuschend oder schmerzhaft für uns sind. Vielleicht liegt auch ein längerer Lebensabschnitt ohne einen Partner auf unserem Weg. Möglichweise geht es für uns in diesem Leben nicht um das Erleben der einen erfüllenden Liebesbeziehung, weil wir für dieses Leben auf höherer Ebene eine ganz andere Aufgabe gewählt haben. Dann liegt unsere Erfüllung beispielsweise in helfender Arbeit mit Kindern oder Tieren, an die wir zu deren Wohlergehen unsere Liebe weitergeben können.

Wenn wir uns für die spirituelle Energie der Taube öffnen, so fordert sie uns dazu auf, unser Leben in den Strom der Achtung und Liebe einfließen zu lassen. Das bedeutet, dass wir uns einlassen sollen, und zwar in dem Sinne, dass wir auch mit dem ganzen Herzen dabei sind, und das bei allem, was wir tun: mit Achtung, Respekt, und Mitgefühl.

Das ist es, was uns die Taube lehrt: unser Herz für die unzähligen Facetten der Liebe zu öffnen und in einverständlichem Fluss mit unserem Leben und unseren Aufgaben auf der Erde unseren Weg zu gehen.

Von der Wildtaube zur Haustaube

Bereits Charles Darwin (1809–1882), der große Naturforscher, konnte durch Kreuzungsexperimente nachweisen, dass alle unsere Haustauben auf die **Felsentaube** (*Columba livia*) zurückgehen. Sie ist noch heute bei uns die häufigste frei lebende Taubenart, hat sie sich doch als ursprünglicher Felsenbewohner an die Betonwelt unserer Städte angepasst. Bei den städtischen Tauben handelt es sich allerdings überwiegend um verwilderte Haustauben.

Das Verbreitungsgebiet der Wildform reicht über die gesamte eurasische Landmasse sowie die arabische Halbinsel und Nordafrika. Die Anpassung an solch unterschiedliche Lebensräume und Klimata brachte eine große Variabilität der Felsentaube mit sich. Mehr als zehn Unterarten werden von den Biologen unterschieden.

Felsentauben sind gesellige Standvögel. Sie nisten in Gruppen in Spalten und Ritzen von Felsen und Klippen, sind daher bevorzugt an felsigen Meeresküsten und im Gebirge anzutreffen. Regional brüten Felsentauben bis zu viermal im Jahr mit durchschnittlich zwei Eiern je Gelege. Die Balz der Tauben vollzieht sich am Boden unter unermüdlichen rituellen Verbeugungen insbesondere des werbenden Männchens, das seine Auserwählte hartnäckig umkreist. Begleitet wird dieser fast höfisch anmutende Hochzeitstanz durch das charakteristische Taubengurren.

Die Felsentauben sind Körnerfresser, die in erster Linie von Samen, Beeren und anderen Pflanzenteilen leben. Ihre aufgenommene Nahrung speichern sie zunächst in ihrem großen Kropf, um sie von dort portionsweise an den muskulösen Magen zur Zerkleinerung weiterzugeben. Aus diesem Kropf wird auch der Nachwuchs ernährt. Beide Elternvögel scheiden aus der Schleimhaut ihres Kropfes ganze Schleimhautzellen ab, die im Hohlraum des Kropfes zerfallen und eine Art nahrhaften Brei bilden. Der den Schnabel weit aufsperrende Nachwuchs holt sich diese sogenannte »Kropfmilch« aus dem Schlund seiner Eltern. Nach einigen Tagen werden dem schleimigen Brei die ersten Körner zugemischt.

Alle Tauben müssen regelmäßig Wasser trinken und tun dies auf recht ungewöhnliche Weise. Sie heben nicht wie andere Vögel zum Schlucken den Kopf an, sondern sie stecken den Schnabel bis zu den Nasenlöchern ins Wasser und saugen es dann unter starker Pumpbewegung auf.

Die Anfänge der **Domestikation** der Haustauben liegen noch weitestgehend im Dunkeln. Dies ist vor allem darauf zurückzuführen, dass aufgrund der verhältnismäßig kleinen Taubenknochen kaum archäologische Funde von Tauben vorliegen. Die Forscher konnten fast nur auf bildliche Darstellungen und schriftliche Quellen zurückgreifen. Die ältesten Taubendarstellungen stammen aus dem syrisch-palästinensischen Raum und datieren um die Mitte des 5. Jahrtausends v. Chr. Vermutlich haben sich die ersten Wildtauben mit der Sesshaftwerdung des Menschen an dessen Ansiedlung und Behausungen gewöhnt. Zunächst wurden die Vögel wohl schlicht geduldet. Als erstes Zentrum der Taubenhaltung wird Vorderasien angesehen.

Grund für die Aufnahme in den menschlichen Hausstand waren weniger wirtschaftliche Aspekte als religiöse Motive. Dies belegen die frühen, aus aller Welt zusammengetragenen Taubendarstellungen des Vogels als meist weibliche Gottheit, als mütterlicher Aspekt und als Symbol für Liebe und Fruchtbarkeit. Diese sehr ähnlichen Taubendarstellungen stammen aus so unterschiedlichen Regionen wie Vorderasien, Ägypten und Indien.

Im antiken Griechenland war die Haustaube spätestens seit 1000 v. Chr. bekannt, vermutlich aus Persien eingeführt. Bereits Homer beschreibt in seiner »Odyssee« um 800 v. Chr., dass griechische Seeleute auf See Tauben fliegen ließen, damit sie ihnen das nächstgelegene Land anzeigen sollten. Die Römer kultivierten die Taubenhaltung und bauten teilweise sogar regelrechte Taubenhäuser (*Columbarien*). Sie waren geradezu versessen auf das Taubenfleisch, vor allem auf das von jungen Tauben. Die Römer mästeten die schmackhaften Vögel auch und stopften sie teilweise wie sonst die Gänse. Neben der religiösen Motivation spielte nämlich zunehmend das zarte Fleisch der Tauben eine Rolle bei ihrer Domestikation.

In Mitteleuropa etablierte sich die Taubenhaltung im Mittelalter.

Das berühmte Heimfindevermögen der Tauben war den Menschen wohl sehr früh bekannt. Heute weiß man, dass sich die Vögel am Sonnen- bzw. Sternenstand orientieren, also einen Sternenkompass benutzen, den sie mithilfe ihrer »inneren Uhr« genau berechnen können. Dazu messen sie die Veränderungen der Polarisationsebene des Sonnenlichts und vergleichen diese mit einer im Gehirn gespeicherten Gesamtkarte aller Lichtdaten.

Bereits um 1300 v. Chr. verwendete man in Ägypten Tauben zur Übermittlung von Botschaften. Und bei den ersten Olympischen Spielen 776 v. Chr. brachten Tauben die Nachrichten über die Sieger in den einzelnen Disziplinen in die verschiedenen griechischen Städte. Die Depeschen wurden – teils in Röhrchen – an den Beinen der Vögel befestigt. Im Mittelalter betrieb der Kalif von Bagdad zusammen mit den ägyptischen Sultanen als Erster eine staatliche Taubenpost. Das System bestand unter anderem aus Stationen entlang den Heerstraßen für die zeitweilig 2000 im Einsatz befindlichen Botentauben. – Noch in den beiden letzten Weltkriegen wurden Brieftauben eingesetzt.

Heute sind über 300 Haustaubenrassen und Schläge bekannt. Und noch immer ist das Interesse an der sportlichen Nutzung von Brieftauben groß. Brieftauben können an einem Tag gut 800 km zurücklegen, wobei sie Fluggeschwindigkeiten von bis zu 180 Stundenkilometern erreichen. Über eine Distanz von bis zu 2000 km finden sie wieder zu ihrem Heimatschlag zurück. Daneben gibt es auch Kunstflugtauben, die flugakrobatische Überschläge, Rollen oder Taumelflüge verrichten können. Hier gibt es Rassen, die speziell auf Hochflug gezüchtet sind, wie der Wiener Hochflieger, oder auf lange Flugzeiten, wie der Englische Tippler mit Flugzeiten von über zwanzig Stunden.

Einen großen Teil der heutigen Haustauben machen die Formen- und Farbentauben aus, die hauptsächlich zu Ausstellungszwecken gezüchtet werden. Die menschliche Zucht hat den Tauben beispielsweise sogenannte Locken, Perücken, Halskrausen, Pfauenschwänze, Strümpfe und auch »Latschen« eingebracht – spezielle Ausbildungen von Federn, die zumindest dem Menschen gefallen.

Passen Sie und Tauben zusammen?

Wenn Sie sich zu dem Schritt entschlossen haben, sich Tauben zuzulegen, unterliegen Sie ganz sicher keinem aktuellen Tiermodetrend, sondern scheinen einen Bezug zu den Vögeln zu haben. Womöglich ist es sogar die friedliche Energie, die diese Haustiere ausstrahlen, gepaart mit der Leichtigkeit des Fliegers, die diese Anziehung auf Sie ausübt.

Jetzt sind für Sie vor allem die äußeren Bedingungen zur Taubenhaltung abzuklären. Als Erstes: Haben Sie mit Ihren Nachbarn gesprochen, ob diese mit den Lebensäußerungen der Vögel wie Gurren (auch schon morgens in aller Herrgottsfrühe) und Kotlassen beim Überfliegen einverstanden sind? Tun Sie dies vor einer Anschaffung, denn sonst kann es schnell einen unangenehmen Rechtsstreit geben. Und haben Sie jemanden, der die Pflege der Vögel übernimmt, wenn Sie verreisen oder dies aus sonstigen Gründen nicht selbst tun können?

Wenn Sie nun noch über ausreichend Platz an einer für den Taubenschlag geeigneten Stelle verfügen, steht dem Einrichten der Wohnstatt für die Tauben wohl nichts mehr im Wege. Dazu gehören unter anderem ein helles, trockenes und gut belüftetes Taubenhaus (innen) und eine Voliere (außen), für alle Tauben ausreichend erhöhte Sitzregale innen und außen und natürlich möglichst eine ausreichend gesicherte Freiflugeinrichtung.

Der Pfau

Würde statt Stolz

Mythologie

Der prachtvolle Vogel aus **Indien** gilt gemeinhin als der eitelste aller Vögel. Sowohl in seinem Heimatland Indien als auch unter den mittelalterlichen europäischen Alchimisten symbolisierte der Pfau die Unsterblichkeit. Mit seinem prachtvollen Federnrad galt er als die Verkörperung der Sonne selbst. Es ist daher naheliegend, dass der Vogel im Buddhismus für das reine Licht steht und als ein wahres Lichtwesen angesehen wird. Buddha selbst wird häufiger als Pfau dargestellt. Die Hindus verehrten den Pfau schon seit Urzeiten als heiligen Vogel. Tatsächlich wurde er 1963 sogar zum indischen »Nationalvogel« ausgerufen. Diese nationale Anerkennung hat den prachtvollen Hühnervogel weitestgehend vor den Jägern geschützt, sodass er aufgrund seiner spirituellen Achtung seinen natürlichen Lebensraum erhalten und teilweise sogar wieder erweitern konnte.

Ein islamischer Mythos sieht sogar das gesamte Weltall im Balzrad des Pfaus ausgedrückt. Dementsprechend wurde der Sitz der sehr alten und äußerst selbstbewussten Monarchie in Persien (Iran) bis hin zum Schah auch als Pfauenthron bezeichnet.

Die prächtigen, mehr als einen Meter langen Schwanzfedern des Pfauenmännchens wurden in der Antike als »gemmae« bezeichnet, was so viel wie »Kleinodien« bedeutet. Die alten **Griechen** sahen im Pfauenrad mit den unzähligen Augen die Sonne und die übrigen Sterne des Firmaments abgebildet. Auf einen Irrtum des *Plinius* geht die Zuordnung des Federrades zum Aspekt der Wiedergeburt zurück. Plinius hatte nämlich behauptet, das Pfauenmännchen verlöre zum Winter hin all seine Schwanzfedern, die dann im nächsten Frühjahr neu wüchsen.

Zunächst hielten die **Römer** Pfauen nur als Ziervögel, bald erlangten sie aber auch als Fleischlieferanten Bedeutung. Gehalten wurden die Pfauen bei steigender Nachfrage gerne in größeren Gruppen auf Inseln, die mit reichlich Büschen und Bäumen bestanden waren: den sogenannten Pfaueninseln. Die Römer schmückten mit den Pfauenfedern unter anderem die Speisen ihrer ausladenden Gelage. Pfauenfleisch war lange Zeit ein hoch geschätzter Braten und fehlte niemals bei entsprechend festlichen Anlässen. Erst später verdrängte der wesentlich schmackhaftere Truthahn aus der Neuen Welt den Pfauenbraten von den europäischen Festmahlstafeln.

Im ersten Buch der Könige zählt bereits der Pfau neben Gold und Edelsteinen zur Auflistung der Reichtümer König Salomons. Im frühen **Christentum** versinnbildlichte der Pfau die Auferstehung Christi. So finden sich beispielsweise an den Wänden römischer Katakomben dementsprechende Pfauendarstellungen.

Die Kehrseite der Schönheit findet Ausdruck im **Volksmund**. So »spreizt sich jemand wie ein Pfau«, wenn er quasi in vordergründiges Balzverhalten verfällt, sobald ein potenzieller Sexualpartner auftaucht. So jemand wirbt nicht mit inneren Vorzügen oder indem er sich in Schale wirft, sondern bläst sich über die Maßen auf, um zu beeindrucken.

In der **Fabel** dient der Pfau in erster Linie als Bild für stolzes Gehabe: Er sieht sich nicht nur als der Schönste, sondern bläst sich auch gerne zum Größten überhaupt auf. Als Prahlhans stößt er dabei in seiner Umgebung natürlich nicht nur auf Wohlwollen. Häufig machen sich die anderen Tiere über ihn lustig, was der Pfau aufgrund seiner blind machenden Eitelkeit und Prahlerei erst mitbekommt, wenn er am Ende zerzaust am Boden liegt. In einer Fabel wird der Pfau vom schlicht-schwarzen Raben belehrt, dass Schönheit sehr vergänglich ist. In einer anderen Geschichte bedauert ein stolzer Pfau die glanzlose äußere Ausstattung des Kranichs, doch dieser erweist sich bald als der erheblich bessere Flieger.

Traumdeutung

Die Psychologie ordnet dem Pfau die krankhaft übersteigerte – dabei kaum je erfüllte – und letztlich fehlgeleitete Selbstliebe zu, den Narzissmus. Daher wird derjenige, dem im Traum ein Pfau erscheint, sehr eindrücklich auf seine eigenen Eitelkeiten hingewiesen.

Gleichzeitig steht der prächtige Vogel aber auf einer höheren Ebene für die Schönheit der Seele und für die mannigfaltigen Aspekte, die eine Persönlichkeit ausmachen. Nach C. G. Jung ist der Pfau archetypisches Symbol für die Wiedergeburt, ähnlich wie der »Phönix aus der Asche«. Bereits seit der mittelalterlichen Zeit der Alchemie gilt der stattliche Vogel als ein Zeichen, das auf die Veränderungen im Leben hinweist. Deshalb kann in der tiefenpsychologischen Traumdeutung der Pfau auch für bewältigte Entwicklungsschritte stehen, in etwa vergleichbar mit der Verwandlung eines schlichten und unscheinbaren Vogels in den prächtigen Pfau.

Spiritualität

Der prachtvolle Vogel bietet uns Menschen einen Spiegel unserer Eitelkeiten. Wenn wir uns auf seine Energien einlassen, lehrt er uns den Unterschied zwischen Würde und Stolz.

Würde ist eine in sich selbst ruhende Stärke, die aus der eigenen Mitte genährt wird. Stolz hingegen ist eine Angelegenheit des Egos und stark abhängig von äußerem Zuspruch, quasi von »äußerer Nahrung«. Stolz braucht das Außen, die Zuschauer, die Bestätigung von anderen. Daher beinhaltet Stolz immer den Aspekt, dass sich jemand aus der Masse herausheben will. Stolz trägt immer auch den Hang zum Besonderen, dem Einmaligen in sich. Wenn wir diese Aspekte rein energetisch betrachten, liegt allerdings in einem stolzen Menschen bereits eine Loslösung, ja sogar Heraustrennung aus der Ganzheit und dem Zusammenhalt des Lebens, aus dem Einen, aus der spirituellen Verbindung mit allem. Ein in diesem Sinne stolzer Mensch hat sich abgeschnitten von der geistigen Verbindung alles Lebenden. Stolz ist zudem eine eng benachbarte Vorstufe zum Hochmut, zu einer inneren Haltung, die sich selbst über andere stellt. Hochmut macht dieses Abgetrenntsein, diese Einsamkeit des Menschen komplett.

Der in seiner Pracht einmalige Vogel Pfau rät uns gerade mit seiner eigenen ausgefallenen Schönheit, uns nicht von Äußerlichkeiten blenden zu lassen. Er zeigt, dass seine Anziehungskraft nicht auf Eitelkeit und Stolz, schon gar nicht auf Hochmut beruht, sondern auf einer tiefen und großherzigen Würde, mit der das Männchen sein Balzrad präsentiert. Es ist die über Jahrtausende gewachsene Würde, die uns den Atem stocken lässt, wenn uns ein Pfauenmännchen mit aufgeschlagenem Federnrad entgegenschreitet.

Wenn wir uns die Zeit und die Ruhe nehmen, uns auf die energetische Ausstrahlung des Vogels einzuschwingen, spüren wir, dass der Vogel mit großem Selbstverständnis und Einverständnis seinen Fächer entfaltet, der übrigens im nicht präsentierten Zustand, also als langer Federnschwanz, eher eine Bürde ist. Der Pfau steht dort in seiner Pracht und Schönheit, weil er ein Pfau ist – nicht mehr und nicht weniger. Damit lehrt uns der Vogel die schlichte und zugleich tiefe Wahrheit des Selbstbewusstseins: Er ist ein Pfau, ein Vogel mit einem außergewöhnlich prachtvollen Balzritual, und er füllt diesen Platz im Universum vollständig, mit aller Hingabe und mit wachem Bewusstsein, also wirklichem Selbst-Bewusstsein, aus.

Die Eitelkeiten haben wir Menschen auf ihn projiziert. Wenn wir den Pfau als ein Geschöpf Gottes und Lehrmeister ansehen und akzeptieren, können wir von dem Hühnervogel lernen, einfach voll und ganz, ohne Ängste oder falsche Zurückhaltung, aber auch ohne Selbsterhöhung wir selbst zu sein. Lernen wir uns selbst zu entfalten, wie das Pfauenmännchen seinen Fächer! Lernen wir von ihm, ganz das auszufüllen, das zum Ausdruck zu bringen und das zu leben, was wir sind! Setzen wir es um, so wie der Vogel es in seinem göttlichen Einverständnis tut!

Vom wilden Pfau zum Gartenbewohner

Fast die gesamte Menschheitsgeschichte lang wurde der Pfau als **Ziervogel** gehalten. Er ist, auch wenn er weniger wirtschaftlichen »Nutzen« bringt als andere, eines der ältesten Haustiere des Menschen überhaupt. Nicht nur als Ausdruck, sondern auch als Verstärkung der Schönheit der Welt wurde der Pfau gerne in fürstlichen Gärten und Parkanlagen gehalten. Denn wer hält nicht in erstaunter Bewunderung inne, wenn ein Pfauenhahn seine aus langen Rückenfedern gebildete Schleppe entfaltet: Über hundert Schmuckfedern gestützt von etwa zwanzig kräftigen Unterfedern stellen sich dann fächerartig nebeneinander und lassen ein über ein Meter großes, augengeschmücktes Rad entstehen, das der stolze Hahn meist noch in starke Vibrationen versetzt.

So symbolisierte der Pfau auch außerhalb Indiens die Pracht, Macht und den Reichtum von Herrschern: sowohl bei den ägyptischen Pharaonen und am Pfauenthron in Persien als auch an europäischen Höfen von Kaisern und Königen. Spätestens im zweiten Jahrtausend v. Chr. gelangte der Pfau von Indien aus nach Mesopotamien. Nach Griechenland kam der große Ziervogel über Persien und Babylonien. Hier wurde der Pfau in den großen Parkanlagen der Tempel als heiliger Vogel gehalten. Die Römer kultivierten die Pfauenhaltung und ihre Zucht. Sie hielten die Vögel auf Pfaueninseln oder in eigenen Gehegen, wo sie vor Raubtieren geschützt waren. Mit dem Untergang des Römischen Reiches verschwand der Pfau zunächst aus Mitteleuropa, ehe seine Haltung im Mittelalter eine erneute Blüte erlebte.

Der größte Vertreter der Hühnervögel, der **Blaue Pfau** (*Pavo cristatus*), gehört in die Familie der Fasanenvögel und ist die am häufigsten bei uns gehaltene und zudem winterfeste Pfauenart. Seine Heimat sind die offenen Busch- und Baumlandschaften Indiens und Sri Lankas – gerne lebt er in Gewässernähe, wo er allmorgendlich trinkt. Lebte er ursprünglich nur auf den geschützten Lichtungen des undurchdringlichen Dschungels, suchte er im Laufe der Zeit immer mehr die Nähe von menschlichen Siedlungen und Kulturlandschaften auf.

Seine Lebensform ist die lockere Gemeinschaft einer kleineren Gruppe. Die stets wachsamen Tiere warnen sich mit einem laut erschallenden, sehr eindringlichen Ruf. Dieser extrem durchdringende Warnruf ertönt manchmal auch des Nachts, wenn die Vögel hoch oben in Bäumen ruhen – sowohl in freier Wildbahn als auch in Gefangenschaft.

Das Federkleid des männlichen Pfaus übertrifft bei Weitem die Pracht aller sonst noch in der Vogelwelt herausgeputzten Männchen. Auf dem Kopf trägt er eine Krone aus blauen Federchen. Darunter schillern Kopf, Hals und Brust in irisierendem Blaugrün und Violett. Am imposantesten sind jedoch seine über hundert mehr als einen Meter langen Radfedern, die der Pfauenmann zu einem Fächer aufstellen kann, um seine Umgebung, vor allem weiblichen Geschlechts, zu beeindrucken. Kein Wunder – schauen einen doch gut hundert Augen an, wenn der Hahn sein Rad schlägt. Auf jeder der grün schillernden Federn sitzt nämlich am Ende eine augenähnliche Zeichnung aus kräftigen roten, gelben und blauen Farben. Durch das Zittern der Federn erzeugt der Hahn zudem ein scharfes Raschelgeräusch. Übrigens entspringen die Radfedern nicht am Hinterende des Vogels, sondern eher in der Mitte seines Rückens. Es handelt sich daher korrekterweise nicht wirklich um Schwanz- oder Schweiffedern.

Im Vergleich zu ihren Gatten sind die Weibchen recht unscheinbar gefärbt. Lediglich das gleiche Federkrönchen auf dem Scheitel hat ihnen die Natur zugebilligt. Was sehr sinnvoll ist, denn wie viele Hühnervögel brüten die Pfauenweibchen am Boden und sind daher auf eine tarnende Schutzfärbung angewiesen. Zur Fortpflanzung schart der Hahn mit seinem entsprechenden balzenden Paschagehabe einen Harem von mehreren Weibchen um sich. Nach der Paarung widmen sich die Hennen dem Brutgeschäft. Das Gelege besteht aus 4 bis 8 Eiern. Brut und Aufzucht sind ausschließlich Angelegenheit der Hennen.

Passt ein Pfau zu Ihnen?

Besonders gut passt der Pfau als Ihr Gartenbewohner zu Ihnen, wenn Sie diesen täglichen Spiegel der eigenen Eitelkeiten nicht nur aushalten, sondern ihn als Herausforderung zur Selbstschau auch annehmen. Wenn es Ihnen nur um die Demonstration von Schönheit, von Pracht geht, sollten Sie sich vielleicht lieber wundervolle Skulpturen in Ihren Garten stellen.

Da Pfauen sehr gesellige Vögel sind, sollten Sie sich besser gleich zwei zulegen, da Sie sonst einen sehr unglücklichen Pfau bekommen. Pfauenmännchen halten sich zwar in freier Wildbahn einen Harem aus bis zu fünf Hennen, sie geben sich aber auch mit einer zufrieden. Die Vögel suchen Gemeinschaft und wollen einander nah sein. Es wird sogar erzählt, dass Pfauen davongeflogen sind, um nach ihrem Partner zu suchen, als dieser gestorben war.

Da es nun also um wenigstens zwei Pfauenvögel geht, stellt sich die erste Frage: Verfügen Sie über ausreichend Platz für die Tiere? Der Aktionsradius der Vögel ist sehr groß. Da sie sehr gute Flieger sind, sind Pfauen auch kaum in einer Einfriedung zu halten. Können Sie den Vögeln mindestens 1000 Quadratmeter abwechslungsreiches Gelände mit Baum- und Strauchabschnitten für geschützte Streifzüge bieten?

Tolerieren Sie, dass für die Pfauen vielleicht das Autodach oder das Verandagitter der beste Aussichtsplatz ist? Pfauen sind äußerst neugierig. Was halten Sie davon, wenn die großen Ziervögel sich zum Aufpicken der Kuchenkrümel auf dem Gartentisch niederlassen?

Haben Sie außerdem einen zugfreien, trockenen und winterfesten Stall – den die großen Vögel auch gerne mit ihren Verwandten, den Hühnern und Gänsen, teilen? Haben die Pfauen hier die Möglichkeit, auf ihrer bevorzugten Sitzhöhe von mindestens einem, möglichst jedoch zwei Metern ihren Ruheplatz einzunehmen?

Wenn Sie dem prächtigen Vogel diese äußeren Bedingungen erfüllen können und wollen, stellt sich nur noch eine, aber sicherlich alles entscheidende Frage: Mögen oder wenigstens vertragen Sie – und auch Ihre Nachbarn – tags und auch nachts die sehr lauten und durchdringenden Rufe und Gesangseinlagen des Pfaus? Oder ist dies vielleicht sogar für Sie ein in unseren Breiten ungewöhnlicher, aber dennoch melodischer Vogelgesang?

Die Biene (Honigbiene)

Fleiß und ganzer Einsatz

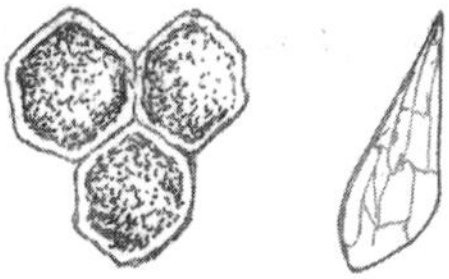

Mythologie

Schon in der **altindischen** Mythologie taucht die Honigbiene auf: *Vishnu*, der Bewahrer der Welt, inkarnierte auch als blaue Biene, die im Kelch einer Lotosblüte ruhen sollte. Neben *Vishnu* als Biene sollte der Liebesgott *Kama* schlafen, der von hier aus – ähnlich wie der griechische *Eros* – mit Pfeil und Bogen auf Liebende zielt.

Bereits im **altägyptischen** Kulturkreis galt die Biene als Sinnbild für Emsigkeit und unermüdlichen Fleiß. Das geachtete Insekt wurde sogar auf Abbildungen als Symbol für die Herrschaft der Pharaonen über Unterägypten, also das Nildelta am Mittelmeer, verwendet. Neben der Papyruspflanze avancierte auch dieses kleine Insekt bereits 3000 v. Chr. zum Herrschaftszeichen des Königsreichs Unterägypten. Die Biene stellte in der mythologischen Vorstellung der alten Ägypter die Verbindung des Königreichs zum Sonnengott *Re* her. Honig galt mancherorts als Träne des Sonnengottes.

Auch unseren **keltischen** Vorfahren war bekannt, dass Bienen in einer stark durchorganisierten Gemeinschaft leben. Und wie bei allen staatenbildenden Insekten kennt innerhalb ihres Bienenstocks jedes Tier seine persönliche Aufgabe, die es nach besten Kräften erfüllt. Die keltischen Druiden verbanden sich dementsprechend mit der geistigen Kraft und Energie der Biene, um den Aspekt von Ordnung, Struktur und sinnvoller Organisation in ihr Leben und ihre Arbeit zu bringen.

Von der sozialen Lebensweise der Bienen lernten die keltischen Priester, die ja auch politische Berater waren, zu welch enormen Leistungen Lebewesen fähig sind, wenn sie sich zu einem funktionierenden Gemeinwesen zusammenschließen. Wenn die Druiden in einen offenen und wohlgesinnten Kontakt mit Bienen gingen, sollten sie einen unmittelbaren Zugang zur fröhlichen und ausgelassenen Seite des Daseins bekommen, etwa so, als würde man alles, was das Leben zu bieten hat, feiern.

Nach keltischer Vorstellung kamen die Insekten aus der Welt der Sonne und des lichtvollen Geistes. In der Tat leben Bienen mit einem besonders starken Bezug auf die Sonne: Sie tanzen den sogenannten Sonnentanz, um sich in ihrer Umgebung zu orientieren, vor allem aber, um ihren Stockgenossen mitzuteilen, wo hinreichend Nektar zu finden ist.

Die Kelten schrieben den Bienen auch eine Schutzfunktion zu – wohl wegen ihrer Fähigkeit, sich mithilfe ihres Stachels gegen Feinde zu wehren. So soll die Umfriedung eines Klosters, das von der heiligen *Gobhnat* gegründet worden war, von einem Schwarm Bienen bewacht worden sein.

Nach **germanischer** Vorstellung entstanden die Bienen aus dem verwesenden Fleisch des Stiers. Die fertigen Insekten ernährten sich dann vom Honigtau, der vom Weltenbaum *Yggdrasil* tropft. Die bereits von den Germanen zu den Haustieren gerechnete Honigbiene sollte ein Erbe des »Goldenen Zeitalters« sein. Ihr süßer Beitrag, der Honig, ist die wichtigste Zutat zu einem Göttertrank, und zwar sowohl in der nordischen als auch in der griechischen Mythologie, in der einen als »Met«, in der anderen als »Nektar«. Göttervater *Odin* sollte seine Kraft und Weisheit, aber auch seine Unsterblichkeit dem Honig verdanken – der Speise der Götter.

In der **griechischen** Mythologie war die Biene eines der heiligen Tiere der Fruchtbarkeitsgöttin *Demeter*. Beispielsweise wurden die Priesterinnen der Göttin *Artemis* auch als »Bienen« bezeichnet. Selbst Göttervater *Zeus* wurde schon als Biene dargestellt. Auch die große wirtschaftliche Bedeutung der Honigbienen im antiken Griechenland findet ihren Ausdruck in der Mythologie. *Aristaeus*, Mitglied des kretischen Königsgeschlechts, wurde in den drei wichtigen Zweigen der Landwirtschaft ausgebildet: im Anbau von Ölbäumen, in der Käseherstellung und in der Bienenzucht. War doch der Honig für die Griechen mehr als nur eine reine Gaumenfreude: Er diente als eine Quelle von Weisheit, Beredsamkeit und Dichtkunst. Den Göttern sollte der Honig einst Unsterblichkeit verliehen haben. Und bereits *Hippokrates* verordnete seinen Kranken Honig bei Fieber, Geschwüren und Impotenz.

Den Glauben an die aphrodisierende Wirkung des Honigs übernahmen die genussbetonten **Römer** gerne. Innerhalb der römischen Götterwelt war *Mellona* Göttin der Bienen und des Honigbaus – hier findet sich der gleiche Wortstamm wie im lateinischen Artnamen der Bienen »*Apis mellifica*« (die »Honigmacherin«). Und auch in Litauen gab es eine Bienengöttin mit dem Namen *Austheia*.

In der **christlichen** Mythologie dient die Biene als ein Vorbild für das Unscheinbare, dem letztlich aber doch Erfolg beschieden ist. Und in frommen Legenden heißt es, die Biene sei als einziges Tier nicht vom Sündenfall des Menschen betroffen. Dem aus dem Paradies vertriebenen Menschen führen christliche Texte die Biene als tugendhaftes und hervorstechend fleißiges Vorbild vor Augen. Da man lange Zeit annahm, dass die Bienen ihre Nachkommen, ihre Brut, von den Blumen und Blüten sammeln, lag eine enge Verbindung zur Jungfräulichkeit, zur Jungfernzeugung und damit zur Heiligen Maria nahe. Und im Mittelalter glaubten fromme Menschen, dass Bienen die Seelen von Verstorbenen darstellten.

Im **Volksmund** gilt die Honigbiene als Wetterkundige, was folgende Bauernregel untermalt: »Wenn die Bienen zeitig verkitten, kommt bald ein harter Winter geritten.« In vielen überlieferten Märchen helfen Bienen dabei, unter einer Reihe junger Mädchen die richtige Braut herauszufinden. In der Volksheilkunde wird das Bienengift bis heute bei rheumatischen Erkrankungen eingesetzt. Gelee royale, eigentlich als Spezialnahrung für die Bienenkönigin gedacht, soll bei Erschöpfungszuständen und Depressionen, vor allem aber bei allem, was mit Sexualität und Fortpflanzung zu tun hat, helfen: von Menstruationsstörungen bis Impotenz, von Unfruchtbarkeit bis Wechseljahresbeschwerden.

In einer **Fabel** beklagten sich die Bienen bei dem römischen Himmelsgott *Jupiter* darüber, dass sie so unablässig für die Menschen arbeiten müssten, die ihnen gegenüber so undankbar seien. Die Bienen wünschten sich daher vom Himmelsgott, dass ihr Stachel den Menschen empfindliche Schmerzen bereiten könne. Jupiter wurde sehr zornig über die Rachgier der sonst so fleißigen Insekten. Dennoch erfüllte er ihnen ihren Wunsch, allerdings mit dem Haken: Zugleich mit ihrem Stachel sollten die kleinen Tiere ihr Leben lassen. Und die Moral von der Geschichte: Lass niemals Rache die Oberhand über deine Gefühle gewinnen – die Folgen können für dich selbst gefährlich werden.

Traumdeutung

Auch in der Traumdeutung symbolisiert die Biene Emsigkeit und Fleiß und das Einordnen in ein festes strukturelles Gefüge – aus biologischer Sicht in den Bienenstaat. Das kleine Insekt steht außerdem für einen grundlegenden Ordnungssinn, ja, geradezu für die Liebe zu Überblick und Struktur schaffender Ordnung. Deshalb kann sie den Träumenden darauf hinweisen, mehr Struktur und mehr Ordnung in das eigene Leben zu bringen. Möglicherweise geht es aber auch darum, bei aktuellen

Vorhaben und Projekten mehr Einsatz und Fleiß zu zeigen, um so einen wichtigen Beitrag zum Gelingen zu leisten.

In der tiefenpsychologischen Traumdeutung wird das Auftauchen einer Biene stets als positives Zeichen gedeutet: Sie steht für Fleiß, gut geplante Vorhaben und einen ausgeprägten Gemeinschaftssinn – alles Eigenschaften, die vom Menschen seit je sehr hoch geschätzt werden.

Sticht im Traum eine Biene zu, will das sonst sehr friedliche Insekt den Träumenden auffordern, sein aktuelles Unbehagen zu hinterfragen: Ist die Missstimmung darauf zurückzuführen, dass es Unklarheiten zwischen den Einzelnen, die an der aktuellen Angelegenheit beteiligt sind, und dem großen Ganzen, dem gesamten Projekt gibt? Befindet sich womöglich der Träumende selbst auf einem ungünstigen Alleingang?

Spiritualität

Die Biene – ja eigentlich stets ein ganzer Bienenstaat – bringt stets den Aspekt von Fleiß, von emsiger und nahezu unermüdlicher Schaffenskraft in unser Leben. Sie selbst ist der Inbegriff eines außerordentlich fleißigen Tieres. Wenn wir dieses Insekt, wohl meist aus Liebhaberei, im Rahmen der Imkerei als Haustier bei uns aufnehmen, so haben wir mit der großen Energie dieses kleinen Tieres zu tun, stets mit vollem Einsatz unser Bestes zu geben: sei es bei der Arbeit oder beim Spiel mit unseren Kindern, sei es bei Auseinandersetzungen mit dem Partner, der Partnerin oder mit Freunden oder sei es bei der Meditation. So wie in dem vollkommen durchstrukturierten Bienenstaat jedes einzelne Tier mit all seiner Kraft seine ganz spezielle Aufgabe erfüllt, wodurch der Staat als solcher überhaupt erst funktioniert und überlebt, so sollen auch wir in allem, was wir tun, alles geben.

Die Biene fordert uns auf, uns nicht ablenken zu lassen, sondern wenn wir eine Sache machen, auch nur diese eine zu tun. Gerade in unserer hektischen und überinformierten Welt neigen wir Menschen dazu, möglichst viel gleichzeitig zu erledigen: Mit dem Handy in der einen Hand kaufen wir eine Zeitung und kauen gleichzeitig den Hamburger, den wir in der anderen Hand halten. Die Biene warnt uns davor, uns zu zerfransen. Lernen wir von ihr, uns mit Inbrunst und Konzentration einer Sache zuzuwenden – und das ganz und gar.

Diese Aufforderung steht übrigens keineswegs im Widerspruch zu dem Fleiß, den die Biene auch in unser Leben bringt. Denn gerade wer scheinbar ungeheuer viel zur gleichen Zeit macht, ist in aller Regel eher hektisch und unorganisiert als effektiv in seiner Arbeit. Und das Letzte, wozu uns die Biene animieren will, ist blinder Aktionismus.

Als Insekt ist die Biene auf spiritueller Ebene vor allem für alle Aspekte der Gegenwart zuständig. Sie hilft uns mit ihrer Energie, vor allem mit der großen Gesamtseele aller Bienen, aller Bienenstaaten, uns auf das aktuell vor uns Liegende zu konzentrieren. Stellen wir uns die Emsigkeit, das fleißige Schaffen der Gesamtheit aller Bienen vor, die jemals auf der Erde gelebt haben und die jetzt auf der Erde ihrer Aufgabe nachgehen. Wenn wir uns die Honigbienen als Haustiere gewählt haben, können wir uns mit diesem Arbeitswillen, dieser Leistungsbereitschaft, mit dieser Konzentration auf ein Ziel verbinden. Dies ist das spirituelle Geschenk der Bienen an uns Menschen. Wenn wir uns trauen, es anzunehmen, können wir uns beispielsweise durch eine Versenkung, durch eine Meditation, vielleicht auch indem wir uns zwischen unsere Bienen setzen, mit ihrer unglaublichen Kraft verbinden. Sie geben uns gerne davon ab. Denn auch die Bienen lieben uns Menschen. Und vergessen wir nicht, auch wenn es nur kleine Insekten sind, uns bei diesen Tieren anschließend für ihre Hilfe zu bedanken.

Von der Wildbiene zur Imkerei

Wohl das bekannteste Haustier, das aus der Gruppe der Insekten hervorgegangen ist, ist die **Honigbiene** (*Apis mellifica*). Ihr verdanken wir den zähflüssigen Saft, der als Honig bis etwa zum 19. Jahrhundert überwiegender Süßstoff des Menschen war. Erst dann verdrängte der weiße Zucker aus dem expandierenden Zuckerrübenanbau den Honig von seiner süßen Spitzenposition.

Das Verbreitungsgebiet der wild lebenden Honigbiene erstreckt sich von großen Teilen Europas bis nach Asien und Afrika. In Amerika und Australien wurde die Honigbiene vom Menschen eingeführt.

Eigentlich stellen Bienen den Honig her, um damit ihre Vorratskammern zu füllen und so ausreichend Nahrung für den Winter zur Verfügung zu haben. Doch bereits in der Steinzeit nutzten die Menschen das süße Produkt von Wildbienen, indem sie sich den Honig bzw. die Waben aus den Nestern der Insekten herausholten – ähnlich wie es beispielsweise Bären noch heute tun. Als älteste Belege für dieses Honigsammeln gelten ostspanische Felszeichnungen, etwa aus der Zeit um 7000 v. Chr. Vermutlich nutzten unsere Vorfahren dabei schon früh die schützende Wirkung von Feuer und Rauch. In Asien löffelte man mit verzweigten Ästen den Honig aus den Wildwaben. Solche Erntetechniken zerstörten allerdings die Stöcke der Wildbienen und vernichteten in aller Regel die Völker. Um den Honig langfristig nutzen zu können, mussten die Menschen gezielter in die Nester eingreifen.

Zunächst vergrößerte man an Baumnestern die Zugangsöffnungen, um ständigen und für die Bienen möglichst störungsfreien Zugriff auf den Honig zu bekommen. Die sogenannte Waldbienenwirtschaft oder *Zeidlerei* war geboren – im waldreichen Europa vermutlich bereits in der Steinzeit. Bald höhlte der Mensch selbst Bäume aus, um darin Bienen anzusiedeln. Und im mittelalterlichen Europa versorgten Zeidler ihre künstlichen Bienenstöcke. Am Ende des Winters zeidelten sie den Honig, das heißt, sie entnahmen gerade die Honigmenge, die die Bienen nicht selbst für ihre Überwinterung gebraucht hatten.

Zum eigentlichen Haustier machten aber wohl die alten Ägypter die Honigbiene. Bildnisse von 2400 v. Chr. stellen die Imkerei bereits als voll entwickeltes Gewerbe dar. Zum Bau ihrer Waben wurden den Bienen transportable, konisch zulaufende, etwa einen Meter lange Tonröhren zur Verfügung gestellt, die man zu hohen Mauern aufeinanderschichten konnte. Mit diesen von beiden Seiten zugänglichen Röhren betrieben die Ägypter bereits echte Imkerei. Die Röhrenhaltung verbreitete sich bald über den gesamten Mittelmeerraum. Die Römer nutzten andere Materialien und fertigten Bienenstöcke aus der Rinde der Korkeiche, aus Weidenruten und Holz, aber auch noch aus Lehm und Ton.

Jahrtausendelang beschränkte sich die Bienenhaltung darauf, den Bienenschwärmen eine Behausung zu geben, sie weitestgehend vor Feinden und Schädlingen zu schützen, ihnen durch einen Standortwechsel stets ausreichend Tracht – also Nektareintrag – zu bieten und sie in Notzeiten mit Honig zu füttern. Die eigentlichen züchterischen Aspekte wie die künstliche Königinnenzucht kamen erst Mitte des 19. Jahrhunderts auf. Später kamen die rassenspezifische Zuchtauswahl und die künstliche Befruchtung hinzu.

Neben dem Honig wurde im Zuge der gewerblichen Bienenhaltung auch zunehmend das Bienenwachs verwendet. Im Mittelalter forderte die christliche Kirche sogar eine »Wachsabgabe«, da ihr Bedarf als Rohmaterial für die Kerzenherstellung enorm gestiegen war.

Die Rolle der Biene als Bestäuberin von Blüten ist hingegen noch nicht sehr lange bekannt. So hatte man zu Beginn des 19. Jahrhunderts zwar Obstbäume nach Australien eingeführt, aber trotz guten Blütenstandes brachten die Bäume zunächst keinerlei Früchte. Erst eine Anfrage bei Charles Darwin (1809–1882), der sogleich nach vorhandenen Bienen fragte, machte auf dem fünften Kontinent den Zusammenhang deutlich. Mit Einführung der Bienen stellten sich auch hier bald die erwünschten Fruchterträge ein.

Heute stehen bei uns übrigens die Honigbienen als Blütenbestäuber vor allem im Obstbau und auf den Rapsfeldern im Vordergrund. Diese Verlagerung ihres Aufgabenschwerpunktes ist darauf zurückzuführen, dass viele unserer ursprünglich bestäubenden Insekten durch Gifte (Insektizide) und andere Schädlingsbekämpfungsmaßnahmen stark dezimiert worden sind.

Die Honigbiene ist ein staatenbildendes Insekt mit ausgesprochener Arbeitsteilung. Ein **Bienenstaat** besteht aus einer fortpflanzungsfähigen Königin mit voll ausgebildeten Geschlechtsorganen, im Sommer aus etwa 30 000 bis 75 000 Arbeiterinnen und einigen männlichen Bienen, den Drohnen, die zur Befruchtung einer Königin dienen. Die eigentlichen Arbeitsbienen, die Sammler der Zutaten und die Hersteller des Honigs, sind die weiblichen, aber nicht mehr fortpflanzungsfähigen Arbeiterinnen.

Diese sammeln zunächst den Blütennektar, den zuckerhaltigen Saft von Blütenpflanzen, den sie mit ihrem Rüssel aus der Blüte in ihre Honigblase einsaugen. Mit einer spezifischen Flug- und Bewegungsabfolge, dem so genannten Schwänzeltanz, teilen die fündig gewordenen Arbeiterinnen den Kolleginnen aus ihrem Stock die Position einer guten Ertragsquelle mit. Bienen nehmen auch die zuckerhaltigen Darmausscheidungen von Pflanzensaugern wie Blattläusen auf. So ist beispielsweise Tannenhonig ein Naturprodukt, hergestellt aus den als unverdaulich ausgeschiedenen Nahrungsresten der entsprechenden Blattläuse. Denn wer hat schon einmal nektarsüße Blüten auf einer Tanne gesehen?

In der Honigblase wirken aus speziellen Drüsen zugefügte Enzyme und Fermente auf den Pflanzensaft ein und veredeln ihn. Vom Sammelflug in den heimatlichen Bienenstock zurückgekehrt, geben die Bienenarbeiterinnen den süßen Saft von einer Biene an die andere weiter. Dadurch wird dem Saft nach und nach das Wasser entzogen. Er dickt ein und wird durch dieses Konzentrieren des Zuckergehaltes haltbar gemacht. Den eingedickten Nektarsaft füllen die Arbeiterinnen in die Waben ihres Bienenstocks. Auf biochemischem Wege wandeln die zugefügten Enzyme den Dicksaft in den schmackhaften Honig um.

Das Arbeitspensum der Arbeiterinnen ist enorm: Um den Nektar für ein Kilogramm Honig zu sammeln, müssen sie etwa 60 000 Ausflüge unternehmen, auf denen sie mehr als 4 Millionen Blüten besuchen. Sie selbst nehmen davon nur ein Zehntel ihres Nektareintrags als Nahrung zu sich. Außerdem werden die älteren Larven im Bienenstock und die für die Befruchtung der Königin bedeutsamen Drohnen mit einem Teil des Honigs gefüttert.

Neben der Nahrungsbeschaffung, der Reinigung, Verteidigung und Klimatisierung des Stocks durch Flügelfächeln sowie der Brutfürsorge sind die Arbeiterinnen auch für den Bau der Waben zuständig. Als Höhlenbrüter bauen wilde Bienen ihren Stock aus mehreren senkrechten Waben in hohle Bäume oder Felsnischen. Aus reinem Wachs fertigen sie die bekannten Baustoff- und platzsparenden, geometrisch vollendeten sechseckigen Zellen. Für Königinnen werden senkrecht hängende sogenannte *Weiselwiegen* gebaut. Die Königin hat lediglich die Aufgabe, Eier zu legen, und zwar in der Haupttrachtzeit etwa 1500 pro Tag. So kann sie es in ihrem Leben auf gut zwei Millionen Nachkommen bringen. Aus den befruchteten Eiern entwickeln sich je nach Ernährung der Larven Arbeiterinnen oder Königinnen, aus den unbefruchteten entstehen die männlichen

Geschlechtstiere. Während die ausschließlich auf die Fortpflanzung spezialisierte Königin bis zu drei Jahre alt werden kann, erreichen die emsigen Arbeiterinnen im Sommer lediglich ein Durchschnittsalter von etwa sechs Wochen.

Passen Sie und ein Bienenvolk zusammen?

Sich der Imkerei zuzuwenden, ist sicherlich schon per se für die meisten Menschen ein ungewöhnliches Unterfangen. Denn Bienen sind auf Anhieb erst einmal so gar keine Kuscheltiere. Wenn Sie also ernsthaft daran denken, sich einen Bienenstaat zuzulegen, sollten Sie sich in der einschlägigen Literatur und im Internet über die Voraussetzungen, die materiellen und zeitlichen Aufwendungen sowie den Arbeitseinsatz für das Bienenvolk informieren. Wenn Sie den kleinen Tieren die ihnen entsprechenden Lebensbedingungen ermöglichen wollen und können, sollte einer Annäherung an die Bienen nichts mehr im Wege stehen. Sie werden viel von den emsigen Insekten lernen können – öffnen Sie sich für deren spirituelle Energie.

Einblick in ganzheitliche Heilmethoden

Unsere Haustiere, die uns mit ihrem unverstellten Zugang zur feinstofflich-spirituellen Dimension zur Seite stehen, drücken mit gesundheitlichen Problemen in aller Regel auch eine Störung in ihrem Energiefluss aus. Bei Erkrankungen sollten wir dieser energetischen Ebene neben den rein physiologischen Vorgängen immer Beachtung schenken und die Behandlungsmethoden entsprechend auswählen.

Vom Pferd bis zum Wellensittich, von der Katze bis zur Schildkröte und vom Schwein bis zum Aquarienfisch sprechen Tiere in aller Regel besonders gut auf die verschiedenen ganzheitlich ausgerichteten alternativen Heilverfahren an. Unsere Tiere mit ihrem unverstellten Zugang zur feinstofflichen Dimension sind gerade durch Behandlungen, Präparate und Heilenergien, die auf feinstofflicher Ebene wirken, leicht zu erreichen. Deshalb sollten wir stets versuchen, zunächst mit den sogenannten alternativen Heilweisen bei Verstimmungen, Verstörungen, Verletzungen oder Erkrankungen unserer Haustiere zu helfen. Es gibt inzwischen bundesweit zahlreiche Tierheilpraktiker, die unter anderem mit klassischer Homöopathie, Bachblüten, Akupunktur, verschiedenen Formen von Massagen oder Heilenergien wie Reiki oder *Magnified Healing* gute Heilungserfolge bei unseren tierischen Begleitern erzielen.

Dies soll sich keinesfalls gegen eine gute tierärztliche Behandlung oder pharmazeutische Präparate richten. Mein Anliegen ist es lediglich, den Fokus von uns Menschen mehr auf die ganzheitliche Sicht unserer Tiere zu lenken, sowohl wenn sie gesund sind und mit uns weltlich und spirituell zu tun haben, als auch wenn sie ein gesundheitliches Problem haben und unsere Hilfe benötigen. Die Tiere, die uns so viel geben, haben es verdient, von uns auch das Bestmögliche zu bekommen, wenn es ihnen nicht so gut geht.

Kleine homöopathische Hausapotheke

Die hier zusammengestellte kleine homöopathische Haus- und Notfallapotheke für unsere Haustiere soll lediglich in einem gegebenen Notfall oder bei kleineren Verstimmungen, Unwohlsein oder Blessuren eine erste Orientierung für den Laien sein. Ziel ist es, erst einmal die akute Situation zu erleichtern. Keinesfalls soll oder kann diese kleine Zusammenstellung einen Besuch beim Tierarzt oder Tierheilpraktiker ersetzen.

Homöopathische Arzneimittel sind in verschiedenen Zubereitungsformen erhältlich. Am gebräuchlichsten sind die kleinen Streukügelchen (*Globuli*) oder Tabletten. Hierzu werden die homöopathisch aufbereiteten und entsprechend ihrer Potenz verdünnten und verschüttelten Mittel mit Milchpulver zubereitet. Seltener verwendet und wegen der fehlenden Geschmacksneutralität ohnehin weniger für Tiere geeignet sind alkoholische Lösungen (so genannte *Dilutionen*). Die Wirkung aller dieser Darreichungsformen ist die gleiche.

Zur Dosierung: Jeweils eine Tablette, 5 Globuli oder 5 Tropfen Dilution entsprechen einer gewöhnlichen Medikamentendosis. Dies gilt im Allgemeinen für sehr große Tiere wie Pferde gleichermaßen wie bei sehr kleinen Tieren wie unseren Wüstenrennmäusen. Es wird ja kein physiologischer Wirkstoff, sondern eher eine Art energetischer Anreiz zur Aktivierung der Selbstheilungskräfte verabreicht.

Am wirksamsten und in einem akuten Fall am schnellsten erfolgt die Aufnahme der Mittel über die Mundschleimhäute. Dazu löst man die Dosis Globuli bzw. eine Tablette in etwas Wasser und spritzt dies dem Tier kurz mit einem sanften Strahl in die

Seitentasche seines Mauls oder Schnabels. Am einfachsten geht dies mit einer kleinen Einmalspritze (ohne den stechenden Kanülenaufsatz, versteht sich!).

Auch wenn homöopathische Heilmittel eine sanfte Form der Naturheilkunde darstellen, sollte man die Wirkung der kleinen Globuli oder Tropfen jedoch niemals unterschätzen. Falsche Mittel, vor allem, wenn sie längere Zeit verabreicht werden, können dem geliebten Tier mehr schaden als nützen. Wenn das Mittel nicht passt und zudem eine höhere Potenz gegeben wird, kann es wie beim Arzneimittelbild – mit dem die Mittel in der homöopathischen Arzneimittellehre jeweils einem bestimmten Symptomenkomplex zugeordnet wurden – zu vorher nicht aufgetretenen Beschwerden beim Tier kommen. Bei den hier aufgeführten Mitteln handelt es sich um jahrzehntelang bewährte homöopathische Arzneimittel, deren kurzzeitige (!) Anwendung im Not- oder Bedarfsfall keine tiefgehenden Kenntnisse des komplexen homöopathischen Arzneimittelsystems voraussetzt. Sie können zu diesem Zweck daher auch symptomatisch, ohne die ausführliche homöopathische Anamnese, eingesetzt werden. Man sollte sich aber in jedem Fall auf niedrige Potenzen im Bereich von D4 bis D12 beschränken. Damit ist gewährleistet, dass die Arznei auf körperlicher Ebene arbeitet und nicht in seelische oder andere feinstoffliche Prozesse eingreift.

Sollten die verabreichten homöopathischen Mittel nach 24 Stunden keine deutliche Besserung des Zustandes Ihres Tieres bewirken, wenden Sie sich um der Gesundheit und des Wohlbefindens Ihres Tieres willen an einen Tierheilpraktiker oder Tierarzt! Diese kleine Liste kann nur eine grobe Orientierung für die wichtigsten Sofortmaßnahmen geben, ersetzt aber keinesfalls das Studium des komplexen homöopathischen Heilsystems und den entsprechenden Erfahrungsschatz gelernter Homöopathen. Sind Krankheiten oder Verletzungen lebensbedrohlich – oder auch für Sie unklar –, gehen Sie bitte immer gleich zum Tierarzt.

Wundheilung

Am bekanntesten ist sicherlich die Pflanze Bergwohlverleih (*Arnica montana*) als Wundheilungsmittel. Das gebräuchliche ***Arnica*** D6 sollte in keiner Hausapotheke fehlen. Es wirkt schmerzlindernd, trägt zur Abschwellung im Wundbereich bei und fördert den Heilungsprozess. In der akuten Situation nach einer Verletzung des Tieres gibt man das Mittel stündlich. Zur Unterstützung konventioneller Eingriffe kann Arnica sinnvollerweise auch vor und nach operativen Eingriffen oder Zahnentfernungen gegeben werden. Auch in schockähnlichen Zuständen kann Arnica hilfreich sein: Beispielsweise bei starkem Blutverlust sollte man alle 10 Minuten Arnica geben, bis der Tierarzt eintrifft.

Ein weiteres bewährtes Wundheilungsmittel ist *Calendula* – dabei handelt es sich um Verarbeitungen der Ringelblume. Rissige oder schlecht heilende Wunden werden äußerlich mit homöopathischer Ringelblumensalbe behandelt. Innerlich verabreicht als ***Calendula*** D6, unterstützt das Mittel die Abstoßung abgestorbenen Wundgewebes und fördert die Wundheilung.

Wenn das Tier eine frische Schnittverletzung davongetragen hat, ist das wichtigste Mittel ***Staphisagria*** D6. Wenn Verletzungen oder Wunden extrem schmerzempfindlich sind, kann ***Hypericum*** D6 hilfreich sein, eine Aufbereitung des Johanniskrauts. Sind Wunden stark vereitert und extrem berührungsempfindlich, sodass sich das Tier kaum anfassen lässt, kann die Gabe von ***Hepar sulfuris*** D12 hilfreich sein, um den Eiterungsprozess zu stoppen und die Wunde von innen heraus zu reinigen bzw. zu entgiften.

Magen-Darm-Erkrankungen

Das im Allgemeinen wichtigste homöopathische Mittel bei Verdauungsstörungen ist die Brechnuss (*Nux vomica*). Wenn durch fehlerhafte Fütterung, Fressen von Verdorbenem oder Unbekömmlichem oder ähnliche ernährungsabhängige Ursachen Verdauungsstörungen bei unserem Tier entstanden sind, ist ***Nux vomica*** D6 das Mittel der Wahl: Es ist hilfreich sowohl bei Brechreiz und Übergeben, bei Durchfall und Blähungen als auch bei Verstopfung. Die Dosierung ist 3 bis 5 Mal täglich eine Medikamentendosis. Bei stark krampfartigen Beschwerden sollte Nux vomica jede Stunde gegeben werden. Bessert sich der Zustand des Tiers jedoch nicht bald, ist der nächste Weg zum Tierarzt. Tiere mit solch ernährungsbedingten »Bauchschmerzen« laufen meist mit aufgekrümmtem Rücken. Ihr Unterbauch ist hart und in aller Regel berührungsempfindlich. Ein durch fehlerhaftes Fressen bedingter Durchfall besteht meist aus kleinen, aber extrem stinkenden breiigen Kotmengen. Zusätzlich sollte das Tier für wenigstens einen Tag auf Diät gesetzt werden. Wenn sich die Beschwerden am nächsten Tag nicht deutlich verbessert haben und annähernd verschwunden sind, sollte in jedem Fall der Tierarzt aufgesucht werden.

Bei sehr wässrigen Durchfällen, bei denen ein heller, nicht selten leicht grünlicher Kot zusammen mit viel Wasser unter lautem Getöse regelrecht aus dem After herausschießt, ist ein Präparat vom Maiapfel hilfreich: ***Podophyllum*** D6.

Bindehautentzündung

Im Falle einer frischen, akuten Bindehautentzündung, bei der reichlich wässriges – aber nicht eitriges – Sekret aus den Augen tritt, meist regelrecht herausläuft, hilft die bekannte Heilpflanze Augentrost (*Euphrasia spec.*). Zum einen stehen kleine und (um nicht erst recht Keime in das Auge hineinzutragen) sterile (!), ins Auge zu träufelnde Tropfen in kleinen Einmalampullen, zum anderen die üblichen Globuli bzw. Tabletten von ***Euphrasia*** D6 zur Verfügung. Wichtig bei allen Augenbehandlungen ist es, darauf zu achten, dass man nicht Keime oder Krankheitserreger von einem in das andere Auge trägt. Deshalb beim Hineinträufeln von Augentropfen Abstand halten, und die Augen nicht berühren oder sonst eine neue kleine Ampulle benutzen.

Wenn die Bindehäute bereits so stark angeschwollen sind, dass man das Auge kaum noch erkennen kann, sollte man sicher schnell den Tierarzt aufsuchen. Bis dahin kann man aber das Gift der Honigbiene (***Apis*** D6) geben. Dieses homöopathische Mittel ist übrigens auch bei Insektenstichen – äußerlich wie innerlich – und bei Gelenkschwellungen hilfreich.

Weitere Hausmittel

Bei leichten Verstauchungen ist das sog. »Bändermittel« der Homöopathie angezeigt: ***Rhus toxicodendron*** D6. Es unterstützt die Abheilung und damit Schmerzminderung der überdehnten Bänder des Tieres und fördert insgesamt die Kräftigung seines Bandapparates.

Zur akuten Sofortbehandlung von heftigem Nasenbluten oder auch blutenden Verletzungen der Zunge hilft ***Hamamelis*** D6, bis man mit dem Tier zum Tierarzt gelangt.

Liegeschwielen, die bei vielen Tieren meist an den äußeren Ellenbogenseiten auftreten, können durch das tägliche äußerliche Auftragen von ***Johanniskraut-Rotöl*** behandelt werden. Zwar färbt sich die Partie rot, aber meist wird die betroffene Haut wieder schön geschmeidig, und der Haarwuchs stellt sich bald wieder ein.

In höherer Potenz als zur schlichten Wundheilung verabreicht man ***Arnica*** C30 als erste Maßnahme, wenn das Tier ein traumatisches Erlebnis etwa in Form eines Sturzes oder Verkehrsunfalls hatte. Bei dem nächsten Präparat handelt es sich zwar nicht um ein homöopathisches Mittel, aber bei Schocksituationen sind die ***Rescue-*** oder ***Notfalltropfen*** aus der Reihe der Bachblüten ein äußerst hilfreiches Mittel. Sowohl die Arnica-Globuli als auch die Bachblüten-Rescue-Tropfen gibt man nach einem erlittenen Schock jede Stunde, wenn notwendig auch alle 15 Minuten. Beide Mittel können auch als Vorbereitung eingesetzt werden, wenn dem geliebten Haustier Veränderungen ins Haus stehen, die mit gravierenden Umstellungen für es verbunden sind. Dazu gehören beispielsweise Reisen, Umzüge oder der Wechsel zu einem neuen Menschen, in ein neues Zuhause.

Abschied vom geliebten Haustier

Meine Hunde haben mich besonders viel über den Tod gelehrt. Ich möchte hier die Geschichte meines Hundes Sancho erzählen. Sie möge vielen Menschen helfen, den Schmerz um den Abschied von einem geliebten Haustier zu lindern, und ihnen die Angst vor dessen Tod nehmen.

Die Geschichte von Sancho

Eigentlich wollte ich keinen Hund mehr – ein Jahr hielt ich das durch, dann träumte ich, für mein Tagesbewusstsein völlig unerwartet, von einem Hund: kurzhaarig – wo ich doch auf Langfelle stehe –, weiß mit braunen Flecken. Er sah aus wie irgendeine englische Jagdhunderasse. Der Gedanke ließ mich nicht mehr los und ich tingelte gut vier Monate durch alle erreichbaren Tierheime. Doch erst meine Freundin Hilde machte dann Nägel mit Köpfen: »Ich glaube, ich habe deinen Hund gefunden!«, sagte sie am Telefon. Sie hatte einen etwas verwirrt dreinblickenden großen hellen Hund aus einem kleinen Tierheim in einem Käseblättchen entdeckt, das sie – übrigens zu ihrem eigenen Erstaunen – aus dem Altpapier bei Freunden hervorgezogen hatte. Nun ja, er sollte wohl mit allen Mitteln zu mir: Sancho, der sechseinhalb Jahre alte, weiße Bobtail-Mischling mit den milchkaffeebraunen Flecken – also der Traumhund, nur mit dem geliebteren längeren Fell!

Nachdem es ihm zunächst auch körperlich bei mir besser ging, bekam Sancho nach kaum anderthalb Jahren massive Probleme im unteren Rücken. Eines Tages kam er von einem recht kurzen Gang kaum noch wieder nach Hause. Sein ohnehin schon muskelschwacher Körper wies nun im gesamten hinteren Bereich einseitige Lähmungserscheinungen auf. Der Tierarzt sah nur die Möglichkeit, aufgrund seiner schwer rachitisch missgebildeten Wirbelsäule Schmerzmittel zu verabreichen, um Sanchos Leben erträglich zu gestalten. Er meinte, durch jede noch so kleine Bewegung könne es bei Sancho ganz plötzlich zu schwerwiegenden, irreparablen Schäden an der Wirbelsäule kommen, die zur Bewegungsunfähigkeit des Hundes führen würden.

Ich sah jedoch außerdem immerzu vor meinem inneren Auge ein anderes Bild von Sanchos Körper: Sein gesamter Leib war durchsetzt mit unzähligen Krebswucherungen, ausgehend von seiner bekanntermaßen vergrößerten Prostata. Obwohl ich mir für Sancho wahrlich etwas völlig anderes gewünscht habe, hielt sich dieses Bild der Krebsgeschwüre in seinem Körper hartnäckig in mir.

Der Leib des mageren und eher fleischlosen großen Hundes schwoll in den folgenden Monaten tatsächlich kontinuierlich an – wie ein Ballon – und wurde immer druck- und berührungsempfindlicher. Dank der ursprünglich für den desolaten Rücken und Bewegungsapparat gedachten Schmerzmittel ging es Sancho jedoch so weit ganz gut. In seinem letzten halben Lebensjahr wurden entsprechend dem fortschreitenden Krebsgeschehen in seinem Körper seine Gehstrecken allmählich kürzer. Manchmal schaffte er nur noch ein paar Meter, um sich zu entleeren. Im Gegenzug fing der Hund jedoch immer mehr an zu leuchten.

Nach seinen ersten sechs Lebensjahren in relativer Isolation mit kaum hundegerechter Bewegung und Kontakten war Sancho bei mir zunächst aufgeblüht. Da er kaum gelaufen war, hatte Sancho fast überhaupt keine Muskeln. Seine Beine fühlten sich an wie Knochen mit luftgefüllten Säckchen darüber. Ein wenig hatten sie sich durch unser Spaziergang-Muskeltraining mit Muskelmasse gefüllt, vorne deutlich mehr als hinten. Doch sein Hinterleib blieb insgesamt sehr schwach, sodass er sich mehr nach vorne zog als von hinten aus abdrückte.

Dann stellte sich aber heraus, dass Sanchos insgesamt schwacher Körper nicht mehr das Potenzial hatte, sich – wie wir uns das beide so sehr gewünscht hatten – vollständig zu regenerieren. Bereits nach einem knappen Jahr bei mir war sein körperlicher Zenit überschritten. Es wurde deutlich, dass Sancho nicht mehr kräftiger werden würde, nie laufen, rennen, geschweige denn springen können würde, wie sehr wir beide uns das auch wünschten. Weiterhin könnte ihn jeder Rüde einfach so umwerfen, indem er ihn hinten anstupste. Der andere Hund brauchte nicht einmal aufzureiten, was Sancho sofort in die Knie zwang. Etwa zwei Monate lang waren sowohl Sancho als auch ich über diese Tatsache sehr mürrisch und missmutig, haderten wir beide mit seinem, mit unserem miteinander verknüpften Schicksal.

Doch kurze Zeit später passierte die Geschichte mit Sanchos kurzzeitiger Rückenlähmung. Und von da ab fing dieser Hund an zu leuchten. Langsam beginnend und dann immer und immer mehr. Er hatte sich in sein Schicksal, in seinen ganz eigenen Lebensweg gefügt.

Über eine befreundete Tierkommunikatorin ließ mir Sancho mitteilen, dass er auf sein morgendliches Butterbrot doch gerne Leberwurst hätte und dass er immer ausreichend Schmerzmittel bekommen möchte. Mit seinem Einverständnis in seinen Weg hat Sancho in seinem letzten halben Lebensjahr noch einiges Wunderbare erfahren.

So hat er die fürsorgliche Liebe einer Hündin erlebt. Carena, meine fünfjährige PON-Hündin, hat den Burschen unter anderem auf Spaziergängen vor anderen Rüden beschützt. Ich habe das allerdings erst nach einiger Zeit verstanden. Die kluge Carena hat entweder die Rüden mit ihrer weiblichen Note abgelenkt, oder sie hat sie regelrecht von Sancho abgedrängt. Sancho war nämlich ein ziemlicher Macho, der die meisten Rüden angemacht hat, obwohl sie ihn sofort umschubsen konnten. Sein Rüdenstolz hatte ihn bereits häufiger in Bedrängnis gebracht.

Als er nun krank war und immer schwächer wurde, hat er erfahren, dass er beschützt wurde: von Carena und auch von mir.

Zudem hat Sancho auch die sexuelle Komponente der Liebe einer Hündin erfahren. Als Sancho schon sehr krank war und mehr lag und schlief, als agil in die Welt zu gehen, hat ihm eine entzückende junge und bildschöne Löwchen-Hündin hingebungsvoll den Hof gemacht. Mit Haut und all ihren lockigen Haaren und von hier auf jetzt hat die kleine Wilma den alten Hundeburschen geliebt. Sie stupste ihn zärtlich an, knusperte ihm in sein Ohr und tätschelte ihn ganz vorsichtig mit der Pfote.

Von einer dritten Hündin, einer sehr weisen, spirituell sehr hoch entwickelten alten Hundedame, der zwölfjährigen Tibet-Terrierhündin namens Jule, hat sich Sancho manchen Vortrag über die Dinge des Lebens angehört, manches Mal sicherlich auch anhören müssen. Julchen hat ihm nicht nur die Welt erklärt, sondern war ihm sicherlich auch sehr bei seinem spirituellen Wachstum, seinen meditativen Übertritten in andere Dimensionen behilflich. Julchen ist eine erstaunliche Hündin, trotz ihres schon seit Jahren kranken Körpers: Sie unterstützt beispielsweise auch Menschen dabei, durch Meditation in höhere Schwingungen zu gelangen, einfach durch ihr Danebensitzen, und weil sie selbst ein so hochschwingendes, erleuchtetes Wesen ist.

Gut ein halbes Jahr wucherte der Krebs von seiner Prostata ausgehend bereits durch seinen Körper. Aber er hat gewartet, sicher auch immer wieder durchgehalten, bis er selbst reine und bedingungslose Liebe erfahren hat – vor allem von Carena, meiner stets Liebe verströmenden PON-Hündin, die kurz vor Sanchos Diagnose aus ebenfalls unglücklichen Verhältnissen zu uns gekommen war; von Jule, der weisen und großherzigen alten Tibet-Terrier-Hundedame; von Wilma, der bildschönen Löwchen-Hündin, die sich Hals über Kopf in den alten Filou verliebt hatte; von Hilde, meiner groß- und warmherzigen spirituellen Freundin; und immer mal wieder auch etwas von mir, wenn ich es geschafft hatte, in meine Mitte zu kommen und auch dort zu bleiben.

Über seine letzten Monate bekam er eine immer goldenere Ausstrahlung. Gegen Ende war der einst völlig abgemagerte, geschwächte und verwirrte, aber stets stolze Hund eine auf feinstofflicher Ebene wahrlich leuchtende Erscheinung.

Als nun sein Programm, das er sich wohl für sein Leben vorgenommen hatte, erfüllt bzw. abgearbeitet war, wartete er anscheinend mit seinem Weggehen nur noch, bis sein gesamtes Rudel zusammengekommen war. Inzwischen war sein Körper schon sehr geschwächt. Seit längerer Zeit ging es mit seiner körperlichen Verfassung in Wellen von besseren und sehr schlechten Zuständen langsam abwärts. Als endlich sein Rudel zusammen war – eigentlich wollte Hilde mit einer gemeinsamen Freundin und ihren beiden Hunden nur auf einen Tee vorbeischauen –, gab Sancho das Zeichen. Kaum dass sie da waren, schoss ihm Blut aus der Nase – direkt in Hildes Hände. Sanchos Geistführer und Schutzengel haben ebenso wie die übrigen Anwesenden und der hinüberführende Engel sicher gut auf den verschiedenen Ebenen dabei geholfen. Alle Beteiligten sollten und wollten dann auch beisammen sein, um Sancho den Übergang zu erleichtern, ihn, der so viel in seinem Leben allein gewesen war, in den Tod zu begleiten.

Die Blutung war zunächst durch nichts zu stoppen. Es war bald klar, dass nun die Zeit da war, in der die unzähligen Krebsgeschwüre in Sanchos Körper aufbrechen würden und somit der bislang recht friedliche und stille Krankheitsverlauf eine dramatische Wendung nehmen würde. Zum Stillstand kam die Blutung letztlich erst, als ich nach einer guten Stunde zusammen mit Hilde beratschlagt und entschieden hatte, dass dies nun das Zeichen war, Sancho zu Hilfe zu kommen, also den Tierarzt zum sanften Einschläfern, zur Sterbehilfe, zu holen.

Übrigens waren während der ganzen Zeit alle drei anwesenden Hündinnen – sowie Sancho selbst – ganz friedlich, ruhig und gelassen. Sancho versuchte natürlich, sich das Blut vom Maul zu lecken, weil es inzwischen wie ein kleines Rinnsal aus ihm herausfloss. Aber sonst war keinerlei Aufregung oder Bedrückung unter den vier Tieren zu spüren. Alle vier hatten keinerlei Angst vor dem Tod. Es begann nun fast eine Art stilles Fest des Übergangs für den schlaksigen alten Prinzen. Neben den menschlichen Tränen, die angesichts des bevorstehenden Abschieds immer wieder flossen, ging von allen vier Hunden eine große Ruhe und Gelassenheit aus, die sich auch auf uns drei Menschen übertrug. So gab es für alle Vierbeiner, allen voran natürlich für Sancho, alle verfügbaren Leckereien satt.

Abends schellte dann der Tierarzt. Es war allen klar, dass er es war. Sancho ging dem Tierarzt sogar noch mit wackeligen Beinen die Auffahrt hoch entgegen – und das, obwohl spätestens jetzt nach den Vorkommnissen und Gesprächen der zurückliegenden Stunden klar war, was heute geschehen würde. Sancho verkroch sich auch nicht, sondern legte sich, als er mit dem Tierarzt und dem Restrudel zusammen wieder in meine Wohnung kam, sogleich entspannt in sein Körbchen. Die drei anderen Hunde legten sich auch ins Wohnzimmer, nicht weit von Sancho entfernt um ihn herum. Es war trotz der vier Hunde und vier Menschen in dem nicht besonders großen Raum eine ganz friedliche und entspannte Atmosphäre.

Sancho zog nicht einmal sein Bein weg, als der Tierarzt den Stauschlauch anlegte. Ich hockte mich neben meinen Hund und hielt locker seinen Kopf. Die erste, eigentlich zur Beruhigung und dem ersten Dahindämmern dienende Injektion des Tierarztes ließ Sancho bereits nach kaum einigen Sekunden in Bewusstlosigkeit fallen und seinen Kopf in meinen Schoß. Der Tierarzt meinte später, dass Sancho durch den Krebs schon so sehr geschwächt war, dass er den Medikamenten gar nichts mehr entgegenzusetzen hatte. Ich bin jedoch zusätzlich der festen Überzeugung, dass Sancho an diesem Tage, zu dieser Stunde, hier im Kreise seiner Lieben, mit jeder seiner Poren und allen geistigen Helfern um ihn herum auch bereit war hinüberzugehen. Als er seinen letzten Atemzug tat, gab Carena einmal kurz Laut. Es war weniger ein Aufstöhnen als ein Mitgehen, nach dem Motto: So, jetzt ist es geschehen! Im Übrigen blieben alle Hunde völlig ruhig und gelassen.

Carena tat anschließend allerdings noch etwas höchst Ergreifendes, ein Bild, das ich nie mehr vergessen werde: Als der Tierarzt nach der zweiten, der letztlich tödlichen Injektion mit seinem Stethoskop den tatsächlichen Atem- und Herzstillstand Sanchos feststellte, ging Carena zu ihm und legte dem Tierarzt eine Pfote auf dessen Arm: »Ein dickes herzliches Dankeschön, dass du meinem Hundefreund geholfen hast zu gehen.«

Wilma, die ja in Sancho bis über beide Ohren verliebt gewesen war, saß nach Sanchos Tod gut eine halbe Stunde in einem Abstand von etwa einem Meter vor dem toten Hundekörper in seinem Körbchen. Sie beobachtete äußerst aufmerksam und interessiert, aber keineswegs beunruhigt, was dort alles passierte. Sancho war nun bereit, sich von dem Todesengel, von dem großen weißen Hund abholen zu lassen. Wilma betrachtete dieses Schauspiel – und was dort sonst noch auf der geistigen Ebene außerhalb meiner Wahrnehmung geschah – mit großem Interesse. Ganz selbstverständlich sichtete die kleine Löwchen-Hündin die spirituellen Vorkommnisse auf der für die meisten Menschen unsichtbaren Ebene des Seins.

Ich hatte den großen weißen Hund, den hinüberführenden Hundeengel, schon vorher gesehen. In der Krankenzeit von Sancho sah ich ihn einmal des Nachts auftauchen. Das war einer der Momente, in denen Sancho augenscheinlich unvermittelt ein völlig klares und lautes einsilbiges Bellen von sich gab. Ich deutete es später – als ich mehr Einblick in diese Seinsebene bekam – als ein äußerst bestimmtes und vehementes »NEIN« – es ist noch nicht so weit; ich bin noch nicht so weit; nein, ich komme noch nicht mit; NEIN, jetzt noch nicht!

Die Gestalt, die dieses Hundeseelen abholende Wesen annimmt, scheint nicht festgelegt zu sein. Ich glaube inzwischen, sie richtet sich sehr nach dem aktuellen Bewusstseinsstand des Betrachters, nach den Erfahrungen des Sehenden, danach, was er verkraften kann. Ich nahm Sanchos hinüberführende Wesenheit auch einige Male als eine eher engelsgleiche Gestalt mit großen Flügeln wahr. Groß und sehr hell weiß leuchtend ahnte ich sie mehr, als dass ich sie sah. Aus den Augenwinkeln sah ich, ahnte ich, spürte ich mit zunehmender Erkrankung Sanchos die Anwesenheit des Hundeengels immer häufiger in einer Zimmerecke. Seine Gegenwart war weder für Sancho noch für mich in irgendeiner Weise beunruhigend, denn von ihm ging ein tiefer und warmer Frieden aus, so etwas wie unendliche und wahrlich grenzenlose – da auf niemanden begrenzte – Liebe. Dennoch wollte Sancho lange Zeit trotz seiner stetig zunehmenden irdisch-körperlichen Beeinträchtigungen nicht mitgehen.

Wie mir später – kurz nach seinem Tod – eine spirituelle Tierkommunikatorin mitteilte, hatte Sancho in seinem scheinbar so unspektakulären Hundeleben alles erledigt, was er sich vor seiner Inkarnation vorgenommen hatte und war in tiefem Frieden ins Licht gegangen. Sancho musste nun nicht mehr auf der Erde erscheinen, nicht mehr inkarnieren. Dieser Hund war tatsächlich immer mehr ins Leuchten gekommen, tief von innen heraus. Er, der ehemals vernachlässigte, mürrische Einzelgänger, hatte sein Herz geöffnet, hatte vor allem in seinem letzten halben Lebensjahr nicht nur Liebe erfahren, sondern auch geliebt. Sancho war nach außen zugänglich geworden, so sichtbar, dass sich auch unsere Nachbarn für den zuvor Verschlossenen erweichen konnten, sich von ihm und seiner Herzensenergie erreichen ließen.

In seinen letzten Lebensmonaten hat er noch viele Herzen erobert – eigentlich eine seltsame Wendung, denn es geschah sehr beiläufig, sehr leise und dabei sehr klar und rein. Die Nachbarn und der Gärtner sprachen auf einmal ganz anders, angerührt und voller Anteilnahme von dem Hund. Da hatten die Herzen einander berührt.

Dieser Hund hatte nicht nur die Liebe gesehen, sondern sich trotz seiner eigenen extremen Hundegeschichte – sechseinhalb Jahre bei einem Alkoholiker, Tierheim, dann auf einmal ein hundegemäßes Leben, und ehe er das in vollen Zügen genießen konnte, schon nach einem Jahr eine todbringende Erkrankung – für die Liebe, für das Licht geöffnet. Deshalb hatte Sancho, als seine Zeit dann gekommen war, auch überhaupt keine Angst mehr vor dem Sterben, vor dem Verlassen seines irdischen Hundekörpers, der ihm mehr Schmerzen und Pein eingebracht hatte als Wohlbefinden, und der dennoch sein Seelenvehikel für die erfolgreiche Bewältigung seiner Aufgaben war. Sein Tod hatte nicht nur etwas Erleichterndes, weil ihm nun – im Gegensatz zu vielen Menschen übrigens – die schmerz- und qualvolle Endphase seiner Krebserkrankung erspart blieb, sondern zugleich etwas Freudiges und vollkommen Einverständliches und Friedliches.

Sancho wusste genau, wo es nun für seine Seele hinging. Er hatte es sich in den letzten Wochen seines irdischen Daseins immer häufiger angesehen. Das waren – auf der materiellen Ebene der Welt sichtbar – die nicht unbedingt längeren, aber umso tieferen Schlafphasen des Hundes, aus denen Sancho immer länger brauchte aufzuwachen, insbesondere, wenn er geweckt wurde. Dann benötigte er sehr viel Zeit, um sich wieder in seiner irdischen Umgebung, und ich denke, auch in seinem Hundekörper, zu orientieren. Er kam dann tatsächlich aus einer anderen Welt zurück. Und mir schien es immer, dass er von dort ein ganz neues Leuchten mitbrachte.

Glossar

Agility-Training: eine aus England (engl.: *agility* für Wendigkeit, Flinkheit) kommende Art von Hundefreizeitsport, bei der ein Hindernisparcours im Mittelpunkt steht, bestehend unter anderem aus Sprunghindernissen, Schrägwänden, Slalom, Wippen und Tunneln. Der Mensch unterstützt seinen Hund nur durch Stimme und Gestik. Das sportliche Lernziel ist es, die Hindernisse schnellstmöglich zu bewältigen, doch der Spaß des Hundes sollte immer im Vordergrund stehen. Dieser Hundesport ist besonders für die Energiebündel und Kraftpakete unter unseren vierbeinigen Begleitern geeignet. Angeboten wird er von den verschiedenen örtlichen Hundesportvereinen.

Akkad: im späten 3. Jahrtausend v. Chr. alte Königsstadt in Mesopotamien.

Alphatier: innerhalb der sozialen Hierarchie einer Tiergruppe das ranghöchste Tier. Mit dieser Rolle in der Rangordnung sind für das Alphatier sowohl Bevorzugungen (z. B. Vortritt beim Fressen und Paaren) als auch Pflichten (z. B. Anführerrolle, Verteidigung der Gruppe) verbunden. Der Begriff wird häufig für Wolfsrudel, aber auch für die Beschreibung des Dominanzverhaltens eines Hundes verwendet. Im Wolfsrudel führt ein Alphamännchen die Wolfsrüden, ein Alphaweibchen die Wölfinnen.

Art *(Spezies)*: Lebewesen, die sich fruchtbar und uneingeschränkt miteinander vermehren können; ein systematischer Grundbegriff aus der Biologie, der damit alle Individuen einer solchen Fortpflanzungsgemeinschaft umfasst. Lebewesen, die nicht zur gleichen Art gehören, können sich in aller Regel nicht miteinander paaren; die wenigen Ausnahmen sind selbst nicht mehr fruchtbar.

Äskulap, *grch. Asklepios:* auf weltlicher Ebene als thessalischer Fürst ein berühmter Arzt; als antiker Gott Sohn des *Apollon* und zuständig für die Heilkraft und die Medizin. *Asklepios* wurde von Göttervater Zeus durch einen gewaltigen Blitz in den Hades geschleudert, als er versuchte, einen Toten wieder zum Leben zu erwecken. Der von einer Schlange umwickelte Stab ist das Attribut des Heilgottes.

Altertum: geschichtlicher Begriff für eine Epoche der Menschheitsgeschichte; heute der Zeitabschnitt vom Beginn der ersten schriftlichen Überlieferungen (in Asien bereits um 4000 v. Chr.) bis zum Untergang der antiken Mittelmeerkulturen (4. bis 7. Jahrhundert n. Chr.). Das sogenannte klassische Altertum ist heute die Antike.

Antike: das griechisch-römische Altertum, das im Wesentlichen die Grundlagen der abendländischen Kultur geprägt hat. Die Antike beginnt um 2000 v. Chr. mit der minoischen Frühzeit, deren Ursprung auf Kreta lag. Das Ende der Antike wird auf den Niedergang des römischen Kaiserreiches Ende des 5. Jahrhunderts n. Chr. datiert – Folge der ausladenden und teilweise stürmischen Wanderungen der germanischen Völker.

Anderswelt, auch Anderwelt (*tir nan og* oder *annwn*): in keltischen Sagen und Mythen die für Menschen normalerweise unsichtbaren Reiche von Göttern, Geistern, Feen und Elfen, das keltische »Jenseits«. Im Gegensatz zum finsteren Totenreich der Griechen galt die Anderswelt als ein wunderbarer Ort ohne Zeit und Raum, voll Frieden und Harmonie. Die Grenze zwischen der sichtbaren und der Anderswelt war nach keltischer Vorstellung nur ein dünner, leicht zu zerreißender Schleier, der beispielsweise durch rituelle Bewusstseinsveränderungen durchdrungen werden konnte. Druiden verwandelten sich häufig in Tiergestalten, um in die Anderswelt überzutreten. Menschen, die die Anderswelt auf der Suche nach ihren eigenen Fähigkeiten und Aufgaben durch den Schleier der Illusion betraten, sollten mit ungewöhnlicher Weisheit und Stärke zurückkehren. Am Vorabend des 1. November, des keltischen Neujahrstages *Samhain*, sollten und sollen sich bis heute alle Tore zur Anderswelt öffnen (unter anderem Quellen, Nebel, Höhlen, unter Erdwällen). In diesen Stunden können sich sowohl mutige Menschen als auch alle Geistwesen ungehindert in beiden Welten bewegen.

Aphrodite: griechische Göttin der Schönheit und der Liebe, Tochter des *Zeus* und der *Dione*. Die Legende erzählt, dass *Aphrodite* aus dem Schaum geboren wurde, der im Meer aus dem von *Kronos* abgeschlagenen Glied des *Uranos* abgesondert wurde; daher ihr Beiname *Urania*. Die Hauptkultstätten der Aphrodite befanden sich auf Zypern.

Apollon: griechischer Gott der prophetischen Weissagung, der Künste (vor allem der Musik) sowie des Bogenschießens. Als Sohn des *Zeus* und der *Leto* war er einer der höchsten Götter der Griechen und später auch der Römer. *Artemis* war seine Zwillingsschwester. Er brachte die Übel über die Menschen, hatte aber auch die Macht, diese wieder zu vertreiben. Gleichzeitig war *Apollon* auch Schützer der Heilkunst, eine Aufgabe, die er an seinen Sohn *Asklepios* vererbte.

Artemis: die griechische Göttin der Jagd und, wie ihr Zwillingsbruder *Apollon*, des Bogenschießens. Gleichzeitig war sie die Beschützerin aller wilden Tiere sowie aller Schwachen, vor allem der Kinder. Menschen, die ihre Riten nicht einhielten, bestrafte *Artemis*, indem sie sie meist in Tiere wie Hirsch oder Eber verwandelte, in deren Gestalt sie dann zu Tode kamen.

Asgard: Wohnsitz des germanischen Göttergeschlechts der Asen.

Asklepios: siehe *Äskulap*

Athene: Tochter des *Zeus*, griechische Göttin des Krieges, der Weisheit und der Künste. Ihr Tier ist die Eule, Symbol für Weisheit. Als Schutzgöttin begleitete sie die Männer in die Schlacht und stand zahlreichen Helden wie *Odysseus*, *Perseus* oder *Herakles* bei ihren Abenteuern zur Seite. Das größte Heiligtum der Athene war der Parthenon-Tempel in Athen.

Auguren: römische Priester, welche die (günstigen) Vorzeichen lesen und weissagen konnten.

Aura: menschliches Energiefeld, eigentlich das Energiefeld um alles Lebendige, also auch um Tiere und Pflanzen. Man kann sich die Aura am anschaulichsten als eine Art Lichtkörper vorstellen, der den physischen Körper umgibt. Sie unterteilt sich in verschiedene Schichten, die zwar aufeinanderliegen, sich aber gleichzeitig durchdringen. Von innen, also körpernah, nach außen werden die sieben Auraschichten oder Aurakörper immer feinstofflicher, ihre Energie schwingt zunehmend höher. Jede Schicht sieht anders aus und hat eine andere Funktion. Sie stehen jeweils mit einem zugeordneten Chakra in Verbindung. Über diese Energiezentren des Körpers befindet sich die Energie der Aura in ständiger Wechselwirkung mit dem Körper. Eine stabile und kraftvolle Aura kann mehrere Meter im Durchmesser ausmachen, während sich bei einem physisch, psychisch oder feinstofflich geschwächten Lebewesen die Aura auf wenige Zentimeter über dem Körper zusammenziehen kann. Manche Menschen und wohl die meisten Tiere können die Aura »sehen«.

Bellerophon: antiker griechischer Held von Korinth, der mithilfe seines geflügelten Pferdes *Pegasos* zahlreiche Kämpfe bestand. Als *Bellerophon* jedoch voller Übermut auf den Olymp reiten wollte, ließ ihn *Zeus* von seinem Pferd hinab zu Tode stürzen.

Cernunnos: keltischer Gott des Waldes, der wilden Tiere, der Naturkräfte und des Überflusses. Sein Name bedeutet »der Gehörnte«. Der Hirschgott, halb Mensch, halb Hirsch, war ein wichtiges keltisches Sinnbild für die fließende Wandlung der äußeren Gestalt zwischen Mensch und Tier.

Demeter: griechische Göttin der Erdfruchtbarkeit und des Getreides. Mit *Zeus* zeugte sie *Persephone.*

Dionysos: griechischer Gott der Fruchtbarkeit, des Weines und der Ekstase.

Druiden: keltische Priester, im Sinne von Mittlern zwischen den Göttern und den Menschen. Als zugleich Gelehrte, Philosophen, Richter, Verhandlungsführer, Musiker, aber auch Heilkundige, Zauberer und Seher beschäftigten sich die hoch angesehenen Druiden mit den höchsten und verborgensten Geheimnissen. Sie lebten wie Schamanen eng mit der Natur verbunden und verehrten sowohl die Erde, ihre Ahnen als auch die Tiere. Druiden waren fähig zur Anrufung und zur Verbindung mit den Wesen und Geistern aus der Natur und kannten sich auch in der Pflanzenheilkunde aus.

Edda: der Titel von zwei alten isländischen Literaturwerken: zum einen eine Sammlung von Götter- und Heldenliedern, die zwischen dem 9. und 13. Jahrhundert entstandene »Lieder-Edda«, zum anderen die »Snorra-Edda«, ein Lehrbuch über die

Dichtkunst aus dem Jahr 1225. Die Schriften sind wichtige Quellen für die Kenntnis der germanischen Mythologie und Dichtung.

Empusa: äußerst wandelbarer dämonischer Aspekt der griechischen Göttin *Hekate*; die Beschreibungen dieser gespenstartigen Erscheinung reichen von blutüberströmt bis zu Gestalten in Form einer Kuh, eines Fisches oder einer schönen Frau. *Empusa* ist aber wesentlich ungefährlicher, als es der Augenschein vermuten lässt: Bereits durch Schelten lässt sie sich vertreiben. Nach ihr ist übrigens die *Empusa pennata* benannt, eine Unterart des bizarren Insekts Gottesanbeterin (*Mantis religiosa*).

Fenris: monsterhaftes Kind des *Loki* und der Riesin *Angrboda*, das laut keltischer Mythologie die Gestalt eines riesigen Wolfes hatte. Er sollte im letzten Moment des Endes der Welt (*Ragnarök*) auftauchen, um das Götterreich zu verschlingen. Mit einer Kette, die zwar dünn wie Seide, aber stark wie die Schöpfung selbst war, wurde *Fenris* durch den Gott *Tyr* gefesselt, der dabei eine Hand verlor.

Freyja, Freia, Freya: germanische Göttin der Fruchtbarkeit und der geistigen Liebe, aus dem Geschlecht Wanin. Ihr Markenzeichen ist ein Federgewand. Sie konnte sich in einen Falken verwandeln und fliegen. Als ihr Mann *Odur* (Sonnenschein) sie verließ, soll sie Tränen aus Gold und Bernstein geweint haben. Von »Freias Tag« leitet sich unser Wochentag Freitag ab.

Freyr: germanischer Gott der Fruchtbarkeit und Ernte, des Wohlstandes und der friedlichen Entfaltung. Der Bruder der *Freyja*. *Gullinborsti*, sein goldener Eber, trug den Gott in Windeseile durch die Lüfte und auch durch Wasser an das gewünschte Ziel. Zu seinen Aufgaben gehörte es unter anderem, dafür zu sorgen, dass Versprechen, Vereinbarungen und Eide eingehalten wurden. *Freyr* herrschte über das Reich der Lichtelben.

Frigga: die germanische Göttin des Himmels, der Wolken, der ehelichen Liebe und der Hausfrauen; Gemahlin des *Odin*. Die in der keltischen Mythologie sehr hoch stehende *Frigga* spann in ihrem Haus *Fensalir* goldene Fäden und Regenbogenwolken. Die Göttin war sehr besorgt um das Wohlergehen der Menschen und ließ diese von elf Jungfrauen bewachen.

Fruchtbarer Halbmond: geographische Bezeichnung für ein tatsächlich sichel- bzw. halbmondförmiges Gebiet im äußersten Norden der Arabischen Halbinsel einschließlich des Zweistromlandes zwischen Euphrat und Tigris. Die Region entspricht in etwa dem »Vorderen Orient«. Im Winter gibt es hier reichliche Niederschläge, die für die in der Region ungewöhnliche Fruchtbarkeit sorgen. In der Region des Fruchtbaren Halbmondes sollen mit Beginn der Jungsteinzeit (*Neolithikum*) Ackerbau und Viehzucht ihren Ursprung genommen haben. Zudem finden sich hier die ältesten Stadtkulturen der Welt: Jericho und Çatal Hüyük, aus der Zeit um das 8./7.Jahrtausend v. Chr.

Geistführer: Begleiter auf Seelenebene, der über das höhere Selbst mit dem Bewusstsein in Verbindung treten kann. Seine wohlmeinende Unterstützung in Form von Ratschlägen oder Informationen macht sicherlich einen großen Teil dessen aus, was wir Intuition nennen. Jeder Mensch hat wenigstens einen, oft drei verschiedene Geistführer. Es sind Geistwesen, die häufig Seelen Verstorbener sind und deren Erfahrungs- und Wissensschatz einbringen; manchmal aber auch Wesen, die aus anderen Welten kommen.

Germanen: Sammelbezeichnung für eine Anzahl von Volksstämmen wie Angeln, Sachsen, Cherusker, Belgen, Franken, Alamannen, Teutonen, Wandalen, Goten und Burgunder, die vor und um die Zeit von Christi Geburt in Nord- und Mitteleuropa in Erscheinung traten.

Geschlechtsdimorphismus: Unterschiede im Aussehen (Größe, Gestalt, Gehörn, Färbung), aber auch im Verhalten (z. B. Paarungsgesang) und im Stoffwechselgeschehen (Physiologie) von Männchen und Weibchen einer Tierart.

Gnadenhof: ein Ort, an dem alte, ausgesetzte, verhaltensgestörte und manchmal auch misshandelte oder ihren Besitzern lästig gewordene Tiere ein neues Zuhause finden und ihren Lebensabend zusammen mit Artgenossen in artgerechter Haltung verbringen können. Solche Gnadenhöfe sind auf freiwillige Unterstützung und Helfer von außen angewiesen und finanzieren sich meist ausschließlich über Spenden und sog. Patenschaften, die man für ein Tier übernehmen kann. Einen Gnadenhof in Ihrer Nähe finden Sie übers Internet oder indem Sie Kontakt zu Tierheimen und Tiervermittlungen aufnehmen.

Gnostiker: (grch. *gnosis* bedeutet »Erkenntnis«) Anhänger einer Bewegung, die im Römischen Reich um Christi Geburt entstand und ihre Blütezeit im 2. und 3. Jahrhundert hatte. Gleich ob jüdischer, griechischer oder christlicher Ausprägung, verknüpft die Gnosis das Heil des Menschen mit dessen Kenntnis der Geheimnisse der Welt und Gottes. Die Erlösung des Menschen liegt in der Erkenntnis seines kosmischen Geschicks und der Göttlichkeit seines eigenen Selbst, letztlich in Wissen und Verstehen.

Goten: ostgermanischer Volksstamm, der ursprünglich in Südschweden, später auf der schwedischen Insel Gotland lebte.

Hades: griechischer Totengott und Herrscher der Unterwelt, eines unterirdischen Schattenreichs, wo sich die Seelen der Verstorbenen, aber auch zahlreiche mythologische Wesen, wie beispielsweise die Titanen, aufhalten sollten. Bruder des *Zeus*.

Hathor: altägyptische Mutter- und Himmelsgöttin, die meist mit einem Kuhkopf und der Sonnenscheibe dargestellt wurde. Sie gilt auch als Mutter des jeweiligen ägyptischen Königs.

Heiliger Geist: in der christlichen Lehre neben Gottvater und seinem Sohn *Jesus Christus* die dritte Person des dreieinigen Gottes. Der *Heilige Geist* erscheint erstmals bei der Taufe von Jesus Christus im Jordan in Gestalt einer vom Himmel herabschwebenden weißen Taube.

Hekate: dreigestaltige griechische Göttin, die am Himmel als Mondgöttin, auf der Erde als Göttin der Jagd und in der Unterwelt als Zaubergöttin und Herrscherin über die Toten fungiert. Dargestellt wird sie meist mit drei Köpfen, drei Armpaaren oder drei grundlegend unterschiedlichen Gestalten sowie Haar aus Schlangen. Später ist *Hekate* dann mit den Göttinnen *Selene* und *Artemis* verschmolzen.

Helios: griechischer Sonnengott, der sowohl das Licht, die Wärme und das Leben spendete als auch alles Sehende und Hörende. So konnte *Helios* Blindheit heilen, aber auch mit Blindheit »schlagen«. Helios besaß auf der griechischen Insel Thrinakia sieben unterschiedliche Herden mit je fünfzig Tieren. Um ihren Hunger zu stillen, töteten die Gefährten des *Odysseus* alle Schafe, Rinder und Ziegen des Helios, worüber sich dieser jedoch bei *Zeus* beklagte. Zur Strafe ließ der Göttervater das Schiff sinken und alle – außer Odysseus – umkommen.

Inanna: Himmelsgöttin der Sumerer (von »Nin-anna, was „Herrin des Himmels« bedeutet). Ihr Symbol als Keilschriftzeichen ist das Schilfringbündel, ein Schutzsymbol für das Wohlergehen und die Gesundheit der Rinder. Auf ihrem Gang zur Unterwelt, in der ihre Schwester herrschte, musste *Inanna* durch sieben Tore gehen. An jedem Tor musste sie ein Utensil zurücklassen: 1. Krone und äußeres Gewand, 2. Ohrschmuck, 3. Halskette, 4. Brustschmuck, 5. den mit Edelsteinen besetzten Gürtel, 6. Hand- und Fußspangen und 7. die untere restliche Kleidung. So stand sie nackt wie jeder andere Sterbliche vor *Ereshkigal*, dessen machtvoller Todesblick sie in Bann halten konnte. Ohne Inanna stellten sich nun auf der Erde jegliche Fortpflanzung und Wachstum ein. Daraufhin sorgte *Enki*, der sumerische Schöpfergott, für die Befreiung Inannas.

Ishtar: akkadische Göttin des Abend- und Morgensterns, Venusgöttin; sie bildet zusammen mit *Sin* und *Shamash* eine kosmische Trias und wird daher manchmal als die weibliche Entsprechung Gottes in der christlichen Trinität (Vater, Sohn, Heiliger Geist) angesehen.

Kelten: uneinheitliches und recht umtriebiges Volk, das von seinem Ursprungsgebiet am Oberrhein und der oberen Donau (La-Tène-Kultur) in mehreren Wanderungsbewegungen zeitweise bis zur iberischen Halbinsel, Frankreich (Gallier), zu den britischen Inseln sowie der heutigen Türkei vordrang.

Kulturfolger: Tier- und auch Pflanzenarten, die durch die landschaftsverändernden Maßnahmen des Menschen Lebensbedingungen erhalten, die für ihre Lebensweise gut geeignet sind. Deshalb traten sie früher im Gefolge der Besiedlung des Menschen auf und leben heute wie Waschbär, Hausmaus oder Stubenfliege gerne in seiner Nähe und hier meist von seinen Abfällen.

Kybele: Erd-, Berg- und Muttergöttin der kleinasiatischen Phryger. Die große Göttermutter *Kybele* und der Kult um die Leben und Fruchtbarkeit spendende Göttin wurde später von den Griechen übernommen. Je nach Quelle ist Kybele Mutter oder Geliebte des phrygischen Naturgottes *Attis*.

Kwan Yin: chinesische Göttin der Liebe und Barmherzigkeit; aufgestiegene Meisterin.

Lakshmi: glücksverheißende hinduistische Göttin, Hauptfrau von *Vishnu*. Ihr werden neben Glück auch Reichtum und Schönheit zugeordnet.

Loki: ein trickreicher, germanischer Gott aus dem Asgard. Er war unter anderem an der Erschaffung der ersten Menschen beteiligt. Vater von *Fenris*.

Meditation: Der Begriff Meditation kommt aus dem Lateinischen und bedeutet schlicht »in die Mitte gehen«. So soll hier in diesem Buch auch Meditation verstanden werden, nicht als spektakuläre Aktion in »heiligem Ambiente«, sondern einfache, aber bewusste Entspannungs-, Atem- oder Visualisierungsübungen, die jeder im Alltag vollziehen kann.

Mischna: siehe *Talmud*

Muttergöttin: herausragende, hochgestellte weibliche Gottheiten. Sie können meist aus sich selbst heraus Götterkinder gebären. Muttergöttinnen stellen fast immer die personifizierte Erde dar – »große Mutter« oder »Mutter Erde«. Sie fungieren daher in aller Regel als hochrangige und mächtige Erd- und Fruchtbarkeitsgöttinnen. Bekannte Beispiele sind die griechischen Göttinnen *Gaia* und *Demeter* oder die ägyptische *Isis*.

Neolithikum: Jungsteinzeit, in erdgeschichtlicher Zeit etwa von 4500 bis 2000 v. Chr.

Nesthocker: Bezeichnung für Tierarten, deren Junge nach ihrer Geburt oder ihrem Schlüpfen noch einige Zeit von den Eltern versorgt werden müssen, da sie in einem relativ frühen Entwicklungsstadium geboren wurden. So sind meist die Bewegungsmöglichkeiten und die Regulation der eigenen Körperwärme noch eingeschränkt und die Sinnesorgane noch nicht voll entwickelt.

Nornen: germanische Schicksalsgöttinnen, die an ihrem Brunnen unter der Wurzel des Yggdrasil lebten: *Urd*, das Schicksal, *Verdani*, die Gegenwart, und *Skuld*, die Zukunft.

Nut: ägyptische Himmels- und Todesgöttin.

Odin, Wotan: oberster Gott der germanischen Mythologie, aus dem Geschlecht der Asen. Gemahl der Frigga. Gott des Krieges, der Ekstase, aber auch der Dichtung und der Weisheit. Er hatte die Macht, Krieger derart in wütende Ekstase zu versetzen, dass sie sowohl Schmerz als auch Wut vergaßen und sich nackt in den Kampf stürzen konnten. *Odin* wird häufig als Einäugiger dargestellt, weil er das andere Auge in *Mimirs* Brunnen geworfen hatte, als Preis, um von dessen unendlicher Weisheit trinken zu können. Sein Wahrzeichen ist ein magischer Speer.

Osiris: altägyptischer Königs-, Toten- und Vegetationsgott.

Persephone: Tochter des *Zeus* und der *Demeter*. Sie war ursprünglich wie ihre Mutter eine Göttin des Wachstums, wurde allerdings durch ihre Vermählung mit Hades zur Herrscherin der Unterwelt.

Phrygien: in der Mitte Kleinasiens gelegenes Gebiet und Königreich, das etwa von 1200 bis 700 v. Chr. eigenständig war. Die große Göttermutter *Kybele* und der Kult um die Leben und Fruchtbarkeit spendende Göttin wurden später von den Griechen übernommen.

Phryger: Bewohner des altertümlichen Königreiches *Phrygien*.

Pleiaden, Plejaden: im antiken Griechenland Personifikation der sieben kleinen Sterne (Siebengestirn) im Sternbild des Stieres als Gruppe von sieben Nymphen. Der Sage nach wurde die Mutter der sieben jungfräulichen Töchter (darunter z. B. *Elektra*), die *Pleione*, über Jahre von dem liebestollen *Orion* verfolgt. Göttervater *Zeus* versetzte alle als Sternenhaufen »Pleias« an den Himmel, wo die erfolglose »Jagd« bis heute weitergeht.

Poseidon: griechischer Gott der Meere, der Stürme und der Erdbeben; Bruder des *Zeus*. Sein Attribut ist der Dreizack.

Prana: hinduistisch-indischer Begriff für die den gesamten Kosmos durchströmende Lebensenergie, den »Lebens-Atem«. Entspricht weitestgehend dem chinesischen *Qi*.

Prometheus: Mitglied des Göttergeschlechts der Titanen, die sich die Griechen als riesige Wesen vorstellten, die in der Urzeit die Welt beherrschten. Sein Name bedeutet »der Vorausdenkende«. Als solcher kämpfte er für die Menschen gegen die feindseligen Übergriffe der Götter.

Qi: chinesischer Begriff [»*tschiii*«] für die universelle Lebensenergie, die alles durchströmt. Es fließt durch unser Kronen-Chakra in unseren Körper hinein, wodurch wir nach taoistischer Vorstellung mit dem gesamten Universum in energetischer Verbindung stehen. Im Körper – natürlich sowohl bei Menschen als auch bei allen Tieren – strömt das *Qi* durch die Meridiane und kann beispielsweise durch Akupunktur beeinflusst werden. Entspricht weitestgehend dem indischen *Prana*.

Ragnarök, Ragnarok: die keltische Schilderung des Endes der Welt. Nach drei entsetzlichen Wintern und weiteren drei Jahren sollen die Menschen immer selbstzerstörerischer werden, bis sie sich schließlich selbst vernichten. Ungeheuer wie der Schlangensohn des *Loki* und *Fenris*, der riesige Wolf, sollen durch das Böse erstarken und ihre Fesseln sprengen. Sie treiben die Riesen an, *Asgard* anzugreifen und zu zerstören, und alles wird in Feuer und Tod untergehen.

Ranzzeit: ein aus der Jägersprache stammender Begriff für die Fortpflanzungs- bzw. Begattungszeit beim Raubwild wie Fuchs, Marder oder Wildkatze.

Rasse (*auch Unterart, Subspezies*): Gruppen (Populationen) von Lebewesen, die sich miteinander uneingeschränkt fortpflanzen können, sich aber meist schon rein äußerlich von anderen Gruppen (Populationen) unterscheiden. Verschiedene Rassen wie z. B. Maine Coon und Norwegische Waldkatze verfügen auch über unterschiedliche genetische Informationen, die sie bei einer Fortpflanzung innerhalb ihrer Rasse entsprechend weitergeben. Im Gegensatz zu verschiedenen Arten (hier: Katze und Hund) können diese beiden Katzenrassen uneingeschränkt fruchtbare Nachkommen zeugen, die dann allerdings entsprechend den Mendel'schen Gesetzen der Vererbung Mischlinge aus den beiden Rassen sind.

Rudel: Zusammenschluss einer Tierart zu einer größeren, über den Familienverband hinausgehenden Gruppe. Diese Gruppenbildung kann entweder dem Schutz der einzelnen Tiere oder aber der Erhöhung des Jagderfolgs dienen. Die Tiere eines Rudels kennen sich persönlich. Am bekanntesten sind sicher die Wolfsrudel mit ihrer ausgefeilten Rangordnung.

Samhain, Samhuin: keltisches Neujahrsfest am 1. November. Am Tag zuvor, dem 31. Oktober, sollten sich alle Tore zur Anderswelt öffnen: Sowohl die Geister als auch Menschen, die mutig genug waren, konnten sich in diesen Stunden ungehindert durch den Schleier hindurch zwischen den Welten bewegen.

Seth: ägyptischer Kraft- und Kampfgott; als eine der ältesten Gottheiten Ägyptens symbolisierte er in der Frühzeit als der »rote Seth« die Wüste, die in der Gluthitze rötlich flimmert; später wurden ihm die ewigen Widrigkeiten und Widerstände des Universums zugeschrieben, etwa Dürreperioden, Unfruchtbarkeit und der Tod. In der menschlichen Psyche sollte er deren Schattenkräfte mobilisieren (ein möglicher Ursprung für Aspekte, die später dem Teufel zugeschrieben wurden), was ein steter Ansporn zur Weiterentwicklung sein sollte.

Shiva: (Sanskrit für »der Gnädige«) nach *Vishnu* der zweite hinduistische Groß-Gott. Zusammen mit *Brahma* und Vishnu bildet *Shiva* die Götterdreiheit (*Trimurti*), die das Göttliche in seinen drei Aspekten symbolisiert: Schöpfung (Brahma), Erhaltung (Vishnu) und Zerstörung (Shiva).

Sumerer: altorientalisches Volk, das im Land Sumer, im Süden Mesopotamiens, gelebt hat. Die Herkunft der Sumerer ist unbekannt. Ihre Geschichte beginnt etwa 4000 v. Chr. in ersten Siedlungen an den Ufern des Euphrat. Unter anderem wird den Sumerern die Erfindung des Rades zugeschrieben.

Talmud: die um 500 n. Chr. abgeschlossene Niederschrift des zuvor über tausend Jahre mündlich überlieferten Wissens der Juden. *Talmud* ist hebräisch für »Lehre«. Die knapp 40 Bücher und Abhandlungen sind das Ergebnis jahrhundertelanger Diskussion unter jüdischen Schriftgelehrten. Sie enthalten somit sowohl Erklärungen als auch Kommentare. Kernstück des Talmud sind die *Mischna* (Wiederholung) mit etwa 200 Lehrsätzen religiösen und rechtlichen, aber auch den Alltag bestimmenden Inhalts und die *Gemara* (Vollendung), die zusammenfassende Diskussion der Mischna.

Tierkommunikation: eine deutlich über Zeichen- und Lautsprache hinausgehende, non-verbale Verständigung zwischen Mensch und Tier auf feinstofflicher Ebene, eine Form der Telekommunikation. Über die telepathische Interspeziesverbindung werden unter anderem Bilder, Farben, Gedanken, Worte und Sätze übermittelt. Voraussetzung dafür ist eine mentale Einstimmung des Menschen und die Bereitschaft des Tieres, mit uns in Verbindung zu treten. Eine der bekanntesten und bereits seit sehr vielen Jahren tätigen Tierkommunikatorinnen ist Penelope Smith aus den Vereinigten Staaten. Sie schreibt, dass ihre langjährigen Gesprächserfahrungen mit Tieren ihr gezeigt haben, dass auch Wesen oder Seelen, die nicht in menschlichen, sondern eben in tierischen Körpern stecken, fähig zu abstraktem und symbolischem Denken und somit auch zur Kommunikation sind. Sie geht allerdings davon aus, dass es Tiere meist gar nicht für notwendig oder sinnvoll erachten, ihr teilweise ausgeprägtes Bewusstsein und ihre Intelligenz zum Ausdruck zu bringen. Sie fügen sich in ihre artspezifische biologische Rolle ein und leben diese mit voller Hingabe aus.

Jeder Mensch soll auch mit Tieren sprechen können, da diese Fähigkeit sich im kollektiven Bewusstsein der Menschheit befindet und jeder Mensch sich dafür öffnen kann. Weltweit finden sich Belege und Darstellungen für solche Kontakte zu anderen Lebewesen in den Traditionen nahezu aller Religions- und Kulturformen. Viele naturverbundene Völker haben geistigen oder spirituellen Kontakt zu Tieren hergestellt, vor allem wenn ihr Überleben eng an eine spirituelle Verbindung zu den Tieren gekoppelt war. Am bekanntesten sind die schamanischen Verbindungen zu wild lebenden, aber teilweise auch vom Menschen domestizierten Tieren durch die nordamerikanischen Indianer, die australischen Aborigines, die Tibeter und die Hawaiianer. Häufig übernahmen von Generation zu Generation geschulte Schamanen den Kontakt mit der geistigen Welt, über die auch die Verbindung mit den Tieren abläuft, in unserem europäischen Kulturkreis waren dies unter anderem die keltischen Druiden.

Trickster *(engl.)*: ein schelmenhafter, meist sehr dreister Gauner, der mit allen erdenklichen Tricks arbeitet – übrigens weltweit. Er ist mit übernatürlichen Kräften ausgestattet. Seine Rolle ist stets ambivalent: Ein Trickster ist weder gut noch böse, er ist zugleich schlau und tölpelhaft. Damit steht er für die Vieldeutigkeit des Lebens. Meist tritt ein Trickster in Tiergestalt auf (z. B. Coyote, Fuchs, Krähe, Spinne).

Upanischaden: siehe *Veden*

Veden: die ältesten indischen Niederschriften (um 2500 – 500 v. Chr. entstanden), die das damalige philosophische, religiöse, geschichtliche und naturkundliche Wissen zusammenfassten (*veda* ist Sanskrit für »Wissen«). Die *Veden* enthalten unter anderem Zauberhymnen, Opferverse, Darlegungen zu Ahnenkulten und Erläuterungen zu Naturerscheinungen. Ein kleiner Teil der Veden sind die *Upanischaden* mit ihren Texten zu höherer Mystik. Daraus ging die ältere Form des Brahmanismus hervor.

Vishnu: hinduistischer Hauptgott, der als »Erhalter der Welt« immer dann wieder auf Erden inkarniert (*Avatara*), wenn die Welt in Unordnung geraten ist, um die göttliche Ordnung (*Dharma*) wiederherzustellen. *Vishnu* ist der Gott der Gnade und Güte und schützt zudem das Recht und die Wahrheit.

Walhall: von *Odin* erbaute Stätte in *Asgard* für die ruhmreich auf dem Schlachtfeld gefallenen Krieger. Wer nach Prüfungen dort ankam, dessen Wunden wurden auf wundersame Weise geheilt. Die Auserwählten nahmen an endlosen Kämpfen an Seiten der Götter und ebensolchen lustvollen Gelagen teil.

Yggdrasil: Weltenbaum oder Baum der Erkenntnis der germanischen Mythologie. In ihm leben Adler, Eichhörnchen, Hirsch, Schlange und Drache. Die Zweige der »Weltesche« sollten die neun Welten überragen und über den Himmel wachsen. Die mächtigen Wurzeln reichten von *Jotunheimen* (Gebirge in Norwegen), dem Sitz der Riesen, bis nach *Asgard*.

Zeus: oberster Herrscher der griechischen Götter mit Wohnsitz auf dem Berg Olymp. Der Dichter Homer bezeichnete ihn als Vater der Götter und der Menschen. *Zeus* richtete über alle Angelegenheiten der Welt und jeden Aspekt des Universums. Ein Mythos berichtet, dass die drei göttlichen Brüder Zeus, *Poseidon* und *Hades* das Universum unter sich aufteilten. Während Poseidon das Meer erhielt und Hades die Unterwelt, bekam Zeus den Himmel. Für ihn als Wettergott waren Donnerkeile seine berühmtesten und unfehlbaren Waffen.

Zodiak: der Tierkreis; die Zone um den Himmelsäquator, über die scheinbar die Bahnen von Sonne, Mond und den Planeten verlaufen. Innerhalb des Zodiaks befinden sich die zwölf Sternbilder, nach denen die Tierkreiszeichen benannt wurden.

Dank

Auch wenn viele Menschen und geistige Helfer mir bei der Entstehung dieses Buches zur Seite standen und ich ihnen dafür von ganzem Herzen dankbar bin, gilt doch diesmal mein Dank und meine Hochachtung vor allem allen Tieren, die bislang meinen Lebensweg begleitet und mich mit dem Geschenk ihrer Anwesenheit in meinem Leben auf dieses Buch vorbereitet haben.

Von ganzem Herzen danke ich meiner wundervollen Hündin ***Carena***, die mir in ihrer großen Liebe so sehr geholfen hat, meinen Kanal für die spirituellen Botschaften aufzubauen und frei zu halten. Carena ist, wie ihr spanischer Name schon sagt, die reine Liebe. Sie liebt mit so reinem Herzen, dass ich manchmal meine Probleme habe, diese Liebe, die sie mir wirklich bedingungslos entgegenbringt, auch anzunehmen. Neben ihrem so großen Herzen fühle ich mich oft so klein und vielleicht so beschämt, weil ich nicht das Gefühl habe, ihr davon auch nur einen Bruchteil zurückgeben zu können. Bin ich ungeduldig oder ungerecht mit ihr, steht sie mir im nächsten Augenblick trotzdem treu zur Seite oder nimmt mir belastende oder dunkle Energien ab, damit es mir besser geht.

Ich erlebe Carenas Bedingungslosigkeit jeden Tag, ihr Geben, ohne dass sie etwas dafür haben will – und ich bin sehr dankbar für dieses Geschenk. Immer mal wieder gelingt es mir, Carena als meine Lehrmeisterin in Sachen Liebe anzunehmen, mehr und vollständiger mein Herz zu öffnen. Bei meinem ersten Hund Djoscha hatte ich zu dessen Lebzeiten noch kein Bewusstsein von wirklicher Liebe, von reiner Herzensenergie. Seit Carena in mein Leben getreten ist, werde ich durch die kleine PON-Hündin jeden Tag liebevoll daran erinnert, dass es darum, allein darum geht, mich für bedingungslose Liebe und reine lichtvolle Herzensenergie zu öffnen, um diese in die Welt strömen zu lassen. Ich hoffe, ich werde mich der alten Priesterin als eine erfolgreiche Schülerin erweisen.

Vor einem halben Jahr haben Carena und ich als Pflegehund den fünfjährigen Wäller ***Jaccomo*** aufgenommen, eigentlich nur, um den im Grunde lieben und sanften, eher etwas unsicheren Burschen durch den amtlich verordneten Wesenstest zu bringen. Nach viel Arbeit – vor allem an unserer Geduld und um im lichtvollen Vertrauen zu bleiben – hat Jaccomo den sehr harten Test bestanden. Das halbe Jahr hat uns drei so zusammengeschweißt, dass er nun bleibt. Vielen Dank für all die Freude, die du in unser Leben bringst.

Dann danke ich von ganzem Herzen ***Djoscha***, meinem ersten Hund. Als eine Handvoll einfach liebendes Hundeleben hatte ich den Golden Retriever von der Züchterin geholt und knapp zehn erfüllte Jahre später in die Erde gelegt. Auch wenn mir schon zu seinen Lebzeiten klar war, dass er ein Ausnahmehund war, habe ich erst nach seinem Tod wirklich zu begreifen begonnen, wie weise, spirituell reif und voller bedingungsloser Liebe dieser wunderbare Hund war. Djoscha hat mir erstmals gezeigt, dass man in Würde sterben kann.

Der zeit seines Lebens vor allem an seinem Bewegungsapparat kranke Djoscha starb recht schnell – innerhalb von zwei Wochen. Eine Woche nach seinem Blutstuhl war die Diagnose klar: unheilbare Anämie. Als ich die Diagnose vom Tierarzt einholte, ist Djoscha – übrigens das erste Mal in zehn Jahren – nicht mit zum Arzt hineingegangen. Er wusste ja schon Bescheid und wollte mir in seiner mitfühlend-zurückhaltenden Art wohl Raum zugestehen, damit klarzukommen. Als ich meinen Schmerz dann mit einem Tränenschwall erleichterte, hat mich dieser »kleine Buddha« mit seiner liebevollen Schnauzerei noch getröstet.

In seinen letzten Tagen ging es extrem auf und ab: Mal lief Djoscha umher, als wäre er kerngesund, und dann konnte er wiederum kaum einen Schritt vor den anderen setzen. Einmal legte er sich auch an eine für ihn ganz ungewöhnliche Stelle ganz tief in den Rhododendron hinein – es war Dezember, eiskalt und es lag Schnee! Dieser so menschenverständige Hund packte jetzt tatsächlich aus seinem Wolfsrepertoire aus und legte sich zum Sterben durch Erfrieren in den Schnee. Ich konnte das allerdings nicht aushalten. Ich bat ihn, doch bitte reinzukommen – was er dann mir zuliebe auch tat. Aber er wollte um seinen Übergang – Schmerzen hatte er nicht – keinen Aufwand haben. Als ich nämlich mit einer Freundin auf Matratzen zu seinem Körbchen ins Wohnzimmer zog, um dem schwachen Hund eine Stufe zu ersparen, legte er sich demonstrativ auf seinen Platz im Schlafzimmer – auf dem er die letzten Wochen nicht mehr und auch seine letzten Nächte nicht wieder lag. Wir kamen uns dann auch albern vor und gingen ganz normal ins Bett.

Dort hat er mich auch geweckt, als es so weit war. Mit schweren und doch flachen Atemzügen kam er noch an mein Bett, was ich mit meinem halbwachen Ohr sogleich mitbekam. Ich wusste nicht, ob es nun zu Ende ging. Ich war seit Tagen eigentlich mehr mit mir beschäftigt, alles richtig machen zu wollen, mit Angst und Trauer, mit Zweifeln, ob ich mich richtig gegen eine Rückenmarksoperation entschieden hatte – also ich kreiste mächtig um mich selbst. Und weil ich schon so oft dachte, manchmal sogar hoffte, wenn er so extrem ins Hecheln kam oder vor Schwäche umfiel, dass es nun vorbei sei, war ich mir in dieser Nacht nicht mehr sicher. Ich blieb also liegen und legte dem hechelnden Hund meine Hand auf den Körper. Kurze Zeit später stand er auf, drehte sich dreimal um sich selbst und fiel dann tot um.

Dass Djoscha tot war, gegangen war, spürte, wusste ich gleich. Ich verließ erst einmal mein Schlafzimmer mit meinem toten Hund. Und als ich nach einer Weile zurückkam, hatte ich sogleich das Gefühl, dass der Raum leer war. Ich spürte keinerlei Gegenwart von Djoscha mehr, und auch sein toter Körper hatte nichts mehr mit dem so wunderbaren Hund zu tun, war tatsächlich nur noch die leere Hülle, das leere Gefäß. Die Seele war schon gegangen. Später bestätigte mir eine hellsichtige Frau, dass Djoscha gut vorbereitet war auf seinen Übergang, dass er sich während seines Lebens schon sehr viel in anderen Dimensionen aufgehalten hatte und dass er tatsächlich ungewöhnlich schnell seinen Körper verlassen hat.

Ich kann dieser wunderbaren Hundeseele nur immer wieder danken, dass er sich mir lernenden Menschin, die so wenig verstanden hat, all die Jahre so liebevoll zur Seite gestellt hat. Es ist ein großes Geschenk für mich, diesen Hund gekannt zu haben.

Des Weiteren gilt mein Dank ***Sancho***, der mich nach Djoscha viel über die Leichtigkeit des Sterbens gelehrt hat. Seine Geschichte habe ich an anderer Stelle in diesem Buch erzählt.

Es gibt auch sehr viele Tiere in meinem Leben, denen ich nicht meine angemessene Wertschätzung für sie als fühlende und liebende Lebewesen entgegengebracht habe. Als Kind und Jugendliche hatte ich diverse Haustiere, vom Hamster über eine Schildkröte bis zu Zebrafinken und Fischers Unzertrennlichen. Die Tiere hatten es nicht immer gut bei mir. Vor allem sind da aber die vielen Labortiere, die ich im Zuge meiner wissenschaftlichen Laufbahn benutzt und zum Teil auch getötet habe. Euch alle möchte ich an dieser Stelle von ganzem Herzen um Verzeihung bitten. Ich wusste es damals nicht besser. Ich werde immer wieder für euch beten und bitte inständig darum, dass ihr es auf euren nachfolgenden Lebenswegen besser angetroffen habt.

Bibliografie

Apuzzo, Stefano, und Monica D'Ambrosio: *Auch Tiere haben Seelen. Über die Unsterblichkeit unserer Haustiere,* Aquamarin Verlag, Grafing 2005.

Bellinger, Gerhard J.: *Knaurs Lexikon der Mythologie,* Droemer Knaur, München 1989.

Benecke, Norbert: *Der Mensch und seine Haustiere. Die Geschichte einer jahrtausendealten Beziehung,* Konrad Theiss Verlag, Stuttgart 1994.

Bonin, Felix von: *Kleines Handlexikon der Märchensymbolik,* Kreuz Verlag, Stuttgart 2001.

Brennan, Barbara Ann: *Licht-Arbeit – Das Standardwerk der Heilung mit Energiefeldern,* Goldmann Verlag, München 1998.

Brunke, Dawn Baumann: Tiergeflüster. *Tierbewusstsein im Netzwerk des Lebens,* G. Reichel Verlag, Weilersbach 2003.

Clavon, Nicole: *Traumsymbole. Traumbotschaften, Traumforschung, Traumdeutung,* Knaur, München 1999.

Dalichow, Irene, und Mike Booth: *Aura Soma – Heilung durch Farbe, Pflanzen- und Edelsteinenergie,* Knaur, München 2000.

Edel, Momo: *Götter, Barden und Druiden – Die Kelten,* Ansata Verlag, München 2000.

Entenfellner, Maggie, und Andrea Specht: *Hundkatzvogelmaus – Welches Tier passt zu mir?* NP Buchverlag, St. Pölten 2003.

Gall, Christian: *Ziegenzucht,* Ulmer Verlag, Stuttgart 2001.

Gerlitz, Peter: *Mensch und Natur in den Weltreligionen,* Primus Verlag, Darmstadt 1998.

Götter und Helden des Nordens – Die Germanen, Reihe: Mythen der Menschheit, Duncan Baird Publishers, London 1997.

Grant, Michael, und John Hazel: *Lexikon der antiken Mythen und Gestalten,* dtv, München 2000.

Grimm, Jacob: *Deutsche Mythologie*, 3 Bände, Elard H. Meyer, Berlin 1875–78, Nachdruck Akademische Druck- und Verlagsanstalt, Graz.

Hark/Pouplier/Riedel/Sauer: *Tier-Träume. Von der Klugheit unserer Instinkte*, Walter Verlag, Düsseldorf 1998.

Harnisch, Günter: *Inspiration und Kraft der Symbole*, Herder Spektrum, Freiburg 2003.

Heinz, Sabine: *Symbole der Kelten*, Schirner Verlag, Darmstadt 2001.

Herre, Wolf, und Manfred Röhrs: *Haustiere – zoologisch gesehen*, Gustav Fischer Verlag, Stuttgart 1990.

Jes, Harald: *Echsen als Terrarientiere. Anschaffung, Pflege, Ernährung, Krankheiten und Terrarientechnik*, Gräfe und Unzer, München 1988.

Johnson, Buffie: *Die große Mutter in ihren Tieren – Göttinnen alter Kulturen*, Walter Verlag, Olten und Freiburg 1990.

Kämper, Angela: *Tierboten – Was uns Begegnungen mit Tieren sagen. Mythologie, Spiritualität, Träume – mit 100 heimischen Tieren*, Arkana, Goldmann Verlag, München 2005.

König, Karl: *Bruder Tier. Mensch und Tier in Mythos und Evolution, Perspektiven der Anthroposophie*, Fischer Verlag, Frankfurt 1983.

Krystal, Phyllis: *Die inneren Fesseln sprengen. Befreiung von falschen Sicherheiten*, Ullstein Verlag, Berlin 2004.

Lurker, Manfred: *Adler und Schlange – Tiersymbolik im Glauben und Weltbild der Völker*, Rainer Wunderlich Verlag, Tübingen 1983.

Maier, Bernhard: *Die Religion der Kelten. Götter – Mythen – Weltbild*, C. H. Beck Verlag, München 2001.

Mertz, Bernd A.: *Dein archetypisches Tier. Von Katzen, Käuzen und anderen Menschen*, Ariston Verlag, Kreuzlingen 1997.

Morris, Desmond: *Catwatching – Die Körpersprache der Katze*, Wilhelm Heyne Verlag, München 2000.

Ranke-Graves, Robert von: *Die weiße Göttin, Sprache des Mythos,* Rowohlt, Hamburg 1985.

Ruland, Jeanne: *Krafttiere begleiten Dein Leben,* Schirner Verlag, Darmstadt 2004.

Schenda, Rudolf: *Das ABC der Tiere. Märchen, Mythen und Geschichten,* C. H. Beck, München 1995.

Schöfmann, Nicole: *Katzenflüstern – Tierkommunikation und natürliche Heilung für Ihre Katze,* Allegria – Ullstein Verlag, Berlin 2006.

Schöfmann, Nicole: *Hundeflüstern – Tierkommunikation und natürliche Heilung für Ihren Hund,* Allegria – Ullstein Verlag, Berlin 2007.

Sheldrake, Rupert: *Der siebte Sinn der Tiere – Warum Ihre Katze weiß, wann Sie nach Hause kommen und andere bisher ungeklärte Fähigkeiten der Tiere,* Ullstein Verlag, München 2002.

Smith, Penelope: *Tiere erzählen vom Tod. Wie Tiere ihr Sterben erleben und den Weg ins Licht finden,* G. Reichel Verlag, Weilersbach 2006.

Vollmar, Klausbernd und Konrad Lenz: *Traumdeutung,* Gräfe & Unzer, München 2003.

Vollmar, Klausbernd: *Symbole von A-Z. Alle Symbole aus Traum, Märchen, Geschichte und Alltagsleben,* Königsfurt Verlag, Krummwisch 2003.

Wood, Juliette: *Die Kelten – Weisheit und Mythos,* Bechtermünz, Weltbild Verlag, Augsburg 2000.

Zerling, Clemens, und Wolfgang Bauer: *Lexikon der Tiersymbolik. Mythologie – Religion – Psychologie,* Kösel Verlag, München 2003.

Verzeichnis der Abbildungen
(Tierzeichnungen von Grit Schwerdtfeger)

Register

Die halbfett gedruckten Seitenzahlen verweisen auf Erläuterungen zum Stichwort bzw. auf Abbildungen.